東洋古典譯註叢書 92

譯註 荀子集解 7

附 索引

著者 荀況 集解 王先謙
譯註 宋基采

전통문화연구회

國譯委員

譯　　註　宋基采
索　　引　孫正民
常任原文校閱　吳圭根
潤　　文　南賢熙
校　　訂　南賢熙 朴勝珠 田炳秀
出　　版　金主賢
管　　理　咸明淑
普　　及　徐源英

東洋古典譯註叢書를 발간하면서

우리의 古典國譯事業은 민족문화 진흥의 기초사업으로 1960년대부터 政府 支援으로 古文獻 現代化 작업을 추진하여 많은 成果를 거두었다. 당시 이 사업 추진의 先行課題로 東洋古典이라 일컬어지는 중국의 基本古典을 먼저 飜譯하여야 한다는 學界의 주장이 있었음에도 불구하고 우리 고전이 아니라는 일부의 偏狹한 視角과 財政 事情 등으로 인하여 배제되어 왔다.

전통적으로 중국의 기본고전은 우리 歷史와 함께 숨쉬며 각종 교육기관의 教科書로 활용됨은 물론이고 지식인들의 必讀書가 되어 왔으며, 우리 文化의 基底에 자리잡고 거의 모든 방면의 體系와 根幹을 형성하여 왔다. 그래서 학문연구의 기본서 역할을 해 왔을 뿐만 아니라 오늘날에도 우리의 國學徒 및 東洋學 硏究者들에게 같은 역할을 하고 있음은 주지의 사실이다. 그럼에도 불구하고 中國古典은 우리 것이 아니라 하여 專門機關의 飜譯對象에 포함하지 않음으로써, 대부분 原典에서의 직접 번역이 아닌 重譯이나 拔萃譯의 방식이 주를 이루면서 教養水準으로 出版되어 왔다.

오늘날 東洋 三國 중에서 우리의 東洋學 연구가 가장 부진한 이유는, 東洋基本古典에 대한 폭넓은 이해의 부족과 漢文古典 讀解力의 저하에 기인함을 우리는 솔직히 인정하여야 한다. 따라서 이들 중국고전에 대한 신뢰할 만한 國譯이 이루어지는 것이 한국학 연구를 촉진시키는 시급한 先行課題라 할 수 있다.

이에 韓國學 및 東洋學의 연구와 古典現代化의 基盤構築을 위해서는, 전문기관으로 하여금 동양고전을 단기간에 각 분야의 專門 硏究者와 漢學者가 상호 협동하여 연구번역하여 飜譯의 傳統性과 效率性, 硏究의 專門性을 높일 수 있도록 政策的 配慮가 있어야 한다.

이에 本會에서는 元老 및 中堅 漢學者와 斯界의 專攻者로 하여금 協同硏究飜譯하여 공부하는 사람들이 믿고 引用하거나 깊이 있는 註釋 등을 활용할 수 있게 하고, 知識人들의 教養을 증진시켜 줄 수 있는 東洋古典의 國譯書 간행을 지속적으로 추진해 왔다. 근래에 다행히 이 사업에 대하여 각계 지도층의 폭넓은 이해와 지원에 힘입어 2001년도부터 國庫補助를 받아 東洋古典譯註叢書를 간행하게 되었다. 이를 계기로 우리 先學의 註釋과 見解를 반영하는 등 국역사업의 內實을 기하게 되었음을 이 자리를 빌어 衷心으로 감사드리며, 아울러 國譯에 參與하신 관계자 여러분의 勞苦에 깊은 謝意를 표한다.

끝으로 우리의 이러한 작업은 오랜 역사 위에 축적된 先賢들의 業績과 現代學問을 이어주는 튼튼한 架橋와 礎石이 되어 진정한 韓國學과 東洋學 발전에 기여할 것을 굳게 믿으며, 21세기를 우리 文化의 世紀로 열어 가는 밑거름이 되도록 우리의 力量을 本 事業에 경주하고자 한다. 江湖諸賢의 부단한 관심과 지원을 기대해 마지않는다.

社團法人 傳統文化硏究會 會長 李啓晃

凡 例

1. 본서는 ≪譯註 荀子集解≫의 제7책이다.
2. 본서의 底本은 ≪荀子集解≫(王先謙, 中華書局, 1998)로 하되, ≪荀子今註今譯≫(熊公哲, 臺灣商務印書館, 1975), ≪荀子全譯≫(蔣南華 등, 貴州人民出版社, 1995), ≪荀子校釋≫(王天海, 上海古籍出版社, 2005), ≪荀子詁譯≫(楊柳橋, 齊魯書社, 1985) 등을 참고하였다.
3. 본서는 원전의 傳統性과 번역의 現代性을 구현하기 위해 노력하였다.
4. 原文에는 우리나라 전통방식의 懸吐를 하였다.
5. 原文은 저본의 體制에 따라 단락을 구분하고, 각 단락마다 일련번호를 부여하였다.
6. 飜譯은 原義에 충실하게 하되, 이해가 어려운 부분은 意譯 또는 補充譯을 하였다.
7. 飜譯文은 한글과 漢字를 混用하였으며, 맞춤법과 띄어쓰기는 한글 맞춤법과 표준어 규정을 따르는 것을 원칙으로 하였다.
8. 譯註는 校勘, 異說, 인용문의 出典, 故事, 역사적 사건, 전문용어, 難解語, 人物, 制度, 官職 등에 관한 사항을 밝혔다.
9. 校勘은 원문의 誤字, 脫字, 衍字, 倒文 등을 대상으로 하였다.
10. 각 篇마다 간략한 해설을 달아 독자의 이해를 돕고자 하였다.
11. ≪荀子集解≫에서 諸家들이 참고한 書目의 略稱과 槪要는 다음과 같다.
    - 宋本 : 南宋의 呂夏卿(1018 ? ~1070)이 神宗 熙寧 연간(1068~1077)에 간행한 大字本이다. 呂本이라고도 한다.
    - 宋台州本 : 南宋의 唐仲友(1136~1188)가 台州의 지방관으로 재직할 때 간행한 판본이다. 台本 혹은 監本이라고도 한다.
    - 建本 : 福建 建陽府 建陽縣에서 간행한 판본이다. 閩本이라고도 한다.

- 監本：일반적으로 각 朝代의 國子監에서 간행한 판본을 말하는데, 여기서는 唐仲友의 台州本을 말한다.
- 錢佃本：宋의 錢佃이 편찬한 ≪荀子考異≫를 가리킨다. 錢本이라고도 한다.
- 蜀本：宋나라 때 四川에서 간행한 판본이다.
- 元刻：元나라 때 민간에서 간행한 ≪纂圖分門類題註荀子≫ 10책이다.
- 世德堂本：明의 顧春이 嘉靖 12년(1533)에 校刻한 ≪六子全書≫본이다.
- 謝本：淸나라 盧文弨(1717~1795)의 교감에 謝墉(?~1795)이 자기의 교감을 합쳐 간행한 ≪荀子箋釋≫을 가리킨다. 謝刻이라고도 한다. 盧本 혹은 盧校本이라고도 한다.

12. ≪荀子集解≫에서 王先謙이 인용한 주요 註釋家는 다음과 같다. 맨 뒤 ( ) 안의 숫자는 ≪荀子集解≫에 인용된 횟수이다.
    - 劉向(B.C. 77~B.C. 6)：西漢 沛邑 사람으로, 본명은 更生, 자는 子政. 楚元王 劉交의 4대손이며 劉歆의 부친이다. 황궁의 서적을 교열하고 ≪別錄≫을 편찬하여 중국 目錄學의 시조로 불린다. 본래 ≪孫卿書≫는 333편이었는데, 중복된 290편을 刪削하고 32편으로 확정하였다. (7건)
    - 楊倞：생졸년 미상. 唐 虢州 弘農 사람으로 楊汝士의 아들이다. 憲宗 元和 13년(818)에 大理評事, 穆宗 長慶 3년(823)에 大理司直, 武宗 會昌 연간(841~846)에 汾州刺史를 지냈으며, 主客郎中을 역임하였다. ≪荀子注≫를 편찬하였다. (3,413건)
    - 王應麟(1223~1296)：宋 慶元 鄞縣 사람으로, 자는 伯厚, 호는 深寧居士, 별호는 厚齋. 浙西安撫司干辦公事 등을 역임하고, 禮部尙書 兼給事中까지 지냈다. 관직을 떠난 뒤 20년 동안 저술에만 전념하였으며, ≪玉海≫, ≪困學紀聞≫, ≪玉堂類稿≫, ≪掖垣類稿≫, ≪通鑑地理考≫, ≪漢藝文志考≫, ≪深寧集≫ 등이 유명하다. (3건)
    - 盧文弨(1717~1795)：淸 浙江 仁和 사람으로, 저명한 校勘學者이다. 자는 紹弓, 호는 磯漁, 室名은 抱經堂. ≪荀子箋釋≫을 편찬하였다. 淸 乾隆 嘉慶 연간에 餘姚盧氏 刊本으로 ≪抱經堂叢書≫가 있는데, 그가 교감한 21종의 서적을 모아 263권으로 간행하였다. (578건)
    - 謝墉(1719~1795)：淸 浙江 嘉善 사람으로, 자는 昆城, 호는 金圃・東墅. 吏部左侍

郎을 역임하였고 文衡을 아홉 번이나 맡았다. 그가 ≪荀子≫를 교감한 내용은 盧文弨의 ≪荀子箋釋≫에 포함되어 있다. ≪荀子集解≫에 그가 직접 거론되지는 않았다.

- 郝懿行(1755~1823) : 淸 山東 棲霞 사람으로, 자는 恂九, 호는 蘭皐. 하급관리인 戶部主事로 21년간 재직하며 곤궁하였으나 訓詁學과 考證學에 조예가 깊었다. ≪荀子補注≫, ≪爾雅義疏≫, ≪山海經箋疏≫, ≪竹書紀年校正≫, ≪晉宋書故≫, ≪曬書堂集≫ 등이 있다. (372건)
- 郭嵩燾(1818~1891) : 淸 湖南 湘陰 사람으로, 자는 筠仙, 호는 伯琛·玉池老人. 光緖 元年(1875)에 兵部左侍郞으로 駐英公使를 역임하였으며, ≪禮記質疑≫, ≪養知書屋集≫ 및 외국에서의 견문을 기록한 日記와 奏疏가 있다. (24건)
- 王念孫(1744~1832) : 淸 江蘇 高郵 사람으로, 자는 懷祖, 호는 石臞. 戴震에게 수학하였다. 工部主事, 永定河道 등을 지냈다. 音韻學, 文字學, 訓詁學에 조예가 깊었으며, 校勘을 잘하였다. 그의 저서 ≪讀書雜志≫에 ≪荀子≫ 교감이 있다. (556건)
- 王引之(1766~1834) : 王念孫의 아들로, 자는 伯申, 호는 曼卿. 編修 등을 역임하고 宣宗 때 工部尙書까지 지냈다. 부친의 학통을 이어받아 訓詁學의 높은 경지에 이르렀고, ≪經義述聞≫, ≪經傳釋辭≫ 등을 저술하였다. (106건)
- 顧廣圻(1766~1835) : 淸 江蘇 元和 사람으로, 자는 千里, 호는 澗蘋·思適居士. 당대의 저명한 校勘學者로, 阮元·胡克家·孫星衍의 초빙을 받아 고서를 교감하였다. ≪思適寓齋記≫를 저술하였으며, 王念孫의 ≪讀書雜志≫의 ≪荀子雜志≫ 8권에 그의 교감이 있다. (27건)
- 兪樾(1821~1907) : 淸 浙江 德淸 사람으로, 자는 蔭甫, 호는 曲園. 編修, 河南學政 등을 지냈다. 관직을 그만둔 뒤 蘇州 紫陽書院, 上海 求志書院, 杭州 詁經精舍 등에서 후학을 가르쳤다. 王念孫 부자의 학문경향을 추종하여 당대의 큰 스승으로 추앙받았다. ≪群經平議≫, ≪諸子平議≫, ≪古書疑義擧例≫, ≪春在堂隨筆≫, ≪茶香室叢鈔≫, ≪詁經精舍自課文≫, ≪賓萌集≫, ≪春在堂詩編≫ 등 많은 저술을 남겼다. 그의 ≪荀子平議≫ 4권은 ≪諸子平議≫에 들어 있다. (246건)
- 汪中(1744~1794) : 淸 江蘇 江都 사람으로, 자는 容甫. 어릴 적에 가난하여 서점에서 서적을 빌려 보았는데, 한 번 보면 암기하였다. 經學에 밝았고 諸子도 함께 연구

하였다. 같은 고장의 王念孫·劉台拱과 교제하였다. ≪荀卿子通論≫, ≪廣陵通典≫, ≪春秋後傳≫, ≪容甫先生遺詩≫, ≪述學內外篇≫을 저술하였다. (8건)

- 洪頤煊(1765~1833) : 淸 浙江 臨海 사람으로, 자는 筠軒. 경전의 訓詁에 밝았고 天文과 地理에도 조예가 있었다. ≪禮經宮室答問≫, ≪漢志水道疏證≫, ≪平津館讀碑記≫ 등을 저술하였다. (4건)
- 劉台拱(1751~1805) : 淸 江蘇 寶應 사람으로, 자는 端臨. 天文, 音樂, 文字에 이르기까지 두루 관통하였다. ≪荀子補注≫, ≪論語駢枝經傳小記≫, ≪國語補校≫, ≪漢學拾遺≫ 등을 저술하였다. (49건)
- 郭慶藩(1844~1896) : 淸 湖南 湘陰 사람으로, 자는 孟純, 호는 子靜. 郭嵩燾의 조카로, 音韻·文字學에 조예가 깊었다. ≪許書轉注說例≫, ≪說文經字正誼≫, ≪合校方言≫, ≪莊子集釋≫ 등을 저술하였다. (2건)

13. 본서에 사용된 주요 符號는 다음과 같다.

“ ” : 對話, 각종 引用

‘ ’ : “ ” 안에서 再引用, 强調

「 」 : ‘ ’ 안에서 再引用, 强調

( ) : 원문에서는 讀音이 특수한 글자나 僻字의 音
번역문에서는 간단한 譯註

〔 〕 : 번역문과 뜻은 같으나 音이 다른 漢字나 句節, 譯註에서 인용한 原文.

≪ ≫ : 書名이나 典據

〈 〉 : 篇章名, 作品名, 補充譯

○ : 저본에 사용된 楊倞의 注와 王先謙의 集解 구분 표시 適用

14. 본서의 校勘에 사용된 符號는 다음과 같다.

( )〔 〕 : (저본의 誤字)〔교감한 正字〕

〔 〕 : 저본의 脫字 補充

( ) : 저본의 衍字

參考書目

1. 底本

- ≪荀子集解≫, 王先謙 集解, 中華書局, 1988.

2. ≪荀子≫ 注解書

- ≪宋本荀子≫, 楊倞 注, 國家圖書館出版社 영인본, 2017.
- ≪荀子≫, 楊倞 注, 明 顧春 編, 嘉靖 12年(1533) 世德堂刊, 吉林出版集團公司 영인본, 2010.
- ≪荀子≫, 楊倞 注, 王鵬 整理, 上海世紀出版集團, 2010.
- ≪讀荀子≫, 物雙松(日本), 寶曆 14년(1764) 京師水玉堂 판각본.
- ≪讀荀子札記≫, 包遵信 撰, ≪文史哲≫ 連戴, 1978~1979.
- ≪荀子簡釋≫, 梁啓雄 著, 中華書局, 2010.
- ≪荀子考異≫, 錢佃 著, 中國哲學書電子化計劃 DB.
- ≪荀子校詁叢書≫, 李中生 撰, 高等教育出版社, 2001.
- ≪荀子校釋≫, 王天海 校釋, 上海古籍出版社, 2005.
- ≪荀子斷≫, 冢田虎(日本), 寬政 7년(1795) 京師水玉堂刊本.
- ≪荀子補釋≫, 劉師培 撰, 寧武南氏校印, 1936.
- ≪荀子補遺≫, 猪飼彥博(日本), 日本國會圖書館藏 필사본.
- ≪荀子補正≫, 駱瑞鶴 撰, 寧漢大學出版社, 1997.
- ≪荀子補注≫, 郝懿行 撰, 齊魯先喆遺書本.
- ≪荀子述≫, 朝川鼎(日本), 昭和 8년(1933) 활자본.
- ≪荀子新箋≫, 高亨 撰, 齊魯書社, 1980.
- ≪荀子略說≫, 安積信(日本), 昭和 8년(1933) 활자본.
- ≪荀子零箋≫, 金德建 撰, ≪中華文化論叢≫ 1980.
- ≪荀子箋釋≫, 盧文弨 校, 謝墉 輯校, 上海古籍出版社, 1986.
- ≪荀子訂補≫, 鍾泰 撰, 上海商務印書館出版社, 1936.
- ≪荀子正名篇釋詁≫, 劉念親 撰, ≪華國月刊≫ 連戴, 1923~1926.

• ≪荀子集解≫, 富山房編輯部 編輯, ≪漢文大系 第15≫, 富山房, 1913.
• ≪荀子集解補正≫, 趙海金 撰, ≪成功大學學報≫, 國立成功大學(台灣), 1972.
• ≪荀子增注≫, 久保愛(日本), 文政 3년(1820) 平安書林水玉堂 판각본.
• ≪荀子札迻≫, 孫詒讓 撰, 光緒二十年刊本.
• ≪荀子標注≫, 帆足萬里(日本), 昭和 2년(1927) 활자본.
• ≪荀學源流≫, 馬積高 著, 上海古籍出版社, 2000.
• ≪雙劍誃荀子新證≫, 于省吾 撰, 北京大業印刷局, 1940.
• ≪諸子箋校新志≫, 劉如瑛 撰, 正中書局, 1998.
• ≪增評荀子箋釋≫, 村岡良弼(日本), 明治 17년(1884) 東京 판각본.
• ≪香草續校書≫, 于鬯 撰, 中華書局, 1982.

3. ≪荀子≫ 譯註書

• ≪荀子≫, 김학주 옮김, 을유문화사, 2003.
• ≪荀子≫, 이운구 옮김, 한길사, 2006.
• ≪荀子≫, 장현근 옮김, 책세상, 2010.
• ≪荀子≫ 藤井專英(日本) 著, ≪新釋漢文大系 第5, 6≫, 明治書院, 1983.
• ≪荀子詁譯≫, 楊柳橋 著, 齊魯書社, 1985.
• ≪荀子今註今譯≫, 熊公哲 註譯, 臺灣商務印書館, 1975.
• ≪荀子讀本≫, 王忠林 注譯, 三民書局, 2009.
• ≪荀子譯注≫, 高長山 譯注, 黑龍江人民出版社, 2003.
• ≪荀子譯注≫, 張覺 譯注, 上海古籍出版社, 2012.
• ≪荀子全譯≫, 蔣南華等 注譯, 貴州人民出版社, 1995.

4. 中國 文獻

〔經部〕

• ≪經典釋文≫, 陸德明 撰, 文淵閣四庫全書, 臺灣商務印書館, 1986.
• ≪廣雅≫, 張揖 撰, 文淵閣四庫全書, 臺灣商務印書館, 1986.
• ≪群經音辨≫, 賈昌朝 撰, 文淵閣四庫全書, 臺灣商務印書館, 1986.
• ≪論語注疏≫, 何晏 注, 邢昺 疏, 北京大學出版社, 1999.
• ≪唐韻正≫, 顧炎武 撰, 文淵閣四庫全書, 臺灣商務印書館, 1986.
• ≪大戴禮記詳解≫, 王聘珍 撰, 中華書局, 1989.
• ≪孟子注疏≫, 趙岐 注, 孫奭 疏, 焦循 正義, 北京大學出版社, 1999.

- ≪毛詩正義≫, 毛公 傳, 鄭玄 箋, 孔穎達 正義, 北京大學出版社, 1999.
- ≪方言≫, 楊雄 撰, 文淵閣四庫全書, 臺灣商務印書館, 1986.
- ≪尙書正義≫, 孔安國 傳, 孔穎達 正義, 北京大學出版社, 1999.
- ≪說文通訓定聲≫, 朱駿聲 撰, 中華書局, 1984.
- ≪說文解字≫, 許愼 撰, 文淵閣四庫全書, 臺灣商務印書館, 1986.
- ≪說文解字注≫, 段玉裁 撰, 文淵閣四庫全書, 臺灣商務印書館, 1986.
- ≪詩三家義集疏≫, 王先謙 撰, 中華書局, 1987.
- ≪呂氏家塾讀詩記≫, 呂祖謙 撰, 文淵閣四庫全書, 臺灣商務印書館, 1986.
- ≪禮記正義≫, 鄭玄 注, 孔穎達 正義, 北京大學出版社, 1999.
- ≪玉篇≫, 顧野王 撰, 文淵閣四庫全書, 臺灣商務印書館, 1986.
- ≪龍龕手鑑≫, 釋行均 撰, 潘重規 編, 中華書局, 1988.
- ≪韻補≫, 吳棫 撰, 文淵閣四庫全書, 臺灣商務印書館, 1986.
- ≪六書正譌≫, 周伯琦 撰, 文淵閣四庫全書, 臺灣商務印書館, 1986.
- ≪儀禮注疏≫, 鄭玄 注, 賈公彦 疏, 北京大學出版社, 1999.
- ≪爾雅注疏≫, 郭璞 注, 邢昺 疏, 北京大學出版社, 1999.
- ≪一切經音義≫, 釋元應 撰, 文淵閣四庫全書, 臺灣商務印書館, 1986.
- ≪周禮注疏≫, 鄭玄 注, 賈公彦 疏, 北京大學出版社, 1999.
- ≪周易正義≫, 王弼・韓伯康 注, 孔穎達 正義, 北京大學出版社, 1999.
- ≪春秋穀梁傳注疏≫, 范寧 注, 楊士勛 疏, 北京大學出版社, 1999.
- ≪春秋公羊傳注疏≫, 何休 注, 徐彦 疏 北京大學出版社, 1999.
- ≪春秋左傳正義≫, 杜預 注, 孔穎達 疏, 北京大學出版社, 1999.
- ≪孝經注疏≫, 唐玄宗 注, 邢昺 疏, 北京大學出版社, 1999.

〔史部〕
- ≪國語≫, 韋昭 注, 文淵閣四庫全書, 臺灣商務印書館, 1986.
- ≪東觀漢記≫, 劉珍等 撰, 文淵閣四庫全書, 臺灣商務印書館, 1986.
- ≪史記≫, 司馬遷 撰, 裴駰 集解, 中華書局, 1959.
- ≪水經注≫, 酈道元 撰, 文淵閣四庫全書, 臺灣商務印書館, 1986.
- ≪晏子春秋≫, 晏嬰 撰, 文淵閣四庫全書, 臺灣商務印書館, 1986.
- ≪隷釋≫, 洪适 撰, 文淵閣四庫全書, 臺灣商務印書館, 1986.
- ≪戰國策≫, 高誘 注, 文淵閣四庫全書, 臺灣商務印書館, 1986.
- ≪漢書≫, 班固 撰, 中華書局, 1962.

• ≪後漢書≫, 范曄 司馬彪 撰, 中華書局. 1965.

〔子部〕
• ≪賈子新書≫, 賈誼 撰, 文淵閣四庫全書, 臺灣商務印書館, 1986.
• ≪鶡冠子≫, 無名氏 撰, 文淵閣四庫全書, 臺灣商務印書館, 1986.
• ≪敬齋古今黈≫, 李冶 撰, 文淵閣四庫全書, 臺灣商務印書館, 1986.
• ≪古今譚概≫, 馮夢龍 撰, 文淵閣四庫全書, 臺灣商務印書館, 1986.
• ≪古今事文類聚≫, 祝穆 撰, 文淵閣四庫全書, 臺灣商務印書館, 1986.
• ≪古韻標準≫, 江永 撰, 中華書局, 1982.
• ≪困學紀聞≫, 王應麟 撰, 文淵閣四庫全書, 臺灣商務印書館, 1986.
• ≪公孫龍子≫, 公孫龍 撰, 文淵閣四庫全書, 臺灣商務印書館, 1986.
• ≪孔子家語≫, 王肅 注, 文淵閣四庫全書, 臺灣商務印書館, 1986.
• ≪管子≫, 管仲 撰, 文淵閣四庫全書, 臺灣商務印書館, 1986.
• ≪老子≫, 王弼 注, 文淵閣四庫全書, 臺灣商務印書館, 1986.
• ≪論衡≫, 王充 撰, 文淵閣四庫全書, 臺灣商務印書館, 1986.
• ≪讀書雜記≫, 王紹蘭 撰, 中華書局, 1988.
• ≪獨異志≫, 李冘 撰, 文淵閣四庫全書, 臺灣商務印書館, 1986.
• ≪墨子≫, 墨翟 撰, 文淵閣四庫全書, 臺灣商務印書館, 1986.
• ≪白虎通義≫, 班固 撰, 文淵閣四庫全書, 臺灣商務印書館, 1986.
• ≪法言≫, 揚雄 撰, 李軌・柳宗元 注, 文淵閣四庫全書, 臺灣商務印書館, 1986.
• ≪本草綱目≫, 李時珍 撰, 文淵閣四庫全書, 臺灣商務印書館, 1986.
• ≪辭通≫, 朱起鳳 撰, 上海古籍出版社, 1982.
• ≪山海經≫, 郭璞 注, 文淵閣四庫全書, 臺灣商務印書館, 1986.
• ≪說苑≫, 劉向 撰, 文淵閣四庫全書, 臺灣商務印書館, 1986.
• ≪世說新語≫, 劉義慶 撰, 文淵閣四庫全書, 臺灣商務印書館, 1986.
• ≪尸子≫, 尸佼 撰, 李守奎 譯注, 黑龍江人民出版社, 2003.
• ≪新序≫, 劉向 撰, 文淵閣四庫全書, 臺灣商務印書館, 1986.
• ≪愼子≫, 愼到 撰, 文淵閣四庫全書, 臺灣商務印書館, 1986.
• ≪申子≫, 申不害 撰, 文淵閣四庫全書, 臺灣商務印書館, 1986.
• ≪呂氏春秋≫, 呂不韋 編, 高誘 注, 文淵閣四庫全書, 臺灣商務印書館, 1986.
• ≪列子≫, 張湛 注, 文淵閣四庫全書, 臺灣商務印書館, 1986.
• ≪鹽鐵論≫, 桓寬 撰, 文淵閣四庫全書, 臺灣商務印書館, 1986.

- ≪藝文類聚≫, 歐陽詢 撰, 文淵閣四庫全書, 臺灣商務印書館, 1986.
- ≪殷卜辭中所見先公先王考≫, 王國維 著, 臺北河洛圖書出版社, 1975.
- ≪日知錄≫, 顧炎武 撰, 文淵閣四庫全書, 臺灣商務印書館, 1986.
- ≪莊子集釋≫, 莊周 撰, 郭象 注, 陸德明 釋文, 成玄英 疏, 郭慶藩 輯, 王孝魚 點校, 中華書局, 1961.
- ≪諸子學述≫, 羅焌 撰, 岳麓書社, 1995.
- ≪太平御覽≫, 李昉 等 撰, 文淵閣四庫全書, 臺灣商務印書館, 1986.
- ≪太玄經≫, 揚雄 撰, 文淵閣四庫全書, 臺灣商務印書館, 1986.
- ≪通雅≫, 方以智 撰, 文淵閣四庫全書, 臺灣商務印書館, 1986.
- ≪韓非子≫, 韓非 撰, 文淵閣四庫全書, 臺灣商務印書館, 1986.
- ≪淮南子≫, 劉安 撰, 高誘 注, 文淵閣四庫全書, 臺灣商務印書館, 1986.

〔集部〕
- ≪群書治要譯注≫, 魏徵 等 撰, 中國書店出版社, 2012.
- ≪經義述聞≫, 王引之 撰, 世界書局, 1975.
- ≪經傳釋詞≫, 王引之 撰, 黃侃 楊樹達 批本, 岳麓書社, 1982.
- ≪讀書雜志≫, 王念孫 著, 江蘇古籍出版社, 2000.
- ≪讀諸子札記≫, 陶鴻慶 撰, 中華書局, 1959.
- ≪文選≫, 蕭統 撰, 文淵閣四庫全書, 臺灣商務印書館, 1986.
- ≪諸子平議≫, 兪樾 著, 中華書局, 1954.
- ≪集韻≫, 丁度 等 編, 上海古籍出版社, 1985.
- ≪楚詞補註≫, 洪興祖 撰, 文淵閣四庫全書, 臺灣商務印書館, 1986.
- ≪楚辭後語≫, 朱熹 撰, 文淵閣四庫全書, 臺灣商務印書館, 1986.
- ≪韓詩外傳≫, 韓嬰 撰, 文淵閣四庫全書, 臺灣商務印書館, 1986.

5. 韓國 文獻
- ≪星湖先生僿說≫, 李瀷 著, 驪江出版社, 1984.
- ≪順菴先生文集≫, 安鼎福 著, 韓國文集叢刊, 民族文化推進會, 1999.

6. 電子 資料
- 電子版 文淵閣四庫全書, 迪志文化出版社, 北京, 1999.
- 尙友千古(http : www.s-sangwoo.kr), 宋基采

• 韓國古典綜合DB(http : db.itkc.or.kr)
• 東洋古典綜合DB(http : db.cyberseodang.or.kr)

目 次

〔附錄 2〕

〔附錄 3〕

宥坐篇 第二十八 제28편 한쪽으로 치우치지 않기

이 편의 편명은 본문 '宥坐之器'의 앞 두 자를 취해 정한 것이다. '宥坐之器'는 군주의 좌석 오른쪽에 놓아둔 그릇이란 뜻이다. 이 그릇은 물이 가득 차면 뒤집히고 비면 기울고 적당히 차면 똑바로 서도록 되어 있다. 이것을 좌석 오른쪽에 놓아두는 것은 매사를 처리할 때 中道를 지키도록 자기를 경계하기 위해서이다.

이 편은 孔子의 언행과 사적을 위주로 기록한 것으로, 공자의 사상에 대한 荀子의 흠모와 계승의 의지를 드러낸 것이다.

이 편부터 이하 다섯 편은 순자와 그의 문하생들이 평소에 이전의 문헌에서 채록한 것이므로 순자 사상을 연구하는 데에 필요한 일차적인 자료는 아니지만, 그 사상의 경향을 이해하거나 春秋戰國 시기 정치사상의 상황과 儒家 학파의 학설을 연구하는 데에는 사료적인 가치가 매우 크다고 할 수 있다.

此以下는 皆荀卿及弟子所引記傳襍事라 故總推之於末이라

楊倞注 : 이 편부터 이하는 모두 荀卿과 그의 제자들이 이전의 문헌에 기록된 것들을 인용한 잡다한 일이므로 한데 모아 이것을 끝부분으로 미룬 것이다.

28-1 孔子觀於魯桓公[1]之廟에 有欹器焉이라

孔子가 魯 桓公의 사당을 참관했을 때 그곳에 뒤집히기 쉬운 그릇이 있었다.

春秋哀公三年에 桓宮僖宮災라하고 公羊傳曰 此皆毁廟也라 其言災何오 復(부)立也라하니라 或曰 三桓之祖廟[2]欹器傾이라하니라 欹는 易(이)覆之器라

1) 魯桓公 : 이름은 軌이다. 魯 惠公의 아들이자 魯 隱公의 아우이다. 재위기간은 B.C. 711~B.C. 694이다.

2) 三桓之祖廟 : 三桓은 魯나라 大夫 孟孫・叔孫・季孫으로, 魯 桓公의 후손들이다. 魯 文公이 죽은 뒤에 세력이 강해져 三軍을 나누어 거느림으로써 사실상 魯나라의 정권을 장악하였다. 祖廟는 이들의 조상인 桓公의 사당이란 뜻이다.

楊倞注 : ≪春秋≫ 哀公 3년에 "桓公의 사당과 僖公의 사당에 화재가 일어났다."라 하고, ≪春秋公羊傳≫에 "이것은 모두 허물어야 할 사당인데 무엇 때문에 화재가 일어났다고 말했는가? 따로 다시 세웠기 때문이다."라고 하였다. 혹자는 "三桓 선조의 사당에 있는 欹器가 기울어졌다는 것이다."라고 하였다. 欹는 뒤집히기 쉬운 그릇이다.

28-2 孔子問於守廟者曰 此爲何器오하니 守廟者曰 此蓋爲宥坐之器라하여늘

孔子가 사당을 지키는 사람에게 물었다.
"이것은 무슨 그릇인가?"
사당을 지키는 사람이 대답하였다.
"이것은 〈군주가〉 좌석 오른쪽에 두어 〈자기를 경계하는〉 그릇입니다."

宥는 與右同이라 言人君可置於坐右하여 以爲戒也라 說苑엔 作坐右라 或曰 宥는 與侑同이니 勸也라하니라 文子曰 三王五帝有勸戒之器하니 名侑卮[3]라하고 注云 欹器也라하니라 ○ 盧文弨曰 今說苑作右坐하니 見敬愼篇이라

楊倞注 : 宥는 '右'와 같다. 군주가 앉는 곳의 오른쪽에 두어 자기를 경계한다는 말이다. ≪說苑≫에는 〈宥坐가〉 '坐右'로 되어 있다. 혹자는 "宥는 '侑'와 같으니, 권한다는 뜻이다."라고 하였다. ≪文子≫에 "三王과 五帝는 자기를 권면하고 경계하는 그릇을 두었으니 그 이름은 侑卮이다."라 하고, 그 주에 "이것은 뒤집히기 쉬운 그릇이다."라고 하였다.

○ 盧文弨 : 지금의 ≪說苑≫에는 '右坐'로 되어 있으니, ≪說苑≫ 〈敬愼篇〉에 보인다.

28-3 孔子曰 吾聞宥坐之器者는 虛則欹하고 中則正하고 滿則覆이라하니라 孔子顧謂弟子曰 注水焉하라하니라 弟子挹水而注之하니

孔子가 말하였다.

---

3) 文子曰……名侑卮 : ≪文子≫ 〈守弱〉에 보인다. ≪문자≫에는 "三皇五帝有戒之器 命曰侑器(三皇과 五帝는 〈자기를〉 경계하는 그릇을 두었으니, 그 이름은 侑器이다.)"로 되어 있다. 命은 '名'과 같다.

“내가 듣기로는 〈군주가〉 좌석 오른쪽에 두어 〈자기를 경계하는〉 그릇은 〈물이〉 비었을 때는 기울고 절반 정도로 담기면 똑바로 서고 가득 차면 뒤집힌다고 했다.”

孔子가 제자를 돌아보며 말하였다.

“이 속에 물을 부어보아라.”

제자가 물을 떠 거기에 부으니,

挹은 酌이라

楊倞注 : 挹은 물을 뜬다는 뜻이다.

觀周欹器

28-4 **中而正**하고 **滿而覆**하고 **虛而欹**라 **孔子**喟**然而歎曰** 吁라 **惡**(오)**有滿而不覆者哉**리오하니라 **子路曰 敢問持滿有道乎**잇가하니 **孔子曰 聰明聖知**[4]는 **守之以愚**하고 **功被天下**는 **守之以讓**하고 **勇力撫世**는 **守之以怯**하고

중간 정도에서 바로 서고 가득 차자 뒤집히고 속을 비우자 기울어졌다. 孔子가 감개하여 탄식하였다.

“아, 어찌 가득 차고서 뒤집히지 않는 것이 있겠는가.”

子路가 물었다.

“감히 묻겠습니다. 가득 찬 상태를 유지할 무슨 방법이 있습니까?”

공자가 대답하였다.

“총명하여 지혜로운 사람은 어리석은 모양으로 그것을 지키고, 공로를 천하에 끼친 사람은 謙讓한 태도로 그것을 지키고, 용기와 힘이 세상을 압도한 사람은 겁

4) 知 : ‘智’와 같다.

이 많은 모양으로 그것을 지키고,

撫는 掩也니 猶言蓋世矣라 ○ 盧文弨曰 據注하면 則撫乃憮字之誤라 家語三恕篇엔 作振世라

楊倞注：撫는 덮는다는 뜻이니, 〈撫世는〉 '蓋世(세상을 압도하다)'라는 말과 같다. ○ 盧文弨：〈楊氏의〉 주에 의거하면 '撫'는 곧 '憮'자의 잘못이다. ≪孔子家語≫ 〈三恕篇〉에는 〈撫世가〉 '振世(세상에 떨치다)'로 되어 있다.

28-5 富有四海는 守之以謙[5)]이니 此所謂挹[6)]而損之之道也라하니라

부유함이 천하를 소유한 사람은 겸소한 태도로 그것을 지키는 것이니, 이것이 이른바 〈가득한 것을〉 억제하고 덜어내는 방법이다."

挹은 亦退也라 挹而損之는 猶言損之又損[7)]이라

楊倞注：挹은 이 또한 물러난다는 뜻이다. 挹而損之는 "덜어내고 또 덜어낸다."는 말과 같다.

28-6 孔子爲魯攝相하여 朝七日而誅少正卯[8)]라

孔子가 魯나라의 대리 재상이 되어 조정의 정사를 맡아본 지 7일 만에 少正卯

5) 謙：≪淮南子≫ 〈道應訓〉에 "부귀가 광대할 때는 검소한 태도로 그것을 지켜야 한다.〔富貴廣大 守之以儉〕"라 하고, 張覺도 "謙은 '廉'과 통하니 儉約하다는 뜻이다."라고 하였다. 이에 따라 번역하였다.

6) 挹：'抑'과 통한다.

7) 損之又損：≪老子≫ 48章에 "잡다한 배움을 추구하면 〈외적인 지식만〉 나날이 늘어나고, 도를 추구하면 〈얄팍한 지혜가〉 나날이 줄어든다. 〈얄팍한 지혜를〉 덜어내고 또 덜어내어 無爲의 경지에 도달해야 하니, 無爲를 할 수 있다면 이뤄내지 못할 일이 없다.〔爲學日益 爲道日損 損之又損 以至於無爲 無爲而無不爲〕"라고 한 데서 인용한 것이다.

8) 孔子爲魯攝相 朝七日而誅少正卯：少正은 관직명이고, 卯는 이름이다. 그는 魯나라 大夫로 일찍이 孔子와 같은 시기에 魯나라에서 학문을 강의하여 공자의 제자들을 여러 번 끌어가기도 하였다. 공자가 魯 定公 9년(B.C. 501)부터 노 정공 14년(B.C. 496)까지 노나라 司寇로 있었는데, 그 관직에 부임한 초기에 少正卯를 다섯 가지 죄목으로 처형하였다. 司寇는 형법을 주관하는 최고 관리이다.

誅少正卯

를 誅殺하였다.

爲司寇而攝相也라 **朝**는 **謂聽朝也**라

楊倞注 : 〈孔子가〉 司寇가 되어 재상의 임무를 대리한 것이다. 朝는 조정의 정사를 맡아보는 것을 이른다.

28-7 **門人進問曰**[9] **夫少正卯**는 **魯之聞人也**라 **夫子爲政而始誅之**는 **得無失乎**잇가하니

門人이 나아가 물었다.

"저 少正卯는 魯나라에서 이름이 알려진 사람입니다. 夫子께서 정사를 맡아보시면서 먼저 그를 誅殺한 것은 실책이 아닙니까?"

聞人은 **謂有名**하여 **爲人所聞知者也**라 **始誅**는 **先誅之也**라

楊倞注 : 聞人은 명망이 있어 사람들이 그의 이름을 들어 알고 있는 것을 이른다.

---

9) 門人進問曰 : ≪孔子家語≫ 〈始誅〉에는 '子貢進曰'로 되어 있다. 子貢은 孔子의 제자 端木賜이다.

始誅는 맨 먼저 그를 誅殺하였다는 뜻이다.

28-8 **孔子曰 居**하라 **吾語女**[10]**其故**하리라 **人有惡者五**로되 **而盜竊不與焉**이라 **一曰心達而險**이요 **二曰行**辟**而堅**이요 **三曰言僞而辯**이요 **四曰記醜**[11]**而博**이요 **五曰順非而澤**[12]이라

孔子가 말하였다.

"앉아라. 내가 너에게 그 까닭을 말해주겠다. 사람에게 죄악이 다섯 가지가 있는데 도둑질은 거기에 들어가지 않는다. 첫째는 마음이 〈사물에〉 통달하면서도 음험한 것이고, 둘째는 행위가 편벽되면서도 완고한 것이고, 셋째는 하는 말이 거짓이면서도 말을 잘하는 것이고, 넷째는 추악한 일만 기억하되 그 범위가 넓은 것이고, 다섯째는 잘못된 일을 따르되 매끄럽게 잘 꾸미는 것이다.

孔子

心達而險은 **謂心通達於事而凶險也**라 辟은 **讀曰僻**이라 **醜**는 **謂怪異之事**라 **澤**은 **有潤澤也**라

楊倞注：心達而險은 마음이 사물에 통달하면서도 음험한 것을 이른다. 辟은 '僻(편벽되다)'으로 읽어야 한다. 醜는 괴이한 일을 이른다. 澤은 윤택하게 하는 일이 있다는 뜻이다.

28-9 **此五者有一於人**이면 **則不得免於君子之誅**어늘 **而少正卯兼有之**라 **故居**

10) 女：'汝'와 같다. 아래의 경우도 마찬가지이다.

11) 醜：楊倞은 괴이한 일을 이른다고 하였으나, 鍾泰는 이것을 옳지 않다고 하면서 '추악하다'는 뜻이라고 하였다.

12) 澤：楊倞은 윤택하게 하는 일이 있다는 뜻이라고 하였으나, 鍾泰는 '光潤(매끄럽다)'의 뜻이라고 하면서 능히 매끄럽게 잘 꾸미는 것을 이른다고 하였다.

處足以聚徒成羣하고 **言談足飾邪營**(형)**衆**하며 **强足以反是獨立**이라 **此小人之桀**[13]**雄也**니 **不可不誅也**니라

이 다섯 가지 〈죄악이〉 사람에게 하나라도 있다면 君子의 誅殺을 면할 수 없는데 少正卯는 이것들을 모두 가지고 있다. 그러므로 그가 거주하는 곳에서는 충분히 門徒들을 취합하여 무리를 이룰 수 있고, 그의 談論은 충분히 사악함을 숨기고 뭇사람을 미혹시킬 수 있으며, 그의 강인한 〈의지는〉 충분히 正論을 반대하여 자주적으로 독립할 수 있다. 이 사람은 小人 가운데 걸출한 자이니, 誅殺하지 않을 수 없는 것이다.

營은 **讀爲熒**이니 **熒衆**은 **惑衆也**라 **强**은 **剛愎也**라 **反是**는 **以非爲是也**라 **獨立**은 **人不能傾之也**라

楊倞注：營은 '熒'으로 읽어야 하니, 熒衆은 뭇사람을 미혹시킨다는 뜻이다. 强은 고집이 세다는 뜻이다. 反是는 틀린 것을 옳다고 여긴다는 뜻이다. 獨立은 남들이 그를 무너뜨리지 못한다는 뜻이다.

28-10 **是以湯誅尹諧**하고 **文王誅潘止**하고 **周公誅管叔**[14]하고 **太公誅華仕**[15]하고 **管仲誅付里乙**하고 **子産誅鄧析**[16]**史付**라

이 때문에 湯은 尹諧를 誅殺하고, 文王은 潘止를 주살하고, 周公은 管叔을 주살하고, 太公은 華仕를 주살하고, 管仲은 付里乙을 주살하고, 子産은 鄧析과 史付를 주살하였다.

---

13) 桀：'傑'과 통한다.

14) 管叔：周 文王의 셋째 아들로 이름은 鮮이다. 武王이 商을 멸망시킨 뒤에 管國에 봉해졌는데 成王이 어린 나이로 즉위하여 周公이 섭정하자, 蔡叔・武庚과 함께 東夷와 연합하여 반란을 일으켰다. 이로 인해 주공에 의해 무경과 함께 誅殺되었다.

15) 華仕：은거하여 세상의 규율과 제도를 부정한 사람으로만 추정될 뿐 자세한 인적사항은 알 수 없다.

16) 鄧析：春秋 말기 鄭나라 大夫로, 先秦 法家의 창시자이다. 말재주가 좋아 사물에 대해 불확실한 論題를 견지하고 세상에 결과는 없다는 궤변을 창설하면서 자의적으로 國法을 고쳤다가 子産에 의해 誅殺되었다.

韓子曰 太公封於齊러니 東海上有居士曰 狂矞華士昆弟二人이라 立議曰 吾不臣天子하고 不友諸侯라 耕而食之하고 掘而飮之하여 吾無求於人이라 無上之名하고 無君之祿하여 不仕而事力이라하여늘 太公使執而殺之하여 以爲首誅라 周公從魯聞하여 急傳而問之曰 二子는 賢者也어늘 今日饗國殺之는 何也오하여늘 太公曰 是昆弟立議曰 不臣天子라하니 是望[17]不得而臣也요 不友諸侯라하니 是望不得而使也요 耕而食之하고 掘而飮之하여 無求於人이라하니 是望不得以賞罰勸禁也라 且先王之所以使其臣民者는 非爵祿則刑罰也어늘 今四者不足以使之면 則望誰爲君乎잇가 是以誅之로이다하니라 尹諧潘止付里乙史付는 事迹竝未聞也라 ○ 盧文弨曰 家語엔 作管仲誅付乙하고 子產誅史何라하고 注先王이 宋本엔 作夫王하며 無下民字라 今據韓子外儲說右上增正이라

楊倞注 : ≪韓非子≫ 〈外儲說 右上〉에 "姜太公이 齊나라 제후에 봉해졌는데 동해의 해변에 은거하는 狂矞과 華士라는 두 형제가 있었다. 〈이들은 스스로〉 표방하기를 '우리는 천자를 신하의 예절로 섬기지 않고 제후를 벗으로

湯

周 文王

周公

17) 望 : 呂尙의 별칭인 太公望의 약칭이다. '太公望'은 渭水 가에서 낚시하고 있을 때 周 文王이 사냥을 나갔다가 대화를 나눠보고 크게 기뻐하여 "우리 太公께서 그대를 갈망한 지 오래되었다."라고 했다는 데서 생긴 호칭이다. 태공은 문왕이 자기 아버지 王季를 가리키는 말이다.

사귀지 않는다. 몸소 밭을 갈아 밥을 먹고 우물을 파 물을 마셔 우리는 다른 사람에게 구하는 것이 없다. 군주가 주는 명성을 바라지 않고 군주가 주는 녹봉도 바라지 않아 벼슬살이를 하지 않고 체력 노동에 종사할 뿐이다.'라고 하였는데, 강태공이 관리를 보내 그들을 잡아 죽이게 하여 가장 먼저 誅殺하는 대상으로 삼았다. 周公이 魯나라에서 그 소식을 듣고 급히 파발꾼을 내보내 그에게 묻기를 '이 두 사람은 어진 인물들인데 지금 제후국에 봉해지자마자 이들을 죽인 것은 무슨 까닭입니까?'라고 하자, 강태공이 말하기를 '이들 형제가 〈스스로〉 표방하기를 「〈우리는〉 천자를 신하의 예절로 섬기지 않는다.」라 하였으니 이는 내〔望〕가 신하로 거느릴 수 없다는 것이고, 「제후를 벗으로 사귀지 않는다.」라 하였으니 이는 내가 부릴 수 없다는 것이고, 「몸소 밭을 갈아 밥을 먹고 우물을 파 물을 마셔 다른 사람에게 구하는 것이 없다.」라 하였으니 이는 내가 그들을 賞罰로 격려하거나 제어할 수 없다는 것입니다. 그리고 고대의 聖王이 그 臣民을 부리는 도구는 爵祿이 아니면 刑罰인데, 지금 〈이 爵·祿·刑·罰의〉 네 가지로 부릴 수 없다면 내가 누구를 위해 군주 노릇을 하겠습니까. 이 때문에 이들을 주살한 것입니다.'라 했다."라고 하였다. 尹諧·潘止·付里乙·史付는 이들에 대한 사적을 모두 들어보지 못했다.

○ 盧文弨 : 〈'管仲誅付里乙 子産誅鄧析史付'가〉 ≪孔子家語≫ 〈始誅〉에는 '管仲誅付

太公望

管仲

子産

乙 子産誅史何'로 되어 있고, 〈楊氏〉 注의 '先王'이 宋本에는 '夫王'으로 되어 있으며 그 아래(其臣民者) '民'자는 없다. 여기서는 ≪韓非子≫ 〈外儲說 右上〉에 의거하여 글자를 추가하고 바로잡았다.

28-11 此七子者는 皆異世同心하니 不可不誅也라 詩曰 憂心悄悄하니 慍於羣小라하니 小人成羣은 斯足憂也라하니라

이들 일곱 사람은 모두 그 시대가 다르지만 〈사악한〉 마음은 똑같았으니, 誅殺되지 않을 수 없었던 것이다. ≪詩經≫에 '근심하는 마음이 그지없거니 소인들 그 무리가 노여워했네.'라 하였으니, 소인이 무리를 이루는 것은 충분히 근심할 만한 일이다."

詩는 **北風柏舟之篇**이라 悄悄는 **憂貌**라 慍은 **怒也**라

楊倞注 : ≪詩經≫은 〈北風 柏舟〉편이다. 悄悄는 근심하는 모양이다. 慍은 노한다는 뜻이다.

28-12 孔子爲魯司寇에 有父子訟者라 孔子拘之하여 三月不別이라가

孔子가 魯나라 司寇가 되었을 때 아비와 자식이 訟事를 제기한 일이 있었다. 공자는 그의 아들을 구금하여 석 달 동안 판결을 내리지 않고 있다가

別은 **猶決也**라 **謂不辨別其子之罪**라

楊倞注 : 別은 '決'과 같다. 그 자식의 죄를 가려내 판결하는 것을 이른다.

28-13 其父請止어늘 孔子舍之라 季孫[18]聞之不說(열)曰 是老也欺予라

그의 아버지가 〈송사를〉 그만두겠다고 청하자 孔子가 석방하였다. 季孫氏가 이 일을 듣고 불쾌하여 말하였다.

---

18) 季孫 : 魯나라 大夫 季孫肥를 말한다. 季孫斯의 아들로 魯 哀公 때 국정을 독단하였다. 그의 시호가 康이므로 季康子라 하기도 한다. 孔子의 제자 冉求를 家臣으로 임용하여 齊나라의 공격을 방어하게 하였으며, 공자를 존경하였으나 등용시키지는 못했다.

"이 大夫(孔子)가 나를 기만하였다.

老는 大夫之尊稱이라 春秋傳曰 使圍將不得爲寡君老也라하니라

楊倞注：老는 大夫에 대한 존칭이다. ≪春秋左氏傳≫ 昭公 元年에 "使圍將不得爲寡君老(〈楚나라 公子〉 圍로 하여금 장차 〈퇴출되어 다시〉 寡君의 大夫가 될 수 없게 만들 것입니다.)"라고 하였다.

28-14 語予曰 爲國家必以孝라하니 今殺一人以戮[19]不孝어늘 又舍之로다하니 冉子[20]以告라 孔子慨然歎曰 嗚呼[21]라 上失之하고 下殺之면 其可乎아 不敎其民而聽其獄은 殺不辜也라 三軍大敗에 不可斬也요 獄犴(안)不治에 不可刑也니 罪不在民故也니라

〈그가 일찍이〉 나에게 말하기를 '국가를 다스릴 때는 반드시 효도로 해야 한다.' 라고 하였으니, 〈그렇다면〉 이번에 한 사람을 죽여 〈천하의〉 불효자를 치욕스럽게 해야 할 것인데 도리어 그를 놓아주었다."

冉子가 그 말을 孔子에게 고하였다. 공자가 감개하여 탄식하고 말하였다.

"아, 군주가 〈도리를〉 제대로 행하지 못하고 백성을 함부로 죽인다면 그것이 옳겠는가. 〈효도로써〉 백성을 교육하지 않고 〈임의대로〉 옥사를 판결하는 것은 죄 없는 사람을 죽이는 것이다. 三軍이 전쟁에서 크게 패했을 때 〈병사들을 모두〉 참수하여 〈문제를 해결할〉 수 없고, 獄事가 제대로 처리되지 않을 때 〈혹독한〉 형벌로 〈그것을 멈추게〉 할 수 없으니, 이는 그 죄가 백성에게만 있지 않기 때문이다.

獄犴不治는 謂法令不當也라 犴은 亦獄也라 詩曰 宜犴宜獄고하니라 獄字從二犬하니 象所以守者라 犴은 胡地野犬이니 亦善守라 故獄謂之犴也라

楊倞注：獄犴不治는 법령에 관한 일이 옳지 않은 것을 이른다. 犴은 이 또한 '獄'이

19) 戮：'僇'과 통하는 것으로, 치욕이란 뜻이다. 여기서는 동사로 쓰였다.

20) 冉子：孔子의 제자 冉求를 가리킨다.

21) 嗚呼：여기서부터 아래(28-27) '豈不哀哉'까지는 孔子의 말이다.

다. ≪詩經≫ 〈小雅 小宛〉에 '宜犴宜獄(벌 받아 감옥살이 무슨 도린가.)'이라고 하였다. '獄'자는 두 '犬'(犭, 犬)이 붙어 있으니, 지키는 것을 상징한다. 犴은 오랑캐 땅의 들개이니, 이 또한 잘 지키기 때문에 獄을 犴이라 이른다.

28-15 嫚令謹誅는 賊也요

법령을 경시하고 처벌을 엄하게 하는 것은 〈사람을〉 살해하는 행위이고,

嫚은 與慢同이라 謹은 嚴也라 賊은 賊害人也라

楊倞注 : 嫚은 '慢'과 같다. 謹은 엄하다는 뜻이다. 賊은 사람을 해친다는 뜻이다.

28-16 今(生也)有時斂也無時[22]는 暴也요

대체로 또 賦稅는 시기를 정해 징수해야 하는데도 때 없이 〈징수하는〉 것은 잔혹한 행위이고,

言生物有時어늘 而賦斂無時는 是(陵)〔緩〕[23]暴也라 ○ 盧文弨曰 生也二字는 各本皆脫이라 今案注增이라 王念孫曰 今字는 當在嫚令謹誅上이니 總下三事言之라야 文義方順이라 家語始誅篇에 作夫嫚令謹誅하니 夫字亦總下之詞라

楊倞注 : 하늘이 만물을 생장시키는 것은 때가 있는데도 賦稅를 때 없이 징수하는 것은 멋대로 포학을 가하는 것이라는 말이다.

○ 盧文弨 : '生也' 두 자는 각 판본에 모두 빠져 있다. 여기서는 〈楊氏의〉 주를 살펴 추가하였다.

---

22) 今(生也)有時斂也無時 : 저본에는 '生也'가 있으나, 王天海의 설에 의거하여 잘못 덧붙여진 것으로 처리하였다. 왕천해는 "이 구는 마땅히 '今有時斂也無時'로 되어야 한다. 今은 '夫'와 같다. 이것은 이 구의 發語詞일 뿐이므로 '嫚令' 위에 있어서는 안 된다. 王氏(王念孫)의 설은 틀렸다. 有는 '又'의 뜻이다. 也는 '而'와 같다. 이 구는 '夫又時斂而無時'라는 말과 같다. ≪孔子家語≫ 〈始誅〉에는 바르게 '徵斂無時'로 되어 있다. 楊倞의 주는 글자를 보태 뜻을 풀이한 것인데, 盧氏가 이것에 의거하여 '生也' 두 자를 추가하였으니, 모두 틀렸다."라고 하였다. 이에 따라 번역하였다.

23) (陵)〔緩〕: 저본에는 '陵'으로 되어 있으나, 王天海의 설에 의거하여 '緩'으로 바로잡았다. 왕천해가 楊倞의 본디 주는 '緩'으로 되어 있었는데, 식견이 얕은 후세 사람이 '緩'은 '縱'의 뜻임을 모르고 잘못 고친 것이라고 하였다.

王念孫 : '今'자는 마땅히 '嫚令謹誅' 위에 있어야 하니, 아래 세 가지 일을 총괄해 말을 하여야 글 뜻이 비로소 순리롭다. ≪孔子家語≫ 〈始誅篇〉에 '夫嫚令謹誅'로 되어 있으니, '夫'자 또한 아래 일을 총괄하는 말이다.

28-17 不敎而責成功은 虐也라 已[24)]此三者 然後刑可卽也라

교육하지 않고 공을 이룰 것을 요구하는 것은 포악한 행위이다. 이 세 가지 행위를 파기하여야 하니, 그런 다음에야 형벌로 나아갈 수 있는 것이다.

已는 止라 卽은 就라

楊倞注 : 已는 멈춘다는 뜻이다. 卽은 나아간다는 뜻이다.

28-18 書曰 義刑義殺이요 勿庸以卽하라 予維曰未有順事[25)]라하니 言先敎也라

≪書經≫에 '합리적인 원칙으로 형벌과 사형을 처리하고 〈너 개인의 마음에〉 따라 나아가지 말라. 〈형벌과 사형을 합리적인 원칙으로 처리하더라도 너는〉 스스로 옥사를 신중히 다스리는 일이 없다고 말하여야 한다.'라고 하였으니, 이것은 교육을 우선으로 해야 한다는 말이다.

書는 康誥[26)]라 言周公命康叔하여 使以義刑義殺이요 勿用以就汝之心하여 不使任其喜怒也라 維刑殺皆以義라도 猶自謂未有使人可順守之事라 故有抵犯者면 自責其敎之不至也라

---

24) 已 : 파기한다는 뜻이다. ≪玉篇≫에 "已는 버린다〔棄〕는 뜻이다."라 하고, ≪孟子≫ 〈盡心 上〉 '無所不已'의 趙岐 주에 "已는 버린다는 뜻이다."라고 하였다.

25) 義刑義殺……予維曰未有順事 : 義는 '宜'의 뜻이고, 庸은 '用'과 같다. 順事는 愼事와 같은 것으로, 獄事를 신중히 다스린다는 말이다. 지금의 ≪書經≫ 〈康誥〉에는 "用其義刑義殺 勿庸以次汝封 乃汝盡遜 曰時叙 惟曰未有遜事(합리적인 원칙으로 형벌과 사형을 처리하고 封의 뜻대로 처리하지 말라. 네가 처리하는 〈형벌과 사형이〉 모두 신중하여 비록 질서가 있다 하더라도 〈너는 마땅히〉 옥사를 신중히 다스리는 일이 없다고 말하여야 한다.)"로 되어 있어 여기 글과 약간 다르다.

26) 康誥 : ≪書經≫ 〈周書〉의 편명이다. 周公이 管叔과 蔡叔의 반란을 평정한 다음 殷나라의 遺民을 康叔에게 봉해줄 때 당부하는 내용으로 되어 있다.

楊倞注：≪書經≫은 〈康誥〉이다. 周公이 康叔에게 명하여 합리적인 원칙으로 형벌과 사형을 처리하고 너 개인의 마음에 나아가지 말게 함으로써 자기의 기쁘고 노여운 감정에 치우지지 않도록 하였다는 말이다. 형벌과 사형을 모두 합리적인 원칙에 따라 행하더라도 스스로 사람들로 하여금 〈도리를〉 신중히 지키게 하는 일이 없다고 말하기 때문에, 죄를 짓거나 법을 어기는 사람이 있으면 그들을 교육하는 일이 완전하지 못했다고 자책하는 것이다.

28-19 故先王旣陳之以道하고 上先服之라

그러므로 고대의 聖王은 이미 〈국가를 다스리는〉 원칙을 백성에게 선포하고 위에서 먼저 그것을 행하였다.

服은 行也라 謂先自行之 然後敎之라

楊倞注：服은 행한다는 뜻이다. 먼저 자기가 행한 다음에 〈백성을〉 교육하는 것을 이른다.

28-20 若不可면 尙賢以綦之하고 若不可면 廢不能以單(탄)[27]之하니

그래도 만약 안 되면 賢人을 추앙하여 우대하고 그래도 만약 안 되면 무능한 사람을 폐퇴시켜 두려움에 떨게 하였으니,

綦는 極也니 謂優寵也라 單은 盡也니 盡은 謂黜削이라 單은 或爲殫이라 ○ 盧文弨曰 家語始誅篇엔 作尙賢以勸之하고 又不可而後에 以威憚之라 此注單或爲殫이 元刻엔 作或爲憚하니 與家語同이라

楊倞注：綦는 '極'의 뜻이니, 매우 총애하는 것을 이른다. 單은 '盡'의 뜻이니, 盡은 파면하는 것을 이른다. 單은 간혹 '殫'으로 되어 있기도 하다.

○ 盧文弨：≪孔子家語≫ 〈始誅篇〉에는 '尙賢以勸之 又不可而後 以威憚之(賢人을 추앙하여 장려하고 그래도 안 된 뒤에 위력으로 두려워하게 하였다.)'로 되어 있다. 이 〈楊氏〉 주의 '單或爲殫'이 元刻本에는 '〈單〉或爲憚'으로 되어 있으니, 이것은 ≪공자가어≫와 같다.

---

27) 單(탄)：≪孔子家語≫에 따라 '憚'으로 간주하여 번역하였다.

28-21 綦[28]三年而百姓(往)〔從〕[29]〔風〕[30]矣라

3년에 이르러 백성들이 교화에 따랐다.

百姓從化는 極不過三年也라 ○ 盧文弨曰 往은 乃從之誤니 下注同이라 王念孫曰 案從下當有風字라 今本無風字者는 從誤爲往이면 則往風二字義不可通하니 後人因刪風字耳라 據楊注云百姓從化면 化字正釋風字라 太平御覽治道部五引此하되 正作百姓從風이라 韓詩外傳及說苑政理篇竝同이라

楊倞注 : 백성들이 교화를 따르는 것은 〈그 기간이〉 아무리 많아도 3년을 넘지 않았다는 것이다.

○ 盧文弨 : '往'은 곧 '從'의 잘못이니, 아래의 〈楊氏〉 주도 같다.

王念孫 : 살펴보건대, '從' 밑에 마땅히 '風'자가 있어야 한다. 지금 판본에 '風'자가 없는 이유는 〈다음과 같다.〉 '從'이 '往'으로 잘못되어 있다면 '往風' 두 자는 뜻이 통하지 않으니, 후세 사람이 이로 인해 '風'자를 삭제한 것이다. 楊氏 주의 '百姓從化'에 의거하면 '化'자는 정확히 '風'자를 풀이한 것이다. ≪太平御覽≫ 〈治道部 5〉에 이 문구를 인용하였는데, 바르게 '百姓從風'으로 되어 있다. ≪韓詩外傳≫ 및 ≪說苑≫ 〈政理篇〉도 모두 그와 같다.

28-22 (邪民)〔躬行〕[31]不從 然後俟之以刑이니 則民知罪矣리라

몸소 실천하더라도 따르지 않는 다음에 그들을 형벌로 대해야 하니, 그렇게 되면 백성들이 〈자신의〉 죄를 알 것이다.

百姓旣(往)〔從〕[32] 然後誅其姦邪也라 ○ 王念孫曰 案邪民은 本作躬行이라 上文

---

28) 綦 : '朞'와 통한다. 여기서는 '이르다', '미치다'의 뜻이다.

29) (往)〔從〕 : 저본에는 '往'으로 되어 있으나, 盧文弨와 王念孫의 주에 의거하여 '從'으로 바로잡았다.

30) 〔風〕 : 저본에는 '風'이 없으나, 王念孫의 주에 의거하여 보충하였다.

31) (邪民)〔躬行〕 : 저본에는 '邪民'으로 되어 있으나, 王念孫의 주에 의거하여 '躬行'으로 바로잡았다. 王天海는 왕염손의 주를 인정하지 않았다.

32) (往)〔從〕 : 저본에는 '往'으로 되어 있으나, 위(28-21) 盧文弨의 주에 의거하여 '從'으로 바로잡았다.

云上先服之와 三年而百姓從風한대 服者는 行也니 卽此所謂躬行也라 故云躬行不從 然後俟之以刑이라 隸書는 躬與邪相似라 故躬誤爲邪①라 家語始誅篇엔 作其有邪民不從化者 然後待之以刑이라 案荀子之躬行不從을 誤作邪行不從하면 則義不可通이라 王肅[33)]不知邪爲躬之誤라 故改邪行不從爲邪民不從化하여 以曲通其義어늘 而今本荀子에도 亦作邪民하니 則又後人以家語改之也라 楊注云 百姓旣從 然後誅其姦邪라하니 則所見本已同今本이라 說苑엔 正作躬行不從 而后俟之以刑이라

① 見隸辨이라 案躬行은 作邪行하니 邪字誤而行字不誤라 外傳亦誤作邪行하고 唯說苑不誤라 今本荀子邪行作邪民은 乃後人所改니 辯見下라
〈'邪'가 '躬'으로 잘못된 사례는〉 ≪隸辨≫에 보인다.
살펴보건대, '躬行'이 '邪行'으로 되어 있으니, '邪'자는 잘못되었으나 '行'자는 잘못되지 않았다. ≪韓詩外傳≫에도 '邪行'으로 잘못되어 있고, ≪說苑≫에만 잘못되지 않았다. 지금의 판본 ≪荀子≫에 '邪行'이 '邪民'으로 되어 있는 것은 곧 후세 사람이 고친 것이니, 이에 대한 설명은 아래에 보인다.

楊倞注 : 백성들이 이미 〈교화를〉 따른 다음에 그 간사한 사람을 誅殺한다는 것이다.

○ 王念孫 : 살펴보건대, '邪民'은 본디 '躬行'으로 되어 있었을 것이다. 윗글에 "上先服之(위에서 먼저 그것을 행하였다.)"라 하고, "三年而百姓從風(3년에 이르러 백성들이 교화를 따를 것이다.)"이라 하였는데, 服이란 행한다는 뜻이니 곧 이곳의 '躬行'이다. 그러므로 "躬行不從 然後俟之以刑(몸소 실천하더라도 따르지 않는 다음에 그들을 형벌로 대해야 한다.)"이라 하였다. 隸書는 '躬'과 '邪'가 서로 비슷하므로 '躬'이 잘못되어 '邪'로 된 것이다. ≪孔子家語≫ 〈始誅篇〉에는 '其有邪民不從化者 然後待之以刑(간사한 백성들이 교화를 따르지 않는 일이 있은 다음에 그들을 형벌로 대해야 한다.)'으로 되어 있다. 살펴보건대, ≪荀子≫의 '躬行不從'을 '邪行不從'으로 잘못 쓴다면 뜻이 통하지 않는다. 王肅은 '邪'가 '躬'의 잘못이라는 것을 몰랐기 때문에 〈≪공자가어≫에서〉 '邪行不從'을 '邪民不從化'로 잘못 고쳐 그 뜻을 곡해하였는데 지금 판본의 ≪荀子≫

---

33) 王肅 : 魏나라 東海郡 郯縣 사람으로, 자는 子雍이다. 王朗의 아들이자 司馬昭의 장인이다. 魏 文帝 때 侍中・太常・中領軍・散騎常侍를 역임하였다. 賈逵와 馬融의 학풍을 좋아하고 鄭玄을 좋아하지 않았다. 諸家의 설을 종합하여 ≪詩經≫・≪書經≫・三禮・≪春秋左氏傳≫・≪論語≫・≪孔子家語≫ 등을 풀이하였다.

에도 '邪民'로 되어 있으니, 이것도 후세 사람이 ≪공자가어≫로 인해 고친 것이다. 楊氏의 주에 '百姓旣從 然後誅其姦邪'라 하였으니, 그가 본 판본이 이미 지금의 판본과 같았을 것이다. ≪說苑≫ 〈政理〉에는 '躬行不從 而后俟之以刑'으로 바르게 되어 있다.

28-23 **詩曰 尹氏大**(태)**師**는 **維周之**氐라 **秉國之均**[34]하니 **四方是維**하며 **天子是**庳하여 **卑民不迷**라하니라

≪詩經≫에 '太師로 앉아 있는 尹氏께서는 周나라 조정의 근본이라네. 나라 운영 중책을 맡고 있으니 사방의 제후들을 유지시키며, 천자를 보좌하여 〈일을 처리해〉 백성들 방향 잃지 않게 해야지.'라고 하였다.

詩는 **小雅節南山之篇**이라 氐는 **本也**라 庳는 **讀爲毗**니 **輔也**라 **卑**는 **讀爲**俾라

楊倞注 : ≪詩經≫은 〈小雅 節南山〉편이다. 氐는 근본이라는 뜻이다. 庳는 '毗'로 읽어야 하니, 돕는다는 뜻이다. 卑는 '俾'로 읽어야 한다.

28-24 **是以威**厲**而不試**하고 **刑錯**(조)**而不用**이니 **此之謂也**니라

그러므로 위세가 사납더라도 시험하지 않고 형벌이 설치되었더라도 사용하지 않는 법이니, 이를 두고 하는 말이다.

厲는 **抗也**라 **試**는 **亦用也**니 **但抗其威而不用也**라 **錯**는 **置也**니 **如置物於地不動也**라

楊倞注 : 厲는 〈위세를〉 내세운다는 뜻이다. 試 또한 '用'의 뜻이니, 그 위세만 내세울 뿐 사용하지 않는다는 것이다. 錯는 버려둔다는 뜻이니, 마치 물건을 땅바닥에 버려두고 그것을 움직이지 않는 것과 같다.

28-25 **今之世則不然**이라 **亂其敎**하고 **繁其刑**하여 **其民迷惑而墮焉**이니 **則從而制之**라 **是以刑彌繁而邪不勝**이라 **三尺之岸而虛車不能登也**나 **百仞之山任負**

34) 均 : '鈞'과 통한다. 鈞은 질그릇을 만드는 틀 하단의 輪轉盤으로, 중요한 역할을 하는 부분이다. 朱熹의 ≪詩經≫ 주에는 '平'의 뜻이라고 하였다.

車登焉하니 **何則**고 **陵遲故也**라

지금의 세상은 그렇지 않다. 그 교화는 혼란하고 그 형벌은 복잡하여 백성들이 갈피를 잡지 못해 〈법망에〉 빠지니, 그렇게 되면 뒤이어 그들을 제재한다. 이 때문에 형벌이 더욱 복잡해져도 사악한 사람을 제어하지 못한다. 석 자의 벼랑은 빈 수레도 오르지 못하지만 백 길의 산은 짐수레도 올라갈 수 있으니, 이는 무슨 까닭인가? 기울기가 완만하기 때문이다.

岸은 **崖也**라 **負**는 **重也**라 **任負車**는 **任重之車也**라 **遲**는 **慢也**라 **陵遲**는 **言丘陵之勢漸慢也**라 **王肅云 陵遲**는 **陂池**[35]**也**라하니라 ○ **盧文弨曰 案淮南子泰族篇**에 **山以陵遲**라 **故能高**라하니라 **陵遲**는 **猶池邐**니 **陂陀之謂**라 **此注**는 **與匡謬正俗**[36]으로 **俱訓陵爲丘陵**하니 **似泥**라 **王念孫曰 古無訓負爲重者**하니 **負**는 **亦任也**라 **魯語注曰 任**은 **負荷也**라하고 **楚辭九章注曰 任**은 **負也**라하니라 **連言任負者**는 **古人自有複語耳**라 **倒言之**하면 **則曰負任**이니 **齊語負任擔荷是也**라 **陵遲**는 **盧說是也**라 **說文**에 **夌**은 **夌徲也**라하니 **其字本作夌**하니 **則非謂丘陵明矣**라 **詳見漢書雜志末卷**[37]이라

楊倞注 : 岸은 벼랑이란 뜻이다. 負는 '重'의 뜻이다. 任負車는 무거운 짐을 실은 수레이다. 遲는 완만하다는 뜻이다. 陵遲는 丘陵의 형세가 완만하다는 말이다. 王肅은 〈≪孔子家語≫ 〈始誅〉의 주에서〉 "陵遲는 기울어져 평탄치 못하다는 뜻이다."라고 하였다.

○ 盧文弨 : 살펴보건대, ≪淮南子≫ 〈泰族篇〉에 "산은 그 기울기가 완만하기 때문에 높을 수 있다."라 하였다. 陵遲는 '池邐'와 같으니, 기울어져 평탄치 못한 것을 이른다. 이 〈楊氏〉 주는 ≪匡謬正俗≫과 함께 모두 陵의 뜻을 丘陵이라 하였으니, 융통성이 없는 것 같다.

王念孫 : 옛날에 負의 뜻을 '重'이라고 한 경우가 없으니, 負 또한 '任'이다. ≪國語≫

---

35) 陂池 : 저본의 원주에 "陂池는 마땅히 '陂陀', 혹은 '陂陁'로 되어야 할 것 같다.〔陂池 似當作陂陀或陂陁〕"라고 하였다.

36) 匡謬正俗 : 唐나라 顔師古(581~645)가 字義·音釋 등을 고증한 책으로, 모두 8권이다.

37) 漢書雜志末卷 : 王念孫이 편찬한 ≪讀書雜志 4≫ 〈漢書〉 제16을 말한다. 그곳에 "陵夷則曰邱陵之漸平(陵夷는 邱陵이 점점 평편해지는 것을 말한다.)"으로 표제어를 삼고 그 주에서 陵을 邱陵으로 풀이한 顔師古의 견해가 틀렸다고 하면서 ≪文選≫ 〈長楊賦〉와 ≪孔子家語≫의 王肅 주 및 ≪說文解字≫ 등을 근거로 陵과 夷는 모두 '平'의 뜻이라고 설명하였다.

〈魯語〉〈韋昭의〉 주에 "任은 짐을 진다는 뜻이다."라 하고, ≪楚辭≫ 〈九章〉〈王逸의〉 주에 "任은 짊어진다는 뜻이다."라고 하였다. '任負'라고 연이어 말한 것은 옛사람들이 본디 중복된 말을 사용하는 일이 있기 때문이다. 순서를 바꿔 말하면 '負任'이라 말하니, ≪國語≫ 〈齊語〉에 '負任擔荷(등에 지고 품에 안고 어깨에 메고 손에 들다.)'라 한 것이 이 경우이다. 陵遲는 盧氏의 설이 옳다. ≪說文解字≫에 "夌은 '夌徲(차츰 쇠퇴해지다)'의 뜻이다."라고 하여 그 글자가 본디 '夌'으로 되어 있었으니, 丘陵을 이르는 것이 아님이 분명하다. 이에 관한 설명은 ≪讀書雜志≫ 〈漢書〉 끝 권에 자세히 보인다.

28-26 **數仞之牆而民不踰也**나 **百仞之山而豎子馮而游焉**하니 **陵遲故也**라

몇 길 높이의 담을 일반 사람이 넘지 못하지만 백 길 높이의 산을 어린아이가 올라가 놀 수 있으니, 이는 기울기가 완만하기 때문이다.

○ 王念孫曰 馮者는 登也라 周官馮相氏注曰 馮은 乘也라 相은 視也라 世登高臺하여 以視天文之次序라하고 廣雅曰 馮은 登也라하니라 故外傳에 作童子登而游焉[①]이라

① 說苑엔 作童子升而游焉하니 升亦登也라
≪說苑≫에는 '童子升而游焉'으로 되어 있으니, 升 또한 올라간다는 뜻이다.

○ 王念孫 : 馮이란 올라간다는 뜻이다. ≪周官≫ 〈馮相氏〉 주에 "馮은 탄다는 뜻이다. 相은 본다는 뜻이다. 대를 이어 높은 臺에 올라가 天文이 운행하는 선후순서를 살펴본다."라 하고, ≪廣雅≫에 "馮은 올라간다는 뜻이다."라고 하였다. 그러므로 ≪韓詩外傳≫에 '童子登而游焉'으로 되어 있다.

28-27 **今之世陵遲已久矣**어늘 **而能使民勿踰乎**아 **詩曰 周道如砥**하니 **其直如矢**로다 **君子所履**요 **小人所視**니 **眷焉顧之**하니 **潸焉出涕**라하니 **豈不哀哉**아하니라

지금의 세상은 〈기울기가 완만한 산처럼 법령 제도가〉 무너진 지 이미 오래인데, 과연 백성들에게 올라타 넘지 말게 할 수 있겠는가. ≪詩經≫에 '周 稅法 고르기는 숫돌과 같고 〈賞罰은〉 바르기가 화살 같다네. 君子는 〈그 법대로〉 시행을 하고 小人은 쳐다보며 〈순종하였네. 이제 와〉 그 당시를 뒤돌아보니 〈하염없이〉 주르륵 눈물이 나네.'라고 하였으니, 이 어찌 슬프지 않겠는가."

詩는 小雅大東之篇이라 言失其砥矢之道하여 所以陵遲니 哀其法度墮壞라

楊倞注：≪詩經≫은 〈小雅 大東〉편이다. 숫돌과 화살처럼 고르고 바른 원칙을 잃어버려 이 때문에 쇠퇴해진 것이니, 그 법령 제도가 무너진 것을 슬퍼한다는 말이다.

28-28 詩曰 瞻彼日月하니 悠悠我思로다 道之云遠이어니 曷云能來리오하여늘

≪詩經≫에 말하였다.

"〈가고 오는〉 해와 달 올려다보니 님 그리는 내 마음 하염없어라. 〈서로간에 막힌〉 길 멀기만 하니 〈내 님은〉 어느 제나 돌아오려나."

詩는 邶風雄雉之篇이라 ○ 盧文弨曰 舊本엔 連上文이나 今案當分段이라

楊倞注：≪詩經≫은 〈邶風 雄雉〉편이다.

○ 盧文弨：옛 판본에는 윗글과 연결되었으나 이제 살펴보건대, 마땅히 단락을 나눠야 할 것 같다.

28-29 子曰 伊稽首(도)면 不其有[38)]來乎아하니라

孔子가 말하였다.

"길이 같다면 저 〈그리운 사람이 어찌〉 또 돌아오지 않겠는가."

稽首는 恭敬之至라 有所不來者는 爲上失其道而人散也라 若施德化하여 使下人稽首歸向이면 雖道遠이나 能無來乎아 ○ 兪樾曰 如楊注義면 則伊稽首三字甚爲不詞하니 殆非也라 首는 當讀爲道라 周書芮良夫篇[39)]予小臣良夫稽道 羣書治要엔 作稽首하니 是首道古通用이라 彼文稽道는 當爲稽首요 此文稽首는 當爲稽道니 皆古文假借字也라 尙書堯典曰若稽古 正義引鄭注曰 稽는 同也라하고 禮記儒行篇古人與稽 鄭注曰 稽는 猶合也라하니 合亦同也라 稽道는 猶同道也라 伊者는 語詞니 猶維也라 詩言道之云遠이어니 曷云能來리오하여늘 孔子言道苟同이면

38) 有：'又'와 같다.

39) 周書芮良夫篇：≪周書≫는 ≪逸周書≫를 말하고, 〈芮良夫篇〉은 ≪逸周書≫ 권9의 편명이다. 芮良夫는 芮國의 대부이다.

則雖遠而亦來라 故曰 伊稽道면 不其有來乎아하니라 蓋借詩言而反之하니 若唐棣之詩矣[40)]라

楊倞注：稽首는 공경하는 태도가 지극한 모양이다. 돌아오지 않는 사람이 있는 것은 윗사람이 그 도리를 잃었기 때문에 사람들이 흩어진 것이다. 만약 덕행으로 감화하는 정사를 베풀어 아랫사람으로 하여금 머리를 조아리며 돌아오게 한다면 비록 길이 멀더라도 어찌 돌아오지 않을 수 있겠는가.

○ 兪樾：楊氏 주의 뜻대로라면 '伊稽首' 세 자는 매우 말이 되지 않으니, 아마도 틀렸을 것이다. 首는 마땅히 '道'로 간주해 읽어야 한다. ≪逸周書≫ 〈芮良夫篇〉 '予小臣良夫稽道(저 이 小臣 良夫는 머리를 조아려 〈삼가 고합니다.〉)'의 〈稽道가〉 ≪羣書治要≫에는 '稽首'로 되어 있으니, 이로 볼 때 首와 道는 옛날에 통용하였다. 저 글(≪逸周書≫) '稽道'는 마땅히 '稽首'가 되어야 하고, 이 글(≪荀子≫) '稽首'는 마땅히 '稽道'가 되어야 하니, 모두 古文의 假借字이다. ≪尙書≫ 〈堯典〉 '曰若稽古(옛 〈帝堯를〉 상고하건대)'에 대해 ≪尙書正義≫에 鄭玄의 주를 인용하여 "稽는 '同'의 뜻이다."라 하고, ≪禮記≫ 〈儒行篇〉 '古人與稽(그의 언행이 옛사람과 같다.)'에 대해 정현의 주에 "稽는 '合'과 같다."라고 하였으니, 合 또한 同의 뜻이다. 稽道는 '同道'와 같다. 伊는 어조사이니, '維'와 같다. ≪詩經≫에 "道之云遠 曷云能來(〈서로간에 막힌〉 길 멀기만 하니 〈내 님은〉 어느 제나 돌아오려나)"라 하였는데, 孔子가 길이 만약 같다면 비록 멀더라도 돌아올 것이라고 생각하였기 때문에 "伊稽道 不其有來乎(길이 같다면 저 〈그리운 사람이 어찌〉 또 돌아오지 않겠는가.)"라고 말한 것이다. 이는 대체로 ≪詩經≫의 말을 빌려 〈어찌 그렇겠느냐고〉 반박한 것이니, 〈唐棣〉 시의 경우와 같다.

28-30 孔子觀於東流之水라 子貢問於孔子曰 君子之所以見大水必觀焉者는 是何잇가하니 孔子曰 夫(水大)〔大水〕[41)] 徧與諸生而無爲也는 似德하고

---

40) 若唐棣之詩矣：孔子가 "산사나무 꽃잎이여 〈바람결에〉 나풀대네. 네가 어찌 그립지 아니하랴만 사는 집이 너무도 멀기만 하네.〔唐棣之華 偏其反而 豈不爾思 室是遠而〕"라는 逸詩(≪詩經≫에 수록되지 않은 고대의 詩歌)를 외운 다음 "그가 진정으로 그리워하지 않는 것이니 〈만약 진정으로 그리워한다면〉 거리가 멀 게 뭐가 있겠는가."라고 반박하였다.(≪論語≫ 〈子罕〉)

41) (水大)〔大水〕：저본에는 '水大'로 되어 있으나, 李中生의 설에 의거하여 '大水'로 바로잡았다. 이중생이 "'大'자는 잘못 덧붙여진 글자가 아니고 순서가 뒤바뀐 글자이다. 원문은 마땅히 '夫大水'로 되어야 한다. 위아래 글에 모두 '見大水必觀焉'이라 하였으니, 지금 판

孔子가 동쪽으로 흐르는 강물을 감상하였다. 子貢이 공자에게 물었다.

"君子가 큰 물을 보면 반드시 그것을 감상하려는 까닭은 무엇입니까?"

공자가 말하였다.

"대체로 큰 물이 뭇 생명을 보편적으로 양육하되 의도적인 作爲가 없는 것은 德과 같고,

子貢

偏與諸生은 謂水能偏生萬物이라 爲其不有其功은 似上德不德者라 說苑엔 作偏予而無私라 ○ 王念孫曰 案偏與上不當有大字니 蓋涉上文大水而衍이라 據楊注云偏與諸生은 謂水能偏生萬物하면 則無大字明矣라 初學記地部中에 引此無大字하고 大戴記勸學篇說苑雜言篇家語三恕篇竝同이라

楊倞注：偏與諸生은 물이 능히 만물을 생육하는 것을 이른다. 그것이 자기의 공을 소유하지 않는 것은 마치 최상의 德을 지닌 사람이 그 德을 의식하지 않는 것과 같다.〈偏與諸生이〉≪說苑≫에는 '偏予而無私'로 되어 있다.

○ 王念孫：살펴보건대, '偏與' 위에 마땅히 '大'자가 있어서는 안 되니, 아마도 윗글 '大水'와 연관되어 잘못 덧붙여졌을 것이다. 楊氏의 주 '偏與諸生 謂水能偏生萬物'에 의거하면 '大'자가 없는 것이 분명하다. ≪初學記≫〈地部 中〉에 이 글을 인용하였는데 '大'자가 없고, ≪大戴禮記≫〈勸學篇〉, ≪說苑≫〈雜言篇〉, ≪孔子家語≫〈三恕篇〉도 모두 같다.

28-31 其流也埤下하여 裾拘[42]必循其理는 似義하고

본의 '夫水大'는 마땅히 '夫大水'로 되어야 한다는 것을 알 수 있다. 옮겨 쓰는 과정에 잘못 뒤바뀐 것이다."라고 하였는데, 王天海도 이에 동의하였다.

42) 裾拘：'倨句'와 통하는 것으로, 굽은 모양을 뜻한다. '倨'는 조금 굽어 鈍角(90도보다는 크고 180도보다는 작은 각)을 말하고, 句는 直角인 90도보다 작은 銳角을 말한다. 직각은 '矩'이다. 여기서는 굽이져서 흐르는 물줄기를 말하는 것이므로 편의상 '구불구불 굽이지다'로 풀이하였다.

그 흐름이 낮은 곳을 향하여 구불구불 굽이지면서 반드시 〈아래로 흐르는〉 이치를 따르는 것은 義와 같고,

埤는 讀爲卑라 裾는 與倨同하니 方也라 拘는 讀爲鉤니 曲也라 其流必就卑下하되 或方或曲하여 必循卑下之理하니 似義者無不循理也라 說苑엔 作其流卑下하되 句倨皆循其理하니 似義라 ○ 盧文弨曰 案宋本引說苑作其流也卑下하여 句倨之也니 情義分然者也하여 文義舛譌라 今案本書雜言篇訂正이라

楊倞注 : 埤는 '卑'로 간주해 읽어야 한다. 裾는 '倨'와 같으니 모가 난 모양이다. 拘는 '鉤'로 간주해 읽어야 하니 굽은 모양이다. 그 흐름이 반드시 낮은 곳으로 나아가되 혹은 모가 나기도 하고 혹은 굽이지기도 하면서 반드시 낮은 곳으로 흐르는 이치를 따르는 것은 마치 義를 지키는 사람이 도리를 따르지 않는 일이 없는 것과 같다. ≪說苑≫ 〈雜言篇〉에는 '其流卑下 句倨皆循其理 似義'로 되어 있다.

○ 盧文弨 : 살펴보건대, 宋本에는 ≪설원≫을 인용하여 '其流也卑下 句倨之也 情義分然者也(그 흐름이 낮은 곳을 향하여 구불구불 굽이진 것이니, 人情과 義理의 구분이 분명한 것이다.)'로 되어 있어 글 뜻이 잘못되었다. 여기서는 ≪설원≫ 〈잡언편〉을 살펴 수정하였다.

28-32 其洸洸乎不淈盡은 似道하고

그 끝없이 넓고 깊어 마르지 않는 것은 道와 같고,

洸은 讀爲滉이라 滉은 水至之貌라 淈은 讀爲屈이니 竭也라 似道之無窮也라 家語엔 作浩浩無屈盡之期는 似道也라 ○ 王念孫曰 楊讀洸爲滉하고 滉滉은 水至之貌라하되 古無此訓이라 洸洸은 當從家語作浩浩니 字之誤也①라 王制曰 有餘曰浩라 故曰浩浩乎不屈盡이라 初學記[43]引荀子正作浩浩하니 則所見本尙未誤라 太平御覽地部二十三同이라 先謙案 說文에 洸은 水涌光也라하니 作洸洸義通이라 似不必改作浩浩라

43) 初學記 : 唐나라 徐堅(659~729) 등이 玄宗의 명을 받들어 편찬한 책으로 모두 30권이다. 六經 및 諸子百家의 내용과 역대 詩賦 및 唐나라 초기 諸家의 작품을 골라 유별로 편집하였다. 그 목적은 현종의 자식들이 글을 지을 때 故事典故와 美辭麗句를 찾아보게 하기 위해서였다.

① 俗書洸字作洸하니 與浩略相似라
통속적인 서체는 '洸'자가 '洸'으로 되어 있으니, '浩'와 약간 서로 비슷하다.

楊倞注 : 洸은 '滉'으로 간주해 읽어야 한다. 滉은 물이 밀어닥치는 모양이다. 淈은 '屈'로 읽어야 하니, 물이 마르다는 뜻이다. 이것은 道가 한량이 없는 것과 같다. ≪孔子家語≫ 〈三恕〉에는 '浩浩無屈盡之期 似道(가없이 광대하여 바닥이 나는 때가 없는 것은 道와 같다.)'로 되어 있다.

○ 王念孫 : 楊氏는 洸을 '滉'으로 간주해 읽고 滉滉은 물이 밀어닥치는 모양이라 하였으나 옛 문헌에는 이 뜻이 없다. 洸洸은 마땅히 ≪공자가어≫에 따라 '浩浩'로 되어야 하니, 글자가 잘못된 것이다. ≪禮記≫ 〈王制〉에 "여유가 있는 것을 '浩'라 말한다.〔有餘曰浩〕"라고 하였으므로 '浩浩乎不屈盡'이라 한 것이다. ≪初學記≫에 ≪荀子≫를 인용하되 바르게 '浩浩'로 되어 있으니, 그 당시 보았던 판본은 아직 잘못되지 않았다. ≪太平御覽≫ 〈地部 23〉도 그와 같다.

先謙案 : ≪說文解字≫에 "洸은 물결이 일렁이며 빛나는 모양이다."라 하였으니, '洸洸'으로 되어 있더라도 뜻이 통한다. 굳이 '浩浩'로 고쳐 쓸 것은 없는 듯하다.

28-33 若有決行之면 其應佚若聲響하고 其赴百仞之谷不懼는 似勇하고

만약 〈막힌 것을〉 터 흐르게 한다면 그 호응이 빠르기가 메아리가 소리에 호응하는 것 같고 백 길이나 되는 산골짜기를 내달리면서도 두려워하지 않는 것은 용맹과 같고,

決行은 決之使行也라 佚은 與逸同하니 奔逸也라 若聲響은 言若響之應聲也라 似勇者 果於赴難也라 ○ 王念孫曰 奔逸與聲響은 義不相屬하니 楊說非也라 佚은 讀爲昳①이라 昳은 疾貌也라 言其相應之疾이 若響之應聲也라 漢書楊雄傳甘泉賦의 薌昳肸以掍根兮여 聲駍隱而歷鍾에 師古曰 言風之動樹에 聲響振起면 衆根合同하여 駍隱而盛하여 歷入殿上之鍾也라 薌은 讀與響同이라 昳은 音丑乙反이라하니라 文選李善注曰 昳은 疾貌也라 余日切이라하니 正與佚字同音이라 古無昳字라 故借佚爲之耳라

① 音逸이라
〈昳은〉 음이 '逸'이다.

楊倞注 : 決行은 〈막힌 것을〉 터서 흐르게 한다는 뜻이다. 佚은 '逸'과 같으니, '奔逸(빨리 달리다)'의 뜻이다. 若聲響은 메아리가 소리에 호응하는 것과 같다는 말이다. 이것은 용맹한 사람이 위급하고 곤란한 일에 달려가는 것과 같다.

○ 王念孫 : '奔逸'과 '聲響'은 뜻이 서로 연결되지 않으니, 楊氏의 설은 틀렸다. 佚은 '昳'로 간주해 읽어야 한다. 昳은 빠른 모양이다. 서로의 호응이 빠르기가 마치 메아리가 소리에 호응하는 것과 같다는 말이다. ≪漢書≫ 〈楊雄傳〉의 〈甘泉賦〉에 "薌昳肹以掍根兮 聲駍隱而歷鍾(바람소리 빠르게 나무그루 부딪칠 때 슝슝 윙윙 그 소리 〈궁전〉 종을 지나가네.)"이라고 한 곳에 顔師古가 "바람이 나무를 흔들 때 울리는 소리가 크게 일어나면 수많은 나무그루가 그에 어울려 슝슝 윙윙거리며 궁전 위의 종을 지나 들어가는 것을 말한다. 薌은 '響'과 같은 글자로 읽는다. 昳은 음이 丑과 乙의 반절이다."라고 하였다. ≪文選≫ 李善의 주에 "昳은 빠른 모양이다. 〈그 음은〉 余와 日의 반절이다."라고 하였으니, 정확히 '佚'자와 같은 음이다. 옛날에는 '昳'자가 없었기 때문에 '佚'을 빌려 그 뜻으로 쓴 것이다.

28-34 主量必平은 似法하고

구덩이에 주입되어 반드시 평형을 이루는 것은 법도와 같고,

主는 讀爲注라 量은 謂阬受水之處也라 言所經阬坎에 注必平之然後過 似有法度者均平也라

楊倞注 : 主는 '注'로 간주해 읽어야 한다. 量은 물을 받아들이는 구덩이와 같은 곳을 이른다. 〈물이〉 경유하는 구덩이에 주입되어 반드시 평형을 이룬 다음에 지나가는 것이 법도를 지닌 사람이 고르고 공평한 것과 같다는 말이다.

28-35 盈不求概는 似正하고

〈그릇에〉 가득 차도 평미레를 필요로 하지 않는 것은 공정함과 같고,

概는 平斗斛[44]之木也라 考工記曰 概而不稅(탈)[45]이라하니라 言水盈滿則不待概而自平이 如正者不假於刑法之禁也라

---

44) 斗斛 : 곡식을 되는 그릇의 단위로, 斗는 열 되들이이고, 斛은 열 말들이이다.

45) 稅(탈) : '脫'과 같다.

楊倞注：槪는 斗·斛의 〈위를〉 고르게 미는 나무이다. ≪周禮≫ 〈考工記〉에 "槪而不稅(평미레로 밀어 〈곡식이 그릇 밖으로〉 떨어지지 않게 한다.)"이라 하였다. 물이 〈그릇에〉 차 가득하면 평미레를 사용하지 않아도 저절로 고른 것이 마치 공정한 사람이 형법으로 금지하는 장치를 빌리지 않는 것과 같다는 말이다.

평미레(槪)

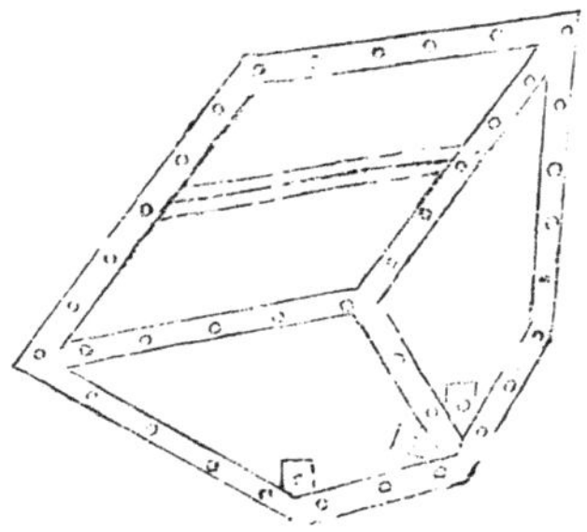

斗

斛

28-36 淖(작)約微達은 似察하고

부드럽고 약해도 미세한 데까지 젖어드는 것은 똑똑히 관찰하는 것과 같고,

淖은 當爲綽이라 約은 弱也라 綽約은 柔弱也라 雖至柔弱이라도 而侵浧通達於物이 似察之見細微也라 說苑엔 作綽弱微達이라

楊倞注：淖은 마땅히 '綽'이 되어야 한다. 約은 약하다는 뜻이다. 綽約은 부드럽고 약하다는 뜻이다. 비록 지극히 부드럽고 약하더라도 물건에 깊이 젖어드는 것이 마치 똑똑히 관찰하여 미세한 부분을 보는 것과 같다는 것이다. 〈淖約微達이〉 ≪說苑≫ 〈雜言〉에는 '綽弱微達'로 되어 있다.

28-37 以出以入하여 以就鮮絜[46]은 似善化하고

〈만물이 그 속에〉 나왔다 들어갔다 하면서 〈헹궈져〉 신선하고 깨끗해지는 것은 잘 敎化하는 것과 같고,

言萬物出入於水면 則必鮮絜이 似善化者之使人去惡就美也라 說苑엔 作不淸以

46) 絜：'潔'과 같다.

入이라가 鮮絜以出也라

楊倞注：만물이 물에 나왔다 들어갔다 하면 반드시 신선하고 깨끗해지는 것이 마치 잘 교화하는 사람이 사람으로 하여금 惡을 버리고 善으로 나아가게 하는 것과 같다는 말이다. 〈'以出以入 以就鮮絜'이〉 ≪說苑≫ 〈雜言〉에는 '不淸以入 鮮絜以出(깨끗하지 않은 상태로 들어갔다가 신선하고 깨끗해져서 나온다.)'로 되어 있다.

28-38 其萬折也必東은 似志라

그것이 만 번 꺾여도 반드시 동쪽으로 흐르는 것은 의지와 같다.

折은 縈曲也라 雖東西南北으로 千萬縈折不常이나 然而必歸於東이 似有志不可奪者라 說苑엔 作其折必東也라

楊倞注：折은 감아 돌고 굽는다는 뜻이다. 비록 동서남북으로 천만 번 감아 돌고 꺾여 일정하지 않지만 그렇더라도 반드시 동쪽으로 돌아가는 것이 마치 지닌 의지가 〈확고하여〉 누구도 빼앗을 수 없는 사람과 같다는 것이다. 〈其萬折也必東이〉 ≪說苑≫ 〈雜言〉에는 '其折必東'으로 되어 있다.

28-39 是故君子見大水必觀焉이라하니라

이 때문에 君子가 큰 물을 보면 반드시 그것을 감상하려 하는 것이다."

28-40 孔子曰 吾有恥也하고 吾有鄙也하고 吾有殆也라 幼不能彊學하고 老無以敎之를 吾恥之하고

孔子가 말하였다.

"내가 부끄럽게 여기는 일이 있고, 내가 비열하게 여기는 일이 있고, 내가 위태롭게 여기는 일이 있다. 어릴 적에 힘써 배우지 못하고 늙어서는 남을 가르칠 만한 것이 없는 것을 내가 부끄럽게 여기고,

無才藝以敎人也라

楊倞注：〈無以敎之는〉 남을 가르칠 재능이 없다는 것이다.

28-41 **去其故鄕**하여 **事君而達**에 **卒遇故人**하되 **曾無舊言**[47]을 **吾鄙之**하고

고향을 떠나서 君王을 섬겨 영달하였을 때 갑자기 옛 벗을 만났는데도 끝내 옛 일을 회고하는 말이 없는 것을 내가 비열하게 여기고,

舊言은 **平生之言**이라 **卒**은 **倉忽反**이라

楊倞注 : 舊言은 평소에 나누었던 말이란 뜻이다. 卒은 〈음이〉 倉과 忽의 반절이다.

28-42 **與小人處者**를 **吾殆之也**라하니라

小人과 함께 거처하는 것을 내가 위태롭게 여긴다."

28-43 **孔子曰 如垤而進**하면 **吾與之**하고 **如丘而止**하면 **吾已矣**라하니라 **今學曾未如肬(우)贅**어늘 **則具然欲爲人師**라

孔子가 말하였다.

"〈이룬 실적이〉 개밋둑처럼 작더라도 앞을 향해 나아간다면 나는 그런 사람을 인정할 것이고, 〈이룬 실적이〉 언덕처럼 크더라도 중단하여 멈춘다면 나는 그런 사람을 물리칠 것이다."

오늘날 〈어떤 사람은〉 배운 것이 〈쓸데없어〉 혹보다 못한데도 자만하여 다른 사람의 스승이 되려고 한다.

肬贅는 **結肉**이라 **莊子曰 以生爲負**[48]**贅懸肬**라하니라 **肬**는 **音尤**라 **具然**은 **自滿足之貌也**라 ○ **盧文弨曰 此條舊不提行**이나 **今案當分段**이라 **下兩條同**이라

楊倞注 : 肬贅는 혹이다. ≪莊子≫ 〈大宗師〉에 "以生爲負贅懸肬(생명을 몸에 붙어 있는 혹으로 여긴다.)"라고 하였다. 肬는 음이 '尤'이다. 具然은 스스로 만족해하는 모양이다.

○ 盧文弨 : 이 항목은 옛 판본에는 줄을 바꾸지 않았으나 지금 살펴보건대, 문단을 나누는 것이 마땅하다. 아래 두 항목의 경우도 같다.

---

47) 舊言 : '懷舊之言'의 약어로 보는 것이 타당한 것으로 보여 楊倞의 주를 따르지 않았다.

48) 負 : 지금의 ≪莊子≫에는 '附'로 되어 있다.

28-44 **孔子南適楚**에 **戹於陳蔡之閒**(간)[49]하여 **七日不火食**하고 **藜羹不糂**(삼)하여

孔子가 남쪽으로 楚나라에 갈 적에 陳나라와 蔡나라 사이에서 곤경에 처해 7일 동안 불에 익힌 음식을 먹지 못하고 명아주국에 쌀가루도 들어 있지 않아

糂은 **與糝同**하니 **蘇覽反**이라

楊倞注 : 糂은 '糝(쌀가루)'과 같으니, 〈음은〉 蘇와 覽의 반절이다.

在陳絶糧

28-45 **弟子皆有飢色**이라 **子路進而問之曰 由聞之**컨대 **爲善者天報之以福**하고 **爲不善者天報之以禍**라하더이다 **今夫子累德積義懷美**하여 **行之日久矣**어늘 **奚居之隱也**오하니

제자들이 모두 굶주린 기색이 있었다. 子路가 앞으로 나아가 물었다.

"제가 듣건대, 善을 행하는 사람은 하늘이 복으로 보답하고 선하지 않은 짓을 행하는 사람은 하늘이 재앙으로 갚는다고 하였습니다. 지금 夫子께서는 공덕을 쌓고 도의를 축적하고 아름다운 〈理

子路

49) 孔子南適楚 戹於陳蔡之閒(간) : 孔子가 63세 때인 B.C. 489년에 陳나라와 蔡나라 접경에 있었는데, 楚나라에서 사람을 보내 초빙하였다. 그러자 陳·蔡 두 나라에서 楚나라가 공자를 요직에 임용하여 자기 나라를 위험하게 하지 않을까 두려운 나머지 사람을 보내 공자를 들판에서 포위하여 곤란을 겪게 한 일을 말한다.

想을〉 지니고서 선을 행하신 지 오래되었는데, 무엇 때문에 처지가 이처럼 곤궁하단 말입니까?"

隱은 **謂窮約**이라

楊倞注：隱은 곤궁한 것을 이른다.

28-46 **孔子曰 由**아 **不識**하리니

孔子가 말하였다.
"由야, 〈너는〉 모를 것이니

○ **盧文弨曰 家語在戹篇**엔 **作由未之識也**라

○ 盧文弨：〈由不識이〉 ≪孔子家語≫ 〈在戹篇〉에는 '由未之識也'로 되어 있다.

28-47 **吾語女**[50)]하리라 **女以知**[51)]**者爲必用邪**(야)아 **王子比干不見剖心乎**[52)]아 **女以忠者爲必用邪**아 **關龍逢不見刑乎**[53)]아

내가 너에게 말해주겠다. 너는 지혜 있는 사람은 반드시 임용된다고 생각하느냐? 왕자 比干이 심장이 도려내지는 일을 당하지 않았느냐. 너는 충직한 사람은 반드시 임용된다고 생각하느냐? 關龍逢이 처형당하지 않았느냐.

比干

50) 女：'汝'와 같다. 아래도 같다.

51) 知：'智'와 같다.

52) 王子比干不見剖心乎：比干은 紂王의 친족으로, 숙부라는 설과 이복형이라는 설이 있다. 그가 바른말로 주왕에게 충고하자 주왕이 노하여 "나는 듣건대, 聖人의 심장에는 구멍 일곱 개가 있다고 하였다. 과연 있는지 봐야겠다."라 하고, 그를 죽여 배를 갈라 심장을 도려냈다고 한다.

53) 關龍逢不見刑乎：關龍逢은 夏나라 말기의 어진 신하이다. 桀王이 무도하여 주야로 향락에 빠져 있자 온 힘을 다해 간하였으나, 받아들여지지 않고 구금되었다가 살해되었다.

○ 盧文弨曰 逢字는 從元刻하니 與家語同이라 宋本엔 作逢하니 誤라

○ 盧文弨 : '逢'자는 元刻本을 따랐으니 ≪孔子家語≫와 같다. 宋本에는 '逄'으로 되어 있으니, 잘못된 것이다.

28-48 女以諫者爲必用邪(야)아 吳子胥不磔姑蘇東門外乎[54]아

너는 간하는 자는 반드시 등용된다고 생각하느냐? 吳나라의 伍子胥가 姑蘇城 동문 밖에서 시체가 버려지는 일을 당하지 않았느냐.

伍子胥

磔은 車裂[55]也라 姑蘇는 吳都名也라 ○ 兪樾曰 案子胥不被車裂之刑하니 楊注非是라 漢書景帝紀에 改磔曰棄市라하고 師古注曰 磔은 謂張其尸也라하니 當從此訓이라

楊倞注 : 磔은 〈죄인의 四肢를〉 수레로 찢는다는 뜻이다. 姑蘇는 吳나라 도성의 이름이다.

○ 兪樾 : 살펴보건대, 子胥는 四肢를 수레로 찢는 형벌을 당하지 않았으니, 楊氏의 주는 옳지 않다. ≪漢書≫ 〈景帝紀〉에 "改磔曰棄市(시체를 늘어놓는 磔刑을 바꿔 시신을 저잣거리에 버리는 것으로 하였다.)"라 하고, 顔師古의 주에 "磔은 그 시체를 늘어놓는 것

---

54) 吳子胥不磔姑蘇東門外乎 : 子胥는 春秋 때 楚나라 사람인 伍員이다. 子胥는 그의 자이다. 吳나라 왕 闔閭가 越나라 왕 句踐과의 전투에서 죽은 뒤에 합려의 아들 夫差가 越나라를 공격하여 복수하였다. 이때 구천이 화친을 요구하는 것을 오자서가 허락하지 말라고 간하였으나 부차가 받아들이지 않았고 또 부차가 齊나라를 공격할 때 오자서의 만류를 거절하였다. 뒤에 부차가 伯嚭의 참소를 믿고 오자서에게 검을 내려주어 자살하게 하자, "나는 너의 아비를 霸者가 될 수 있게 해주었고 너를 어려운 상황에서 왕으로 즉위시켜줬는데, 지금 너는 아첨하는 신하의 말을 듣고 나를 죽이려 하느냐. 내 눈을 파내어 吳나라 東門에 걸어두어라. 越나라 군대가 도성으로 침입하여 吳나라를 멸망시키는 것을 보겠다." 라고 하고 자살하였다. 부차가 그 말을 듣고 크게 노하여 그의 시체를 가죽 부대에 담아 강 속으로 던져버렸다.(≪史記≫ 권66 〈伍子胥列傳〉)

55) 車裂 : 죄인의 四肢를 다섯 대의 수레에 나누어 묶고 찢어 죽이던 酷刑이다.

을 이른다."라고 하였으니, 마땅히 이 뜻을 따라야 한다.

28-49 **夫遇不遇者**는 **時也**요 **賢不肖者**는 **材也**라 **君子博學深謀**라도 **不遇時者多矣**니 **由是觀之**면 **(不遇世者衆矣)**[56]

대체로 만나거나 못 만나는 것은 시기에 달려 있고, 유능하거나 유능하지 못한 것은 자질에 달려 있다. 君子가 널리 배우고 깊이 계획하더라도 시기를 만나지 못하는 경우가 많다. 이로써 본다면

○ 兪樾曰 由是觀之四字는 當在君子博學深謀句上이라

○ 兪樾 : '由是觀之' 4자는 마땅히 '君子博學深謀' 문구 위에 있어야 한다.

28-50 **何獨丘也哉**아 **且夫芷蘭生於深林**하더라도 **非以無人而不芳**이라 **君子之學**도 **非爲通也**니

어찌 유독 나 혼자뿐이겠느냐. 그리고 저 白芷와 蘭草는 깊은 숲속에 자라더라도 사람이 없다 하여 향내를 풍기지 않거나 하지 않는다. 君子의 학문도 영달하기 위한 것이 아니니,

不爲求通이라

楊倞注 : 〈非爲通也는〉 영달을 구하는 짓을 하지 않는다는 것이다.

白芷

28-51 **爲窮而不困**하고 **憂而意不衰也**하여 **知禍福終始**[57]**而心不惑也**라

---

56) (不遇世者衆矣) : 저본에는 '不遇世者衆矣'가 있으나, 劉師培의 "윗글과 연관되어 잘못 덧붙여진 것 같다."는 설에 의거하여 잘못 덧붙여진 것으로 처리하였다. 王天海도 이에 대해 옳다고 동의하였다.

뜻을 얻지 못하더라도 곤궁하지 않고 우환을 겪더라도 의지가 쇠퇴하지 않으면서 재앙과 행복, 죽음과 삶의 도리를 알아 마음이 흔들리지 않는다.

皆爲樂天知命이라

楊倞注 : 모두 天道의 안배를 기꺼이 따르고 운명의 한계를 알아 그런 것이다.

28-52 夫賢不肖者는 **材也**요 **爲不爲者**는 **人也**요

대체로 유능하거나 유능하지 못한 것은 자질에 달려 있고, 〈善을〉 행하거나 행하지 않는 것은 사람에게 달려 있고,

爲善不爲善은 在人也라

楊倞注 : 선을 행하거나 선을 행하지 않는 것은 사람에게 달려 있다.

28-53 遇不遇者는 **時也**요 **死生者**는 **命也**라 **今有其人不遇其時**면 **雖賢**이라도 **其能行乎**아 **苟遇其時**면 **何難之有**리오 **故君子博學深謀修身端行以俟其時**라하니라

만나거나 만나지 못하는 것은 시기에 달려 있고, 죽거나 사는 것은 운명에 달려 있다. 만약 그 사람이 있더라도 그 시기를 만나지 못한다면 비록 유능하더라도 그가 능히 〈재능을〉 발휘할 수 있겠는가. 만약 그 시기를 만난다면 〈재능을 발휘하는 데〉 무슨 어려움이 있겠는가. 그러므로 군자는 널리 배우고 깊이 계획하며 몸을 수양하고 품행을 단정히 하여 그 시기를 기다리는 것이다."

28-54 孔子曰 由아 **居**하라 **吾語女**하리라 **昔晉公子重耳**霸**心生於曹**[58)]하고

---

57) 終始 : 여기서는 '死生'과 같다.

58) 晉公子重耳霸心生於曹 : 重耳는 春秋 때 五霸 가운데 하나인 晉 文公(B.C. 697~B.C. 628)으로, 晉 獻公의 둘째 아들이다. 중이의 계모 驪姬가 자기 아들 奚齊를 태자로 세우기 위해 태자 申生을 모함하여 죽이고 중이를 국외로 추방하였는데, 중이는 이때부터 망명생활을 시작하여 19년 동안 狄·衛·齊·曹·宋·鄭·楚·秦 등 각국을 전전하다가 秦 穆公의 힘을 빌려 본국으로 돌아와 군주가 되어 霸業을 이룩하였다.

霸心生於曹는 霸業을 이루겠다는 중이의 마음이 曹나라에서 생겼다는 뜻이다. 曹 共公

孔子가 말하였다.

"由야, 앉아라. 내가 너에게 말해주겠다. 옛날에 晉나라 公子 重耳는 霸業을 이루겠다는 마음이 曹나라에서 생기고,

重耳는 **晉文公名**이라 **亡過曹**할새 **曹共公聞其駢脅**하여 **使其裸浴**하고 **薄而觀之**어늘 **公因此激怒**하여 **而霸心生也**라

楊倞注 : 重耳는 晉 文公의 이름이다. 도망하여 曹나라를 지나갈 적에 曹 共公이 그의 갈비뼈가 서로 붙어 있다는 말을 듣고서 옷을 벗고 목욕하게 하고 가까이에서 살펴보았는데, 문공이 이로 인해 크게 노하여 霸業을 이루겠다는 마음이 생겼다.

28-55 越王句踐霸心生於會稽[59)]하고

越나라 왕 句踐은 霸業을 이루겠다는 마음이 會稽山에서 생기고,

謂以甲盾五千棲於會稽也라

楊倞注 : 갑옷을 입고 방패를 든 병사 5천 명을 會稽山에 주둔시킨 일을 이른다.

28-56 齊桓公小白霸心生於莒(거)[60)]라

이 중이의 갈비뼈가 서로 붙어 있다는 소문을 확인하기 위해 중이에게 목욕하게 하고 가까이에서 몰래 그의 벌거벗은 몸을 살펴보았는데, 중이가 그의 무례한 행동에 모욕감을 느낀 나머지 장차 패업을 이루어 설욕할 것을 다짐하였다는 것이다.

59) 越王句踐霸心生於會稽 : 句踐(?~B.C. 465)은 春秋 때 五霸 가운데 하나이다. B.C. 496년에 吳나라 왕 闔閭가 越나라 왕 允常이 죽었다는 소식을 듣고 군사를 일으켜 越나라를 침공하자, 아버지 윤상의 뒤를 이어 왕이 된 구천이 지금의 浙江 嘉興 남쪽 지역인 檇李에서 치열한 전투를 벌였는데, 이때 합려가 한쪽 발이 잘려나가 吳나라 군대가 퇴각하던 길에 죽었다. 2년 뒤 B.C. 494년에 吳나라 왕 夫差가 아버지의 원수를 갚기 위해 越나라를 공격하여 지금의 浙江 紹興 북쪽 지역인 夫椒에서 越나라 군대를 크게 격파하였다. 이때 구천이 갑옷을 입고 방패를 든 병사 5천 명을 거느리고 會稽山을 지키고 있으면서 大夫 文種을 보내 吳나라 太宰 伯嚭에게 뇌물을 주어 화친이 성사되게 함으로써 나라가 멸망하는 화를 면하였다. 그 뒤 19년 동안 인구를 늘리고 국력을 배양하여 B.C. 473년에 吳나라를 멸망시키고 霸業을 이루었다.

霸心生於會稽는 장차 패업을 이루겠다는 구천의 마음이 극도의 궁지에 처해 있던 회계산에서 생겼다는 것이다.

齊 桓公 小白은 霸業을 이루겠다는 마음이 莒나라에서 생겼다.

小白은 齊桓公名이라 齊亂奔莒에 蓋亦爲所不禮라

楊倞注 : 小白은 齊 桓公의 이름이다. 齊나라의 혼란으로 인해 莒나라로 도망가 있을 때 아마도 그 또한 예우를 받지 못했을 것이다.

28-57 故居不隱者思不遠하고 身不佚者志不廣이라

그러므로 처지가 곤궁하지 않은 사람은 생각이 원대하지 못하고, 자기가 〈궁지에 빠져〉 도망치지 않은 사람은 志向이 넓지 못하다.

佚은 與逸同하니 謂奔竄也라 家語엔 作常逸者라

楊倞注 : 佚은 '逸'과 같으니, 〈궁지에 빠져〉 달아난 것을 이른다. 〈不佚者가〉 ≪孔子家語≫에는 '常逸者'로 되어 있다.

28-58 女庸安知吾不得之桑落之下[61]리오하니라

---

60) 齊桓公小白霸心生於莒(거) : 齊 桓公(?~B.C. 643)은 春秋 때 五霸 가운데 하나이다. 성은 姜이고 이름은 小白으로, 齊 襄公의 아우이다. 양공의 暴政으로 인해 公子 糾는 魯나라로 도망가고 小白은 莒나라로 도망가 있다가 B.C. 686년에 양공이 公孫 無知에게 살해되고 이듬해에 공손 무지가 雍林 사람에 의해 살해되어 군주 자리가 비게 되자, 규와 소백이 서로 먼저 본국으로 들어오기 위해 싸운 끝에 소백이 먼저 들어와 군주가 되었다.
霸心生於莒는 장차 霸業을 이루겠다는 소백의 마음이 莒나라에서 예우를 받지 못할 때 생겼다는 것이다.

61) 女庸安知吾不得之桑落之下 : 庸安은 '어찌'라는 뜻의 글자가 겹친 것으로, '豈'와 같다. 桑落의 뜻에 대해 楊倞과 郝懿行의 주 이외에 학자들의 설이 다양하다.
孫詒讓은 落은 '籬'와 같다고 하면서 '枳落(탱자나무 울타리)'이라 말한 것과 같다 하고, 楊柳橋는 죽은 뒤라는 말과 같다 하고, 駱瑞鶴은 桑은 '喪'과 같다고 하면서 喪落之下는 '失落之時(잃어버린 때)'라는 말과 같다 하였다.
王天海는 落은 '蔭'자가 잘못된 것으로 의심된다고 하면서 "이 글의 뜻을 미루어볼 때 孔子가 子路에게 '지금은 비록 시기를 만나지 못했으나 어찌 뽕나무그늘 밑에서 그 시기를 만나지 못할 줄 알겠는가.'라고 말한 것이다."라고 하였다. 그러면서 '桑蔭之下'는 서로 알아주고 서로 만난다는 뜻의 일반적인 典故라고 한 뒤에, ≪戰國策≫ 〈趙策〉에 "昔者 堯見舜於草茅之中 席隴畝而蔭庇桑 陰移而授天下傳(옛날 堯가 舜을 초야 속에서 만났을 때 들판에

네가 어찌 내가 뽕나무그늘 밑에서 〈쉽게 그 시기를〉 얻지 못할 줄을 알겠는가."

桑落은 九月時也라 夫子當時蓋暴露居此樹之下라 ○ 盧文弨曰 正文桑落之下下에 宋本有乎哉二字나 今案可省(생)이라 郝懿行曰 桑落은 索郎反語也라 索은 言蕭索하고 郎은 言郎當하니 皆謂困窮之貌라 時孔子當阸이어늘 子路慍恚라 故作隱語發其志意라 楊注說固可通이나 而與上言曹莒會稽等義差遠이라

楊倞注 : 뽕잎이 떨어지는 때는 9월이다. 夫子가 당시에 아마도 비바람을 맞으며 이 나무 밑에 머물렀을 것이다.

○ 盧文弨 : 본문의 '桑落之下' 밑에 宋本에는 '乎哉' 두 자가 있으나 지금 살펴보건대, 생략하는 것이 옳다.

郝懿行 : 桑落은 索郎과 반절로 음이 같다. 索은 '蕭索(쓸쓸하다)'을 말하고 郎은 '郎當(피곤하다)'을 말하니, 모두 곤궁한 모양이다. 이 당시에 孔子가 사나운 운수를 만났는데, 子路가 화내고 원망하였기 때문에 隱語를 지어 그의 뜻을 열어준 것이다. 楊氏 주의 내용은 물론 일리가 있으나 위에서 말한 曹나라·莒나라·會稽山 등과는 뜻이 크게 차이가 있다.

28-59 子貢觀於魯廟之北堂하고

子貢이 魯나라 종묘의 北堂을 둘러보고

○ 盧文弨曰 舊本不提行이나 今案當分段이라 郝懿行曰 詩云 焉得諼草하여 言樹之背리오하니 背는 北堂也라 北堂은 人所居어늘 廟有北堂하니 亦所以居主라

○ 盧文弨 : 옛 판본에는 줄을 바꾸지 않았으나 지금 살펴보건대, 문단을 나누는 것이 마땅하다.

郝懿行 : ≪詩經≫ 〈衛風 伯兮〉에 "焉得諼草 言樹之背(그 어찌 근심 잊는 풀을 얻어와 그것을 北堂에다 심을 것인고.)"라 하였으니, 背는 北堂이다. 북당은 사람이 거처하는 곳인데, 종묘에 북당이 있으니 이 또한 神主를 안치하는 곳이다.

자리를 깔고 뽕나무 그늘 밑에 앉았는데 그늘이 옮겨갈 때 〈舜이 堯가〉 禪讓하는 천하를 받아들였다.)"이라 한 것과, ≪抱朴子≫ 〈淸鑑篇〉에 "文王之接呂尙 桑蔭未移而知其足師也(文王이 呂尙을 만났을 때 뽕나무 그늘이 옮겨가기 전에 그가 충분이 스승이 될 만하다는 것을 알았다.)"라 한 것 등을 예로 들었다. 王天海의 설에 따라 번역하였다.

28-60 出而問於孔子曰 鄉者賜觀於太廟[62]之北堂할새 吾亦未輟하고 還復(선부)瞻(被)〔彼〕[63]九蓋(합)하니 皆繼러이다 (被)〔彼〕有說邪(야)잇가 匠過絶邪잇가하니

나와서 孔子에게 물었다.

"저번에 제가 太廟의 北堂을 둘러볼 때 제가 또 〈발걸음을〉 멈추지 못하고 돌아가서 다시 그 아홉 군데의 문짝을 쳐다보았더니 모두 〈나무를 절단하여〉 이어 맞춘 것이었습니다. 거기에 무슨 의도가 있습니까, 아니면 匠人이 잘못하여 절단한 것입니까?"

北堂은 神主所在也라 輟은 止也라 九는 當爲北이니 傳寫誤耳라 被는 皆當爲彼라 蓋은 音盍이니 戶扇也라 皆繼는 謂其材木斷絶하여 相接繼也라 子貢問北盍皆繼續하니 彼有說邪아 匠過誤而遂絶之邪아하니라 家語엔 作北蓋皆斷하고 王肅云 觀北面之蓋에 皆斷絶也라하니라 ○ 王念孫曰 繼는 與輟說絶로 韻不相協이라 繼는 當爲㡭이니 字之誤也라 說文에 㡭은 古文絶이라하니 正與輟說絶爲韻이라 㡭은 爲古文絶이어늘 而此文以㡭絶竝用者는 古人之文은 不嫌於複이라 凡經傳中에 同一字而上下異形者를 不可枚擧요 卽用韻之文도 亦有之라 皐陶謨曰 天聰明이 自我民聰明하며 天明畏 自我民明威라하여늘 釋文에 畏는 馬本作威라하고 周官鄉(太)〔大〕[64]夫注에 引作天明威自我民明威하니 是畏卽威也라 小雅正月篇云 燎之方揚을 寧或滅之리오 赫赫宗周를 褒姒威之리라하여늘 釋文에 威은 本或作滅이라하고 昭元年左傳에 引作褒姒滅之하니 是威卽滅也라 越語云 死生因天地之刑이니 天地形之면 聖人因而成之라하여늘 管子勢篇에 作死死生生은 因天地之形이라하니 是刑卽形也라 皆與此文之㡭絶竝用同例라 今本㡭作繼하니 則旣失其韻하고 而又失其義矣라 楊云 皆繼는 謂材木斷絶하여 相接繼라하니 非也라 接繼與斷絶正相反이라 下文云 匠過絶邪잇가하니 則此文之不作繼甚明이라 家語에 作北蓋皆斷하니 斷도 亦絶也라

---

62) 鄉者賜觀於太廟 : 鄉은 '曏(지난번)'과 통하고, 賜는 子貢의 이름이다. 太廟는 본디 천자의 조상을 제사 지내는 사당을 가리킨다. 그러나 魯나라에서는 周公을 제사 지내는 사당도 그와 같이 불렀다.

63) (被)〔彼〕: 저본에는 '被'로 되어 있으나, 楊倞의 주에 의거하여 '彼'로 바로잡았다. 아래도 같다.

64) (太)〔大〕: 저본에는 '太'로 되어 있으나, ≪周禮≫ 〈地官〉에 의거하여 '大'로 바로잡았다.

楊倞注：北堂은 神主가 있는 곳이다. 輟은 멈춘다는 뜻이다. 九는 마땅히 '北'으로 되어야 하니, 옮겨 쓰는 과정에 잘못된 것이다. 被는 〈두 글자〉 모두 마땅히 '彼'로 되어야 한다. 蓋은 음이 '盍(합)'이니, 문짝이다. 皆繼는 그 재목을 절단하여 서로 잇댄 것을 이른다. 子貢이 "북당의 문짝이 모두 〈나무를 절단하여 서로〉 잇대었으니, 거기에는 그만 한 의도가 있어서입니까, 아니면 匠人이 잘못하여 그것을 절단한 것입니까?"라고 물은 것이다. 〈九蓋皆繼가〉 ≪孔子家語≫ 〈三恕〉에는 '北蓋皆斷'으로 되어 있고, 王肅의 그 주에 "북쪽의 문짝을 쳐다보니 모두 〈나무를〉 절단한 것이라는 것이다."라고 하였다.

○ 王念孫：繼는 '輟'·'說'·'絶'과 聲韻이 서로 맞지 않는다. '繼'는 마땅히 '𢇍'로 되어야 하니, 글자가 잘못된 것이다. ≪說文解字≫에 "𢇍은 '絶'의 옛 글자이다."라 하였으니, 이는 정확히 '輟'·'說'·'絶'과 같은 聲韻이 된다. '𢇍'은 '絶'의 옛 글자인데 이 글에 '𢇍'과 '絶'을 함께 사용한 이유는 옛사람의 글은 중복되는 것을 피하지 않았기 때문이다. 모든 經傳 속에 동일한 글자로서 위아래의 글자 모양이 다른 경우를 일일이 다 열거할 수 없고 押韻한 글 또한 〈이와 같은 사례가〉 있다. ≪書經≫ 〈皐陶謨〉에 "天聰明 自我民聰明 天明畏 自我民明威(하늘이 의견을 듣고 문제를 살피는 일이 우리 백성이 의견을 듣고 문제를 살피는 것으로부터 이뤄지며, 하늘이 〈선한 사람을〉 표창하고 〈악한 사람을〉 징계하는 일이 우리 백성의 마음에 의거하여 표창하고 징계한다.)"라 하였는데, ≪經典釋文≫에 "畏는 馬融本에 '威'로 되어 있다."라 하고, ≪周禮≫ 〈鄕大夫〉 鄭玄의 주에 이것을 인용하여 '天明威 自我民明威'로 되어 있으니, 이로 볼 때 '畏'는 곧 '威'이다. ≪詩經≫ 〈小雅 正月篇〉에 "燎之方揚 寧或滅之 赫赫宗周 褒姒威之(요원의 불길 한창 번지는 것을 어느 누가 완전히 끌 수 있을까. 혁혁하게 강대한 저 周나라를 褒姒가 여지없이 멸망시키리.)"라 하였는데, ≪經典釋文≫에 "威은 어떤 판본에는 간혹 '滅'로 되어 있기도 하다."라 하고, ≪春秋左氏傳≫ 昭公 元年에 이것을 이용하여 〈褒姒威之가〉 '褒姒滅之'로 되어 있으니, 이로 볼 때 '威'은 곧 '滅'이다. ≪國語≫ 〈越語〉에 "死生因天地之刑 天地形之 聖人因而成之(죽이고 살리는 것은 천지가 드러내는 〈조짐에〉 따르는 것이니, 천지가 그것을 드러내면 聖人이 그에 따라 시행한다.)"라 하였는데, ≪管子≫ 〈勢篇〉에 '死死生生 因天地之形'으로 되어 있으니, 이로 볼 때 '刑'은 곧 '形'이다. 이것들은 모두 이 글에서 '𢇍'과 '絶'을 함께 사용한 것과 같은 형식이다. 지금 판본에는 '𢇍'이 '繼'로 되어 있으니, 이는 이미 그 聲韻이 잘못되었고 또 그 뜻이 맞지 않는다. 楊氏는 "皆繼는 그 재목을 절단하여〔斷絶〕 서로 잇댄〔接繼〕 것을 이른다."라고 하였으니, 틀렸다. 接繼와 斷絶은 정반대이다. 아래 문구에 "匠過絶邪(匠人이 잘못하여 절단한 것입니까?)"라 하였으니, 이

문구의 글자가 '繼'로 되어 있지 않았을 것이 매우 분명하다. ≪孔子家語≫에 '北蓋皆斷'으로 되어 있으니, 斷 또한 '絶'의 뜻이다.

28-61 孔子曰 太廟之堂은 亦嘗(당)有說이라

孔子가 말하였다.

"太廟의 北堂 〈문짝이 그렇게 되어 있는 것은〉 또한 당연히 그만 한 의도가 있다.

言舊曾說이나 今則無也라 ○ 王念孫曰 嘗은 讀爲當①이라 言太廟之堂所以北蓋皆斷絶者는 亦當有說也라 下文蓋曰貴文也 正申明亦當有說之意라 楊訓嘗爲曾하니 失之라

① 當嘗은 古字通이라 孟子萬章篇에 是時孔子當阨이라하여늘 說苑至公篇에 當作嘗이라
'當'과 '嘗'은 옛 글자에 통용하였다. ≪孟子≫ 〈萬章篇〉에 "是時孔子當阨(이 당시에 孔子가 사나운 운수를 만나)"이라 하였는데, ≪說苑≫ 〈至公篇〉에 '當'이 '嘗'으로 되어 있다.

楊倞注 : 옛날에 일찍이 그와 같은 설이 있었으나 지금은 없다는 말이다.

○ 王念孫 : 嘗은 '當'으로 간주해 읽어야 한다. 太廟의 堂에 설치한 북쪽 문짝이 모두 절단된 나무로 〈잇대어져 있는〉 것은 이 또한 당연히 그 의도가 있다는 말이다. 아래(28-63) 문구 '蓋曰貴文也(아마도 문채를 중시하는 이유에서일 것이다.)'가 정확히 '亦當有說'의 뜻을 밝힌 것이다. 楊氏는 嘗을 '曾(일찍)'의 뜻으로 풀이하였으니, 잘못되었다.

28-62 官致良工하여 因麗節文이니

관아에서 솜씨가 우수한 사람을 정선하여 〈목재 본연의〉 아름다운 문양에 따라 문채를 조절한 것이니,

致는 極也라 官致良工은 謂初造太廟之時에 官極其良工이라 工則因隨其木之美麗하여 節文而裁制之리니 所以斷絶이라 家語엔 作官致良工之匠하면 匠致良材하여 盡其功[65]巧하니 蓋貴文也라 ○ 王念孫曰 麗는 非美麗之謂니 麗者는 施也①라 言

65) 功 : 여기서는 기술, 솜씨라는 뜻이다.

因良材而施之以節文也[②]라 家語엔 作匠致良材하여 盡其功巧하니 正謂施之以節文也라

① 見廣雅及多方顧命呂刑傳士喪禮注라
≪廣雅≫ 및 ≪書經≫의 〈多方〉·〈顧命〉·〈呂刑〉의 孔安國 傳과 ≪儀禮≫ 〈士喪禮〉 鄭玄 주에 보인다.

② 良材는 見下文이라
良材는 아래(28-63) 문구에 보인다.

楊倞注 : 致는 '極'의 뜻이다. 官致良工은 太廟를 처음 지을 때 관아에서 솜씨가 우수한 사람을 정선한 것을 이른다. 솜씨가 좋으면 그 목재의 아름다운 문양에 따라 문채를 조절하여 만들 것이니, 이 때문에 절단이 된 것이다. ≪孔子家語≫ 〈三恕〉에는 '官致良工之匠 匠致良材 盡其功巧 蓋貴文也(관아에서 솜씨 좋은 匠人을 정선하면 匠人이 질 좋은 재목을 정선하여 그의 정교한 솜씨를 다 부릴 것이니, 이는 아마도 문채를 중시하여 그럴 것이다.)'로 되어 있다.

○ 王念孫 : 麗는 아름답다는 말이 아니니, 麗란 가공한다는 뜻이다. 질 좋은 재목으로 인해 그것을 가공하여 문채를 조절한다는 말이다. ≪공자가어≫에는 '匠致良材 盡其功巧'로 되어 있으니, 이는 정확히 그것을 가공하여 문채를 조절하는 것을 이른다.

28-63 非無良材也요 蓋曰貴文也라하니라

질 좋은 재목이 없어서가 아니고 아마도 문채를 중시하는 이유에서일 것이다."

非無良材大木不斷絶者요 蓋所以貴文飾也라 此蓋明夫子之博識也라

楊倞注 : 절단되지 않은 질 좋은 재목과 큰 나무가 없어서가 아니고 아마도 문채를 중시했기 때문일 것이라는 뜻이다. 이 내용은 아마도 夫子(孔子)의 지식이 넓다는 것을 밝히기 〈위한 목적일 것이다.〉

子道篇 第二十九 제29편 자식으로서의 도리

앞부분은 자식으로서의 도리를 논한 것으로, 부모의 명령이라도 잘못된 것은 맹목적으로 순종하지 않는 것이 큰 품행이라 하였다. 뒷부분은 孔子와 그 제자 사이의 문답을 모아 엮은 雜錄이다.

29-1 入孝出弟는 人之小行也요

〈집안에〉 들어와 〈부모에게〉 효도하고 〈밖에〉 나가서는 〈어른에게〉 공손한 것은 사람의 작은 품행이고,

弟는 與悌同하니 謂自卑如弟也라

楊倞注 : 弟는 '悌'와 같으니, 스스로 낮추기를 아우처럼 하는 것을 이른다.

29-2 上順下篤은 人之中行也요

윗사람에게 순종하고 아랫사람을 깊이 배려하는 것은 사람의 중간 품행이고,

上順從於君父하고 下篤愛於卑幼라

楊倞注 : 〈上順下篤은〉 위로 군주와 부모에 대해 순종하고 아래로 지위가 낮고 나이 어린 자에 대해 깊이 배려한다는 뜻이다.

29-3 從道不從君하며 從義不從父는 人之大行也라 若夫志以禮安하고 言以類[1)]使하면 則儒道畢矣라

正道에 순종하고 군주에게 순종하지 않으며 道義에 순종하고 부모에게 순종하지 않는 것은 사람의 큰 품행이다. 만일 그 뜻이 禮義에 따라 안배되고 그 언어를

1) 類 : 여기서는 '법도'라는 뜻이다.

법도에 따라 구사한다면 儒者의 도가 완비되었다 할 것이다.

志安於禮하여 不妄動也하고 言發以類하여 不怪說也니 如此면 則儒者之道畢矣라 ○ 盧文弨曰 言以類使는 元刻에 作言以類接이라

楊倞注 : 뜻이 禮義에 의해 안배되어 함부로 행동하지 않고 언어를 법도에 의해 발설하여 괴상하게 말하지 않아야 하니, 이렇게 된다면 儒者의 도리가 완비되었다 할 수 있다는 것이다.

○ 盧文弨 : 言以類使는 元刻本에 '言以類接'으로 되어 있다.

29-4 雖舜이라도 不能加毫末於是矣리라 孝子所不從命有三이라 從命則親危하고 不從命則親安에 孝子不從命乃衷이요

비록 舜이라 하더라도 여기에 털끝만큼도 더할 수 없을 것이다. 효자가 명령에 복종하지 않는 까닭이 세 가지가 있다. 명령에 복종하면 부모가 위태롭고 명령에 복종하지 않으면 부모가 편안한 경우에 효자가 그 명령에 복종하지 않는 것은 곧 〈부모에게〉 충성하는 것이고,

舜

衷은 善也니 謂善發於衷心矣라 ○ 郝懿行曰 衷者는 善也라 從義不從命이 乃爲善也라 兪樾曰 衷은 與忠通이라 言孝子之不從命이 乃其忠也라 下文乃義乃敬이라하니 忠與義敬正一律이라 作衷者는 叚字耳라 國語楚語에 又能齊肅衷正이라하여늘 周禮春官序官鄭注引作中正하고 孝經에 中心藏之라하여늘 釋文에 中은 本亦作忠이라하니 蓋衷中忠三字는 同聲而通用이라 楊注未得叚借之旨라

楊倞注 : 衷은 '善'의 뜻이니, 善이 속마음에서 일어나는 것을 이른다.

○ 郝懿行 : 衷이란 '善'의 뜻이다. 道義에 순종하고 명령에 순종하지 않는 것이 곧 善이 된다는 것이다.

兪樾 : 衷은 '忠'과 통한다. 효자가 명령에 복종하지 않는 것이 곧 〈부모에게〉 충성

하는 것이라는 말이다. 아랫글(29-5)에 '乃義'·'乃敬'이라 하였으니, '忠'은 '義'·'敬'과 정확히 같은 형식이다. '衷'으로 되어 있는 것은 假借字일 뿐이다. ≪國語≫〈楚語〉에 "又能齊肅衷正(또 능히 질서 정연하고 엄숙하며 속마음이 바르다.)"이라 하였는데, ≪周禮≫〈春官 序官〉의 鄭玄 주에 이것을 인용하여 〈衷正이〉'中正'으로 되어 있고, ≪孝經≫에 "中心藏之(속마음 깊은 곳에 간직하였다.)"라 하였는데 ≪經典釋文≫에 "中은 본래는 또 '忠'으로 되어 있다."라고 하였으니, 아마도 '衷'·'中'·'忠' 3자는 소리가 같아 통용했을 것이다. 楊氏의 주는 그것이 假借한 뜻이라는 것을 알지 못한 것이다.

29-5 從命則親辱하고 **不從命則親榮**에 **孝子不從命乃義**요 **從命則禽獸**하고 **不從命則脩飾**(칙)[2]에 **孝子不從命乃敬**이라

명령에 복종하면 부모가 욕되고 명령에 복종하지 않으면 부모가 영광스러운 경우에 효자가 그 명령에 복종하지 않는 것은 곧 道義를 〈받들어 행하는〉 것이고, 명령에 복종하면 禽獸가 되고 명령에 복종하지 않으면 품행이 단정해지는 경우에 효자가 그 명령에 복종하지 않는 것은 곧 〈부모를〉 공경하는 것이다.

從命則陷身於禽獸之行하고 不從命則使親爲脩飾에 君子不從命이 是乃敬親이라
○ 先謙案 乃衷·乃義·乃敬下에 羣書治要엔 皆有也字라

楊倞注 : 명령에 복종하면 〈부모의〉 몸을 금수의 행위에 빠뜨리고 명령에 복종하지 않으면 부모로 하여금 품행이 단정해지게 하는 경우에 君子가 명령에 복종하지 않는 것은 곧 부모를 공경하는 것이라는 뜻이다.

○ 先謙案 : '乃衷'·'乃義'·'乃敬' 밑에 ≪羣書治要≫에는 모두 '也'자가 있다.

29-6 故可以從命而不從이면 **是不子也**요 **未可以從而從**이면 **是不衷也**라 **明於從不從之義**하여 **而能致恭敬忠信端慤以愼行之**면 **則可謂大孝矣**리라 **傳曰 從道不從君**하며 **從義不從父**라하니 **此之謂也**라 **故勞苦彫萃**[3]**而能無失其敬**하고

그러므로 마땅히 명령에 복종해야 하는데도 복종하지 않는다면 이는 자식으로

---

2) 飾(칙) : '飭'과 통한다.

3) 彫萃 : 憔悴와 같다. 여기서는 매우 고달프다는 뜻이다.

서의 〈도리를 행하지〉 않는 것이고, 마땅히 복종하지 말아야 하는데도 복종한다면 이는 〈부모에게〉 충성하지 않는 것이다. 복종하거나 복종하지 않거나 하는 것에 관한 도리를 잘 알아 공경하고 충성하며 정직하고 성실한 마음을 다해 신중히 행동한다면 大孝라 말할 수 있을 것이다. 옛글에 전해오기를 "正道를 따르고 군주를 따르지 않으며, 道義를 따르고 부모를 따르지 않는다."라고 하였으니, 이를 두고 하는 말이다.

그러므로 수고롭고 매우 고달프더라도 능히 〈부모에 대해〉 공경하는 마음을 잃지 않고,

彫는 傷也라 萃는 與顇同이라 雖勞苦彫萃라도 不敢解情失敬也라

楊倞注：彫는 '傷'의 뜻이다. 萃는 '顇(파리하다)'와 같다. 비록 수고하고 상처가 있더라도 감히 애정이 느슨해지거나 공경하는 마음을 잃어버리지 않는다는 것이다.

29-7 災禍患難而能無失其義하며 則不幸不順見惡(오)而能無失其愛는

재앙과 환난을 만나더라도 능히 〈부모에 대한〉 道義를 잃지 않으며, 곧 불행하여 〈부모에게〉 순종하지 않아 미움을 당하더라도 〈부모에 대한〉 애정을 잃지 않을 수 있는 것은

不幸以不順於親而見惡也라 ○ 王念孫曰 則은 與卽同이라 說見釋詞라

楊倞注：불행하여 부모에게 순종하지 않아 미움을 당한다는 것이다.
○ 王念孫：則은 '卽'과 같다. 이에 관한 설명은 ≪經傳釋詞≫에 보인다.

29-8 非仁人莫能行이라 詩曰 孝子不匱라하니 此之謂也라

어진 덕을 지닌 사람이 아니면 해낼 수 없다. ≪詩經≫ 〈大雅 旣醉〉에 "효자의 봉양 끝날 날이 없다네."라고 하였으니, 이를 두고 하는 말이다.

29-9 魯哀公[4]問於孔子曰 子從父命이 孝乎아 臣從君命이 貞[5]乎아하여 三問하되

4) 魯哀公：定公의 아들로, 이름은 蔣이다. B.C. 494년부터 B.C. 467년까지 27년 동안 재

孔子不對라

魯 哀公이 孔子에게 물었다.

"자식이 아비 명령에 복종하는 것이 효도인가? 또 신하가 군주 명령에 복종하는 것이 충성인가?"

세 번을 물었으나 공자는 대답하지 않았다.

不敢違哀公之意라 **故不對**라 ○ **盧文弨曰 舊本**엔 **皆連上**이나 **今案當分段**이라 **篇內竝同**이라

楊倞注 : 〈魯 哀公의 뜻에 동의하지 않았으나〉 감히 애공의 뜻을 어길 수 없었으므로 대답하지 않은 것이다.

○ 盧文弨 : 옛 판본에는 모두 윗글과 이어져 있으나 지금 살펴보건대, 마땅히 단락을 나누어야 한다. 이 편 속에 〈이와 유사한 경우는〉 모두 동일하다.

29-10 **孔子趨出**하여 **以語子貢曰 鄕**[6]**者君問丘也**하여 **曰 子從父命**이 **孝乎**아 **臣從君命**이 **貞乎**아하여 **三問而丘不對**라 **賜以爲何如**오하니 **子貢曰 子從父命**이 **孝矣**요 **臣從君命**이 **貞矣**니이다 **夫子有奚對焉**고하니라

孔子가 종종걸음으로 물러나와 이 일을 子貢에게 말하였다.

"조금 전에 국왕께서 나에게 묻기를 '자식이 아비 명령에 복종하는 것이 효도인가? 또 신하가 군주 명령에 복종하는 것이 충성인가?'라고 하면서 세 번을 물었으나 나는 대답하지 않았다. 賜야, 너는 어떻게 생각하느냐?"

자공이 말하였다.

"자식이 아비 명령에 복종하는 것이 효도이고 신하가 군주 명령에 복종하는 것이 충성입니다. 夫子께서는 또 어떻게 대답하시겠습니까?"

○ **盧文弨曰 有**는 **讀爲又**라

위하였다.

5) 貞 : 충성심이 꿋꿋하다는 뜻인 '忠貞'의 약어이다. 앞 구 '孝'와 대칭이므로 '충성'으로 풀이하였다.

6) 鄕 : '曏'과 통한다.

○ 盧文弨：有는 '又'로 간주해 읽어야 한다.

29-11 孔子曰 小人哉라 賜不識也로다 昔萬乘之國有爭[7]臣四人이면 則封疆不削하고 千乘之國有爭臣三人이면 則社稷不危하고 百乘之家有爭臣二人이면 則宗廟[8]不毁하며 父有爭子면 不行無禮하고 士有爭友면 不爲不義라 故子從父를 奚子孝며 臣從君을 奚臣貞이리오 審其所以從之를 之[9]謂孝요 之謂貞也라하니라

孔子가 말하였다.

"小人이로다. 賜야, 너는 알지 못하는구나. 이전에 전차 만 대를 보유한 나라에 간하는 신하 네 사람이 있으면 영토가 깎이지 않고, 전차 천 대를 보유한 나라에 간하는 신하 세 사람이 있으면 社稷이 위험하지 않고, 전차 백 대를 보유한 大夫 집에 간하는 신하 두 사람이 있으면 宗廟가 헐리지 않으며, 아비에게 간하는 자식이 있으면 禮法에 없는 일을 행하지 않고, 士에게 간하는 벗이 있으면 道義에 맞지 않는 일을 행하지 않을 수 있었다. 그러므로 자식이 무턱대고 아비를 따르는 것을 어찌 그 자식이 효도한다고 할 수 있겠으며, 신하가 무턱대고 군주를 따르는 것을 어찌 그 신하가 충성스럽다고 할 수 있겠는가. 〈아비에게〉 복종하고 〈군주에게〉 복종하는 〈도리를〉 살피는 이것을 효성이라 이르고 이것을 충성이라 이르는 것이다."

審其可從則從하고 不可從則不從也라 ○ 盧文弨曰 家語三恕篇엔 四人作七人하고 三人作五人하고 二人作三人하며 末句作夫能審其所從之謂孝요 之謂貞也라

楊倞注：〈명령이〉 복종할 만하면 복종하고 복종할 만하지 않으면 복종하지 않는 것을 살핀다는 것이다.

○ 盧文弨：≪孔子家語≫ 〈三恕篇〉에는 '四人'이 '七人'으로 되어 있고, '三人'이 '五人'으로 되어 있고, '二人'이 '三人'으로 되어 있으며, 끝구는 '夫能審其所從之謂孝 之謂貞'으로 되어 있다.

---

7) 爭：'諍'과 통한다.

8) 宗廟：선조를 제사 지내는 곳이다. 社稷과 마찬가지로 정권을 상징한다.

9) 之：'是'와 같다. 아래의 '之'도 마찬가지이다.

29-12 子路問於孔子曰 有人於此하니 夙興夜寐하여 耕耘樹藝하여 手足胼胝하여 以養其親하되 然而無孝之名은 何也잇고하니

子路가 孔子에게 물었다.

"여기 어떤 사람이 있으니 일찍 일어나고 밤늦게 자면서 밭을 갈고 김을 매며 모 심고 씨 뿌려 손발에 굳은살이 박이도록 〈일하여〉 그 부모를 봉양하는데도 효자로 이름나지 않은 것은 어째서입니까?"

樹는 栽植이라 藝는 播種이라 胼〔胝〕[10)]는 謂手足勞라 (駢)〔胼〕[11)]은 併也[12)]라 胝는 皮厚也라 丁皮反이라

楊倞注 : 樹는 심는다는 뜻이다. 藝는 씨를 뿌린다는 뜻이다. 胼胝는 손발이 수고로운 것을 이른다. 胼은 〈손발의〉 굳은살이다. 胝는 살가죽이 두껍다는 뜻이다. 〈胝의 음은〉 丁과 皮의 반절이다.

29-13 孔子曰 意者身不敬與아 辭不遜與아 色不順與아 古之人有言曰 衣與하고 繆[13)]與하여 不女聊라하니라

孔子가 말하였다.

"어쩌면 몸가짐이 공경하지 않아서가 아닐까, 말씨가 겸손하지 않아서가 아닐까, 얼굴표정이 온순하지 않아서가 아닐까? 옛사람이 하는 말에 '〈나에게〉 옷을 입혀주고 〈나에게〉 술을 먹여주더라도 〈공경하지 않고 겸손하지 않고 온순하지 않는다면〉 너에게 의지할 수 없다.'라고 하였다.

繆는 紕繆也라 與는 讀爲歟라 聊는 賴也라 言雖與之衣而紕繆不精하면 則不聊賴

---

10) 〔胝〕 : 저본에는 '胝'가 없으나, 豬飼彦博의 ≪荀子補遺≫에 의거하여 보충하였다.

11) (駢)〔胼〕 : 저본에는 '駢'으로 되어 있으나, 豬飼彦博의 ≪荀子補遺≫에 의거하여 '胼'으로 바로잡았다.

12) (駢)〔胼〕 併也 : ≪漢書≫ 〈貢禹傳〉의 "手足胼胝(손발에 굳은살이 박이다.)"라 한 곳의 顔師古 주에 "胼 併也(胼은 '併'의 뜻이다.)"라고 하였는데, 이것을 인용한 것으로 보인다. '併'은 본디 '幷'과 통용하는 글자로서 '아우르다', '모으다', '모두' 등의 뜻이므로 '胼'과는 무관하고, 음 또한 서로 다르다. '併'은 '跰'으로 간주하는 것이 타당할 것으로 보인다.

13) 繆 : 張覺과 王天海의 설에 의하면 '醪'와 통하는 것으로, 음식을 뜻한다.

於汝也라 或曰 繆는 綢繆也라 言雖衣服我하고 綢繆我라도 而不敬不順하면 則不賴汝也라하니라 韓詩外傳엔 作衣予敎予하고 家語云 人與己不順欺也어늘 王肅云 人與己事實相通하여 不相欺也라하여 皆與此不同이라 ○ 盧文弨曰 案今外傳九에 作衣歟食歟나 曾不爾卽하니 卽은 疑聊之譌라 此云敎予는 疑是飮予之譌라 今家語困誓篇엔 作人與己與不汝欺하여 與此所引亦不同이라

楊倞注：繆는 옷이 너덜너덜하다는 뜻이다. 與는 '歟'로 간주해 읽어야 한다. 聊는 의지한다는 뜻이다. 비록 〈나에게〉 옷을 주더라도 너덜너덜하여 곱지 않으면 너에게 의지하지 않는다는 말이다. 혹자는 "繆는 감싼다는 뜻이다. 비록 나를 입혀주고 나를 감싸주더라도 공경하지 않고 온순하지 않다면 너에게 의지하지 않는다는 말이다."라고 하였다. ≪韓詩外傳≫에는 '衣予敎予'로 되어 있고, ≪孔子家語≫에 '人與己不順欺'로 되어 있는데 王肅의 그 주에 "다른 사람과 자기의 일이 실로 서로 통하여 서로 속이지 않는다는 뜻이다."라고 하여 모두 이곳과 같지 않다.

○ 盧文弨：살펴보건대, 지금의 ≪한시외전≫ 권9에 '衣歟食歟 曾不爾卽'으로 되어 있으니, 卽은 아마도 '聊'의 오자일 것이다. 〈楊氏의 주에 인용된〉 ≪한시외전≫에 '敎予'라 한 것은 아마도 '飮予'의 잘못일 것이다. 지금의 ≪공자가어≫ 〈困誓篇〉에는 '人與己與不汝欺'로 되어 있어 여기의 〈楊氏 주에서〉 인용한 것과 또 같지 않다.

29-14 今夙興夜寐하여 耕耘樹藝하여 手足胼胝하여 以養其親하고 無此三者면 則何(以)[14]爲而無孝之名也리오 〔意者所友非仁人邪〕[15]아하니라

지금 일찍 일어나고 밤늦게 자면서 밭을 갈고 김을 매며 모 심고 씨 뿌려 손발에 굳은살이 박이도록 〈일하여〉 그 부모를 봉양하고 〈공경하지 않고 겸손하지 않고 온순하지 않는〉 이 세 가지가 없다면 무엇 때문에 효자라는 이름이 나지 않겠는가. 아마도 그가 교제하는 벗이 어진 덕을 지닌 사람이 아니었지 싶다."

○ 王念孫曰 以字衍이라 韓詩外傳無以字하고 下文何爲而無孝之名也도 亦無以字라 又案 外傳此句下有意者所友非仁人邪一句라 玩本書亦似當有此句니 下文

14) (以)：저본에는 '以'가 있으나, 王念孫의 주에 의거하여 잘못 덧붙여진 것으로 처리하였다.
15) 〔意者所友非仁人邪〕：저본에는 '意者所友非仁人邪'가 없으나, 王念孫의 주에 의거하여 보충하였다.

雖有國士之力四句는 正承此句而言이라 又下文入而行不脩身之罪也는 承上身不敬三句而言이요 出而名不章友之過也는 則承此句而言이니 若無此句면 則與下文不相應矣라

○ 王念孫 : '以'자는 잘못 덧붙여진 것이다. ≪韓詩外傳≫에는 '以'자가 없고 아랫글(29-16) '何爲而無孝之名也'도 '以'자가 없다. 또 살펴보건대, ≪한시외전≫에는 이 구 밑에 '意者所友非仁人邪' 한 구가 더 있다. 本書(≪荀子≫)의 논리를 음미해볼 때 또한 마땅히 이 구가 있어야 할 것 같으니, 아랫글(29-15) '雖有國士之力' 네 구는 정확히 이 구를 이어받아 말한 것이다. 또 아랫글(29-16) '入而行不脩 身之罪也'는 위의 '身不敬' 세 구를 이어받아 말한 것이고, '出而名不章 友之過也'는 이 구를 이어받아 말한 것이니, 만약 이 구가 없다면 아랫글과 서로 호응하지 않을 것이다.

29-15 孔子曰 由아 志之하라 吾語女하리라 雖有國士之力이라도 不能自擧其身은 非無力也라 勢不可也라

孔子가 말하였다.

"由야, 기억해두어라. 내가 너에게 말해주겠다. 비록 한 나라의 장사라 할 힘을 지녔더라도 자기 몸을 스스로 들어 올리지 못하는 것은 힘이 없어서가 아니라 형세가 불가능하기 때문이다.

國士는 一國勇力之士라

楊倞注 : 國士는 한 나라에 장사로 〈이름난〉 사람이다.

29-16 故[16]入而行不脩는 身之罪也요 出而名不章은 友之過也라 故君子入則篤行하고 出則友賢이니 何爲而無孝之名也리오하니라

대체로 〈어떤 사람이 집안에〉 들어와 품행이 수양되지 않는 것은 자기의 허물이고, 〈밖에〉 나가서 이름이 드러나지 않는 것은 벗의 허물이다. 그러므로 君子는 〈집안에〉 들어와서는 〈자기의〉 품행을 독실하게 닦고 〈밖에〉 나가서는 현능한 사람을 사귀는 것이니, 〈그렇게 하면〉 어떻게 효자라는 이름이 나지 않겠는가."

---

16) 故 : 여기서는 '夫'와 같다.

29-17 子路問於孔子曰 魯大夫練[17]而牀하니 禮邪(야)잇가하니 孔子曰 吾不知也라하니라

子路가 孔子에게 물었다.

"魯나라의 어떤 大夫가 練祭를 지낸 뒤에 침상에서 잠을 잤으니, 이것이 禮法에 합당합니까?"

공자가 말하였다.

"나는 모른다."

練은 小祥也라 禮記曰 期而小祥하고 居堊室[18]하여 寢有席하며 又期而大祥하고 居復寢[19]하며 中月而禫[20]하나니 禫而牀也라하니라

楊倞注 : 練은 小祥이다. ≪禮記≫ 〈間傳〉에 "만 1주년이 되었을 때 小祥祭를 지내고 堊室에 거주하여 잠잘 때 부들자리를 사용할 수 있으며, 만 2주년이 되었을 때 大祥祭를 지내고 復寢에 거주하며 한 달을 사이에 두고 禫祭를 지내는 것이니, 담제 뒤에는 〈평상시처럼〉 침상에서 잠잘 수 있다."라고 하였다.

29-18 子路出하여 謂子貢曰 吾以夫子爲無所不知어늘 夫子徒有所不知라하니

子路가 밖으로 나와 子貢에게 말하였다.

"나는 夫子께서 무엇이든 모르는 것이 없다고 생각하였는데 부자께서는 유독 모르는 것이 있었습니다."

○ 先謙案 華嚴經音義下에 引劉熙云 徒는 猶獨也라하다

先謙案 : ≪華嚴經音義≫ 下卷에 劉熙의 말을 인용하여 "徒는 '獨'과 같다."라 하였다.

---

17) 練 : 生絲를 삶은 흰색 명주이다. 부모가 죽은 지 13개월이 되어 지내는 小祥祭 때 이것으로 지은 상복을 입으므로 소상제를 練祭, 또는 練服이라 한다.

18) 堊室 : 흰 흙을 바른 방으로, 喪中에 거처하는 곳이다.

19) 復寢 : 처마가 겹으로 되어 있는 침실을 말한다. 復은 複과 통한다.

20) 中月而禫 : 中은 '間'과 같다. 禫은 禫祭로, 상복을 벗는 제사의 이름이다. 부모가 죽은 지 25개월이 되어 大祥祭를 지내고 그 뒤 한 달을 건너뛰어 27개월 만에 禫祭를 지낸다.

29-19 子貢曰 女[21)]何問哉오하니라 子路曰 由問魯大夫練而牀하니 禮邪(야)잇가하니 夫子曰 吾不知也라하니라 子貢曰 吾將爲女問之라하니라 子貢問曰 練而牀이 禮邪잇가하니 孔子曰 非禮也라하니라 子貢出하여 謂子路曰 女謂夫子爲有所不知乎아 夫子徒無所不知하고 女問非也라 禮에 居是邑하여는 不非其大夫라하니라

子貢이 말하였다.

"당신은 무엇을 물었습니까?"

子路가 말하였다.

"내가 魯나라의 어떤 大夫가 練祭를 지낸 뒤에 침상에서 잠을 잤으니 이것이 禮法에 합당한 일이냐고 물었더니, 夫子께서 나는 모른다고 하셨습니다."

자공이 말하였다.

"내가 당신을 위해 물어보겠습니다."

자공이 〈孔子에게〉 물었다.

"練祭를 지낸 뒤에 침상에서 잠을 자는 것이 예법에 합당합니까?"

공자가 말하였다.

"예법이 아니다."

자공이 밖으로 나와 자로에게 말하였다.

"당신은 부자께서 모르는 것이 있다고 생각합니까? 부자께서는 유독 모르는 것이 없고 당신의 질문이 틀렸습니다. 예법에, 〈대부가 관할하는〉 고을에 거주할 때에는 그 대부를 비방하지 않는 법입니다."

懼於訕上이라

楊倞注 : 윗사람을 비방하는 것에 대해 조심스러워한다는 것이다.

29-20 子路盛服而見(현)孔子하니 孔子曰 由아 是裾裾[22)]何也오

---

21) 女 : '汝'와 통한다. 汝는 '너'란 뜻으로, 자기보다 나이가 어리거나 미천한 사람에 대한 대명사이다. 子貢이 자기보다 22년이나 연상인 子路를 지칭하는 말로는 적합하지 않으므로 편의상 '당신'으로 표기하였다.

22) 裾裾 : 王天海는 "裾裾는 '楚楚'와 통한다. 상고 때 裾는 見의 聲母로 魚部에 속하고, 楚

子路가 의복을 화려하게 차려입고 孔子를 만나 뵈니, 공자가 말하였다. "由야, 옷차림이 이처럼 선명하고 아름다운 것은 무엇 때문이냐?

裾裾는 衣服盛貌라 說苑엔 作襜襜也라 ○ 盧文弨曰 見說苑雜言篇이라 又案韓詩外傳三엔 作疏疏하고 家語三恕篇엔 作倨倨라 郝懿行曰 裾裾는 說苑雜言篇엔 作襜襜하니 裾與襜은 皆衣服之名이라 因其盛服하여 卽以其名呼之라 韓詩外傳三엔 作疏疏하고 家語엔 又作倨倨하니 則其義別이라

楊倞注 : 裾裾는 의복이 화려한 모양이다. ≪說苑≫에는 '襜襜'으로 되어 있다.

○ 盧文弨 : ≪說苑≫ 〈雜言篇〉에 보인다. 또 살펴보건대, 〈裾裾가〉 ≪韓詩外傳≫ 권3에는 '疏疏'로 되어 있고, ≪孔子家語≫ 〈三恕篇〉에는 '倨倨'로 되어 있다.

郝懿行 : 裾裾는 ≪설원≫ 〈잡언편〉에 '襜襜'으로 되어 있으니, 裾와 襜은 모두 의복의 이름이다. 그가 옷을 화려하게 차려입었기 때문에 그 옷의 이름을 부른 것이다. ≪한시외전≫ 권3에는 '疏疏'로 되어 있고, ≪공자가어≫에는 또 '倨倨'로 되어 있으니, 이것은 그 뜻이 다르다.

29-21 昔者[23]江出於嶓山[24]이라 其始出也엔 其源可以濫觴이나 及其至江之津也하여는 不放舟不避風하면 則不可涉也니

대체로 長江은 원천이 嶓山에서 나온다. 그것이 처음 나올 때는 그 원천이 〈작아 겨우〉 술잔을 띄울 정도이지만, 그 물이 장강의 나루터에 이르렀을 때는 배를 서로 붙이지 않고 바람을 피하지 않는다면 건널 수가 없으니,

放은 讀爲方이라 國語曰 方舟設泭라하여늘 韋昭曰 方은 竝也라 編木爲泭라하니라 說苑엔 作方舟하니 方은 泭也라 詩曰 方之舟之라하니라 ○ 盧文弨曰 注設泭는 舊本에

는 初의 성모로 魚部에 속한다. 見・初는 성모가 인접해 있고 같은 魚韻이므로 裾・楚 두 자는 서로 통할 수 있다. 楚楚는 선명하고 아름답다는 뜻이다. 楊倞의 주는 분명치 못하고 여러 설도 모두 옳지 않다."라고 하였다. 이에 따라 번역하였다.

23) 昔者 : ≪孔子家語≫ 〈三恕〉에는 '夫'로 되어 있다. 이에 따라 번역하였다.

24) 嶓山 : 지금의 四川 松潘縣 북쪽에 있는 岷山山脈과 지금의 長江 三峽 서북쪽에 있는 巴山山脈을 포괄적으로 가리킨다. 이곳은 長江과 黃河의 분수령이며 岷江과 嘉陵江의 발원지인데, 고대에는 이곳을 장강의 발원지로 알았다. 嶓山은 岷山과 같다.

作投柎어늘 今據齊語改正이라

楊倞注 : 放은 '方'으로 읽어야 한다. ≪國語≫ 〈齊語〉에 "方舟設泭(두 척의 배를 나란히 붙이고 뗏목을 설치한다.)"라 하였는데, 韋昭가 "方은 나란히 붙인다는 뜻이다. 〈設泭는〉 목재를 엮어 뗏목을 만든다는 것이다."라고 하였다. 〈放舟가〉 ≪說苑≫ 〈雜言篇〉에는 '方舟'로 되어 있으니, 方은 뗏목이라는 뜻이다. ≪詩經≫ 〈邶風 谷風〉에 "方之舟之(뗏목에 올라타고 배를 탄다네.)"라고 하였다.

○ 盧文弨 : 〈楊倞〉 주의 '設泭'는 옛 판본에 '投柎'로 되어 있는데, 여기서는 ≪國語≫ 〈齊語〉에 의거하여 고쳐 바로잡았다.

29-22 非維下流水多邪(야)아

이는 下流의 물이 많아졌기 때문이 아니겠느냐.

維는 與唯同이라 言豈不以下流水多라 故人畏之邪니 言盛服色厲亦然也라 說苑엔 作非下衆水之多乎라 ○ 盧文弨曰 今說苑엔 作非唯下流衆川之多乎라

楊倞注 : 維는 '唯'와 같다. 어찌 하류는 물이 많기 때문에 사람들이 그것을 두려워하는 것이 아니겠느냐는 말이니, 이는 옷차림이 화려하고 얼굴빛이 근엄한 것도 그렇다는 말이다. ≪說苑≫ 〈雜言篇〉에는 '非下衆水之多乎'로 되어 있다.

○ 盧文弨 : 지금의 ≪설원≫에는 '非唯下流衆川之多乎'로 되어 있다.

29-23 今女衣服旣盛하고 顔色充盈[25)]하니 天下且孰肯諫女矣리오

지금 너는 의복이 이미 화려하고 얼굴빛이 의기양양하니, 천하에 또 누가 너에게 바른말로 충고하려 하겠느냐."

充盈은 猛厲라

楊倞注 : 充盈은 사납고 근엄하다는 뜻이다.

29-24 (由)[26)]

---

25) 充盈 : 만족해하여 의기양양하다는 뜻이다. 楊倞의 주는 틀린 것으로 보인다.

26) (由) : 저본에는 '由'가 있고 王天海의 설은 楊倞의 주가 옳다고 하였으나, 兪樾의 주에

告之畢에 又呼其名하여 丁寧之也라 ○ 俞樾曰 楊注非是라 下文孔子曰 志之하라 吾語女라하니 此由字는 當在孔子曰之下라 由志之三字連文이라 上文孔子曰 由志之하라 吾語女하리라 雖有國士之力이라도 不能自擧其身이라하여 亦以由志之三字連文하니 可證孔子曰下에 必當有由字也라 韓詩外傳엔 正作孔子曰由志之하라 吾語汝라

楊倞注 : 고하기를 다 마친 뒤에 또 그(子路)의 이름을 불러 간곡하게 당부한 것이다.

○ 俞樾 : 楊氏의 주는 옳지 않다. 아랫글(29-26)에 '孔子曰 志之 吾語女'로 되어 있는데, 이 '由'자는 마땅히 '孔子曰' 밑에 있어야 한다. '由志之' 3자는 이어진 글이다. 윗글(29-15)에 '孔子曰 由志之 吾語女 雖有國士之力 不能自擧其身'이라 하여 그곳에도 '由志之' 3자로 글이 이어져 있으니, '孔子曰' 밑에 반드시 '由'자가 있어야 한다는 것을 증명할 수 있다. ≪韓詩外傳≫에는 '孔子曰 由志之 吾語汝'로 바르게 되어 있다.

29-25 子路趨而出하여 改服而入하니 蓋猶若也라

子路가 종종걸음으로 나와서 옷을 바꾸어 입고 들어가니, 대체로 여유로워보였다.

猶若은 舒和之貌라 禮記曰 君子蓋猶猶爾也라하니라 ○ 郝懿行曰 猶若은 說見哀公篇猶然下라

楊倞注 : 猶若은 느긋한 모양이다. ≪禮記≫ 〈檀弓 上〉에 "君子蓋猶猶爾(君子는 대체로 여유롭다.)"라고 하였다.

○ 郝懿行 : 猶若은 이에 관한 설명이 〈哀公篇〉(31-23) 〈故猶然如將可及者의〉 '猶然' 밑에 보인다.

29-26 孔子曰 〔由〕[27)]아 志之하라 吾語汝하리라 奮於言者華하고 奮於行者伐하며 色知而有能者는 小人也라

孔子가 말하였다.

"由야, 기억해두어라. 내가 너에게 말해주겠다. 말을 의기양양하게 하는 사람은

의거하여 아래(29-26) '孔子曰' 밑으로 옮겼다.

27) 〔由〕 : 저본에는 '由'가 없으나, 俞樾의 주(29-24)에 의거하여 위에서 옮겨왔다.

시끄럽게 떠들어대고, 행동을 의기양양하게 하는 사람은 자기를 과시하며, 아는 것이 얼굴빛에 드러나고 〈스스로〉 자기 재능을 〈과시하는〉 사람은 소인이다.

奮은 振이요 〔伐〕[28)]은 矜也요 色知는 謂所知見於顔色이요 有能은 自有其能이니 皆矜伐之意라 ○ 兪樾曰 韓詩外傳엔 作愼於言者不譁하고 愼於行者不伐하니 當從之라 華는 卽譁之省(생)文이라 兩奮字는 皆沯字之誤니 乃古文愼字也라 沯誤爲奮이면 則奮於言行하니 不能謂之不華不伐矣라 於是又刪去兩不字耳라 楊氏據誤本作注하니 非也라

楊倞注 : 奮은 '振(떨치다)'의 뜻이고, 伐은 '矜(자랑하다)'의 뜻이고, 色知는 아는 것이 얼굴빛에 드러나는 것을 이르고, 有能은 자기 재능을 자부한다는 뜻이니, 모두 과시하는 뜻이다.

○ 兪樾 : ≪韓詩外傳≫에는 '愼於言者不譁 愼於行者不伐(말을 신중히 하는 사람은 시끄럽지 않고, 행동을 신중히 하는 사람은 과시하지 않는다.)'로 되어 있으니, 마땅히 그것을 따라야 한다. 華는 곧 '譁'가 생략된 글자이다. 두 '奮'자는 모두 '沯'자의 잘못이니, 곧 古文의 '愼'자이다. '沯'이 잘못되어 '奮'으로 되면 말과 행동을 거침없이 한다는 뜻이 되니, 不華不伐(시끄럽지 않고 과시하지 않다)이라고 이를 수 없다. 그리하여 또 두 '不'자를 삭제해버린 것이다. 楊氏는 잘못된 판본에 의거하여 주를 만들었으니, 틀렸다.

29-27 故君子知之曰知之하고 不知曰不知 言之要也요 能之曰能之하고 不能曰不能이 行之至也라

그러므로 君子는 아는 것을 안다고 말하고 모르는 것을 모른다고 말하는 것이니 이것이 말을 하는 요령이고, 할 수 있는 것을 할 수 있다고 말하고 할 수 없는 것을 할 수 없다고 말하는 것이니 이것이 행동의 준칙이다.

皆在不隱情이라

楊倞注 : 모두 속사정을 숨기지 않는 데에 달려 있다는 것이다.

29-28 言要則知하고 行至則仁이라 旣知且仁이면 夫惡(오)有不足矣哉아하니라

28) 〔伐〕 : 저본에는 '伐'이 없으나, 駱瑞鶴의 설에 의거하여 보충하였다.

말이 이 요령에 들어맞는 것이 지혜이고, 행동이 이 준칙에 들어맞는 것이 어진 덕이다. 이미 지혜가 있고 또 어진 덕이 있다면 어찌 부족한 점이 있겠는가."

29-29 子路入에 **子曰 由**아 **知者若何**며 **仁者若何**오하니 **子路對曰 知者使人知己**하고 **仁者使人愛己**니이다 **子曰 可謂士矣**라하니라

子路가 들어갔을 때 孔子가 말하였다.

"由야, 지혜로운 사람은 어떠하며, 어진 덕을 지닌 사람은 어떠하냐?"

자로가 대답하였다.

"지혜로운 사람은 다른 사람으로 하여금 자기를 알게 하고, 어진 덕을 지닌 사람은 다른 사람으로 하여금 자기를 사랑하게 합니다."

공자가 말하였다.

"〈이와 같은 사람은〉 선비라 이를 만하다."

士者는 **脩立之稱**이라

楊倞注 : 士란 〈품성을〉 수양하고 〈뜻을〉 세운 사람에 대한 지칭이다.

29-30 子貢入에 **子曰 賜**아 **知者若何**며 **仁者若何**오하니 **子貢對曰 知者知人**하고 **仁者愛人**이니이다 **子曰 可謂士君子矣**라하니라 **顔淵入**에 **子曰 回**아 **知者若何**며 **仁者若何**오하니

子貢이 들어갔을 때 孔子가 말하였다.

"賜야, 지혜로운 사람은 어떠하며, 어진 덕을 지닌 사람은 어떠하냐?"

자공이 대답하였다.

"지혜로운 사람은 다른 사람을 알고, 어진 덕을 지닌 사람은 다른 사람을 사랑합니다."

공자가 말하였다.

"〈이와 같은 사람은〉 士君子라 이를 만하다."

顔淵

顔淵이 들어갔을 때 공자가 말하였다.
"回야, 지혜로운 사람은 어떠하며, 어진 덕을 지닌 사람은 어떠하냐?"

知者는 皆讀爲智라

楊倞注 : 知는 모두 '智'로 간주해 읽어야 한다.

29-31 顔淵對曰 知者自知하고 仁者自愛니이다 子曰 可謂明君子矣라하니라

顔淵이 대답하였다.
"지혜로운 사람은 자기 자신을 알고, 어진 덕을 지닌 사람은 자기 자신을 사랑합니다."
孔子가 말하였다.
"〈이와 같은 사람은〉 현명한 君子라 이를 만하다."

29-32 子路問於孔子曰 君子亦有憂乎잇가 孔子曰 君子는 其未得[29]也엔 則樂其意하고

子路가 孔子에게 물었다.
"君子도 근심이 있습니까?"
공자가 말하였다.
"군자는 직위를 얻지 못했을 때는 자기의 이상을 즐기고,

樂其爲治之意라 ○ 先謙案 得은 謂得位也라 樂其意는 自有所樂也라 楊注非라

楊倞注 : 그가 治績을 이룬 뜻을 즐거워한다는 것이다.
○ 先謙案 : 得은 직위를 얻는 것을 이른다. 樂其意는 스스로 즐거워하는 하는 일이 있다는 것이다. 楊氏의 주는 틀렸다.

29-33 旣已得之하여는 又樂其治라

이미 직위를 얻은 뒤에는 또 자기가 〈행하는 일이〉 잘 다스려지는 것을 즐긴다.

29) 未得 : 벼슬길에 들어가 임용되지 못한 것을 가리킨다.

○ 先謙案 治는 謂所事皆治라

○ 先謙案 : 治는 행하는 일이 모두 잘 다스려지는 것을 이른다.

29-34 **是以有終身之樂**하고 **無一日之憂**라 **小人者**는 **其未得也**엔 **則憂不得**하고 **既已得之**하여는 **又恐失之**라 **是以有終身之憂**하고 **無一日之樂也**라하니라

이 때문에 한평생의 즐거움이 있고 하루의 근심도 없다. 小人은 직위를 얻지 못할 때는 얻지 못한 것을 근심하고, 이미 직위를 얻은 뒤에는 또 그것을 잃을까 두려워한다. 이 때문에 한평생의 근심이 있고 하루의 즐거움도 없다.”

法行篇 第三十 제30편 禮義와 實踐

이 편은 孔子와 그 제자들이 한 말을 두서없이 기록한 것으로, 그 의도는 이를 통해 禮를 법으로 삼아 그것을 실행할 것을 주장하는 荀子의 사상을 강조하기 위해서이다.

禮義謂之法이요 所以行之謂之行이라 行은 下孟反이라 ○ 盧文弨曰 此篇은 舊本皆不提行이나 今各案其文義分之라

楊倞注 : 禮義를 法이라 이르고, 그것을 행하는 것을 行이라 이른다. 〈法行의〉 行은 下와 孟의 반절이다.

○ 盧文弨 : 이 편은 옛 판본에 모두 줄을 바꾸지 않았으나, 여기서는 그 글 뜻을 유별로 살펴 문단을 나누었다.

30-1 公輸[1)]不能加於繩하고 聖人不能加於禮라

公輸班이라도 먹줄을 뛰어넘을 수 없고, 聖人이라도 禮法을 뛰어넘을 수 없다.

公輸는 魯巧人이니 名班이라 雖至巧라도 繩墨之外亦不能加也라 ○ 顧千里曰 案正文繩字下엔 據注면 疑亦當有墨字라 宋本同이라 今本蓋皆誤라

먹줄(繩墨)

楊倞注 : 公輸는 魯나라의 솜씨 좋은 사람이니, 이름은 班이다. 〈그가〉 비록 매우 솜씨가

1) 公輸 : 春秋 말기 魯나라의 名匠인 公輸班을 가리킨다. 公輸는 複姓이고 班은 이름이다. 班은 盤·般으로 쓰기도 하며 公輸子·魯班이라고도 한다. 水戰에서 사용하는 鉤拒라는 무기와 성을 공격할 때 사용하는 雲梯를 만들었다. 대나무를 깎아 까치를 만들었는데 그것이 하늘을 날아 3일 동일 내려오지 않았다는 전설이 있다. 목재를 다루는 공구를 발명하여 건축의 할아버지로 존경받는다.

좋다 하더라도 먹줄 밖으로 그 또한 뛰어넘을 수 없다는 것이다.

○ 顧千里 : 살펴보건대, 본문 '繩'자 밑에는 〈楊氏〉 주를 근거로 볼 때 아마도 마땅히 '墨'자가 있어야 할 것 같다. 宋本도 같다. 지금 판본은 대체로 모두 잘못되었다.

30-2 禮者는 衆人法而不知하고 聖人法而知之라

禮法이란 일반인은 그것을 따르면서도 〈그 의미를〉 알지 못하고, 聖人은 그것을 따르고 또 그 〈의미를〉 안다.

衆人은 皆知禮可以爲法이나 而不知其義者也라

楊倞注 : 일반인은 모두 예법을 따를 만하다는 것을 알지만 그 의미를 모른다는 것이다.

曾子

30-3 曾子曰 無內人之疏而外人之親하며

曾子가 말하였다.

"집안사람을 멀리하면서 바깥사람을 친애하지 말며,

無는 禁辭也라 內人之疏와 外人之親은 謂以疏爲內하고 以親爲外라 家語曰 不比於親而比於疏者는 不亦遠乎아하니라 韓詩外傳엔 作無內疏而無外親也라 ○ 盧文弨曰 今家語賢君篇엔 作不比於數(삭)[2]而比於疏 不亦遠乎라 說苑에도 亦作數字라

楊倞注 : 無는 금지하는 말이다. 內人之疏와 外人之親은 소원한 사람을 집안사람으로 여기고 친근한 사람을 바깥사람으로 여기는 것을 이른다. ≪孔子家語≫에 "친근한 사람을 친애하지 않고 소원한 사람을 친애하는 것은 이 또한 〈사리에〉 먼 것이 아니겠는가.〔不比於親而比於疏者 不亦遠乎〕"라고 하였다. ≪韓詩外傳≫에는 〈無內人之疏而外人之親이〉 '無內疏而無外親'으로 되어 있다.

○ 盧文弨 : 지금의 ≪孔子家語≫ 〈賢君篇〉에는 〈楊氏 주의 '不比於親而比於疏者 不亦遠乎'가〉 '不比於數而比於疏 不亦遠乎'로 되어 있다. ≪說苑≫ 〈敬愼〉에도 〈親자가〉 '數'자로 되어 있다.

---

2) 數(삭) : '親'의 뜻이다.

30-4 **無身不善而怨人**하며 **無刑已至而呼天**하라 **內人之疏而外人之親**은 **不亦(遠)〔反〕**[3]**乎**아

자기는 선하지 못하면서 다른 사람을 원망하지 말며, 형벌이 이미 임박해서야 하늘에 호소하지 말라. 집안사람을 멀리하면서 바깥사람을 친애하는 것은 이 또한 〈도리를〉 거스르는 일이 아니겠는가.

謂失之遠矣라

楊倞注 : 〈遠은〉 잘못된 정도가 큰 것을 이른다.

30-5 **身不善而怨人**은 **不亦(反)〔遠〕**[4]**乎**아

자기는 선하지 못하면서 다른 사람을 원망하는 것은 이 또한 〈가까운 것을 놓아두고〉 먼 것을 〈구하는〉 일이 아니겠는가.

反은 謂乖悖라 ○ 王念孫曰 遠은 當爲反이요 反은 當爲遠이라 內人親而外人疏어늘 今疏內而親外하니 是反也라 故曰不亦反乎아하고 身不善而怨人은 是舍近而求遠也라 故曰不亦遠乎아하니라 下文曰 失之己而反諸人은 豈不亦迂哉의 迂卽遠也니 是其證이라 今本反與遠互誤하니 則非其旨矣라 韓詩外傳에 正作內疏而外親하면 不亦反乎아 身不善而怨他人하면 不亦遠乎라 楊說皆失之라

楊倞注 : 反은 어긋난 것을 이른다.

○ 王念孫 : 遠은 마땅히 '反'으로 되어야 하고, 反은 마땅히 '遠'으로 되어야 한다. 집안사람은 친근하고 바깥사람은 소원한데도 지금 집안사람을 멀리하고 바깥사람을 친애하니 이는 〈도리를〉 거스르는 일이므로 '이 또한 도리를 거스르는 일이 아니겠는가.〔不亦反乎〕'라 하고, 자기는 선하지 않으면서 다른 사람을 원망하는 것은 이는 가까운 것을 놓아두고 먼 것을 구하는 일이므로 '또한 먼 것을 〈구하는〉 일이 아니겠는가.〔不亦遠乎〕'라고 한 것이다. 아랫글(30-26)에 "과실은 자기에게 있는데도 도리어 다른 사람을 책망하는 것은 어찌 오활한 일이 아니겠는가.〔失之己而反諸人 豈不亦迂哉〕"

---

3) (遠)〔反〕 : 저본에는 '遠'으로 되어 있으나, 王念孫의 주(30-5)에 의거하여 '反'으로 바로잡았다.

4) (反)〔遠〕 : 저본에는 '反'으로 되어 있으나, 王念孫의 주에 의거하여 '遠'으로 바로잡았다.

라 한 곳의 迂는 곧 '遠'과 같으니, 이것이 그 증거이다. 지금 판본에는 '反'과 '遠'이 서로 잘못되었으니, 그 뜻이 아니다. ≪韓詩外傳≫에는 '內疏而外親 不亦反乎 身不善而怨他人 不亦遠乎'로 바르게 되어 있다. 楊氏의 설은 모두 잘못되었다.

30-6 **刑已至而呼天**은 **不亦晩乎**아 **詩曰 涓涓源水**도 **不雝不塞**이라 **轂已破碎**어늘 **乃大其輻**이로다 **事已敗矣**어늘 **乃重大息**이로다하니 **其云益乎**아하니라

형벌이 이미 임박해서야 하늘에 호소하는 것은 이 또한 〈후회가〉 늦은 것이 아니겠는가.

≪詩經≫에 '졸졸졸 흘러가는 작은 샘물도 메우지 않고서는 아니 막히지. 바퀴통은 이미 다 부서졌거늘 비로소 바큇살을 크게 만드네. 나라 사정 실패로 돌아갔건만 비로소 거듭거듭 장탄식하네.'라고 하였으니, 〈이렇게 되면〉 그 무슨 소용이 있겠는가."

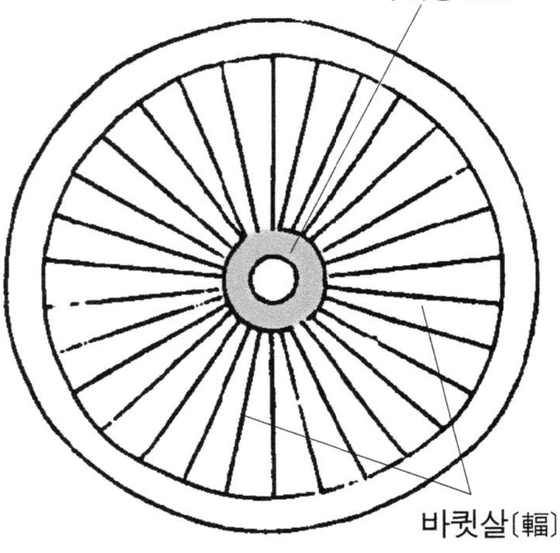

바퀴통〔轂〕과 바큇살〔輻〕

源水는 **水之泉源也**라 **雝**은 **讀爲壅**이라 **大其輻**은 **謂壯大其輻也**라 **重大息**은 **嗟歎之甚也**라 **三者皆言不愼其初**하면 **追悔無及也**라 ○ **盧文弨曰 此所引詩**는 **逸詩也**라 **先謙案 云益**은 **有益也**니 **說見儒效篇**이라

楊倞注 : 源水는 샘물의 근원이다. 雝은 '壅'으로 간주해 읽어야 한다. 大其輻은 그 바큇살을 튼튼하고 크게 만드는 것을 이른다. 重大息은 탄식을 심하게 한다는 뜻이다. 세 가지는 모두 그 초기에 신중히 하지 않으면 후회해도 소용이 없다는 말이다.

○ 盧文弨 : 여기에 인용된 詩는 逸詩이다.

先謙案 : 云益은 도움이 있다는 뜻이니, 이에 관한 설명은 〈儒效篇〉(8-184)에 보인다.

30-7 **曾子病**에 **曾元持足**이러니 **曾子曰 元**아 **志之**하라 **吾語汝**하리라

曾子의 병세가 위급할 때 曾元이 증자의 발을 안고 있었는데, 증자가 말하였다.

"元아, 기억해두어라. 내가 너에게 말해주마.

曾元은 曾子之子也라 ○ 盧文弨曰 大戴禮엔 作曾元抑首하고 曾華[5]抱足[6]이라

楊倞注：曾元은 曾子의 아들이다.

○ 盧文弨：≪大戴禮記≫ 〈曾子疾病〉에는 〈曾元持足이〉 '曾元抑首 曾華抱足(曾元은 머리를 어루만지고 曾華는 발을 안고 있었다.)'으로 되어 있다.

30-8 夫魚鱉黿鼉猶以淵爲淺하여 而堀〔穴〕[7]其中하고

저 물고기나 자라, 악어 따위는 깊은 못을 오히려 얕다고 여겨 그 속에 굴을 깊이 파고,

堀은 與窟同이라 ○ 兪樾曰 堀下當有穴字라 堀穴其中과 增巢其上이 相對爲文이라 晏子春秋諫篇에 古者嘗有處櫓巢窟穴이라하여 亦以窟穴對櫓巢하니 是其證也라 大戴記曾子疾病篇엔 作鷹鶽以山爲卑하여 而曾巢其上하고 魚鼈黿鼉以淵爲淺하여 而蟨穴其中하니 蟨穴은 卽堀穴也라 春秋文十年次于厥貉이 公羊엔 作屈貉하니 然則以蟨爲堀은 猶以厥爲屈也라 荀子此文은 本於曾子라 彼作蟨穴하여늘 此作堀穴은 乃古書以聲音叚借之常例라 若無穴字면 則文爲不備矣리라

楊倞注：堀은 '窟'과 같다.

○ 兪樾：'堀' 밑에 마땅히 '穴'자가 있어야 한다. '堀穴其中'과 '增巢其上'이 서로 대를 맞춰 글이 된 것이다. ≪晏子春秋≫ 〈諫篇〉에 "古者嘗有處櫓巢窟穴(옛날에는 일찍이 둥지와 굴에 거주하는 일이 있었다.)"이라 하여 또 '窟穴'로 '櫓巢'와 대를 맞췄으니, 이것이 그 증거이다. ≪大戴禮記≫ 〈曾子疾病篇〉에는 '鷹鶽以山爲卑 而曾巢其上 魚鼈黿鼉以淵爲淺 而蟨穴其中'으로 되어 있으니, '蟨穴'은 곧 '堀穴'이다. ≪春秋≫ 文公 10년의 '次于厥貉'이 ≪春秋公羊傳≫에는 '屈貉'으로 되어 있으니, 그렇다면 '蟨'을 '堀'로 쓴 것은 '厥'을 '屈'로 쓴 것과 같다. ≪荀子≫의 이 글은 ≪대대례기≫ 〈증자질병편〉을 근본으로 삼았다. 저쪽(≪대대례기≫)에는 '蟨穴'로 되어 있는데 이쪽(≪순자≫)에는 '堀穴'로 된 것은 곧 옛 문헌에서 聲音으로 假借하는 일반적인 형식이다. 만약 '穴'자가 없

5) 曾華：曾子의 아들이자, 曾元의 아우이다.

6) 大戴禮……曾華抱足：≪說苑≫ 〈敬愼〉에는 "曾元抱首 曾華抱足"으로 되어 있다.

7) 〔穴〕：저본에는 '穴'이 없으나, 兪樾의 주에 의거하여 보충하였다.

다면 글이 갖춰지지 않을 것이다.

30-9 **鷹鳶猶以山爲卑**하여 **而增巢其上**이나 **及其得也**는 **必以餌**라 **故君子苟能無以利害義**하면 **則恥辱亦無由至矣**리라

매나 솔개는 산을 오히려 낮다고 여겨 그 위에 둥지를 높이 짓지만 결국 붙잡히는 것은 반드시 먹이 때문이다. 그러므로 君子가 만약 財利로 인해 道義를 해치지 않을 수 있다면 치욕 또한 닥쳐올 일이 없을 것이다."

30-10 **子貢問於孔子曰 君子之所以貴玉而賤珉者**는 **何也**잇고

子貢이 孔子에게 물었다.
"君子가 玉을 귀히 여기고 珉石을 천하게 여기는 까닭은 무엇입니까?

珉은 **石之似玉者**라

楊倞注 : 珉은 돌 가운데 옥과 비슷한 것이다.

30-11 **爲夫玉之少而珉之多邪**(야)잇가 **孔子曰 惡**(오)라 **賜**아 **是何言也**오

〈그 양이〉 옥은 적고 珉石은 많기 때문입니까?"
孔子가 말하였다.
"아이코, 賜야, 이것이 무슨 말이냐.

惡는 **音烏**라 **猶言烏謂此義也**라

楊倞注 : 惡는 음이 '烏'이다. 〈是何言은〉 어찌 이 뜻을 이르겠느냐는 말과 같다.

30-12 **夫君子豈多而賤之**하고 **少而貴之哉**아 **夫玉者**는 **君子比德焉**이라 **溫潤而澤**은 **仁也**요

저 君子가 어찌 〈그 양이〉 많기 때문에 천하게 여기고 적기 때문에 귀하게 여기겠는가. 대체로 옥이란 것은 군자가 德에 비유한다. 온화하고 윤기가 있으면서 광

택이 있는 것은 仁과 같고,

鄭康成云 色柔溫潤似仁[8]이라하니라

楊倞注：鄭康成(鄭玄)이 "빛이 부드럽고 온화하며 윤기가 있는 것은 仁과 같다."라고 하였다.

30-13 栗而理는 知也요

질서정연하여 결이 있는 것은 知(智)와 같고,

鄭云 栗은 堅貌也라하니라 理는 有文理也라 似智者處事堅固하고 又有文理라 ○ 謝本은 從盧校하여 栗上에 有縝字라 王引之曰 呂本엔 作栗而理는 知也라 錢本及元刻은 依聘義하여 於栗上에 增縝字어늘 而盧本從之하니 誤也라 楊注但釋栗理二字而不釋縝字하니 則正文之無縝字甚明이라 說苑雜言篇에 說玉曰 望之溫潤하며 近之栗理하니 望之溫潤者는 君子比德焉하고 近之栗理者는 君子比智焉이라하여 亦言栗理而不言縝이라 栗者는 秩然有條理之謂라 故有似於智라 楊依聘義注하여 訓栗爲堅貌하니 亦非라 說詳經義述聞聘義라 先謙案 王說是라 今從呂本刪이라

楊倞注：鄭玄이 "栗은 단단한 모양이다."라고 하였다. 理는 결이 있다는 뜻이다. 지혜로운 사람이 일처리가 견고하고 또 조리가 있는 것과 같다는 것이다.

○ 謝本은 盧校本에 따라 '栗' 위에 '縝'자가 있다.

王引之：呂本에는 〈'縝'자 없이〉 '栗而理 知也'로 되어 있다. 錢本과 元刻本은 ≪禮記≫ 〈聘義〉에 의거하여 '栗' 위에 '縝'자를 추가하였는데 盧本은 그대로 따랐으니, 잘못되었다. 楊氏의 주는 '栗理' 두 자만 풀이하고 '縝'자는 풀이하지 않았으니, 본문에 '縝'자가 없다는 것이 매우 분명하다. ≪說苑≫ 〈雜言篇〉에 옥에 관해 설명하기를 "望之溫潤 近之栗理 望之溫潤者 君子比德焉 近之栗理者 君子比智焉(바라볼 때 온화하고 윤기가 있으며 가까이할 때 질서정연하여 결이 있으니, 바라볼 때 온화하고 윤기가 있는 것은 君子가 그것을 덕에 비유하고 가까이할 때 질서정연하여 결이 있는 것은 군자가 그것을 지혜에 비유한다.)"이라 하여 이 또한 '栗理'를 말하고 '縝'을 말하지 않았다. 栗이란 질서정연하여 조리

---

8) 鄭康成云 色柔溫潤似仁：≪禮記≫ 〈聘義〉의 鄭玄 주에 보인다. ≪荀子≫ 본문 '子貢問於孔子曰'(30-10)에서 '此之謂也'(30-20)까지는 ≪예기≫ 〈빙의〉에도 유사한 내용이 보인다.

가 있다는 말이기 때문에 지혜와 같은 점이 있다. 楊氏는 ≪예기≫ 〈빙의〉의 정현 주에 의거하여 栗의 뜻을 단단한 모양으로 풀이하였으니, 이 또한 틀렸다. 이에 관한 설명은 ≪經義述聞≫ 〈聘義〉에 자세히 보인다.

先謙案 : 王氏의 설이 옳다. 여기서는 呂本에 따라 〈縝자를〉 삭제하였다.

30-14 堅剛而不屈은 義也요

단단하고 강하여 구부러지지 않는 것은 義와 같고,

似義者剛直不回也라

楊倞注 : 義로운 사람이 강직하여 굽히지 않는 점과 같다는 것이다.

30-15 廉而不劌(귀)는 行也요

모서리가 있더라도 상처를 입히지 않는 것은 德行과 같고,

劌는 傷也라 雖有廉棱而不傷物은 似有德行者不傷人이라

楊倞注 : 劌는 상처를 입힌다는 뜻이다. 비록 모서리가 있더라도 사람에게 상처를 입히지 않는 것은 덕행이 있는 사람이 남을 해치지 않는 점과 같다는 것이다.

30-16 折而不橈[9)]는 勇也요

부러지더라도 굽히지 않는 것은 勇과 같고,

雖摧折而不橈屈은 似勇者라

楊倞注 : 비록 부러지더라도 굽히지 않는 것은 용맹한 사람과 같다는 것이다.

30-17 瑕適竝見(현)은 情也며

크고 작은 흠결이 모두 드러나는 것은 성실함과 같으며,

瑕는 玉之病也라 適은 玉之美澤調適之處也라 瑕適竝見은 似不匿其情者也라 禮

---

9) 橈 : '撓'와 통한다.

記曰 瑕不掩瑜하고 瑜不掩瑕는 忠也라하니라 ○ 郝懿行曰 瑕者는 玉之病也라 適者는 善也라 凡物調適謂之適하고 得意便安亦謂之適하니 皆善之意라 故廣韻云 適은 善也라하니라 管子水地篇에 說玉九德하니 大意與此略同하고 此句作瑕適皆見은 精也라 精은 亦情耳라 古精情二字多通用이라 王念孫曰 適은 讀爲謫①이라 謫은 亦瑕也니 老子曰 善言無瑕謫이 是也라 管子水地篇의 瑕適皆見은 精也②에 尹知章曰 瑕適은 玉病也③라하니라 說苑曰 玉有瑕면 必見之於外라 故君子比情焉이라하니라 此言瑕適이어늘 而說苑但言瑕하니 是適卽瑕也라 情之言誠也라 玉不自掩其瑕適이라 故曰情이라 春秋繁露仁義法篇云 自稱其惡謂之情이라하니 義與此同이라 楊讀適爲調適之適하니 失之라

① 經傳通以適爲謫이라
經傳에서는 일반적으로 '適'을 '謫'으로 썼다.

② 精은 與情同하니 說見管子라
精은 情과 같으니, 이에 관한 설명은 ≪讀書雜志≫ 〈管子〉에 보인다.

③ 呂氏春秋擧難篇에 寸之玉은 必有瑕適이라하니라
≪呂氏春秋≫ 〈擧難篇〉에 "한 치의 옥은 반드시 흠결이 있다."라고 하였다.

楊倞注 : 瑕는 옥의 흠이다. 適은 옥의 아름다운 광택이 적절하게 조화를 이룬〔調適〕 부분이다. 흠결과 아름다운 광택이 모두 겉으로 드러나는 것은 사람이 그 성실함을 숨기지 않는 점과 같다는 것이다. ≪禮記≫ 〈聘義〉에 "瑕不掩瑜 瑜不掩瑕 忠也(〈옥의〉 흠결이 그 자체의 아름다움을 가리지 못하고 그 자체의 아름다움이 흠결을 가리지 못하는 것은 〈사람 마음의〉 충성과 같다.)"라고 하였다.

○ 郝懿行 : 瑕란 옥의 흠이다. 適이란 좋다는 뜻이다. 모든 일이 적절하게 조화를 이루는 것을 適이라 이르고, 마음에 만족하고 편안한 것 또한 適이라 이르니, 모두 좋다는 뜻이다. 그러므로 ≪廣韻≫에 "適은 좋다는 뜻이다."라고 하였다. ≪管子≫ 〈水地篇〉에 옥이 지닌 아홉 가지 덕을 설명하였는데 그 大意는 이곳과 대략 같고 이 문구는 '瑕適皆見 精也'로 되어 있다. 精은 또한 情과 같다. 옛날에 '精'·'情' 두 자는 많이 통용하였다.

王念孫 : 適은 '謫'으로 간주해 읽어야 한다. 謫은 또한 옥의 흠결이니, ≪老子≫에 "善言無瑕謫(말을 잘하는 것은 흠결이 없는 것이다.)"이라 한 것이 이것이다. ≪관자≫ 〈수지편〉의 '瑕適皆見 精也'라 한 곳에 尹知章이 "瑕適은 옥의 흠이다."라고 하였다. ≪說苑≫ 〈雜言〉에 "玉有瑕 必見之於外 故君子比情焉(옥이 흠결이 있으면 반드시 그것을 겉으

로 드러내므로 君子가 〈마음이〉 성실한 것에 비유한다.)"이라 하였다. 여기서는 '瑕適'을 말했는데 ≪설원≫에는 '瑕'만 말했으니, 이로 볼 때 '適'은 곧 '瑕'이다. 情이라는 말은 성실하다는 뜻이다. 옥은 스스로 그 흠결을 가리지 않기 때문에 情이라 말한 것이다. ≪春秋繁露≫ 〈仁義法篇〉에 "自稱其惡謂之情(자기의 나쁜 점을 스스로 말하는 것을 情이라 이른다.)"이라 하였으니, 그 뜻이 이것과 같다. 楊氏는 適을 '調適'의 適으로 읽었으니, 잘못되었다.

30-18 扣之에 其聲淸揚而遠聞하고 其止輟然은 辭也라

두드리면 그 소리가 맑고 높아 멀리 들리고 멈출 때는 순간에 뚝 멈추니, 말재간과 같다.

扣는 與叩同이라 似有辭辨은 言發言則人樂聽之하고 言畢更無繁辭也라 禮記엔 作叩之면 其聲淸越以長하고 其終屈然은 樂(악)也라하니라

楊倞注 : 扣는 '叩'와 같다. 말재간이 있는 것과 같다는 것은 말을 꺼내면 사람들이 그 말을 듣기를 좋아하고 할 말이 끝나면 더 이상 너저분한 말이 없다는 말이다. ≪禮記≫ 〈聘義〉에는 "叩之 其聲淸越以長 其終屈然 樂也(두드리면 그 소리가 맑고 높아 音調가 길고 끝에 가서는 순간 뚝 멈추는 것은 〈듣기 좋은〉 음악과 같다.)"라고 하였다.

30-19 故雖有珉之雕雕라도 不若玉之章章이라

그러므로 비록 珉石이 아름다운 문양을 띠었더라도 옥이 밝음만 같지 못하다.

雕雕는 謂雕飾文采也라 章章은 素質明著也라 ○ 郝懿行曰 雕雕章章은 皆文采宣著之貌라 語意猶云星之昭昭 不如月之明明[10)]也라

楊倞注 : 雕雕는 문채를 아로새기고 꾸미는 것을 이른다. 章章은 본질이 환히 드러난다는 뜻이다.

○ 郝懿行 : 雕雕와 章章은 모두 문채가 겉으로 드러나는 모양이다. 이 말의 뜻은 '별이 반짝이는 것은 달이 환히 밝은 것보다 못하다.'는 말과 같다.

---

10) 星之昭昭 不如月之明明 : 이 구절은 ≪晏子春秋≫ 〈內篇 諫下〉에서 "星之昭昭 不若月之曀曀(별이 반짝이는 것은 달이 어둑어둑한 것보다 못하다.)"라 한 것을 변형한 것이다.

30-20 詩曰 言念君子하니 溫其如玉이로다하니 此之謂也니라

≪詩經≫에 '君子의 〈좋은 품성〉 생각해보니 온화함이 아름다운 옥과 같다네.' 라고 하였으니, 이를 두고 하는 말이다."

詩는 秦風小戎之篇이라 引之하여 喩君子比德이라

楊倞注 : ≪詩經≫은 〈秦風 小戎〉편이다. 이것을 인용하여 君子가 〈옥을〉 덕에 견준 것을 비유한 것이다.

30-21 曾子曰 同游而不見愛者는 吾必不仁也요

曾子가 말하였다.

"다른 사람과 교유하면서 사랑받지 못하는 것은 내가 반드시 자애롭지 못하기 때문이고,

仁者는 必能使人愛라

楊倞注 : 자애로운 사람은 반드시 다른 사람으로 하여금 〈자기를〉 사랑하게 할 수 있다.

30-22 交而不見敬者는 吾必不長也요

벗과 사귀면서 존경받지 못하는 것은 내가 반드시 어른을 공경하지 못하기 때문이고,

不長厚라 故爲人所輕이라 ○ 郝懿行曰 長은 謂敬長이요 非謂不長厚也라 楊注失之라 兪樾曰 不長者는 無所長也라 子道篇에 色知而有能者는 小人也라하여늘 韓詩外傳에 能作長하니 是不長은 猶不能也라 吾無所能하니 宜其不見敬矣라

楊倞注 : 온후하지 못하기 때문에 다른 사람에게 경시받는다는 것이다.

○ 郝懿行 : 長은 어른을 공경하는 것을 이르고 온후하지 못하는 것을 이르는 것은 아니다. 楊氏의 주는 잘못되었다.

兪樾 : 不長이란 잘하는 것이 없다는 뜻이다. 〈子道篇〉(29-26)에 "色知而有能者 小人也(아는 것이 얼굴빛에 드러나고 〈스스로〉 그의 재능을 〈과시하는〉 사람은 소인이다.)"라 하였는데, ≪韓詩外傳≫에 '能'이 '長'으로 되어 있으니, 이 不長은 '不能'과 같다. 내가

잘하는 것이 없으니 당연히 존경을 받지 못할 것이다.

30-23 臨財而不見信者는 吾必不信也라

재물에 직면하여 신임을 받지 못하는 것은 내가 반드시 신의가 없기 때문이다.

廉潔不聞於人이라 ○ 郝懿行曰 臨財之信은 如鮑叔之與管仲[11)]이라

楊倞注 : 청렴결백하다는 말이 남의 귀에 들어가지 않은 것이다.
○ 郝懿行 : 재물에 직면하여 신의가 있는 것은 鮑叔과 管仲의 경우와 같은 것이다.

30-24 三者在身하면 曷怨人하리오

이 세 가지 일이 자기 몸에 있다면 어찌 다른 사람을 원망할 수 있겠는가.

當反諸己라

楊倞注 : 마땅히 자기 자신을 돌아보아야 할 것이다.

30-25 怨人者窮하고 怨天者無識이라

다른 사람을 원망하는 사람은 궁지에 빠지고, 하늘을 원망하는 사람은 〈天命을〉 모르는 것이다.

無識은 不知天命也라

楊倞注 : 無識은 天命을 모르는 것이다.

30-26 失之己而反諸人은 豈不亦迂哉아하니라

과실은 자기에게 있는데도 도리어 다른 사람을 〈책망하는〉 것은 어찌 오활한 일이 아니겠는가."

---

11) 臨財之信 如鮑叔之與管仲 : 春秋時代 齊나라 鮑叔과 管仲이 젊은 시절에 함께 장사를 하면서 이익금을 나눌 때 관중이 더 많이 가져가더라도 포숙은 그가 가난하다는 것을 알고 당연하게 여겼다 한다.(≪列子≫ 〈力命〉)

30-27 **南郭惠子問於子貢曰 夫子之門**은 **何其雜也**오하니

南郭惠子가 子貢에게 물었다.
"夫子(孔子)의 문하는 어째서 그처럼 혼잡합니까?"

南郭惠子는 **未詳其姓名**이니 **蓋居南郭**하여 **因以爲號**라 **莊子**에 **有南郭子綦**라 **夫子**는 **孔子也**라 **雜**은 **謂賢不肖相雜而至**라 ○ **盧文弨曰 尙書大傳略說**엔 **作東郭子思**하고 **說苑雜言篇**엔 **作東郭子惠**라

楊倞注：南郭惠子는 그 성명을 알 수 없으니, 아마도 南郭에 살아 이 때문에 그렇게 불렀을 것이다. ≪莊子≫에 南郭子綦가 있다. 夫子는 孔子이다. 雜은 賢者와 不肖한 사람이 서로 뒤섞여 찾아온 것을 이른다.

○ 盧文弨：〈南郭惠子가〉 ≪尙書大傳≫ 〈略說〉에는 '東郭子思'로 되어 있고, ≪說苑≫ 〈雜言篇〉에는 '東郭子惠'로 되어 있다.

30-28 **子貢曰 君子正身以俟**하되 **欲來者不距**하고 **欲去者不止**라 **且夫良醫之門多病人**하고 **檃栝之側多枉木**하니 **是以雜也**라하니라

子貢이 말하였다.
"君子는 자기 身心을 바르게 하여 〈도움을 구하는 사람을〉 기다리되 오려고 하는 사람을 거절하지 않고 가려고 하는 사람을 막지 않습니다. 더구나 名醫의 문전에는 병든 사람이 많고, 도지개 곁에는 굽은 나무가 많은 법이니, 이 때문에 이렇게 혼잡합니다."

도지개

○ **郝懿行曰 尙書大傳略說及說苑雜言篇**엔 **竝有砥厲之旁多頑鈍句**라

○ 郝懿行：≪尙書大傳≫ 〈略說〉 및 ≪說苑≫ 〈雜言篇〉에는 모두 '砥厲之旁多頑鈍(숫돌 가에는 날이 무딘 칼이 많다.)'이라는 구가 더 있다.

30-29 **孔子曰 君子有三恕**[12]라

孔子가 말하였다.
"君子에게는 세 가지 恕가 있다.

○ 顧千里曰 盧文弨刻本엔 無孔子曰三字하니 與世德堂刻本合하고 與宋本不合하니 疑非也라 先謙案 謝本은 從盧校하여 無孔子曰三字라 今依顧說從宋本增이라

○ 顧千里：盧文弨의 刻本에는 '孔子曰' 세 자가 없으니, 世德堂刻本과 합치되고 宋本과는 합치되지 않으니, 아마도 틀린 것 같다.

先謙案：謝本은 盧校本에 따라 '孔子曰' 세 자가 없다. 여기서는 顧氏의 설에 의거하여 宋本에 따라 〈'孔子曰'을〉 추가하였다.

30-30 有君不能事하고 有臣而求其使는 非恕也요 有親不能報하고 有子而求其孝는 非恕也요

군주에 대해 잘 섬기지 못하고 신하에게 자기 지시를 따르길 바라는 것은 恕가 아니고, 부모에 대해 그 은혜를 보답하지 못하고 자식에게 효도하기를 바라는 것은 恕가 아니고,

報는 孝養也라 詩曰 欲報之德이라하니라

楊倞注：報는 효성으로 봉양한다는 뜻이다. ≪詩經≫ 〈小雅 蓼莪〉에 "欲報之德(이와 같은 은덕을 갚고자 해도 〈그 은덕 하늘 같아 끝이 없어라.〉)"이라 하였다.

30-31 有兄不能敬하고 有弟而求其聽令은 非恕也라 士明於此三恕면 則可以端身矣리라하니라

형에 대해 존경하지 못하고 아우에게 자기 명을 듣기를 바라는 것은 恕가 아니다. 선비가 이 세 가지 恕에 대해 밝다면 자기의 품행을 바르게 할 수 있을 것이다."

30-32 孔子曰 君子有三思하니 而不可不思也라 少而不學이면 長無能也요 老

12) 恕：자신의 마음으로 다른 사람의 마음을 헤아린다는 뜻이다.

而不敎면 死無思也요

孔子가 말하였다.

"君子에게 세 가지 생각해야 할 일이 있으니 이것을 생각하지 않으면 안 된다. 어려서 배우지 않는다면 장성하여 재능이 없고, 늙어서 사람을 가르치지 않는다면 죽은 뒤에 그리워하는 사람이 없고,

無門人思其德이라

楊倞注 :〈無思는〉 그 은덕을 생각하는 문인이 없다는 뜻이다.

30-33 有而不施면 窮無與也라

〈재물이〉 있을 때 베풀지 않는다면 곤궁할 때 도와주는 사람이 없는 법이다.

窮乏之時에 無所往託이라

楊倞注 :〈窮無與는〉 궁핍할 때 찾아가 의탁할 곳이 없다는 뜻이다.

30-34 是故君子少思長則[13)]學하고 老思死則敎하고 有思窮則施也라하니라

이 때문에 君子는 어려서는 장성했을 때를 생각하여 배우고, 늙어서는 죽은 뒤를 생각하여 가르치며, 〈재물이〉 있을 때 곤궁할 때를 생각하여 베풀어야 하는 것이다."

13) 則 : '而'와 통한다. 아래도 같다.

哀公篇 第三十一　제31편 哀公

앞부분은 孔子 70세 때인 B.C. 482년에 있었던 魯 哀公과 공자의 문답을 위주로 기록하고, 맨 뒤에 魯 定公과 顔淵의 문답을 첨부하였다. 주로 인재를 식별하고 국가를 다스리는 방법 등에 관한 荀子의 사상이 반영되어 있다.

≪大戴禮記≫〈哀公問五義〉와 ≪孔子家語≫〈五儀解〉의 내용은 이 편에 근간을 둔 것으로 보인다. 노 애공은 노 정공의 아들로, 魯나라 제18대 군주이다.

31-1 魯哀公問於孔子曰 吾欲論[14)]吾國之士하여 與之治國이라 敢問如何取之邪(야)잇가하니

魯 哀公이 孔子에게 물었다.

"나는 내 나라의 인재를 골라 그들과 함께 나라를 다스리고 싶습니다. 감히 묻건대 어떻게 해야 그들을 취할 수 있겠습니까?"

○ 盧文弨曰 舊本脫取字라 今據大戴禮哀公問五義家語五儀解增이라

○ 盧文弨 : 옛 판본에는 '取'자가 빠져 있다. 여기서는 ≪大戴禮記≫〈哀公問五義〉와 ≪孔子家語≫〈五儀解〉에 의거하여 보충하였다.

31-2 孔子對曰 生今之世하여 志[15)]古之道하고 居今之俗하여 服古之服[16)]이라

14) 論 : '掄(가리다)'과 통한다.

15) 志 : 李中生은 마땅히 '志慕(흠모하다)'의 뜻이 되어야 한다고 했는데, 王天海도 이에 동의하였다. 이에 따라 번역하였다.

16) 服古之服 : 鍾泰는 "服古之服은 고대의 행위를 행하는 것을 이른다."라 하고, 그 근거로 〈宥坐篇〉의 "先王既陳以道 上先服之(고대의 聖王은 이미 〈국가를 다스리는〉 원칙을 백성에게 선포하고 위에서 먼저 그것을 행하였다.)"를 예로 들었다. 王天海도 ≪禮記≫〈孔子閒居〉에 "君子之服之也 猶有五起焉(君子가 이것(세 가지 없는 것)을 행하기 위해서는 그 속에 또 다섯 가지 해야 할 것이 있다.)"을 예로 들어 鍾泰의 견해에 동의하였다. 그러면서 楊倞이 服을 복식의

孔子가 대답하였다.

"지금의 세상에 살면서 고대의 道를 흠모하고, 지금의 풍속 안에 살면서 고대의 행위를 행하는 사람이 〈인재입니다.〉

志는 記識(지)也라 服古之服은 猶若夫子服逢掖之衣와 章甫之冠[17]也라

楊倞注：志는 기억한다는 뜻이다. 服古之服은 夫子(孔子)가 소매가 넓은 옷과 章甫冠을 착용했던 경우와 같다.

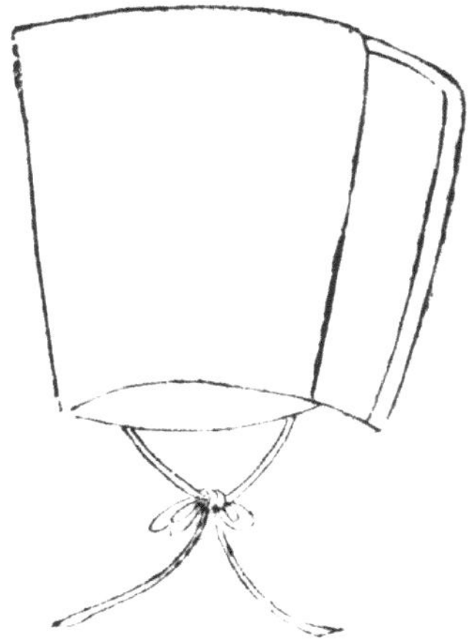

章甫冠

31-3 舍[18]此而爲非者는 不亦鮮乎잇가하니라

이렇게 하면서도 잘못된 일을 하는 사람은 또한 매우 드물지 않겠습니까."

舍는 去라 此는 謂古也라

楊倞注：舍는 버린다는 뜻이다. 此는 '古'를 이른다.

31-4 哀公曰 然則夫章甫絇屨[19]紳而搢笏者는 (此)〔比〕[20]賢乎잇가하니

哀公이 말하였다.

"그렇다면 저 章甫冠을 쓰고 신코에 끈을 얽어맨 신을 신으며 큰 띠에 홀을 꽂

뜻으로 풀이한 것은 아랫글에 복식을 언급한 것으로 인해 잘못한 것이라고 하였다. 이에 따라 번역하였다.

17) 夫子服逢掖之衣 章甫之冠：≪禮記≫ 〈儒行〉에 魯 哀公이 孔子에게 "夫子의 복장은 儒服입니까?"라고 묻자, 공자가 대답하기를 "제가 어릴 적 魯나라에 있을 때는 소매가 넓은 옷을 입었고, 장성하여 宋나라에 있을 때는 章甫冠을 썼습니다.〔丘少居魯 衣逢掖之衣 長居宋 冠章甫之冠〕"라고 한 것을 인용한 것이다. 章甫冠은 殷나라 때 禮冠의 이름이다.

18) 舍：머무른다는 뜻이다. 楊倞의 주는 잘못되었다.

19) 絇屨：絇는 걸을 때 신이 벗겨지지 않게 하기 위해 신의 잔등 양쪽에 뚫린 구멍에 끈을 꿰 얽어맨 것을 말하고, 屨는 麻布나 葛布로 만든 신이다.

20) (此)〔比〕：저본에는 '此'로 되어 있으나, 兪樾의 주에 의거하여 '比'로 바로잡았다.

은 사람은 모두 현능한 사람입니까."

章甫는 殷冠이라 王肅云 約는 謂屨頭有拘飾也[21)]라하고 鄭康成云 約之言은 拘也니 以爲行戒라 狀如刀衣하니 鼻在屨頭[22)]라하니라 紳은 大帶也라 搢笏於紳者也라 ○ 王念孫曰 大戴記哀公問五義篇과 家語五儀篇엔 紳下有帶字하고 賢上有皆字하니 竝於義爲長이라 兪樾曰 此는 當作比라 說文白部에 皆는 俱詞也니 從比從白이라하고 徐鍇繫傳[23)]曰 比는 皆也라하니 是比有皆義라 比賢乎는 猶言皆賢乎라 大戴禮保傳篇에 於是比選天下端士라하여늘 漢書賈誼傳에 比作皆하니 是其證矣라 此文亦見大戴記哀公問五義篇이어늘 作此皆賢乎하니 蓋比誤爲此하고 後人又增皆字耳라

楊倞注：章甫는 殷나라 때 冠이다. 王肅은 "約는 신 앞머리에 얽어맨 장식이 있는 것을 이른다."라 하고, 鄭康成(鄭玄)은 "約라는 말은 구속한다는 뜻이니, 이것을 통해 보행할 때 경계하는 상징으로 삼는다. 그 모양은 칼집 같으니, 코가 신발 앞머리에 있다."라고 하였다. 紳은 큰 띠이다. 〈紳而搢笏은〉 큰 띠에 홀을 꽂는다는 뜻이다.

○ 王念孫：≪大戴禮記≫ 〈哀公問五義篇〉과 ≪孔子家語≫ 〈五儀解篇〉에는 '紳' 밑에 '帶'자가 있고, '賢' 위에 '皆'자가 있으니, 모두 글 뜻에는 더 낫다.

兪樾：'此'는 마땅히 '比'로 되어야 한다. ≪說文解字≫ 〈白部〉에 "皆는 모두라는 뜻의 말이니 '比'와 '白'이 함께 붙어 있다."라 하고, 徐鍇의 ≪說文繫傳≫에 "比는 '皆'이다."라고 하였으니, 이로 볼 때 比 속에 모두라는 뜻이 들어 있다. 比賢乎는 '皆賢乎(모두 현능한가)'라는 말과 같다. ≪大戴禮記≫ 〈保傅篇〉에 "於是比選天下端士(이에 천하의 단정한 선비를 모두 가려 뽑았다.)"라 하였는데, 〈이것을 인용한〉 ≪漢書≫ 〈賈誼傳〉에 '比'가 '皆'으로 되어 있으니 이것이 그 증거이다. 이 글은 또 ≪大戴禮記≫ 〈哀公問五義篇〉에 보이는데, '此皆賢乎'로 되어 있으니, 이는 대체로 '比'가 잘못되어 '此'가 되고 뒷사람이 또 여기에 '皆'자를 보탰다.

31-5 孔子對曰 不必然이라 夫端衣玄裳絻而乘路者는 志不在於食葷하고

孔子가 대답하였다.

---

21) 王肅云 約謂屨頭有拘飾也：≪孔子家語≫ 〈五儀解〉의 王肅 주에 보인다.

22) 鄭康成云⋯⋯鼻在屨頭：≪儀禮≫ 〈士冠禮〉의 鄭玄 주에 보인다.

23) 徐鍇繫傳：徐鍇(920~974)는 五代 말 宋나라 초기 廣陵 사람으로, 자는 楚金이다. 繫傳은 그가 지은 ≪說文繫傳≫을 말한다.

"꼭 그렇지는 않습니다. 〈그러나〉 대체로 검은 예복과 禮帽 등의 〈복장으로 하늘에 제사할 때 앉는〉 큰 수레를 타는 사람은 그 생각이 葷菜를 먹는 데에 있지 않고,

端衣玄裳은 卽朝玄端[24)]也라 絻은 與冕同이라 鄭云 端者는 取其正也라 士之衣袂皆二尺二寸而(廣)〔屬〕[25)]幅이니 是廣袤等也라 其袪尺二寸이라 大夫以上侈之라 侈之者는 蓋半而益一焉하니 則袂三尺三寸이요 袪尺八寸이라하니라 路는 王者之車니 亦車之通名이라 舍人注爾雅云 輅는 車之大者[26)]라하니라 葷은 葱薤之屬也라 先謙案 端衣玄裳絻而乘路는 所以祭也라 故志不在於食葷이라 此下文黼衣黻裳者不茹葷과 資衰(최)苴杖者不聽樂의 二喩正同이라

楊倞注 : 端衣와 玄裳은 곧 아침에 입는 玄端이다. 絻은 '冕'과 같다. 鄭玄이 "端이란 단정하다는 뜻을 취한 것이다. 士의 옷소매는 〈玄端과 素端은〉 모두 두 자 두 치로서 두 폭의 베를 붙여 솔기를 이루니, 이것은 너비와 길이가 똑같다. 그 소맷부리는 한 자 두 치이다. 大夫 이상은 그보다 크다. 그보다 크다는 말은 〈그 크기의〉 절반을 하나 더 보탠 것이니, 소매는 석 자 세 치이고 소맷부리는 한 자 여덟 치이다."라고 하였다. 路는 제왕의 수레이니, 또한 수레의 통칭이기도 하다. 舍人(郭璞)의 ≪爾雅≫ 주에 "輅는 수레 가운데 큰 것이다."라고 하였다. 葷은 파·부추 등속이다.

玄端

先謙案 : 검은 예복과 禮帽 등의 〈복장으로 하늘에 제사할 때 앉는〉 큰 수레를 타는 것은 제사를 지내기 위한 것이므로 생각이 葷菜를 먹는 것에 있지 않다는 것이다. 이 아랫글에 "黼衣黻裳者不茹葷(黼衣와 黻裳을 입은 사람이 葷菜를

24) 玄端 : 검은색 예복으로 천자·제후·士大夫들이 모두 재계할 때 입는다. 천자는 평상시에도 입는다. 朝玄端은 ≪禮記≫ 〈玉藻〉에 보인다.

25) (廣)〔屬〕 : 저본에는 '廣'으로 되어 있으나, ≪周禮注疏≫ 〈春官 司服〉에 "其齊服有玄端素端(그들이 재계할 때 입는 의복으로는 玄端과 素端이 있다.)"이라 한 곳의 鄭玄 주에 의거하여 '屬'으로 바로잡았다. 素端은 凶禮 때 입는 흰색 예복이다.

26) 舍人注爾雅云 輅車之大者 : 舍人은 太子舍人을 지낸 郭璞를 가리킨다. 그러나 '輅車之大者'는 그의 주에 보이지 않아 오류가 있는 것 같다. 우선 본문대로 번역하였다.

먹지 않는 것)"과 "資衰苴杖者不聽樂(資衰服에 대나무 喪杖을 짚은 사람이 음악을 듣지 않는 것)"이라 한 두 비유도 〈그 형식이〉 정확히 같다.

31-6 斬衰(최)菅屨[27)]杖而啜粥者는 志不在於酒肉이라

斬衰와 짚신 차림으로 喪杖을 짚고서 죽을 먹는 사람은 그 생각이 술이나 고기를 먹는 데에 있지 않습니다.

儀禮喪服曰 斬者何오 不緝也라하니라 衰는 長六(尺)〔寸〕[28)]이요 博四寸이니 三升布[29)]爲之라 鄭注喪服云 上曰衰요 下曰裳이라하고 當心이라 前有衰하고 後有負板[30)]하고 左右有辟領[31)]하니 孝子哀戚이 無不在也라하니라 菅은 菲也라 此言服被於外는 亦所以制其心也라

楊倞注 : ≪儀禮≫ 〈喪服〉에 "斬이란 무슨 뜻인가? 〈麻布를 자른 뒤 가장자리를〉 꿰매지 않는다는 뜻이다."라고 하였다. 衰는 길이가 여섯 치이고 너비가 네 치이니, 三升布로 만든다. 鄭玄의 ≪의례≫ 〈상복〉 주에 "위를 衰라 말하고, 아래를 裳이라 말한다."라 하고, 또 "〈衰의 너비와 길이는〉 심장의 크기에 해당한

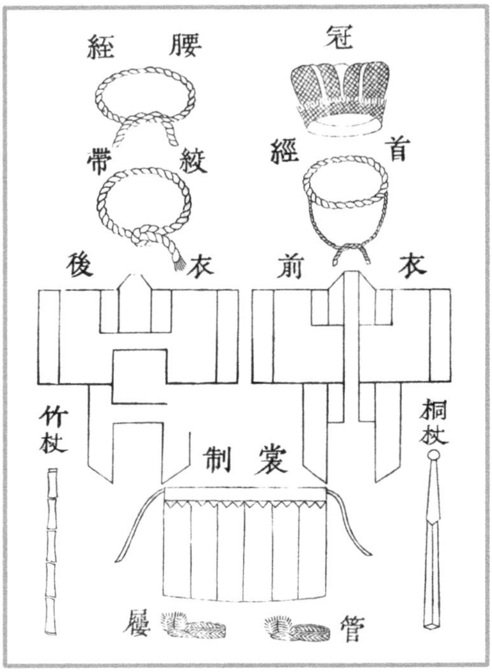

斬衰圖

27) 斬衰(최)菅屨 : 斬衰는 다섯 등급의 喪服 가운데 가장 무거운 상복이다. 가위질하여 너슬너슬한 麻布의 가장자리를 꿰매지 않고 그대로 만든다. 아버지의 喪에 입는다. 菅屨는 엄짚신으로, 초상 때부터 卒哭 때까지 신는다.

28) (尺)〔寸〕 : 저본에는 '尺'으로 되어 있으나, ≪儀禮≫ 〈喪服〉에 의거하여 '寸'으로 바로잡았다.

29) 三升布 : 240올의 날실로 짠 베라는 뜻으로, 성글고 굵은 베를 말한다.

30) 負板 : 슬픔을 등에 짊어진다는 뜻으로 喪服의 등 뒤에 늘어뜨리는 삼베 조각이다.

31) 辟領 : 상복의 목 부분 깃에서 왼쪽과 오른쪽을 각 네 치 너비로 절개하고 그것을 밖을 향해 접어 두 어깨에 덮은 것을 말한다.

다. 앞에는 衰가 있고, 등 뒤에는 負板이 있고, 왼쪽과 오른쪽에는 辟領이 있으니, 孝子의 슬퍼하는 마음이 어디든 있지 않은 곳이 없는 것이다."라고 하였다. 苴은 짚이다. 여기서는 상복을 겉에 입는 것은 이 또한 그 〈해이해지는〉 마음을 제어하기 위한 것이라는 말이다.

31-7 **生今之世**하여 **志古之道**하고 **居今之俗**하여 **服古之服**이라 **舍此而爲非者**는 **雖有**라도 **不亦鮮乎**잇가하니 **哀公曰 善**하다하니라

지금의 세상에 살면서 고대의 도를 흠모하고 지금의 풍속 안에 살면서 고대의 행위를 행하는 사람이 〈인재입니다.〉 이렇게 하면서도 잘못된 일을 하는 사람은 비록 있다 하더라도 또한 매우 드물지 않겠습니까."

哀公이 말하였다.

"좋은 말씀입니다."

31-8 **孔子曰 人有五儀**하니

孔子가 말하였다.

"사람은 다섯 가지 등급이 있으니,

言人之賢愚는 觀其儀法[32]에 有五也라 ○ 郝懿行曰 儀者는 匹也니 匹者는 猶儔類也라 大戴記哀公問五義는 卽五儀也라 古儀字正作義라 楊注儀法은 非是라 先謙案 儀는 猶等也니 說見王制篇이라

楊倞注 : 사람이 현능한가, 우매한가 하는 것은 그 典型을 살펴볼 때 다섯 가지가 있다는 말이다.

○ 郝懿行 : 儀란 '匹'의 뜻이니, 匹이란 동류〔儔類〕와 같다. ≪大戴禮記≫ 〈哀公問五義〉의 五義는 곧 '五儀'이다. 옛날에는 '儀'자가 '義'로 바르게 되어 있다. 楊氏 주에 '儀法'이라 한 것은 옳지 않다.

先謙案 : 儀는 '等'과 같으니, 이에 관한 설명은 〈王制篇〉(9-84)에 보인다.

---

32) 儀法 : 본디 '의식 제도'라는 뜻이나, 여기서는 '典型'의 뜻으로 쓴 듯하다.

31-9 有庸人하고 有士하고 有君子하고 有賢人하고 有大聖이라하니라 哀公曰 敢問何如라야 斯可謂庸人矣잇가하니 孔子對曰 所謂庸人者는 口不能道善言하고 心不知(色色)〔邑邑〕[33)]하고

용렬한 사람이 있고, 선비가 있고, 君子가 있고, 賢人이 있고, 위대한 聖人이 있다."

哀公이 말하였다.

"감히 묻습니다. 어떻게 해야 용렬한 사람이라 말할 수 있습니까?"

孔子가 대답하였다.

"이른바 용렬한 사람이란 입으로는 좋은 말을 하지 못하고 마음도 겸양할 줄 모르며,

色色은 謂以己色觀彼之色하여 知其好惡也라 論語曰 色斯擧矣라하니라 ○ 盧文弨曰 大戴禮엔 作志不邑邑이라 郝懿行曰 色은 當爲邑이니 字形之誤라 大戴記엔 作志不邑邑하니 楊注甚謬라 邑邑與悒悒同하니 悒悒은 憂逆短氣貌也라 曾子立事篇云 終身守此悒悒이라하니라

楊倞注 : 色色은 자기의 안색으로 상대방의 안색을 살펴보아 그가 좋은가 나쁜가를 안다는 뜻이다. ≪論語≫ 〈鄕黨〉에 "色斯擧矣(〈새가 사람의〉 안색을 보고 날아오른다.)"라고 하였다.

○ 盧文弨 : ≪大戴禮記≫ 〈哀公問五義〉에는 '志不邑邑'으로 되어 있다.

郝懿行 : 色은 마땅히 '邑'이 되어야 하니, 글자의 모양이 잘못된 것이다. ≪대대례기≫ 〈애공문오의〉에는 '志不邑邑'으로 되어 있으니, 楊氏의 주는 매우 잘못되었다. 邑邑과 悒悒은 같으니, 悒悒은 근심스럽고 편치 않으며 의기소침한 모양이다. ≪대대례기≫ 〈曾子立事篇〉에 "終身守此悒悒(종신토록 이 근심하는 마음을 지킨다.)"이라 하였다.

31-10 不知選賢人善士託其身焉以爲己憂하며

---

33) (色色)〔邑邑〕: 저본에는 '色色'으로 되어 있으나, 郝懿行의 주에 의거하여 '邑邑'으로 바로잡았다. 劉師培는 色은 마땅히 '邑'이 되어야 한다는 학의행의 주를 인정하되 邑은 '挹'과 같다고 하면서 겸양하는 뜻이라 하였다. 王天海도 이에 동의하였다. 이에 따라 번역하였다.

賢人이나 선한 선비를 가려 취해 자기 몸을 의탁하여 자기의 근심을 치유할 줄도 모르며,

不知託賢하고 但自憂而已라 ○ 兪樾曰 此十五字爲一句라 廣雅釋詁에 爲는 瘉也라하니 爲有瘉義라 故左傳有疾不可爲之文이라 爲己憂者는 瘉己憂也라 得賢人善士以託其身하면 則可瘉己之憂어늘 而庸人不知也라 故曰 不知選賢人善士託其身焉以爲己憂라하니라 楊注失其義라

楊倞注：賢人에게 의탁할 줄은 모르고 그저 스스로 근심할 뿐이라는 것이다.
○ 兪樾：이 15자가 한 구가 된다. ≪廣雅≫ 〈釋詁〉에 "爲는 '瘉'이다."라고 하였으니, 爲에 병이 낫는다는 뜻이 있다. 그러므로 ≪春秋左氏傳≫ 成公 10년에 '疾不可爲(이 병은 치료할 수 없다.)'라는 글이 있다. 爲己憂란 자기의 근심을 치유한다는 뜻이다. 賢人이나 선한 선비를 얻어 자기 몸을 의탁하면 자기의 근심을 치유할 수 있는데도 용렬한 사람은 그렇게 할 줄 모르기 때문에 "현인이나 선한 선비를 가려 취해 자기 몸을 의탁하여 자기의 근심을 치유할 줄도 모른다."고 말한 것이다. 楊氏의 주는 그 뜻이 잘못되었다.

31-11 (勤)〔動〕[34)]行不知所務하고 止(交)〔立〕[35)]不知所定하며

행동할 때 무엇을 힘써야 할지 알지 못하고 멈출 때 어디에 있어야 할지 알지 못하며,

交는 謂接待於物이라 皆言不能辨是非하여 倀倀失據也라 ○ 盧文弨曰 止交는 大戴禮韓詩外傳四에 皆作止立이라 郝懿行曰 大戴記엔 勤作動하고 交作立이라 韓詩外傳四同이라 動行與止立對니 疑此皆形誤라 王引之曰 作止立者是라 止交二字는 文不成義하니 楊注非也라 勤行亦當依大戴作動行이니 皆字之誤也라 外傳作動作이라

楊倞注：交는 사물과 접대하는 것을 이른다. 〈이 두 구는〉 모두 옳고 그른 것을 구

34) (勤)〔動〕：저본에는 '勤'으로 되어 있으나, 郝懿行과 王引之의 주에 의거하여 '動'으로 바로잡았다.

35) (交)〔立〕：저본에는 '交'로 되어 있으나, 郝懿行과 王引之의 주에 의거하여 '立'으로 바로잡았다.

분하지 못해 갈팡질팡 근거할 데를 잃었다는 말이다.

○ 盧文弨 : '止交'는 ≪大戴禮記≫와 ≪韓詩外傳≫ 권4에 모두 '止立'으로 되어 있다.

郝懿行 : ≪대대례기≫에는 '勤'이 '動'으로 되어 있고, '交'가 '立'으로 되어 있다. ≪한시외전≫ 권4도 같다. '動行'과 '止立'은 서로 짝이 되어 〈말이 되니〉 아마도 이곳의 〈勤·交 두 자는〉 모두 모양이 잘못된 것 같다.

王引之 : '止立'으로 되어 있는 것이 옳다. '止交' 두 자는 글이 뜻이 이루어지지 않으니, 楊氏의 주는 틀렸다. '勤行'도 마땅히 ≪대대례기≫에 따라 '動行'으로 되어야 하니, 모두 글자가 잘못된 것이다. ≪한시외전≫에도 '動作'으로 되어 있다.

31-12 日選擇於物하되 不知所貴하며

날마다 사물에 대해 선택을 하면서도 귀중하게 여길 것을 알지 못하며,

不知可貴重者라

楊倞注 : 귀중하게 여길 것이 무엇인지 알지 못한다는 것이다.

31-13 從物[36]如流하여 不知所歸하며

外物에 따라 흘러가 돌아올 것을 알지 못하며,

爲外物所誘蕩而不返也라 ○ 郝懿行曰 如는 大戴記韓詩外傳엔 俱作而하니 而如는 古通用이라

楊倞注 : 외물에 이끌리고 휩쓸려 돌아오지 못한다는 것이다.

○ 郝懿行 : '如'는 ≪大戴禮記≫와 ≪韓詩外傳≫에는 모두 '而'로 되어 있으니, 而와 如는 옛날에 통용하였다.

31-14 五鑿爲正[37]하여 心從而壞라 如此면 則可謂庸人矣라하니라

五官의 욕망에 지배되어 마음이 그에 따라 무너집니다. 이와 같이 한다면 용렬한 사람이라 말할 수 있을 것입니다."

36) 物 : 外物의 준말로, 몸 이외의 사물이다. 일반적으로 利欲과 功名을 가리킨다.

37) 正 : '政'과 통한다. 政은 '다스리다'의 뜻이므로 편의상 '지배되다'로 풀이하였다.

鑿은 竅也라 五鑿은 謂耳目鼻口及心之竅也라 言五鑿雖似於正이라도 而其心已從外物所誘而壞矣니 是庸愚之人也라 一曰 五鑿은 五情[38]也라하니라 莊子曰 六鑿相攘이라하여늘 司馬彪[39]曰 六情[40]相攘奪이라하니라 韓詩外傳엔 作五藏爲正也라 ○ 盧文弨曰 大戴禮엔 作五鑿爲政이라 此正字義當與政同하니 古通用이라 注似非라 郝懿行曰 楊注五鑿五情이 是也라 莊子六鑿相攘은 謂六情이니 可證이라 王念孫曰 楊後說以五鑿爲五情이 頗勝前說이라

楊倞注 : 鑿은 구멍이란 뜻이다. 五鑿은 귀·눈·코·입과 심장의 구멍을 이른다. 五鑿이 비록 정당한 것 같더라도 그 마음은 이미 外物이 유도한 대로 따라 무너졌을 것이니, 이런 자는 용렬하고 어리석은 사람이라는 말이다. 어떤 경우에는 "五鑿은 五情이다."라고 하였다. ≪莊子≫ 〈外物〉에 "六鑿相攘(六鑿이 서로 침탈한다.)"이라 하였는데, 司馬彪가 "六情이 서로 침탈한다는 뜻이다."라고 하였다. ≪韓詩外傳≫에는 '五藏爲正'으로 되어 있다.

○ 盧文弨 : ≪大戴禮記≫에는 '五鑿爲政'으로 되어 있다. 이 '正'자의 뜻은 마땅히 '政'과 같은 것으로 보아야 하니, 옛날에는 〈두 글자를〉 통용하였다. 〈楊氏의〉 주는 틀린 것 같다.

郝懿行 : 楊氏 주에 "五鑿은 五情이다."라고 한 것이 옳다. ≪장자≫ 〈외물〉에 '六鑿相攘'이라 한 곳의 〈六鑿은〉 六情을 이르니, 〈이로써〉 증명할 수 있다.

王念孫 : 楊氏의 뒤 설에 '五鑿을 五情'이라 한 것이 앞 설보다 상당히 낫다.

31-15 哀公曰 善하다 敢問何如라야 斯可謂士矣잇고하니 孔子對曰 所謂士者는 雖不能盡道術이라도 必有率也하고 雖不能(徧)〔備〕[41]美善이라도 必有處也라

哀公이 말하였다.

"좋은 말씀입니다. 감히 묻건대 어떻게 해야 선비라 말할 수 있습니까?"

孔子가 대답하였다.

---

38) 五情 : 喜·怒·哀·樂·怨의 다섯 가지 감정을 말한다.

39) 司馬彪 : 晉나라 河內 溫縣 사람으로, 자는 紹統이다. ≪莊子注≫를 편찬하였다.

40) 六情 : 喜·怒·哀·樂·愛·惡(오)의 여섯 가지 감정을 말한다.

41) (徧)〔備〕: 저본에는 '徧'으로 되어 있으나, 屈守元의 ≪韓詩外傳箋疏≫ 권1에 의거하여 '備'로 바로잡았다. 楊倞 주의 경우도 마찬가지이다.

"이른바 선비란 비록 〈국가를 다스리는〉 원칙과 방법을 완전히 알지 못하더라도 반드시 〈법도를〉 따라 행하는 일이 있고, 비록 모든 일을 완전무결하게 처리하지는 못하더라도 반드시 〈도리를〉 고수하는 일이 있어야 합니다.

率은 循也라 雖不能盡(徧)〔備〕라도 必循處一隅라 言有所執守也라 ○ 郝懿行曰 美善은 義同而有淺深이라 大戴記엔 作雖不能盡善盡美하고 韓詩外傳一엔 作雖不能盡乎美著하고 家語五儀解엔 作備百善之美하니 三書皆本此而各異라 韓詩外傳엔 此下多有缺略이라

楊倞注 : 率은 따른다는 뜻이다. 비록 모든 일을 완전무결하게 처리하지는 못하더라도 반드시 어떤 한 곳을 따라 행한다는 것이다. 이는 〈올바른 도리를〉 고수하는 일이 있다는 말이다.

○ 郝懿行 : 美와 善은 뜻이 같으면서도 얕고 깊은 차이가 있다. ≪大戴禮記≫에는 '雖不能盡善盡美(비록 盡善盡美하지는 못하더라도)'로 되어 있고, ≪韓詩外傳≫ 권1에는 '雖不能盡乎美著(비록 완전히 아름답고 훌륭하지는 못하더라도)'로 되어 있고, ≪孔子家語≫ 〈五儀解〉에는 '備百善之美(아름다운 온갖 훌륭한 것을 갖추지는 〈못하더라도〉)'로 되어 있으니, 이들 세 책은 모두 이곳을 근본으로 삼았으나 내용이 각기 다르다. ≪한시외전≫에는 이 문구 밑에 빠지거나 생략된 부분이 많이 있다.

31-16 是故知不務多하고 務審其所知하며

이 때문에 지식에 대해서는 많이 〈알기를〉 힘쓰지 않고 자기가 아는 것이 무엇인지 제대로 살피는 데에 힘쓰며,

論語曰 子路有聞이요 未之能行하여는 唯恐有聞이라하니라

楊倞注 : ≪論語≫ 〈公冶長〉에 "子路는 〈좋은 말을〉 듣고 아직 그것을 실행하지 못했으면 행여 〈다른 말을〉 들을까 두려워하였다."라고 하였다.

31-17 言不務多하고 務審其所謂하며

언어에 대해서는 많이 〈말하는〉 것을 힘쓰지 않고 자기가 하는 말이 무엇인지 제대로 살피는 데에 힘쓰며,

止於辨明事而已矣라 ○ 郝懿行曰 謂는 猶言也라 審其所當言이면 則言不謬妄이라 注非라

楊倞注 : 어떤 일의 〈옳고 그름을〉 분명히 밝히는 데에 그칠 뿐이라는 것이다.
○ 郝懿行 : 謂는 '言'과 같다. 마땅히 해야 할 말을 제대로 살핀다면 그가 하는 말이 터무니없지는 않을 것이다. 〈楊氏의〉 주는 틀렸다.

31-18 行不務多하고 務審其所由라

행위에 대해서는 많이 〈행하기를〉 힘쓰지 않고 자기가 행하는 일이 무엇인지 제대로 살피는 데에 힘써야 합니다.

由는 從也라 謂不從不正之道라 ○ 郝懿行曰 由는 道也니 道는 行也라 謂務審其所常由하여 行不差忒也라 注亦非라

楊倞注 : 由는 '從'의 뜻이다. 바르지 않은 도리를 따르지 않는 것을 이른다.
○ 郝懿行 : 由는 '道'의 뜻이니, 道는 행한다는 뜻이다. 자기가 평소에 행할 일을 살피는 데에 힘써 그 행위가 잘못되지 않는다는 것을 이른다. 〈楊氏의〉 주는 이 또한 틀렸다.

31-19 故知既已知之矣요 言既已謂之矣요 行既已由之矣면 則若性命肌膚之不可易也라

그러므로 지식이 이미 〈마땅히 알아야 할 것을〉 알고, 언어가 이미 〈마땅히 말해야 할 것을〉 말하고, 행위가 이미 〈마땅히 행해야 할 것을〉 행하였다면, 그것은 마치 목숨과 肉身처럼 〈아껴 다른 것으로〉 바꿀 수 없는 것과 같을 것입니다.

言固守所見이 如愛其性命肌膚之不可以他物移易者也라

楊倞注 : 자기의 소견을 고수하는 것이 마치 그의 목숨과 육신처럼 아껴 어떤 다른 물건으로 바꿀 수 없는 것과 같다는 말이다.

31-20 故富貴不足以益也요 卑賤不足以損也니

그러므로 부귀하더라도 거기에 무엇을 더 보탤 수 없고 미천하더라도 거기에서 무엇을 더 덜어낼 수 없는 것이니,

皆謂志不可奪이라

楊倞注 : 이 모두 뜻은 빼앗을 수 없다는 것을 이른다.

31-21 **如此**면 **則可謂士矣**라하니라

이와 같이 한다면 선비라 말할 수 있을 것입니다."

士者는 修立之稱이라 一曰 士는 事也니 言其善於任事하여 可以入官也라

楊倞注 : 선비란 〈품성을〉 수양하고 〈뜻을〉 세운 사람에 대한 호칭이다. 어떤 경우에는 "士는 '事'의 뜻이다."라고 하였으니, 그가 일을 맡아 처리하기를 잘하여 관리가 될 만하다는 말이다.

31-22 **哀公曰 善**하다 **敢問何如**라야 **斯可謂之君子矣**잇고하니 **孔子對曰 所謂君子者**는 **言忠信而心不德**하고

哀公이 말하였다.

"좋은 말씀입니다. 감히 묻건대 어떻게 해야 君子라 말할 수 있습니까?"

孔子가 대답하였다.

"이른바 군자란 자기의 언어가 충성스럽고 성실하더라도 마음은 스스로 미덕을 지녔다고 여기지 않고,

不自以爲有德이라

楊倞注 : 〈不德은〉 스스로 미덕을 지녔다고 여기지 않는다는 것이다.

31-23 **仁義在身而色不伐**하고 **思慮明通而辭不爭**이라 **故猶然如將可及者 君子也**라하니라

仁義의 도리가 자기 몸에 배어 있더라도 얼굴에는 자랑하는 기색이 없고, 思慮

가 분명하고 매끄럽더라도 말을 할 때 〈다른 사람과〉 다투지 않습니다. 그러므로 느긋하게 〈뒤로 물러나 다른 사람이 자기를〉 따라잡을 것처럼 보이는 자가 君子입니다."

猶然은 舒遲之貌니 所謂瞻之在前이러니 忽然在後[42]라 家語엔 作油然하고 王肅曰 不進貌也라하니라 ○ 郝懿行曰 猶然은 卽油然이라 家語엔 作油하니 是也라 孟子에 油油然與之偕라하니 言無以異於凡人也라 注失之라

楊倞注 : 猶然은 느긋한 모양이니, 이른바 "바라봄에 앞에 있더니 홀연히 뒤에 있도다."와 같은 경우이다. ≪孔子家語≫에는 '油然'으로 되어 있고, 王肅이 "앞으로 나아가지 않는 모양이다."라고 하였다.

○ 郝懿行 : 猶然은 곧 '油然'이다. ≪공자가어≫에는 〈'猶'가〉 '油'로 되어 있으니, 그것이 옳다. ≪孟子≫ 〈公孫丑 上〉에 "油油然與之偕(즐겁게 남들과 함께 처해 있다.)"라고 하였으니, 평범한 사람과 다를 것이 없다는 말이다. 〈楊氏의〉 주는 잘못되었다.

31-24 哀公曰 善하다 敢問何如라야 斯可謂賢人矣잇고하니 孔子對曰 所謂賢人者는 行中規繩而不傷於本하고 言足法於天下而不傷於身하며

哀公이 말하였다.

"좋습니다. 감히 묻건대 어떻게 해야 賢人이라 말할 수 있습니까?"

孔子가 대답하였다.

"이른바 현인이란 행위가 법도와 준칙에 들어맞더라도 자신에 대해 손상하는 일이 없고, 언어가 충분히 천하 사람이 본받을 만하더라도 자신에 대해 손상하는 일이 없으며,

本은 亦身也라 言雖廣大而不傷其身也니 所謂言滿天下無口過하고 行滿天下無怨惡(오)[43]라 ○ 郝懿行曰 楊注非是라 本은 猶質也라 謂性之本質이니 如木之有

42) 瞻之在前 忽然在後 : ≪論語≫ 〈子罕〉에, 顔淵이 孔子의 도가 무한한 것을 알고 감탄하기를 "우러러볼수록 더욱 높고 뚫을수록 더욱 견고하며, 바라봄에 앞에 있더니 홀연히 뒤에 있도다.〔仰之彌高 鑽之彌堅 瞻之在前 忽焉在後〕"라고 한 데서 인용한 것이다.

43) 言滿天下無口過 行滿天下無怨惡(오) : ≪孝經≫ 經1章에 보인다.

根幹이라 此言行中規矩準繩然하여 皆闇與理會하여 不假斲削而喪失其本眞이니 所謂漸近自然也라

楊倞注 : 本은 이 또한 '身'의 뜻이다. 범위가 비록 광대하더라도 그 자신을 손상하지 않는다는 말이니, 이른바 "언어가 천하에 충만하더라도 실수하는 말이 없고, 행위가 천하에 충만하더라도 원망과 증오를 초래하는 일이 없다."라는 경우이다.

○ 郝懿行 : 楊氏의 주는 옳지 않다. 本은 '質'과 같다. 본성의 본질을 이르니, 나무에 뿌리와 줄기가 있는 것과 같다. 이 문구는 행위가 법도와 준칙에 들어맞아 모든 것이 은연중에 도리와 부합함으로서 쪼개거나 깎아 그 본질을 상실하지 않는다는 말이니, 이른바 자연에 점점 가까워진다는 뜻이다.

31-25 富有天下而無怨財하고

부유하기가 천하를 소유하였더라도 〈사적인〉 재물을 쌓아두는 일이 없고,

富有天下는 謂王者(之佐)[44]也라 怨은 讀爲蘊이라 言雖富有天下라도 而無蘊畜私財也라 家語엔 作無宛이라 禮記曰 事大積焉而不苑이라 古蘊苑通하여 此因誤爲怨字耳라

楊倞注 : 富有天下는 王者를 이른다. 怨은 '蘊'으로 읽어야 한다. 비록 부유하기가 천하를 소유하였더라도 사적인 재물을 쌓아두는 일이 없다는 말이다. ≪孔子家語≫에는 '無宛'으로 되어 있다. ≪禮記≫ 〈禮運〉에 "事大積焉而不苑(일들이 계속 쌓이더라도 적체되지는 않는다.)"이라 하였다. 옛날에는 '蘊'과 '苑'이 통용되었으므로 여기서는 이로 인해 잘못되어 '怨'자가 되었다.

31-26 布施天下而不病貧이라

재물을 천하 사람에게 널리 베풀더라도 〈자기가〉 가난해질 수 있다는 것을 걱정하지 않습니다.

言廣施德澤하여 子惠困窮하여 使家給人足而上不憂貧乏이니 所謂百姓與足이면

44) (之佐) : 저본에는 '之佐'가 있으나, 久保愛의 설에 의거하여 잘못 덧붙여진 것으로 처리하였다.

君孰不足[45]이라 ○ 盧文弨曰 注末二句는 與富國篇同이라 宋本乃從今論語本이나 當出後人所改라 郝懿行曰 楊注得之나 而義猶未盡이라 怨宛皆從夗聲하니 此同聲假借也라 音轉而爲菀하고 又轉而爲蘊하니 此雙聲[46]假借也라 不知假借之義라 故謂爲字誤耳라 考工記云 眡其鑽空은 欲其惌也①라하여늘 鄭司農注에 惌은 讀爲宛(울)彼北林[47]之宛②이라하니 此卽怨宛相借之例也요 韓詩外傳二에 子路與巫馬期薪於韞丘之下의 韞丘는 卽宛丘니 此卽菀蘊相借之例也라 蘊與韞은 音義同이라 大戴記엔 作躬[48]爲匹夫而願富③하고 貴爲諸侯而無財하니 義與此別이라

① 音於阮反이라
〈惌의〉 음은 於와 阮의 반절이다.

② 音鬱이라
〈宛의〉 음은 '鬱'이다.

③ 句라
句가 끊기는 곳이다.

楊倞注 : 덕택을 널리 베풀어 곤궁한 사람을 아끼고 사랑하여 집집마다 살림이 넉넉하고 사람마다 의식이 풍족함으로써 윗사람이 가난함을 근심하지 않는다는 말이니, 이른바 "백성과 함께 풍족하다면 군주가 어찌 풍족하지 않겠는가."라는 뜻이다.

○ 盧文弨 : 〈楊氏의〉 주 끝 두 구는 〈富國篇〉(10-40 楊倞의 주)에 보이는 것과 같다. 〈楊氏 주의 '百姓與足君孰不足'은〉 宋本에는 곧 지금의 ≪論語≫ 本을 따랐을 것이나 〈이렇게 다른 것은〉 분명히 후세 사람이 고쳐 그렇게 되었을 것이다.

郝懿行 : 楊氏의 주가 맞기는 하나 뜻은 여전히 완전치 못하다. 怨과 宛은 모두 夗의 聲符에 속하니 이것은 소리가 같아 假借한 것이고, 음이 변해 菀이 되고 또 변해 蘊이 되니 이것은 雙聲으로 인해 가차한 것이다. 그런데 〈楊氏는〉 가차의 뜻을 몰랐기 때문에 〈그의 주에서〉 글자가 잘못되었다고 말한 것이다. ≪周禮≫ 〈考工記〉에 "眡其鑽空 欲其惌也(〈가죽에〉 그 뚫린 구멍을 살펴보는 것은 구멍이 촘촘히 이어져 있기를 추

45) 百姓與足 君孰不足 : ≪論語≫ 〈顔淵〉에 "百姓足 君孰與不足 百姓不足 君孰與足(백성이 풍족하면 군주가 누구와 함께 부족하겠으며, 백성이 부족하면 군주가 누구와 함께 풍족하겠습니까.)"이라는 有若의 말이 보이며, 宋本 ≪荀子≫에는 "百姓與足 君孰與不足"으로 되어 있다.

46) 雙聲 : 두 글자 이상의 단어에서 각 글자의 최초 자음이 같은 것을 말한다.

47) 宛(울)彼北林 : ≪詩經≫ 〈秦風 晨風〉에 보이며, ≪시경≫에는 "鬱彼北林"으로 되어 있다.

48) 躬 : '窮'과 통한다.

구해서이다.)"라 하였는데 鄭司農(鄭衆)의 주에 "㥪은 '宛彼北林(울창한 북쪽 숲에 들어간다네.)'의 '宛'로 읽어야 한다."라고 하였으니 이것은 '怨'과 '宛'을 서로 가차하는 사례이고, ≪韓詩外傳≫ 권2에 "子路與巫馬期薪於韞丘之下(子路와 巫馬期가 중앙이 낮은 언덕 밑에서 땔나무를 하였다.)"라고 한 곳의 '韞丘'는 곧 '宛丘'니 이것은 곧 '苑'과 '蘊'을 서로 가차하는 사례이다. 蘊과 韞은 음과 뜻이 같다. ≪大戴禮記≫에는 '躬爲匹夫而願富 貴爲諸侯而無財(곤궁하여 匹夫가 되었으나 부유하기를 원하고, 존귀하여 제후가 되었으나 재물이 없다.)'로 되어 있으니, 그 뜻이 이곳과는 다르다.

31-27 如此면 **則可謂賢人矣**라하니라

이와 같이 한다면 賢人이라 말할 수 있을 것입니다."

賢者는 **亞聖之名**이라 **說文云 賢**은 **多才**라하니라

楊倞注 : 賢者는 亞聖의 이름이다. ≪說文解字≫에 "賢은 재능이 많다는 뜻이다."라고 하였다.

31-28 哀公曰 善하다 **敢問何如**라야 **斯可謂大聖矣**잇고하니 **孔子對曰 所謂大聖者**는 **知通乎大道**하고 **應變而不窮**하며 **辨乎萬物之情性**[49] **者也**라

哀公이 말하였다.

"좋습니다. 감히 묻건대 어떻게 해야 위대한 聖人이라 말할 수 있습니까?"

孔子가 대답하였다.

"이른바 위대한 성인이란 지혜가 大道를 통달하고 온갖 변화에 따라 상응하여 막히지 않으며 만물의 본성을 분별하는 사람입니다.

辨別萬物之情性也라

楊倞注 : 〈위대한 聖人은〉 만물의 본성을 변별한다는 것이다.

31-29 大道者는 **所以變化遂成萬物也**요 **情性者**는 **所以理然不取舍也**라

---

49) 情性 : 여기서는 본성과 같다.

大道란 만물을 변화시키고 형성하는 근본이고, 본성이란 사물의 옳고 그른 것과 취하고 버릴 것을 처리하는 근거입니다.

辨情性은 乃能理是非(之)[50]取舍而不惑이라 ○ 先謙案 然不는 猶然否니 與取舍對文이라 注中之字衍이라

楊倞注 : 辨情性은 곧 능히 사물의 옳고 그른 것과 취하고 버릴 것을 처리하여 정신이 혼란스럽지 않다는 뜻이다.

○ 先謙案 : 然不는 '然否'와 같으니, '取舍'와 대구이다. 〈楊氏의〉 주 가운데 '之'자는 잘못 덧붙여진 것이다.

31-30 是故其事大辨乎天地하고

이 때문에 그가 행하는 일은 광대하기로는 天地에 두루 미치고

其事는 謂聖人所理化之事라 言辨別萬事를 如天地之別萬物하여 各使區分이라 ○ 郝懿行曰 辨은 與辯同이라 辯者는 治辯也라 辯與平은 古字通이라 荀書多假辨爲辯耳이라 此上言辨乎萬物之情性이어늘 義亦同하니 似不宜訓辨別이라 王念孫曰 辨은 讀爲徧이라 言其事大則徧乎天地하고 明則察乎日月也니 與上辨乎萬物之情性不同이라 楊以辨爲辨別하니 則與大字義不相屬矣라 徧辨은 古字通하니 說見日知錄[51]이라 兪樾曰 大字絶句니 是故其事大는 與上文大道者相應이라 下明字衍文이라 辨乎天地察乎日月의 二語相對라 說詳羣經平議[52]大戴記라

---

50) (之) : 저본에는 '之'가 있으나, 王先謙의 주에 의거하여 잘못 덧붙여진 것으로 처리하였다.

51) 日知錄 : 淸나라 顧炎武(1613~1682)가 내용을 15항목으로 분류하여 수필체로 쓴 책이다.

52) 羣經平議 : 兪樾(1821~1906)의 대표적인 저술 가운데 하나로 모두 35권이다. 王引之(1766~1834)의 ≪經義述聞≫ 체제를 본떠 ≪周易≫·≪尙書≫·≪周書≫·≪毛詩≫·≪周禮≫·≪儀禮≫·≪禮記≫·≪大戴禮記≫·≪春秋公羊傳≫·≪春秋穀梁傳≫·≪春秋左氏傳≫·≪國語≫·≪論語≫·≪孟子≫·≪爾雅≫ 등 15종을 대상으로 하여 잘못된 글자를 고증하고, 글자의 뜻을 살펴 확정하고, 通用字와 假借字를 밝히고, 잘못된 구두를 바로잡음으로써 訓詁學의 발전에 크게 기여하였다. 그러나 새로운 뜻을 지나치게 강구함으로 인해 무리한 부분도 없지는 않다. 지금 여기 '大辨乎天地 明察乎日月'을 '辨乎天地 察乎日月'로 하는 것이 옳다는 주장도 인정하기 어려울 것으로 보인다.

楊倞注：其事는 聖人이 처리하고 변화시키는 일을 이른다. 萬事를 변별하기를 마치 천지가 萬物을 구별하여 각기 구분되게 하는 것처럼 한다는 말이다.

○ 郝懿行：辨은 '辯'과 같다. 辯이란 다스린다는 뜻이다. '辯'과 '平'은 옛 글자에 통용하였다. ≪荀子≫에는 '辨'을 假借하여 '辯'으로 된 경우가 많다. 이 위에 '辨乎萬物之情性'이라 말했는데 이 뜻 또한 그와 같으니, 분별의 뜻으로 이해하는 것은 적합하지 않을 듯하다.

王念孫：辨은 '徧'으로 간주해 읽어야 한다. 그가 행하는 일이 광대하기로는 천지에 두루 미치고 밝기로는 日月처럼 분명하다는 말이니, 위의 '辨乎萬物之情性'과는 같지 않다. 楊氏는 辨의 뜻을 변별이라 하였으니, '大'자의 뜻과 서로 붙지 않는다. '徧'과 '辨'은 옛 글자에 통용하였으니, 이에 관한 설명은 ≪日知錄≫에 보인다.

兪樾：'大'자에서 구가 끊어지니, '是故其事大'는 윗글 '大道者'와 상응한다. 아래(31-31) '明'자는 잘못 덧붙여진 글자이다. '辨乎天地 察乎日月'의 두 어구가 서로 짝을 이룬다. 이에 관한 설명은 ≪羣經平議≫ 〈大戴禮記〉에 보인다.

31-31 明察乎日月하고

밝기로는 日月처럼 분명하고

聖人之明察如日月이라

楊倞注：聖人이 밝게 살피는 것은 마치 日月과 같다는 것이다.

31-32 總要萬物於[53]風雨하여

만물을 통솔하는 것은 風雨가 〈만물을 生成하는 것과〉 같아

總要는 **猶統領也**라 **風以動之**하고 **雨以潤之**라 **言統領萬物**을 **如風雨之生成也**라

楊倞注：總要는 統領과 같다. 〈만물을〉 바람으로써 움직이고 비로써 촉촉하게 적셔준다는 것이다. 만물을 통솔하는 것이 마치 풍우가 〈만물을〉 생성하는 것과 같다는 말이다.

---

53) 於：'如'와 통한다.

31-33 繆繆肫肫(목목준준)이라 其事不可循하니

매우 온화하고 정교합니다. 그가 행하는 일은 모방할 수 없으니

繆(무)는 當爲膠니 相加之貌라 莊子云 膠膠擾擾라하니라 肫은 與訰同하니 雜亂之貌라 爾雅云 訰訰은 亂也라하니라 言聖人治萬物錯雜하여 膠膠訰訰이라 然而衆人不能循其事라 訰은 之旬反이라 ○ 郝懿行曰 大戴記엔 作穆穆純純(준준)하여 其莫之能循이라 穆穆은 和而美也요 純純은 精而密也라 穆繆은 古字通하고 純肫은 聲相借耳라 注竝失之라

楊倞注：繆는 마땅히 '膠'로 되어야 하니, 서로 뒤엉킨 모양이다. ≪莊子≫ 〈天道〉에 "膠膠擾擾(뒤엉키고 혼란스럽다.)"라고 하였다. 肫은 '訰'과 같으니, 뒤섞이고 어지러운 모양이다. ≪爾雅≫ 〈釋訓〉에 "訰訰은 어지럽다는 뜻이다."라고 하였다. 聖人이 복잡한 만물을 다스려 그 일이 뒤엉키고 어지럽기 때문에 뭇사람은 그 일을 따라 행하지 못한다는 말이다. 訰은 〈그 음이〉 之와 旬의 반절이다.

○ 郝懿行：≪大戴禮記≫에는 '穆穆純純 其莫之能循(온화하여 아름답고 정교하여 빈틈이 없어 어느 누구도 그것을 따라 행할 수는 없다.)'으로 되어 있다. 穆穆은 온화하여 아름답다는 뜻이고, 純純은 정교하여 빈틈이 없다는 뜻이다. '穆'과 '繆'은 옛 글자에 통용하였고, '純'과 '肫'은 소리가 비슷하여 서로 假借한 것이다. 〈楊氏의〉 주는 모두 잘못되었다.

31-34 若天之嗣하고 其事不可識하니

마치 하늘이 주관하는 것과 같고, 그가 행하는 일은 알 수가 없으니

嗣는 繼也라 言聖人如天之繼嗣로되 衆人不能識其意라 ○ 郝懿行曰 嗣者는 續也라 言如天之純穆氣化 緜緜相續이나 而不可測識也라 大戴記엔 作若天之司하여 莫之能識이라 司與嗣와 職與識은 蓋亦聲借字耳라 其義則司職皆訓主也라 王念孫曰 嗣는 讀爲司라 鄭風羔裘傳曰 司는 主也라하니라 言若天之主司萬化하여 其事不可得而知也라 司嗣는 古字通이라 大戴記엔 正作若天之司①라 楊注失之라

① 高宗肜日에 王司敬民이라하여늘 史記殷本紀에 司作嗣라
≪書經≫ 〈商書 高宗肜日〉에 "王司敬民(先王이 왕위를 계승하여 백성을 공경하였다.)"이라 하였는데, ≪史記≫ 〈殷本紀〉에 '司'가 '嗣'로 되어 있다.

楊倞注 : 嗣는 잇는다는 뜻이다. 聖人이 〈도를 행하는 것은〉 마치 하늘이 〈陰陽의 도를〉 끊임없이 운행하는 것과 같은데도 일반 사람은 그 의미를 알지 못한다는 말이다.

○ 郝懿行 : 嗣란 잇는다는 뜻이다. 〈성인이 도를 행하는 것은〉 마치 하늘의 온화하고 정교한 음양 기운의 변화가 중단되지 않고 이어지는 것과 같은데 〈일반 백성은 그것을〉 헤아려 알지 못한다는 말이다. ≪大戴禮記≫에는 '若天之司 莫之能識(하늘이 주관하는 일과 흡사하므로 그것을 맡아 다스릴 수 있는 사람이 없다.)'으로 되어 있다. '司'와 '嗣', '職'과 '識'은 아마도 소리가 〈비슷하여〉 假借한 글자일 것이다. 그 의미는 司와 職이 모두 주관한다는 뜻이다.

王念孫 : 嗣는 '司'로 간주해 읽어야 한다. ≪詩經≫ 〈鄭風 羔裘〉의 〈毛傳〉에 "司는 주관한다는 뜻이다."라고 하였다. 마치 하늘이 온갖 변화를 주관하는 것과 같아서 그 행하는 일을 알 수 없다는 말이다. '司'와 '嗣'는 옛 글자에 통용하였다. ≪대대례기≫에는 바르게 '若天之司'로 되어 있다. 楊氏의 주는 잘못되었다.

31-35 百姓(淺)〔淡〕然不識其隣[54]이라

백성들이 냉담하여 그가 누구를 친애하는가를 알지 못합니다.

隣은 近也라 百姓淺見하여 不能識其所近이어든 況能識其深乎아 所謂日用而不知[55]者也라 ○ 盧文弨曰 淺然은 大戴에 作淡然이라 郝懿行曰 淺然은 當依大戴記하여 作淡然이라 此言百姓不識不知하여 謂帝力於我何有[56]耳라

54) 百姓(淺)〔淡〕然不識其隣 : 저본에는 '淺'으로 되어 있으나, 郝懿行의 주에 의거하여 '淡'으로 바로잡았다. 隣은 친애한다는 뜻이다. 王天海는 "聖人은 하늘이 만물을 균등하게 덮어 감싸 사적인 마음이 없는 것과 같기 때문에 백성들이 냉담하여 그가 누구를 친애하는가를 모른다는 말이다."라고 하며 楊倞의 주와 기타의 설들은 모두 틀렸다고 하였다. 이에 따라 번역하였다.

55) 日用而不知 : ≪周易≫ 〈繫辭傳 上〉에 "一陰一陽之謂道 繼之者善也 成之者性也 仁者見之謂之仁 知者見之謂之知 百姓日用而不知 故君子之道鮮矣(陰陽이 서로 바뀌어 변화하는 것을 道라 이른다. 이것이 서로 이어져 끊어지지 않는 것은 善이고, 이것을 성취하는 것은 性이다. 어진 사람은 그것을 보고 仁이라 이르고, 지혜로운 사람은 그것을 보고 智라 이른다. 일반 백성은 매일 그것을 접촉하면서도 모르기 때문에 君子의 도는 아는 사람이 매우 적다.)"라고 한 데서 인용한 것이다.

56) 帝力於我何有 : 堯임금 때 어떤 노인이 불렀다는 〈擊壤歌〉에 "日出而作 日入而息 鑿井而

楊倞注：隣은 가깝다는 뜻이다. 백성은 식견이 얕아 그 가까운 부분도 모르는데 하물며 그 깊은 부분을 알겠는가. 이른바 "〈일반 백성은〉 매일 〈陰陽의〉 도를 접촉하면서도 그런 줄을 모른다."라는 경우이다.

○ 盧文弨：淺然은 ≪大戴禮記≫에 '淡然'으로 되어 있다.

郝懿行：淺然은 마땅히 ≪대대례기≫에 의거하여 '淡然'으로 되어야 한다. 여기서는 백성들은 그것을 느끼거나 알지 못하여 '황제의 힘이 나에게 무슨 영향이 있는가.'라고 생각한다는 말이다.

31-36 若此면 則可謂大聖矣라하니라 哀公曰 善하다하니라

이와 같이 한다면 위대한 聖人이라 말할 수 있을 것입니다."

哀公이 말하였다.

"좋습니다."

31-37 魯哀公問舜冠於孔子하니 孔子不對라

魯 哀公이 孔子에게 舜이 쓰던 冠에 대하여 물으니, 공자는 대답하지 않았다.

哀公不問舜德하고 徒問其冠이라 故不對也라

楊倞注：哀公이 舜의 도덕을 묻지 않고 그 관에 대해서만 물었기 때문에 대답하지 않은 것이다.

31-38 三問하되 不對라 哀公曰 寡人問舜冠於子어늘 何以不言也오하니 孔子對曰 古之王者는 有務而拘領者矣나 其政好生而惡(오)殺焉하니이다

〈哀公이〉 세 번을 물어도 〈孔子는〉 대답하지 않았다. 애공이 말하였다.

"과인이 선생에게 舜이 쓰던 冠에 대하여 물었는데 무슨 까닭으로 말하지 않습니까?"

공자가 대답하였다.

飮 耕田而食 帝力於我何有哉(해 뜨면 일어나고 해가 지면 쉬면서 우물 파 물 마시고 밭 갈아 밥 먹으니, 황제 힘이 나에게 무슨 영향 있으랴.)"라고 한 데서 인용한 것이다.

"고대의 제왕 중에는 두건에다 깃이 둥근 평상복을 입는 사람도 있었으나, 그들의 정사는 사람을 살리기를 좋아하고 죽이는 것을 싫어하였습니다.

務는 讀爲冒라 拘는 與句同하니 曲領也라 言雖冠衣拙朴이라도 而行仁政也라 尙書大傳曰 古之人은 衣上有冒而句領者라하여늘 鄭康成注云 言在德不在服也라 古之人은 三皇時也라 冒는 覆(부)項也라 句領은 繞頸也라하니라 禮에 正服方領也라
○ 郝懿行曰 尙書大傳엔 作冒而句領이라 古讀冒務音同이라 拘는 讀若句①니 (若)〔故〕[57]其字通이라 鄭注에 冒는 覆項也라 句領은 繞頸也라하니라 按句者는 曲也라 韓詩外傳三云 舜㢸衣而盩(주)領이라하니라 盩之訓爲曲이니 卽此句領矣라

① 音鉤라
〈拘의〉 음은 '鉤'이다.

楊倞注: 務는 '冒'로 간주해 읽어야 한다. 拘는 '句'와 같으니, 깃이 둥글게 생긴 옷이다. 〈고대 제왕이〉 비록 차려입은 衣冠이 후지고 소박하더라도 어진 정사를 행했다는 말이다. ≪尙書大傳≫에 "古之人 衣上有冒而句領者(고대의 사람 중에는 의복 차림이 두건에다 깃이 둥근 평상복을 입는 사람도 있었다.)"라 하였는데, 鄭康成(鄭玄)의 주에 "〈중요한 것은〉 도덕에 있지 복장에 있지 않다는 말이다. 고대의 사람은 三皇 때 사람이다. 冒는 목덜미를 덮는 것이다. 句領은 목을 둘러싸는 것이다."라고 하였다. 예의에 규정된 정식 복장은 네모난 옷깃이다.

○ 郝懿行: ≪상서대전≫에는 〈務而拘領이〉 '冒而句領'으로 되어 있다. 옛날에는 冒와 務를 읽는 음이 같았다. 拘는 읽는 음이 '句'와 같으므로 그 글자가 서로 통한다. 鄭玄의 주에 "冒는 목덜미를 덮는 것이다. 句領은 목을 둘러싸는 것이다."라고 하였다. 살펴보건대, 句란 '曲(휘다)'의 뜻이다. ≪韓詩外傳≫ 권3에 "舜㢸衣而盩領(舜은 흰 어린 사슴의 갖옷을 입었는데 깃이 휘어진 모양이었다.)"이라 하였다. 盩의 뜻은 '曲'이니, 〈盩領은〉 곧 이곳의 '句領'이다.

31-39 是以鳳在列樹하고 麟在郊野하고 烏鵲之巢可附而窺也라 君不此問而問舜冠하시니 所以不對也라하니라

57) (若)〔故〕: 저본에는 '若'으로 되어 있으나, 郝懿行의 ≪荀子補注≫의거하여 '故'로 바로잡았다.

鳳

麒麟

이 때문에 〈천하가 태평하여〉 鳳凰이 숲 속에서 서식하고 麒麟이 들녘에서 뛰어다니고 까막까치의 둥지를 고개 숙여 엿볼 수 있었습니다. 군왕께서는 이에 관해 묻지 않고 舜이 쓰던 冠을 물으시니, 이로 인해 대답하지 않은 것입니다."

31-40 魯哀公問於孔子曰 寡人生於深宮之中하여 **長於婦人**[58]**之手**하니 **寡人未嘗知哀也**하고 **未嘗知憂也**하고 **未嘗知勞也**하고 **未嘗知懼也**하고 **未嘗知危也**라 **孔子曰 君之所問**은 **聖君之問也**라 **丘**는 **小人也**니 **何足以知之**잇가하니라

魯 哀公이 孔子에게 물었다.

"寡人은 깊은 궁중에서 태어나 부녀의 손에서 자랐기에 과인은 아직도 슬픔이 무엇인지 모르고, 아직도 근심이 무엇인지 모르고, 아직도 괴로움이 무엇인지 모르고, 아직도 두려움이 무엇인지 모르고, 아직도 위험이 무엇인지 모릅니다. 〈이 다섯 가지 가르침을 행하지 못할까 두려우니, 어떻게 하는 것이 좋겠습니까?〉"[59]

---

58) 婦人 : 여기서는 保母를 가리킨다.

59) 〈이 다섯……좋겠습니까?〉 : 원문의 '未嘗知危也' 뒤에 ≪孔子家語≫ 〈五儀解〉에는 '恐不足以行五儀之教 若何'가 있다. 그런데 ≪荀子≫를 편찬할 때 이 내용을 의도적으로 생략했을 수도 있으므로, 원문에는 보충하지 않고 번역문에만 보충하였다.

공자가 말하였다.

“군주께서 물으신 것은 곧 聖君이 제기하는 문제입니다. 저는 미천한 사람이니, 어떻게 이런 것을 알 수 있겠습니까.”

美大其問이라 故謙不敢對也라

楊倞注 : 그 질문을 아름답고 크게 여겼기 때문에 겸양하여 감히 대답하지 못하겠다는 것이다.

31-41 曰 非吾子면 無所聞之也라하니 孔子曰 君入廟門而右하여 登自胙階[60]하여 仰視榱棟하고 俛見几筵에 其器存이나 其人亡하니 君以此思哀하면 則哀將焉而(능)不至矣리오

〈哀公이〉 말하였다.

“당신이 아니면 들을 데가 없습니다.”

孔子가 말하였다.

“군주께서 宗廟의 대문으로 들어가 오른쪽을 지나서 동쪽 계단을 통해 당 위로 올라가 고개를 들어 서까래와 기둥을 보고 고개를 숙여 〈靈位인〉 几筵을 보실 때 그 기물들은 남아 있으나 저 선조들은 이미 안 계시니, 군주께서 이를 통해 슬프다 생각하신다면 슬픈 감정이 어찌 일어나지 않을 수 있겠습니까.

謂祭祀時也라 胙는 與阼同이라 榱는 亦椽也라 哀將焉不至는 言必至也라 ○ 盧文弨曰 正文將焉下에 元刻有而字하니 下四句竝同이라 而는 當訓爲能이니 若以爲衍이면 不應五句皆誤라 楊注王霸篇云 而爲는 皆語助也라하고 又齊策에 管燕謂其左右曰 子孰而與我赴諸侯乎아하여늘 鮑彪注에 而는 辭也라하니 以而字作語辭亦可나 然訓能이라야 語更順이라 高誘注呂氏春秋去私篇의 南陽無令한대 其誰可而爲之와 又注士容篇의 柔而堅하고 虛而實에 皆訓而爲能하고 其注淮南也亦然이라 易屯象에 宜建侯而不寧이라하여늘 釋文에 而는 辭也라 鄭讀而爲能이라하니라 然則此焉而는 正當讀爲焉能이니 不可易矣라 王念孫曰 盧說是也라 文選王文憲集序

---

60) 胙階 : 阼階이다. 동쪽 계단이란 뜻으로, 주인이 오르내린다.

注에 引此有而字라 其引此無而字者는 皆後人不知古訓而刪之也라 古書多以而爲能하니 詳見淮南人間篇이라

楊倞注:〈종묘에〉 제사 지낼 때를 이른다. 胙는 '阼'와 같다. 榱는 이 또한 서까래이다. 哀將焉不至는 〈슬픈 감정이〉 반드시 일어난다는 말이다.

○ 盧文弨:본문 '將焉' 밑에 元刻本에는 '而'자가 있으니, 아래 네 구도 모두 동일하다. 而는 마땅히 '能'의 뜻이 되어야 하니, 만약 잘못 덧붙여진 것으로 본다면 분명히 다섯 구가 모두 잘못되지는 않았을 것이다. 楊氏의 〈王霸篇〉 주에 "而와 爲는 모두 어조사이다."라 하고, 또 ≪戰國策≫ 〈齊策〉에 "管燕謂其左右曰 子孰而與我赴諸侯乎(管燕이 좌우에게 이르기를 '그대들 중에 누가 나와 함께 제후에게 망명할 수 있는가?'라 하였다.)"라고 하였는데, 鮑彪의 주에 "而는 어조사이다."라고 하였으니, 而자를 어조사로 보는 것도 가능하지만, '能'의 뜻으로 이해하여야 말이 더 순조롭다. ≪呂氏春秋≫ 〈去私篇〉의 "南陽無令 其誰可而爲之(南陽에 현령 자리가 비었는데 누가 그 직무를 맡을 수 있는가?)"라 한 곳의 高誘 주와, 또 ≪여씨춘추≫ 〈士容篇〉의 "柔而堅 虛而實(부드러우면서도 단단하고 담박하면서도 알차다.)"이라 한 곳의 고유 주에 모두 而를 '能'의 뜻으로 풀이하고, 그의 ≪淮南子≫ 주에도 마찬가지이다. ≪周易≫ 屯卦 〈象傳〉에 "宜建侯而不寧(마땅히 제후를 封建하여 〈사방을 살펴 어루만져야 하니 일없이〉 편하게 있어서는 안 된다.)"이라 하였는데, ≪經典釋文≫에 "而는 어조사이다. 鄭玄은 '而'를 '能'의 뜻으로 읽었다."라고 하였다. 그렇다면 이 '焉而'는 곧 마땅히 '焉能'으로 간주해 읽어야 하니, 〈이와 같은 논리는〉 바꿀 수 없다.

王念孫:盧氏의 설이 옳다. ≪文選≫ 〈王文憲集序〉의 李善 주에 이곳의 문구를 인용하였는데 그곳에 '而'자가 있다. 이 문구를 인용하면서 '而'자가 없는 경우는 모두 후세 사람이 '而'자의 옛 뜻을 몰라 삭제한 것이다. 옛 문헌에는 '而'가 '能'의 뜻으로 된 경우가 많으니, 〈이에 관한 설명은〉 ≪淮南子≫ 〈人間篇〉의 고유 주에 자세히 보인다.

31-42 君昧爽而櫛冠하여

군왕께서 동틀 무렵에 〈일어나〉 머리를 빗고 冠을 쓰고서

昧는 闇이요 爽은 明也니 謂初曉尚暗之時라

楊倞注:昧는 어둡다는 뜻이고 爽은 밝다는 뜻이니, 〈昧爽은〉 새벽녘의 아직 어둑

어둑할 때를 이른다.

31-43 平明而聽朝할새 一物不應하면 亂之端也니 君以此思憂하면 則憂將焉而(능)不至矣리오 君平明而聽朝하고 日昃而退할새 諸侯之子孫必有在君之末庭[61]者하리니 君以思勞하면 則勞將焉而(능)不至矣리오

날이 밝아 조정에 임해 정무를 처리할 적에 한 가지 일이라도 처리가 적절치 못하면 혼란의 발단이 될 수 있으니, 군주께서 이를 통해 근심거리라 생각하신다면 근심스런 감정이 어찌 일어나지 않을 수 있겠습니까.

군주께서 날이 밝아 조정에 임해 정무를 처리하고 해가 기울어 물러나실 때 제후의 자손 가운데 군주의 궁문 밖에서 〈군주를 받들어 모시는〉 사람이 있을 것이니, 군주께서 이를 통해 수고한다고 생각하신다면 수고롭다는 느낌이 어찌 일어나지 않을 수 있겠습니까.

諸侯之子孫은 謂奔亡至魯而仕者라 自平明至日昃히 在末庭而脩臣禮하니 君若思其勞면 則勞可知也라 以喻哀公亦諸侯之子孫이니 不戒慎脩德하면 亦將有此奔亡之勞也라

楊倞注 : 諸侯之子孫은 망명하여 魯나라에 와서 벼슬하는 사람을 이른다. 〈그들은〉 날이 밝은 아침부터 해가 기울 때까지 궁문 밖에 있으면서 신하로서의 예절을 수행하니, 군주가 만약 그들이 수고한다고 생각한다면 수고롭다는 느낌을 알 수 있을 것이라는 것이다. 이것으로 哀公 또한 제후의 자손이므로 경계하고 조심하여 도덕을 닦지 않는다면 그 또한 장차 이들처럼 외국으로 망명하는 수고가 있을 수 있다는 것을 비유한 것이다.

31-44 君出魯之四門以望魯四郊하면 亡國之虛(則)〔列〕[62]에 必有數蓋焉하리니

군주께서 魯나라 도읍의 사방 성문을 나가 魯나라의 사방 들녘을 바라보신다면 멸망한 나라의 폐허 여기저기에 몇 군데의 움막이 있을 것이니,

61) 末庭 : '門廷'과 같다. ≪新序≫ 〈雜事〉 권4에는 '門廷'으로 되어 있다.

62) (則)〔列〕 : 저본에는 '則'으로 되어 있으나, 郝懿行의 주에 의거하여 '列'로 바로잡았다.

虛는 讀爲墟라 有數蓋焉은 猶言蓋有數焉이니 倒言之耳라 新序엔 作亡國之虛列必有數矣라 ○ 盧文弨曰 數蓋는 猶言數區也라 魯有少皡氏[63])之虛와 大庭氏[64])之庫也라 郝懿行曰 虛墟는 古今字라 新序四엔 作虛列하니 此虛則卽虛列之譌라 蓋者는 苫也라 言故虛羅列其閒하여 必有聚廬而居者焉하리니 觀此면 易(이)興亡國之感이라

楊倞注 : 虛는 '墟'로 간주해 읽어야 한다. 有數蓋焉은 '蓋有數焉(아마도 몇 구역이 있을 것이다.)'이라는 말과 같으니, 순서를 뒤집어 말한 것이다. ≪新序≫에는 〈'亡國之虛則必有數蓋焉'이〉 '亡國之虛列必有數矣'로 되어 있다.

○ 盧文弨 : 數蓋는 '數區(몇 구역)'라는 말과 같다. 魯나라에는 少皡氏의 옛 터와 大庭氏의 창고자리가 있다.

郝懿行 : '虛'와 '墟'는 고금의 시대에 따라 달리 쓰는 글자이다. ≪新序≫ 권4에는 '虛列'로 되어 있으니, 이곳의 '虛則'은 '虛列'의 잘못이다. 蓋란 거적이다. 옛 터가 그 사이에 깔려 있으므로 반드시 오두막집에 모여 거주하는 사람들이 있을 것이니, 이 광경을 살펴보면 亡國에 관한 감정이 쉽게 일어날 것이라는 말이다.

31-45 君以此思懼하면 則懼將焉而(능)不至矣리오 且丘聞之컨대 君者는 舟也요 庶人者는 水也라 水則載舟하고 水則覆舟라하니 君以此思危하면 則危將焉而(능)不至矣리오하니라

군주께서 이를 통해 두렵다 생각하신다면 두려운 감정이 어찌 일어나지 않을 수 있겠습니까.

그리고 제가 듣건대, '군주는 배이고 백성은 물이다. 물은 배를 띄울 수도 있고 물은 배를 뒤엎을 수도 있다.'라고 하였습니다. 군주께서 이를 통해 위험하다 생각하신다면 위험하다는 감정이 어찌 일어나지 않을 수 있겠습니까."

---

63) 少皡氏 : 少昊氏로 표기하기도 한다. 전설 속의 고대 東夷 집단의 수장으로, 이름은 摯이며, 金天氏로 불린다.

64) 大庭氏 : 전설 속의 고대 국가 이름이다. 일반적으로 神農氏로 불린다. 그 옛터가 魯나라 도성 근처에 있는데, 魯나라가 그곳에 창고를 지었다고 한다.

31-46 魯哀公問於孔子曰 紳[65)]委章甫 有益於仁乎잇가

魯 哀公이 孔子에게 물었다.

"허리에 큰 띠를 두르고 委貌나 章甫冠을 쓰는 것이 仁에 대해 과연 유익합니까?"

紳은 大帶也라 委는 委貌[66)]니 周之冠也라 章甫는 殷冠也라 鄭注儀禮云 委는 安也니 所以安正容貌라 章은 (表)[67)]明也니 殷質하여 言所以表明丈夫也라하니라

楊倞注 : 紳은 큰 띠이다. 委는 委貌이니 周나라 때의 冠이다. 章甫는 殷나라 때의 관이다. ≪儀禮≫ 鄭玄의 주에 "委는 '安'의 뜻이니, 이것으로 용모를 안정되게 하는 것이다. 章은 '明'의 뜻이니, 殷나라 때는 소박한 것을 중시하였으므로 이것으로 丈夫임을 드러내 밝히게 하였다는 말이다.

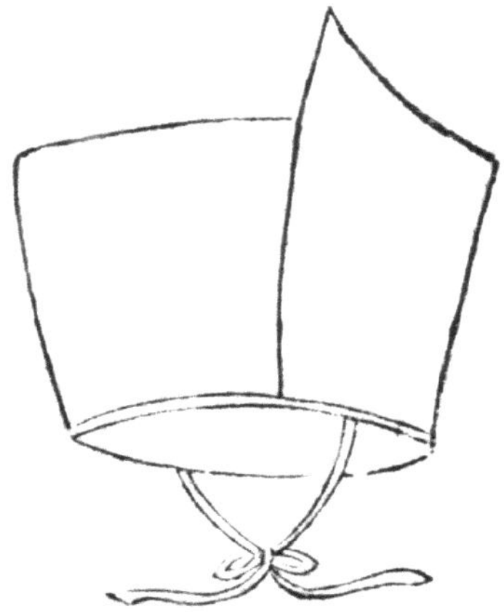

委貌

31-47 孔子蹴然曰 君號然也오

孔子가 놀라 안색이 변해 말하였다.

"군주께서 어찌 이와 같이 〈물으십니까.〉

莊子音義에 崔譔云 蹴然은 變色貌라하니라 號는 讀爲胡니 聲相近하여 字遂誤耳라 家語엔 作君胡然也라

楊倞注 : ≪經典釋文≫ 〈莊子音義〉에 "崔譔이 '蹴然은 안색이 변한 모양이다.'라 했다."라고 하였다. 號는 '胡'로 간주해 읽어야 하니, 소리가 서로 가까워 글자가 결국 잘못된 것이다. ≪孔子家語≫에는 '君胡然也'로 되어 있다.

---

65) 紳 : 고대 士·大夫의 예복에 사용하는 큰 띠로, 흰 繭絲로 만들어 가죽 띠 위에 덧씌워 두르는 것이다. 그 폭은 大夫 이상은 네 치이고, 士는 두 치이다.

66) 委貌 : 周나라 때 冠의 이름으로, 검은 비단으로 만들었다.

67) (表) : 저본에는 '表'가 있으나, ≪儀禮注疏≫ 〈士冠禮〉에 의거하여 잘못 덧붙여진 것으로 처리하였다.

31-48 資衰(최)苴杖[68]者不聽樂(악)은 非耳不能聞也라 服使然也요

資衰服(齊衰服)에 대나무 喪杖을 짚은 사람이 음악을 듣지 않는 것은 귀가 들을 수 없어서가 아니라 입은 喪服이 그렇게 하도록 만든 것이고,

資는 **與齊**(자)**同**이라 **苴杖**은 **竹也**라 **苴**는 **謂蒼白色自死之竹也**라

楊倞注：資는 '齊'와 같다. 苴杖은 대나무로 〈만든 지팡이이다.〉 苴는 창백한 빛깔의 절로 죽은 대나무를 이른다.

31-49 黼衣黻裳[69]者不茹葷[70]은 非口不能味也라 服使然也니이다

黼衣와 黻裳을 입은 사람이 葷菜를 먹지 않는 것은 입이 맛볼 수 없어서가 아니라 입은 祭服이 그렇게 하도록 만든 것입니다.

黼衣黻裳은 **祭服也**라 **白與黑爲黼**요 **黑與青爲黻**이라 **禮**에 **祭致齊**(재)[71]하고 **不茹葷**이라 **非不能味**는 **謂非不能知味也**라 **鄭注周禮司服云 玄(冕)**[72]**者**는 **衣無文**하고 **裳刺黻而已**라하니라

楊倞注：黼衣와 黻裳은 祭服이다. 흰색과 검정색의 〈실로 수놓은 것은〉 黼가 되고, 검정색과 푸른색의 〈실로 수놓은 것은〉 黻이 된다. 예법에 의하면 제사 때는 재계를 행하고 葷菜를 먹지 않는다. 非不能味는 그 맛을 모르는 것이 아님을 이른다. ≪周禮≫ 〈司服〉의 鄭玄의 주에 "玄이란 上衣는 무늬가 없고 下裳은 푸른 실로 꽃무늬〔黻〕를 수놓을 뿐이다."라고 하였다.

---

68) 資衰(최)苴杖：資衰는 齊衰(자최)와 같다. 다섯 등급의 상복 가운데 두 번째이다. 상복의 가장자리를 가지런히 꿰맨 것으로, 어머니의 喪事에 입는다. 苴杖은 아버지의 喪事에 사용하는 대나무 喪杖이다.

69) 黼衣黻裳：黼衣는 반은 흰색, 반은 검정색의 실로 서로 등을 대고 있는 도끼 형상을 수놓은 예복이고, 黻裳은 푸른 실과 검정 실로 꽃무늬를 수놓은 예복이다.

70) 葷：葷菜로, 파・마늘 따위의 매운 냄새가 나는 채소를 말한다.

71) 齊(재)：'齋'와 통용한다.

72) (冕)：저본에는 '冕'이 있으나, ≪周禮注疏≫ 〈司服〉에 의거하여 잘못 덧붙여진 것으로 처리하였다.

31-50 且丘聞之컨대 好肆不守折[73)]하고 長者不爲市라하니이다 竊[74)]其有益與其無益하시면 君其知之矣리이다

그리고 제가 듣건대 '장사를 잘하는 사람은 오랫동안 밑지는 일이 있을 수 없고, 덕망이 높은 사람은 저잣거리에서 〈이익을 도모하지〉 않는다.'고 하였습니다. 〈허리에 큰 띠를 두르고 머리에 禮冠을 쓰는 것이〉 仁에 유익한가, 혹은 무익한가를 살펴보신다면 군주께서는 분명히 절로 아실 것입니다."

好는 喜也라 言喜於市肆之人은 不使所守貨財折耗하고 而長者亦不能爲此市井盜竊之事하여 長者不爲市하고 而販者不爲非라 家語王肅注云 言市肆弗能爲廉하니 好肆則不折也라 人爲市估之行則不守折하고 人爲長者之行則亦不爲市買之事라 竊은 宜爲察이라하니라 察其有益與其無益하니 以竊字屬下句라

楊倞注 : 好는 좋아한다는 뜻이다. 장사하는 것을 좋아하는 사람은 그가 지키고 있는 재물이 결손나지 않게 하고, 덕망이 높은 사람은 또 저잣거리에서 남의 것을 훔치는 짓을 하지 못하기에, 덕망이 높은 사람은 장사를 하지 않고 물건을 파는 사람은 잘못된 일을 하지 않는다는 말이다. ≪孔子家語≫의 王肅 주에 "장사하는 사람은 물건을 싸게 팔지 못하니 장사를 잘하면 밑지지 않는다. 사람이 장사꾼의 행위를 하면 밑지지 않고, 사람이 덕망이 높은 사람의 행위를 하면 또 물건을 교역하는 일을 하지 않는다. 竊은 마땅히 '察'로 되어야 한다."라고 하였다. 〈이대로 따른다면 이 문구가〉 '察其有益與其無益'이 되니, '竊'자를 아래 구에 붙여야 한다.

31-51 魯哀公問於孔子曰 請問取人이라하니

魯 哀公이 孔子에게 물었다.
"어떤 방법으로 人才를 취해야 합니까?"

問取人之術也라

73) 好肆不守折 : 王天海의 설에 의하면 好肆는 저자에서 장사를 잘하는 사람이란 뜻이라 하고, 守는 ≪廣雅≫에 "守는 '久'의 뜻이다."라 한 것으로 근거로 삼아, 이 문구는 장사를 잘하는 사람은 오랫동안 밑지는 일이 있을 수 없다는 말이라고 하였다. 이에 따라 번역하였다.

74) 竊 : '察'과 통한다.

楊倞注 : 人才를 취하는 방법에 관해 물은 것이다.

31-52 **孔子對曰 無取健**하고

孔子가 대답하였다.
"〈남을 이기려는 마음이〉 너무 강한 사람을 취하지 말고

健羨之人이라

楊倞注 :〈健은〉 남을 매우 부러워하는 사람이다.

31-53 **無取**詌[75)]하고

〈세력으로 남을〉 억압하는 사람을 취하지 말아야 하고

未詳이라 家語엔 作無取鉗하고 王肅云 謂妄對不謹誠者라하니라 或曰 捷給鉗人之口者라하니라 ○ 盧文弨曰 案家語五儀解엔 作無取鉗鉗하고 下作無取啍啍이라

楊倞注 :〈詌의 뜻은〉 알 수 없다. ≪孔子家語≫에는 '無取鉗'으로 되어 있고, 王肅의 주에 "〈鉗은〉 함부로 응대하여 삼가고 진실하지 않는 사람을 이른다."라고 하였다. 혹자는 "〈鉗은〉 응대에 민첩하여 남의 입을 막는 사람이다."라고 하였다.

○ 盧文弨 : 살펴보건대, ≪공자가어≫ 〈五儀解〉에는 '無取鉗鉗'으로 되어 있고, 그 밑에는 '無取啍啍(말이 많은 사람을 취하지 말아야 한다.)'으로 되어 있다.

31-54 **無取口**啍이니

입으로 말만 잘하는 사람을 취하지 말아야 하니,

啍은 與諄同이라 方言云 齊魯凡相疾惡(오)謂之諄憎이라하니라 諄은 之閏反이라 王肅云 啍啍은 多言이라하니라 或曰 詩云 誨爾諄諄이라하니라 口諄은 謂口教誨하고 心無誠實者라 諄은 之倫反이라 ○ 盧文弨曰 注末은 舊作諄諄倫也하니 訛라 今訂正이라 郝懿行曰 詌은 蓋譌字라 說苑尊賢篇엔 作拑하니 是也라 拑訓脅持라 家語五儀解에 作鉗은 亦假借字耳라 口啍은 家語엔 作啍啍하고 王肅注에 多言也라하니라

75) 詌 : 뒤(31-54)의 集解에서 郝懿行이 '拑'으로 되어야 한다고 한 것에 따라 번역하였다.

韓詩外傳四에 **詌作**佞하고 **口啍作口讒**하니 **恐亦譌字**라 **當作口鑱**이라 **鑱者**는 **銳也**라 **今說苑正作銳**하니 **是矣**라 **楊注引作口叡**하니 **叡銳**는 **蓋以音近故譌耳**라 **其引說苑**은 **無取拑下**에 **脫去數字**하여 **遂不可讀**[76)]이라

楊倞注 : 啍은 '諄'과 같다. ≪方言≫에 "齊나라와 魯나라 지방에서는 일반적으로 서로 증오하는 것을 '諄憎'이라 이른다."라고 하였다. 諄은 〈음이〉 之와 閏의 반절이다. ≪孔子家語≫ 王肅의 주에 "啍啍은 말이 많다는 뜻이다."라고 하였다. 혹자는 "≪詩經≫ 〈大雅 抑〉에 '誨爾諄諄(네 너를 가르침이 간곡하였지.)'이라 했다."라고 하였다. 口諄은 입으로만 가르치고 마음에는 정성스럽고 참된 뜻이 없는 사람을 이른다. 諄은 〈음이〉 之와 倫의 반절이다.

○ 盧文弨 : 〈楊氏의〉 주 끝에는 옛 판본에 '諄諄倫也'로 되어 있으니, 잘못된 것이다. 여기서는 고쳐 바로잡았다.

郝懿行 : '詌'은 잘못된 글자일 것이다. ≪說苑≫ 〈尊賢篇〉에는 '拑'으로 되어 있으니, 이것이 옳다. 拑은 협박하고 억압한다는 뜻이다. ≪공자가어≫ 〈五儀解〉에 '鉗'으로 되어 있는 것은 이 또한 假借字일 뿐이다. 口啍은 ≪공자가어≫에는 '啍啍'으로 되어 있고, 왕숙의 주에 "말이 많다는 뜻이다."라고 하였다. ≪韓詩外傳≫ 권4에 '詌'은 '佞'으로 되어 있고 '口啍'은 '口讒'으로 되어 있으니, 아마 이 또한 잘못된 글자일 것이다. 〈口讒은〉 마땅히 '口鑱'으로 되어야 한다. 鑱이란 '銳(날카롭다)'의 뜻이다. 지금의 ≪설원≫에는 바르게 '銳'로 되어 있으니, 옳다. 〈아래(31-55)〉 楊氏의 주에서 이것을 인용한 곳에 '口叡'로 되어 있으니, 叡와 銳는 아마도 소리가 서로 가깝기 때문에 잘못되었을 것이다. 그가 인용한 ≪설원≫은 '無取拑' 밑에 몇 글자가 누락되어 결국 읽어볼 수 없게 되었다.

31-55 **健**은 **貪也**요 詌은 **亂也**요 **口**啍은 **誕也**니이다

강하여 〈남을 이기길 좋아하는〉 사람은 탐욕스럽고 〈세력으로 남을〉 억압하는

---

76) 其引說苑……遂不可讀 : 아래(31-55) 楊倞 주에 인용된 ≪說苑≫ 〈尊賢〉의 내용이 중간에 누락되어 이해하기 어렵다는 것이다. ≪說苑≫에는 '毋取拑'과 '健者必兼人' 사이에 '無取健者 毋取口銳者 哀公曰 何謂也 孔子曰 拑者大給利 不可盡用(〈孔子가〉 "〈남을 이기려는 마음이〉 너무 강한 사람을 취하지 말고 말이 예리한 사람을 취하지 말아야 합니다."라고 하였다. 哀公이 "이것은 무슨 말입니까?" 하니, 공자가 말하기를 "남을 억압하는 사람은 크게 이익을 창출하지만 그들을 무턱대고 등용해서는 안 됩니다."라고 하였다.)'이 들어가 있다.

사람은 질서를 어지럽히고 입으로 말만 잘하는 사람은 터무니없는 말을 하는 법입니다.

健羡之人多貪欲하고 詌忌之人多悖亂하고 讒疾之人多妄誕이라 說苑曰 哀公問於孔子曰 人何若爲可取也오하니 孔子曰 無取拑이라 (捷)〔健〕[77]者必兼人하니 不可爲法也요 口叡者多誕而寡信하니 後恐不驗也라하고 韓詩外傳云 無取健하고 無取佞하고 無口讒이라 健은 驕也요 佞은 (諂)〔詔〕[78]也요 口讒은 誕也라하여 皆大同小異也라 ○ 盧文弨曰 口叡는 今說苑尊賢篇엔 作口銳라 郝懿行曰 健無貪義하니 不知何字之譌라 楊注甚謬라 韓詩外傳에 作健은 驕也하고 說苑에 健者必欲兼人하니 不可以爲法이라하니 以此參證하면 可知作貪必譌字矣라 拑者利口捷給하여 變亂是非라 故云亂也라하고 誕者誇大라 故說苑云 口銳者多誕而寡信하니 後恐不驗也라하니라

楊倞注：남을 매우 부러워하는 사람은 탐욕이 많고, 남을 억압하고 꺼리는 사람은 도리를 거스르고 질서를 어지럽히는 일이 많고, 남을 모함하고 미워하는 사람은 터무니없는 거짓말이 많다. ≪說苑≫ 〈尊賢〉에 "哀公이 孔子에게 묻기를 '인재는 어떤 사람을 취해야 합니까?' 하니, 공자가 말하기를 '남을 억압하길 좋아하는 사람을 취하지 말아야 합니다. 〈남을 이기려는 마음이〉 너무 강한 사람은 반드시 혼자서 두 사람의 일을 해내길 바라니 이것을 모범으로 삼을 수 없고, 하는 말이 날카로운 사람은 거짓이 많고 진실이 적으니 나중에 사실과 부합되지 않을 수 있습니다.'라 했다."라 하고, ≪韓詩外傳≫에는 "〈남을 이기려는 마음이〉 너무 강한 사람을 취하지 말고, 말만 잘하는 사람을 취하지 말고, 모함하는 사람을 취하지 말아야 합니다. 〈남을 이기려는 마음이〉 너무 강한 사람은 교만하고, 말만 잘하는 사람은 아첨을 하고, 모함하는 사람은 터무니없는 거짓말을 합니다."라고 하여 모두 큰 차이 없이 거의 같다.

○ 盧文弨：'口叡'는 지금의 ≪설원≫ 〈존현편〉에는 '口銳'로 되어 있다.

郝懿行：健자 속에는 탐욕스럽다는 뜻이 없으니, 무슨 글자가 잘못되었는지 모르겠다. 楊氏의 주는 매우 잘못되었다. ≪한시외전≫에 "健은 驕也(〈남을 이기려는 마음

77) (捷)〔健〕：저본에는 '捷'으로 되어 있으나, ≪說苑≫ 〈尊賢〉에 의거하여 '健'으로 바로잡았다.

78) (諂)〔詔〕：저본에는 '諂'로 되어 있으나, ≪韓詩外傳≫에 의거하여 '詔'으로 바로잡았다.

이〉 너무 강한 사람은 교만하다.)"로 되어 있고, ≪설원≫에 "健者必欲兼人 不可以爲法(〈남을 이기려는 마음이〉 너무 강한 사람은 반드시 혼자서 두 사람의 일을 해내길 바라니 이것을 모범으로 삼을 수 없다.)"으로 되어 있으니, 이것을 가지고 참고하고 검증하면 '貪'으로 된 것은 분명히 잘못된 글자라는 것을 알 수 있을 것이다. 〈세력으로 남을〉 억압하는 사람은 말주변이 좋아 응대를 잘하여 옳고 그른 것을 바꾸고 어지럽히기 때문에 '질서를 어지럽힌다'라 말하고, 터무니없는 거짓말을 하는 사람은 허풍을 치기 때문에 ≪설원≫에 "하는 말이 날카로운 사람은 거짓이 많고 진실이 적으니 나중에 사실과 부합되지 않을 수 있다."라고 말한 것이다.

31-56 故弓調[79]而後求勁焉하고 **馬服而後求良焉**하고 **士信慤而後求知能焉**이라 **士不信慤而有多知能**하면 **譬之其豺狼也**니 **不可以身尒也**하리이다

그러므로 활은 먼저 시위가 팽팽하게 죄어져야 그 다음에 강한 〈탄력을〉 요구할 수 있고, 말은 먼저 길들여져야 그 다음에 우량한 말을 요구할 수 있고, 人才는 먼저 진실한 품성을 지녀야 그 다음에 〈풍부한〉 지혜와 재능이 있기를 요구할 수 있습니다. 인재가 진실한 품성을 지니지 못하면서 또 지혜와 재능이 풍부하다면 이는 승냥이나 이리에 비유할 수 있으니, 사람이 그 곁에 접근할 수 없을 것입니다.

有는 **讀爲又**라 **尒**는 **與邇同**이라

楊倞注 : 有는 '又'로 간주해 읽어야 한다. 尒는 '邇(가깝다)'와 같다.

31-57 語曰 桓公用其賊[80]하고 **文公用其盜[81]**라하니이다

---

79) 調 : '張(활시위를 죄다)'의 뜻이다.

80) 桓公用其賊 : 桓公은 公子 小白인 齊 桓公을 말하고, 賊은 管仲을 가리킨다. 齊 襄公이 피살된 이듬해인 B.C. 687년에 莒(거)나라에서 귀국한 소백이 魯나라가 公子 糾를 즉위시키기 위해 파견한 군사들과 접전을 벌일 적에 공자 규를 시종하던 관중이 쏜 화살이 그의 허리띠쇠를 명중하여 목숨을 잃을 뻔하였다. 그러나 즉위한 뒤에 鮑叔의 권유로 관중을 용서하고 재상으로 등용하였다.

81) 文公用其盜 : 文公은 公子 重耳인 晉 文公을 말하고, 盜는 중이의 하인으로 그의 창고를 지켰던 里鳧須를 가리킨다. 중이가 외국으로 망명했을 때 창고의 보물을 훔쳐 도망갔다.

속담에 '齊 桓公은 역적을 임용하였고, 晉 文公은 도둑을 임용하였다.'고 하였습니다.

謂管仲寺(시)人勃鞮[82]也라 **盜**는 **亦賊也**라 **以喩士信慤則仇讎可用**이요 **不信慤則親戚可疏**라

楊倞注 : 〈賊과 盜는〉 管仲과 寺人 勃鞮를 이른다. 盜 또한 賊이다. 人才가 진실한 품성을 지니면 원수라도 임용하고, 진실한 품성을 지니지 못하면 친척이라도 멀리할 수 있다는 것을 비유한 것이다.

31-58 故明主任計不信怒하며 闇主信怒不任計하니

그러므로 현명한 군주는 그 책략을 중시하고 분노하는 〈자기의 감정을〉 중시하지 않으며 우매한 군주는 분노하는 〈자기의 감정을〉 중시하고 그 책략을 중시하지 않으니,

信은 **亦任也**라 ○ **郝懿行曰 此蒙桓公用賊**하고 **文公用盜而言**이라 **賊**은 **謂管仲**하고 **盜**는 **謂里鳧須**라 **故云 任計不信怒也**라 **信**은 **古以爲伸字**하니 **不讀本音[83]**이라 **新序雜事五**엔 **信作任**이라

楊倞注 : 信은 또한 '任'의 뜻이다.

나중에 중이가 국왕으로 즉위하자 찾아와 자기의 죄를 사면해달라고 청하면서 말하기를 "지은 죄가 이처럼 무거운데도 사면했다는 것을 사람들이 안다면 불안해하는 일반 대중을 안심시킬 수 있을 것입니다."라고 하므로 그의 계책에 따르고 측근으로 임용하였다.

82) 寺(시)人勃鞮 : 寺人은 宦官을 말한다. 勃鞮는 披(pī)의 음이 둘로 나뉜 것으로, 勃은 p에 해당하고 鞮는 ī에 해당한다. 重耳의 계모인 驪姬가 자기가 낳은 奚齊를 태자로 세우기 위해 여러 公子를 모함하여 궁궐에서 쫓아내고 태자 申生을 죽일 당시, 勃鞮, 곧 披가 晉 獻公의 명으로 중이를 죽이려고 하였다. 그러자 외국으로 망명하여 19년 동안 각국을 떠돌다가 귀국하여 국왕이 되었는데, 중이의 귀국을 반대한 晉나라 大夫 呂省과 郤芮가 처벌을 받을까 두려워 궁궐을 불살라버리자고 모의하였다. 披가 그 모의를 알고 文公에게 고하자 披의 죄를 사면하고 평소에 국정에 관해 그에게 자문을 구했다고 한다. 그러나 晉 文公의 보물을 훔친 도둑은 里鳧須이므로 楊倞의 이 주는 잘못된 것으로 보인다.

83) 信……不讀本音 : 信의 本音은 去聲 震韻으로 뜻이 '믿다', '진실하다'이고, 다른 音은 平聲 眞韻으로 뜻이 '伸(펴다)'과 통한다. 곧 信은 平聲으로 읽어야 한다는 말이다.

○ 郝懿行 : 이 문구는 '桓公用賊 文公用盜(齊 桓公은 역적을 임용하였고, 晉 文公은 도둑을 임용하였다.)'를 이어받아 말한 것이다. 賊은 管仲을 이르고, 盜는 里鳧須를 이른다. 그러므로 '任計不信怒'라 말한 것이다. '信'은 옛날에 '伸'으로 이해하였으니, 本音대로 읽지 않는다. ≪新序≫ 〈雜事 第五〉에는 '信'이 '任'으로 되어 있다.

31-59 計勝怒則彊하고 怒勝計則亡하니이다

그 책략이 분노하는 〈자기의 감정을〉 이긴다면 강성해지고 분노하는 〈자기의 감정이〉 그 책략을 이긴다면 패망하는 것입니다."

31-60 定公[84)]問於顏淵曰 東野子之善馭乎아하여늘

魯 定公이 顏淵에게 물었다.
"東野子는 마차를 잘 모는가?"

東野는 氏也라 馭는 與御同이라 ○ 盧文弨曰 案家語顏回篇엔 作子亦聞東野畢之善御乎하니 此脫子亦聞三字라 又子之當作之子라 王念孫曰 東野子亦當作東野畢이라 下文皆作東野畢하니 是其證이라 韓詩外傳엔 作善哉東野畢之御也하니 新序雜事篇同이라 先謙案 善馭는 當爲馭善이니 倒文이라 注氏는 各本誤民하니 從虞王本[85)]改正이라

楊倞注 : 東野는 氏이다. 馭는 '御'와 같다.

○ 盧文弨 : 살펴보건대, ≪孔子家語≫ 〈顏回篇〉에는 '子亦聞東野畢之善御乎(그대도 東野畢이 말을 잘 몬다는 말을 들었는가?)'로 되어 있으니, 여기에 '子亦聞' 세 자가 누락되었다. 또 '子之'는 마땅히 '之子'로 되어야 한다.

王念孫 : '東野子'도 마땅히 '東野畢'로 되어야 한다. 아랫글에 모두 '東野畢'로 되어 있으니, 이것이 그 증거이다. ≪韓詩外傳≫에는 '善哉東野畢之御也(훌륭하구나. 東野畢이 말을 모는 기술이여.)'로 되어 있으니, ≪新序≫ 〈雜事篇〉에도 이와 같다.

---

84) 定公 : 魯 定公으로, 이름은 宋이다. 昭公의 아우이자 哀公의 아버지이다. B.C. 509년부터 B.C. 495년까지 재위하였다.

85) 虞王本 : 虞王合校本을 말한다. 明나라 虞九章과 王震亨이 교정한 것으로, 盧文弨가 ≪荀子≫를 교감할 때 근거로 삼은 옛 저본 가운데 하나이다.

先謙案 : '善馭'는 마땅히 '馭善'으로 되어야 하니, 순서가 잘못 뒤바뀐 글자이다. 〈楊氏〉 주의 '氏'는 각 판본에 '民'으로 잘못되어 있으니, 虞王本에 따라 고쳐 바로잡았다.

31-61 **顔淵對曰 善則善矣**라 **雖然**이나 **其馬將失**(일)하리이다하니

顔淵이 대답하였다.
"〈그 기술이〉 좋기는 좋습니다. 하지만 그의 말이 장차 도망갈 것입니다."

失은 **讀爲逸**이니 **奔也**라 **下同**이라 **家語**엔 **作馬將佚也**라

楊倞注 : 失은 '逸(도망가다)'로 간주해 읽어야 하니, 도망간다는 뜻이다. 아래의 경우도 같다. ≪孔子家語≫에는 '馬將佚'로 되어 있다.

31-62 **定公不悅**하여 **入謂左右曰 君子固讒人乎**아하니라 **三日而校來謁**하고 **曰 東野畢之馬失**(일)이라

定公이 불쾌하여 안으로 들어가 좌우에게 말하였다.
"君子도 본래 남을 비방하는 것인가."
3일이 지난 뒤에 말을 관리하는 관원이 와서 배알하고 말하였다.
"東野畢의 말이 달아났습니다.

校人은 **掌養馬之官也**라

楊倞注 : 校人은 말을 기르는 일을 맡은 관원이다.

31-63 **兩驂列**하고 **兩服入廐**라하니

두 驂馬는 고삐를 끊어 〈도망가고〉 두 服馬만 마구간으로 들어갔습니다."

兩服은 **馬在中**이라 **兩驂**은 **兩服之外馬**라 **列**은 **與裂同**이라 **謂外馬擘裂**[86)]하고 **中馬牽引而入廏**라 ○ **兪樾曰 楊注以七字作一句**하니 **非也**[87)]라 **兩驂裂者**는 **兩驂斷鞅**

86) 擘裂 : 찢어졌다는 뜻이다. 여기서는 수레 한 대를 끄는 네 마리 말 가운데 바깥쪽 두 마리가 대오를 이탈하여 서로 갈라졌다는 뜻으로 쓴 듯하다.

而去也라 兩驂在外라 故得自絶而去하니 於是止存兩服馬還入廏中矣라 故曰 兩驂列①하고 兩服入廏라하니라

① 句라
한 句이다.

楊倞注：兩服은 중간에 있는 〈두 마리〉 말이다. 兩驂은 두 服馬 바깥쪽의 〈두 마리〉 말이다. 列은 '裂'과 같다. 바깥쪽 말은 갈라져 〈도망가버리고〉 중간 말만 이끌려 마구간으로 들어간 것을 이른다.

○ 兪樾：楊氏의 주는 일곱 자를 한 구로 만들었으니, 틀렸다. 兩驂裂이란 두 驂馬가 고삐를 끊고 가버렸다는 뜻이다. 두 驂馬는 바깥쪽에 있기 때문에 스스로 〈고삐를〉 끊고 가버리니 이에 두 服馬만 남아서 돌아와 마구간으로 들어갔을 것이다. 그러므로 "두 驂馬는 고삐를 끊어 〈도망가고〉 두 服馬만 마구간으로 들어갔습니다."라고 말한 것이다.

31-64 定公越席而起曰 趨(촉)駕召顔淵하라하니라 顔淵至어늘

定公이 자리를 박차고 일어나 말하였다.
"빨리 수레를 몰아 顔淵을 불러오라."
안연이 당도하자,

趨은 讀爲促이니 速也라

楊倞注：趨은 '促'으로 간주해 읽어야 하니, 빠르다는 뜻이다.

31-65 定公曰 前日寡人問吾子에 吾子曰 東野畢之馭 善則善矣라 雖然이나 其馬將失(일)하리라하니 不識[88]吾子何以知之오하니 顔淵對曰 臣以政知之로이다 昔舜巧於使民而造父(보)巧於使馬라 舜不窮其民하고 造父不窮其馬하니 是〔以〕[89]舜無

87) 楊注以七字作一句 非也：兪樾의 주장은 '失兩驂列兩服入廐'로 句를 끊은 것이 맞는데, 楊倞의 주는 '失'을 위로 붙이고 '兩驂列兩服入廐' 일곱 자로 한 句를 만들었으므로 틀렸다는 것이다. 번역에서는 유월의 설을 따르지 않았다.

88) 不識：'알지 못하겠다'는 뜻이나, 여기서는 '何以知之'를 강조하는 의미에 지나지 않으므로 번역을 생략하였다.

失民하고 **造父無失馬**하니이다

定公이 말하였다.

“전일에 寡人이 그대에게 물었을 때 그대가 ‘東野畢이 마차를 모는 기술이 좋기는 좋습니다. 하지만 그의 말은 장차 도망갈 것입니다.’라고 하였는데, 그대는 어떻게 이렇게 될 줄 알았는가?”

顔淵이 대답하였다.

“신은 정사를 다루는 법을 가지고 이렇게 될 줄 알았습니다. 옛날에 舜은 백성을 잘 부렸고, 造父는 말을 잘 부렸습니다. 舜은 그의 백성을 궁지로 몰지 않았고 조보는 그의 말을 궁지로 몰지 않았으니, 이 때문에 舜은 도망가는 백성이 없고 조보는 도망가는 말이 없었습니다.

○ 盧文弨曰 新序家語엔 是下皆有以字라 王念孫曰 案太平御覽工藝部三引此亦有以字하고 韓詩外傳同하니 當據補라

○ 盧文弨 : ≪新序≫와 ≪孔子家語≫에는 ‘是’ 밑에 모두 ‘以’자가 있다.

王念孫 : 살펴보건대, ≪太平御覽≫ 〈工藝部 3〉에 이 내용을 인용한 곳에도 ‘以’자가 있고 ≪韓詩外傳≫도 같으니, 마땅히 이에 의거하여 보충해야 할 것이다.

31-66 **今東野畢之馭**는 **上車執轡**하여 (銜)〔御〕[90]**體正矣**요 **步驟馳騁**이 **朝禮畢矣**나

지금 東野畢이 마차를 모는 것은 마차에 올라 고삐를 잡고서 마차를 모는 몸의 자세가 단정하고 말이 천천히 가거나 빨리 달리도록 조련하는 예법이 완전하지만

銜體는 銜與馬體也라 步驟馳騁朝禮畢矣는 謂調習其馬하여 或步驟馳騁이 盡朝廷之禮也라 ○ 郝懿行曰 楊注非라 此讀(두)宜斷體正禮畢相屬이라 上句言馭之習하고 下句言馬之習也라 朝與調는 古字通이라 毛詩言調飢[91]는 卽朝飢라 此言

---

89) 〔以〕: 저본에는 ‘以’가 없으나, 王念孫의 주에 의거하여 보충하였다.

90) (銜)〔御〕: 저본에는 ‘銜’으로 되어 있으나, 王天海의 설에 의거하여 ‘御’로 바로잡았다.

91) 毛詩言調飢 : ≪毛詩≫는 漢나라 초기 毛亨과 毛萇이 전한 지금의 ≪詩經≫을 가리킨다. 調飢는 ≪시경≫ 〈周南 汝墳〉에 “未見君子 惄如調飢(내 낭군 만나보지 못했을 때는 아침밥을

馬之馳騬皆調習也라

楊倞注 : 銜體는 재갈과 말의 몸이란 뜻이다. 步驟馳騁朝禮畢矣는 그의 말을 조련하여 천천히, 혹은 빨리 달리게 하는 것이 조정에서 규정한 예법에 완전히 들어맞는다는 것을 이른다.

○ 郝懿行 : 楊氏의 주는 틀렸다. 이 글의 구두는 마땅히 '體正'과 '禮畢'을 끊어 서로 대구로 붙여야 한다. 윗구는 마차를 모는 형식을 말하고, 아랫구는 말이 달리는 형식을 말한 것이다. '朝'와 '調'는 옛 글자에 서로 통한다. ≪毛詩≫에 말한 '調飢'는 곧 '朝飢'이다. 여기서는 말이 달리는 것이 모두 조련하는 형식에 〈들어맞는다는〉 말이다.

31-67 歷險致遠하면 馬力盡矣라 然猶求[92]馬不已하니 是以知之也라하니라 定公曰 善하다 可得少進乎아하니

험난한 길을 거쳐 먼 곳에 도달하면 말의 기력이 바닥납니다. 그런데도 그는 오히려 말을 몰아가길 멈추지 않으니, 이로 인해 〈그의 말이 도망갈 것을〉 알았습니다."

定公이 말하였다.

"좋은 말이오. 조금 더 개진해줄 수 있겠는가?"

定公更請少進其說이라

楊倞注 : 定公이 그의 말을 조금 더 개진해줄 것을 다시 요청한 것이다.

31-68 顏淵對曰 臣聞之컨대 鳥窮則啄하고 獸窮則攫하고 人窮則詐라하니이다 自古及今히 未有窮其下而能無危者也니이다하니라

顏淵이 대답하였다.

"신은 듣건대 '새가 궁지에 몰리면 쪼아대고, 짐승이 궁지에 몰리면 할퀴고, 사람이 궁지에 몰리면 속인다.'고 하였습니다. 예로부터 지금까지 자기 백성을 궁지에 내몰고도 위험하지 않은 군주는 없었습니다."

거른 듯 허전했었지.)"라 한 데서 인용한 것이다.

92) 求 : 王天海는 음운으로 따져볼 때 '驅'와 통할 수 있으므로 마땅히 '驅'로 간주해 읽어야 한다고 하였다. 일리가 있으므로 이에 따라 번역하였다.

堯問篇 第三十二　제32편 堯問

이 편은 첫 구 두 자를 篇名으로 붙인 것으로, 전체 내용과는 무관하다. 政事를 펴고 국가를 다스리는 방법은 군주가 身心을 수양하고 유능한 인재를 임용하는 데에 있다는 것을 주장하였다. 마지막 한 단락은 荀子의 제자가 쓴 것으로, 순자에 대한 총평이다.

○ 盧文弨曰 舊本唯末一段提行이나 今各案其文義分之라

○ 盧文弨 : 옛 판본에는 끝에 있는 한 단락만 줄을 따로 잡아 썼으나, 여기서는 각 단락에 대해 그 글 뜻을 살펴 줄을 나누었다.

32-1 堯問於舜曰 我欲致天下어니 爲之奈何오하여늘

堯가 舜에게 물었다.

"내가 천하의 〈인재를〉 불러들이고 싶으니, 어떻게 하면 되겠는가?"

恐天下未歸라 故欲致而取之也라

楊倞注 : 천하의 〈인재가〉 돌아오지 않았을까 걱정되었기 때문에 불러들여 취하고 싶다는 것이다.

堯

32-2 對曰 執一無失하고 行微無怠하고 忠信無勌이면 而天下自來하리이다

〈舜이〉 대답하였다.

"〈정사를 맡아 그에〉 전념하여 과실이 없고, 은미한 일을 행하되 태만한 마음이 없고, 충성스럽고 성실하여 싫증을 내는 일이 없다면 천하의 〈인재가〉 저절로 찾아올 것입니다.

執一은 專意也라 行微는 行細微之事也라 言精專不怠而天下自歸니 不必致也라 ○ 郝懿行曰 微者는 隱也라 勸學篇云 行無隱而不形이라하니라 隱微는 人所不見이나 而行之無怠心이라 下云 行微如日月이라하니 蓋日月之行은 人之所不見也라

楊倞注 : 執一은 마음이 전일하다는 뜻이다. 行微는 미세한 일을 행한다는 뜻이다. 〈마음을 쓰는 것이〉 정밀하고 전일하여 태만하지 않으면 천하의 〈인재가〉 저절로 돌아올 것이니, 굳이 불러들일 필요가 없다는 말이다.

○ 郝懿行 : 微란 은미하다는 뜻이다. 〈勸學篇〉(1-39)에 "行無隱而不形(행위가 아무리 은미하더라도 그 자취가 드러나지 않는 일이 없다.)"이라 하였다. 은미한 일은 사람들이 보지 못하지만 그것을 행하여 태만한 마음이 없다는 뜻이다. 아랫글에 "行微如日月(은미한 일을 행하는 것이 〈쉬지 않고 운행하는〉 日月과 같다.)"이라 하였으니, 대체로 日月이 운행하는 것은 사람들이 보지 않는 일이다.

32-3 執一如天地하고

〈정사를 맡아 그에〉 전념하는 것이 〈변하는 때가 없는〉 天地와 같고,

如天地無變易時也라

楊倞注 : 변하거나 바뀌는 때가 없는 天地와 같다는 것이다.

32-4 行微如日月하고

은미한 일을 행하는 것이 〈쉬지 않고 운행하는〉 日月과 같고,

日月之行을 人所不見은 似於細微安徐라 然而無怠止之時也라 ○ 盧文弨曰 元刻엔 作安徐而出하고 無然字[93]라

楊倞注 : 日月이 운행하는 것을 사람들이 보지 못하는 것은 그것이 은미하고 태연한 것처럼 보이기 때문이다. 그렇지만 〈그 운행이〉 태만하거나 멈추는 때가 없다.

○ 盧文弨 : 元刻本에는 〈楊氏 주가〉 '安徐而出'로 되어 있고 '然'자가 없다.

---

93) 元刻……無然字 : 楊倞 주의 '似於細微安徐然而無怠止之時也'에서 '安徐然而'가 元刻本에는 '安徐而出'로 되어 있다는 말이다.

32-5 忠誠盛於內면 賁(분)於外하여 形於四海하리이다

충성스럽고 성실함이 속마음에 충만하면 겉으로 확대되어 천하에 드러날 것입니다.

賁(비)는 飾也라 形은 見(현)也라 禮記曰 富潤屋하고 德潤身이라 心廣體胖하나니 故君子必誠其意也라하니라 ○ 郝懿行曰 賁(분)은 當音符分切이니 義與墳同이라 墳者는 大也라 盛於內則大於外하여 而形箸於四海矣리라

楊倞注 : 賁는 '飾(꾸미다)'의 뜻이다. 形은 드러난다는 뜻이다. ≪禮記≫ 〈大學〉에 "富潤屋 德潤身 心廣體胖 故君子必誠其意(富는 집을 꾸밀 수 있고 덕은 몸을 수양할 수 있다. 〈부끄러움이 없으면〉 마음이 광대하고 몸이 평온하다. 그러므로 군자는 반드시 그 마음을 성실하게 한다.)"라고 하였다.

○ 郝懿行 : 賁은 음이 마땅히 符와 分의 반절이 되어야 하니, 뜻이 '墳'과 같다. 墳이란 크다는 뜻이다. 속마음에 충만하면 겉으로 확대되어 천하에 드러날 것이다.

32-6 天下其[94]在一隅邪(야)[95]니 夫有何足致也리오하니라

천하의 〈인재는〉 곧 방안 한 구석에 있는 것이나 〈다름없으니,〉 또 어찌 굳이 불러들일 것이 있겠습니까."

夫物在一隅者면 則可擧而致之라 今有道면 天下盡歸하여 (不)〔如〕[96]在於一隅하니 焉用致也리오 有는 讀爲又라

楊倞注 : 대체로 물건이 한 구석에 있다면 들어서 가져올 수 있다. 지금 〈행하는 일이〉 도가 있으면 천하의 〈인재가〉 돌아와 방안 한 구석에 있는 것과 같을 것이니, 어찌 굳이 불러들일 것이 있겠느냐는 말이다. 有는 '又'로 간주해 읽어야 한다.

32-7 魏武侯謀事而當하여 羣臣莫能逮어늘 退朝而有喜色이라

---

94) 其 : '乃'와 같다.

95) 邪(야) : '也'와 같다.

96) (不)〔如〕 : 저본에는 '不'로 되어 있으나, '如'의 잘못일 것이라는 久保愛의 설에 의거하여 '如'로 바로잡았다. 鍾泰도 "在一隅는 방안에 있는 것과 같다는 것을 이른다."라고 하였다.

魏 武侯가 국사를 계획하면 타당하여 신하들 중에 그에 미칠 만한 사람이 없었는데, 조정에서 물러나와 기뻐하는 기색이 있었다.

武侯는 晉大夫畢萬[97)]之後로 文侯之子也라

楊倞注 : 武侯는 晉나라 大夫 畢萬의 후예로 文侯의 아들이다.

32-8 吳起進曰 亦嘗有以楚莊王之語聞於左右者乎잇가하니 **武侯曰 楚莊王之語何如**오하니라 **吳起對曰 楚莊王謀事而當**하여 **羣臣莫逮**어늘 **退朝而有憂色**이라 **申公巫臣進問曰 王朝而有憂色**은 **何也**잇고하니

吳起가 말씀을 올렸다.

"또한 이전에 楚 莊王의 이야기를 측근에게 들은 일이 있습니까?"

武侯가 말하였다.

"초 장왕의 이야기란 어떤 것인가?"

오기가 대답하였다.

"초 장왕이 國事를 계획하면 타당하여 신하들 중에 그에 미칠 만한 사람이 없었는데, 조정에서 물러나와 근심하는 기색이 있었습니다. 申公 巫臣이 나아가 묻기를 '왕께서 조정에서 〈물러나와〉 근심하는 기색이 있는 것은 어찌된 일입니까?'라고 하니,

巫臣은 楚申邑大夫也라

楊倞注 : 巫臣은 楚나라 申邑의 大夫이다.

32-9 莊王曰 不穀[98)]謀事而當하여 **羣臣莫能逮**하니 **是以憂也**라 **其在[99)]中蘬**(훼) **之言也**에

97) 畢萬 : 晉나라 畢公 高의 후손이다. 晉 獻公을 따라 耿·霍·魏 등 국가를 멸망시키고 魏 지방에 봉해지고 大夫가 되었다.

98) 不穀 : '不善', '不德'과 같은 것으로, 제후가 자기를 칭할 때의 謙詞이다.

99) 在 : '於'와 통하는 것으로, 介詞이다.

莊王이 말하기를 '내가 국사를 계획하면 합당하여 신하들 중에 그에 미칠 만한 사람이 없으니, 이 때문에 근심하는 것이다. 中蘬(仲虺)가 한 말에

中蘬는 與仲虺[100]同하니 湯左相也라 ○ 郝懿行曰 蘬는 音丘追切이나 此讀詡鬼切이니 卽仲虺也라 如䰎字從鬼聲而音爲潰라 韓非說林下篇蟲有䰎者라하고 顔氏家訓勉學篇據古今字詁[101]하여 謂䰎亦古之虺字라하니 卽其例也라

楊倞注：中蘬는 '仲虺'와 같으니, 湯의 左相이다.

○ 郝懿行：蘬는 음이 丘와 追의 반절이나 여기서는 詡와 鬼의 반절로 읽어야 하니, 곧 仲虺이다. 〈虺는〉 '䰎'자가 鬼의 성조에 속하여 음이 '潰'가 되는 경우와 같다. ≪韓非子≫ 〈說林 下篇〉에 "蟲有䰎者(동물 중에 䰎라는 것이 있다.)"라 하고, ≪顔氏家訓≫ 〈勉學篇〉에 ≪古今字詁≫에 의거하여 "䰎 또한 옛날의 '虺'자를 이른다."라고 하였으니, 이것이 곧 그 실례이다.

32-10 曰 諸侯自(爲)[102]得師者王하고 得友者霸하고 得疑[103]者存하며 自爲謀而莫己若者亡이라하니라

「제후가 스스로 스승을 얻은 사람은 王者로 불리고, 벗을 얻은 사람은 霸者로 불리고, 疑丞을 얻은 사람은 국가를 보존하며, 〈모든 일을〉 자기가 계획하여 자기보다 나은 자가 없다고 생각하는 사람은 국가가 멸망한다.」라고 하였다.

疑는 謂博聞達識하여 可決疑惑者라 ○ 郝懿行曰 韓詩外傳六엔 作能自取師者

---

100) 仲虺：商나라 사람으로 湯王의 左相이다. 湯이 夏桀을 정벌하여 멸망시키고 돌아오다가 大坰에 이르렀을 때 誥를 지어 湯이 덕이 있어 민심을 얻었다는 것을 찬양하고 아울러 유능한 인재를 등용할 것을 당부하였다. ≪書經≫에 〈仲虺之誥〉가 있다.

101) 古今字詁：三國時代 魏나라 張揖이 편찬한 字書로 1권이다.

102) (爲)：저본에는 '爲'가 있으나, ≪書經≫ 〈仲虺之誥〉와 久保愛의 설에 의거하여 잘못 덧붙여진 것으로 처리하였다.

103) 疑：疑丞으로, 고대에 군왕을 보좌하는 관직의 이름이다. ≪禮記≫ 〈文王世子〉에 "虞夏商周 有師保 有疑丞(虞・夏・商・周 당시에는 師와 保를 두고 疑와 丞을 두어 〈태자의 보좌관으로 삼았다.〉)"이라 하고, ≪尙書大傳≫ 권1에 "古者 天子必有四隣 前曰疑 後曰丞 左曰輔 右曰弼(옛날에 천자는 반드시 네 명의 측근을 두었으니, 앞은 '疑'라 하고 뒤는 '丞'이라 하고 왼편은 '輔'라 하고 오른편은 '弼'이라 했다.)"이라 하였다.

王하고 能自取友者霸하며 而與居不若其身者亡이라 新序一엔 作足己而羣臣莫之若者亡하고 取師取友의 取皆作擇하며 而俱無得疑者存一句라 疑는 即師保疑丞之疑니 疑謂可以決疑者也라 今書仲虺之誥에도 亦缺此句하니 可知梅氏[104]無識하여 不知此句不可缺也라

楊倞注 : 疑는 견문이 넓고 식견이 뛰어나 의혹을 해결할 수 있는 사람을 이른다.
○ 郝懿行 : ≪韓詩外傳≫ 권6에는 '能自取師者王 能自取友者霸 而與居不若其身者亡(능히 스스로 스승을 취하는 사람은 王者로 불리고, 능히 스스로 벗을 취하는 사람은 霸者로 불리며, 자기보다 못하는 자와 함께 어울리는 사람은 멸망한다.)'으로 되어 있다. ≪新序≫ 권1에는 '足己而羣臣莫之若者亡(자기의 재능으로 충분하고 신하들 중에 그와 비슷한 자가 없는 사람은 멸망한다.)'으로 되어 있고 '取師'와 '取友'의 '取'가 모두 '擇'으로 되어 있으며, 〈이들 문헌에는〉 다 '得疑者存' 한 구가 없다. 疑는 곧 師·保·疑·丞의 '疑'이니 疑는 의혹을 해결할 수 있는 사람을 이른다. 지금의 ≪書經≫ 〈仲虺之誥〉에도 이 구는 빠져 있으니, 梅氏(梅賾)가 무식하여 이 문구를 빠뜨려서는 안 된다는 것을 몰랐다.

32-11 今以不穀之不肖而羣臣莫能逮하니 吾國幾於亡乎아 是以憂也로라하니이다 楚莊王以憂어늘 而君以憙라하니라 武侯逡巡再拜曰 天使夫子振寡人之過也라하니라

지금 무능한 내가 〈국사를 처리하는데도〉 신하들 중에 나에게 미칠 만한 사람이 없으니, 나의 국가가 거의 멸망하게 되었다. 이 때문에 근심하는 것이다.'라고 하였습니다. 楚 莊王은 이로 인해 근심하였는데 군주께서는 이로 인해 기뻐하고 계십니다."

武侯가 〈이 말을 듣고〉 뒤로 물러나 두 번 절하면서 말하였다.

"하늘이 夫子를 보내 과인의 허물을 만회하게 하였군요."

---

104) 梅氏 : 東晉 汝南 西平 사람인 梅賾을 말한다. 자는 仲眞이며 梅頤, 혹은 枚賾으로 표기하기도 한다. 젊을 적에 학문을 좋아하여 은퇴했다가 뒤에 領軍司馬와 豫章太守를 지냈다. 일찍이 ≪古文尚書≫와 ≪尚書孔氏傳≫을 위조하여 조정에 바쳤는데, 그 당시 君臣들이 그것을 진짜로 믿어 學官을 세우기까지 하였다. 후세 사람들이 위작일 것으로 의심해오다가 淸나라 閻若璩의 ≪古文尚書疏證≫으로 인해 그것이 진짜 古文이 아니라는 것이 밝혀졌다.

振는 擧라 ○ 王念孫曰 振은 救也①라 史記蒙恬傳曰 過可振而諫可覺이라 故曰 振寡人之過라하니라 楊注於義未該라

① 說文에 振은 擧救也라하고 月令哀公問注와 昭十四年左傳注와 周語魯語吳語注와 呂氏春秋季春篇注와 淮南時則篇注에 竝云 振은 救也라하니라
≪說文解字≫에 "振은 들추어 구제한다는 뜻이다."라 하고, ≪禮記≫ 〈月令〉·〈哀公問〉의 鄭玄 주와 ≪春秋左氏傳≫ 昭公 14년의 杜預 주와 ≪國語≫ 〈周語〉·〈魯語〉·〈吳語〉의 韋昭 주와 ≪呂氏春秋≫ 〈季春篇〉의 高誘 주와 ≪淮南子≫ 〈時則篇〉의 고유 주에 모두 "振은 구제한다는 뜻이다."라고 하였다.

楊倞注 : 振는 들어 올린다는 뜻이다.

○ 王念孫 : 振은 구제한다는 뜻이다. ≪史記≫ 〈蒙恬傳〉에 "過可振而諫可覺(과실은 만회할 수 있고 간하는 말은 〈잘못을〉 깨닫게 할 수 있다.)"이라 하였다. 그러므로 "振寡人之過(寡人의 허물을 만회하게 하였군요.)"라고 하였다. 楊氏의 주는 뜻을 풀이한 것이 충분치 못하다.

32-12 伯禽[105)]將歸於魯에

伯禽이 장차 魯나라로 돌아가려 할 때

伯禽은 周公子니 成王封爲魯侯라 將歸는 謂初之國也라

楊倞注 : 伯禽은 周公의 아들이니, 成王이 그를 魯侯로 봉하였다. 將歸는 처음으로 자기 나라에 가는 것을 이른다.

32-13 周公謂伯禽之傅曰 汝將行에 盍志而[106)]子美德乎아하니

周公이 伯禽의 師傅에게 말하였다.

"그대가 장차 길을 떠나려는 이때 어찌 그대가 〈인도하는〉 사람의 美德을 한번

105) 伯禽 : 周公 旦의 맏아들로, 魯나라 군주이다. 주공이 魯나라에 봉해졌으나 成王을 보좌하기 위해 수도에 머무르게 되자, 그 대신 伯禽이 魯나라 군주로 봉해졌다. 뒤에 성왕의 정사를 보좌하였고 周나라에 저항하는 淮夷와 徐戎을 정벌하였다. 재위기간은 46년이다.

106) 而 : '爾(너)'와 같다.

생각해보지 않으려는가."

將行에 何不志記汝所傳之子美德以言我아하니라

楊倞注 : 〈周公이〉 "장차 길을 떠나려는 이때 어찌 그대가 인도하는 사람의 미덕을 생각해내어 나에게 한번 말해주지 않으려는가."라고 한 것이다.

32-14 對曰 其爲人寬하고 好自用[107)]하며 以[108)]愼이라

〈伯禽의 師傳가〉 대답하였다.

"그 사람됨이 관대하고, 일을 스스로 처리하길 좋아하며, 게다가 신중합니다.

寬은 寬弘也라 自用은 好自務其用也라 愼은 謹密也라 ○ 先謙案 好自用者는 蓋遇事以身先人이라 故其傳以爲美德이나 而周公以爲爭이라 楊云 好自務其用이라하니 語未晰이라

楊倞注 : 寬은 관대하다는 뜻이다. 自用은 스스로 자기 〈지혜를〉 쓰는 데에 힘쓰길 좋아한다는 뜻이다. 愼은 신중하고 치밀하다는 뜻이다.

○ 先謙案 : 好自用이란 대체로 어떤 일을 만나면 자기가 남보다 앞서 처리한다는 뜻이다. 그러므로 그의 師傳가 이것을 미덕으로 여겼으나 周公은 남과 겨루는 것으로 생각하였다. 楊氏는 "스스로 자기 〈지혜를〉 쓰는 데에 힘쓰길 좋아한다는 뜻이다."라고 하였으니, 말이 분명치 못하다.

32-15 此三者는 其美德已[109)]라하니라 周公曰 嗚呼라 以人惡爲美德乎아 君子好以[110)]道德이라 故其民歸道니라

이 세 가지가 그의 미덕입니다."

周公이 말하였다.

---

107) 好自用 : 王天海는 스스로 자기가 옳다고 생각하는 대로 행하길 좋아한다는 뜻이라고 하였다. 그러면서 "스스로 주장하는 것이 있기 때문에 師傳가 미덕으로 칭했다는 말이다."라고 하였다. 이에 따라 번역하였다.

108) 以 : '且(또)'와 같다.

109) 已 : '也'와 같다.

110) 以 : '由'와 같은 것으로, 따라 행한다는 뜻이다.

“아이고나, 사람의 나쁜 점을 미덕이라 한단 말인가. 君子는 도덕을 따라 행하기를 좋아하기 때문에 그의 백성들이 바른길로 돌아오는 것이다.

君子好以道德教人이라 故其民歸道者衆하니 非謂寬弘也라

楊倞注 : 君子는 도덕으로 사람을 가르치기 때문에 그의 백성들이 바른길로 돌아오는 자가 많은 것이니, 〈군자가 말하는 것은 도덕이고〉 관대한 것을 말하는 것은 아니라는 것이다.

32-16 彼其寬也는 出(졸)[111]無辨矣어늘 女[112]又美之로다

그가 사람들을 관대하게 대하는 것은 졸렬하여 〈善과 惡에 대해〉 구별이 없는 것인데, 그대는 또 그것을 찬미하는구나.

彼伯禽旣無道德하고 但務寬容하니 此乃出於善惡無別이어늘 汝何以爲美也오하니라 孔子曰 寬則得衆[113]이라하니 亦謂人愛悅歸之也라

楊倞注 : 저 伯禽은 이미 도덕은 없고 다만 관대하게 포용하는 것만 힘쓰니, 이는 곧 善과 惡에 대해 구별이 없는 데서 나온 것인데, 너는 어찌하여 그것을 찬미하느냐고 한 것이다. 孔子가 “寬則得衆(관대하면 뭇사람을 얻는다.)”이라 하였으니, 이 또한 사람들이 사랑하고 좋아하여 그에게 돌아가는 것을 이른다.

32-17 彼其好自用也는 是所以窶小也라

그가 스스로 자기가 옳다고 생각하는 대로 행하길 좋아하는 것은 그 도량이 작기 때문이다.

窶는 無禮也라 彼伯禽好自用而不諮詢하니 是乃無禮驕人而器局小也라 書曰 自用則小라하고 尙書大傳曰 是其好自用也는 以斂益(애)[114]之也라하니라 ○ 郝懿行

111) 出(졸) : 王天海는 ‘拙’로 간주해 읽어야 한다고 하면서 고대에는 이 두 글자가 聲韻이 같기 때문에 통용할 수 있다고 하였다. 이에 따라 번역하였다.

112) 女 : ‘汝(너)’와 같다.

113) 寬則得衆 : ≪論語≫ 〈陽貨〉에 보인다.

114) 斂益(애) : 斂은 부족하다는 뜻이고, 益는 隘와 통하는 것으로 좁다는 뜻이다.

曰 窶者는 貧也니 窶之爲言局也라 釋名云 窶數는 猶局縮하니 皆小意也라하고 楊惲傳謂窶數不容鼠穴[115)]이라하니 其爲局小可知라 滑稽傳云 甌窶滿篝라하니 甌窶도 亦狹小之言耳라 王念孫曰 楊分窶小爲二義[116)]하니 非也라 窶도 亦小也라 言其好自用也는 是其器局之所以窶小也라 韓子詭使篇에 惇慤純信하여 用心一者는 則謂之窶라하니 言世人皆尙詐僞라 故見惇慤純信하여 用心專一者면 則謂之窶小也라 釋名曰 窶數는 猶局縮하니 皆小意也①라하고 蔡邕短人賦劣厥偻窶도 亦是短小之意라 詩傳에 以窶爲無禮[117)]는 謂貧者不能備禮요 非謂無禮驕人也라

① 漢書東方朔傳에 迺覆(부)樹上寄生하여 令朔射之하니 朔曰 是窶數也라하여늘 師古曰 窶數는 戴器也라하니라 以盆盛物하여 戴於頭者는 則以窶數薦之라 寄生者는 芝菌之類니 淋潦之日에 著樹而生이라 形有周圜象窶數者라 故朔云 著樹爲寄生이요 盆下爲窶數라하니라 案物在盆下를 謂之窶數하니 亦局縮之意也라

≪漢書≫〈東方朔傳〉에 "나무 위에 寄生하는 것을 〈동이로〉 덮어놓고서 東方朔에게 알아맞히게 하니 동방삭이 '이것은 窶數다.'라 했다."라고 하였는데, 顔師古가 "窶數는 똬리이다. 동이 속에 물건을 담아 그것을 머리에 이는 사람은 그 밑에 똬리를 받치는 것이다. 寄生이란 靈芝 종류이니, 장마가 질 때 나무에 붙어산다. 그 모양이 둥글어 똬리와 같은 점이 있기 때문에 동방삭이 '나무에 붙어 있을 때는 寄生이라 하고, 동이 밑에 있을 때는 똬리라 한다.'라 했다."라고 하였다. 살펴보건대, 물건이 동이 밑에 있는 것을 窶數라 이르는 것이니, 이 또한 局縮과 같은 뜻이다.

楊倞注 : 窶는 예의가 없다는 뜻이다. 저 伯禽은 스스로 자기 〈지혜를〉 쓰길 좋아하여 남에게 묻지 않았으니, 이는 곧 예의가 없어 사람들을 교만하게 대하는 것으로서

115) 窶數不容鼠穴 : 窶數는 쥐구멍에 들어갈 수 없다는 뜻으로, ≪漢書≫〈楊惲傳〉에 "鼠不容穴 銜窶數(쥐가 쥐구멍에 들어가지 못하는 것은 窶數를 입에 물었기 때문이다.)"로 되어 있는 문구를 형식을 바꿔 말한 것이다. 이것은 窶數가 쥐구멍보다 크다는 뜻이므로 郝懿行이 작다는 뜻으로 인용한 것은 문제가 있는 것으로 보인다. 그러나 본문대로 번역하였다. ≪한서≫〈양운전〉에서 말하는 窶數는 네 발이 달린 대그릇으로, '窶籔'와 같다.

116) 楊分窶小爲二義 : 楊倞 주에서 窶는 '無禮'의 뜻으로 보아 '예의가 없어 사람들을 교만하게 대하는 것〔無禮驕人〕'으로, 小는 '도량이 작은 것〔器局小〕'으로 나누어, 窶小를 풀이한 것을 가리킨다.

117) 詩傳 以窶爲無禮 : 詩傳은 ≪詩經≫〈毛傳〉을 말한다. 以窶爲無禮는 ≪詩經≫〈邶風 北門〉에 "終窶且貧 莫知我艱(마침내 고통받고 가난한데도 나의 이 어려움을 아는 이 없네.)"이라 한 곳의 〈모전〉에 "窶者 無禮也(窶란 예의가 없다는 뜻이다.)"라고 한 것을 말한다.

도량이 작은 것이다. ≪書經≫ 〈商書 仲虺之誥〉에 "自用則小(스스로 자기 〈지혜를〉 쓰면 〈문견이〉 적다.)"라 하고, ≪尚書大傳≫ 권3에 "是其好自用也 以斂益之也(그가 스스로 자기 〈지혜를〉 쓰길 좋아하는 것은 그 도량이 작기 때문이다.)"라고 하였다.

○ 郝懿行 : 窶란 가난하다는 뜻이니, 窶라는 말은 '局(좁다)'과 같다. ≪釋名≫에 "窶數는 '局縮'과 같으니, 〈이 두 자는〉 모두 작다는 뜻이다."라 하고, ≪漢書≫ 〈楊惲傳〉에 '窶數'는 쥐구멍에 들어갈 수 없는 것이라고 하였으니, 그것이 작다는 뜻임을 알 수 있다. ≪史記≫ 〈滑稽列傳〉에 "甌窶滿篝(좁고 척박한 땅에서 〈수확한 곡식이〉 광주리에 가득 차게 해달라.)"라고 하였으니, 甌窶 또한 협소하다는 말이다.

王念孫 : 楊氏는 窶小를 나누어 두 가지 뜻으로 풀이하였으니, 틀렸다. 窶도 작다는 뜻이다. 그가 일을 스스로 처리하길 좋아하는 것은 그의 도량이 협소하기 때문이라는 말이다. ≪韓非子≫ 〈詭使篇〉에 "온후하고 성실하고 순수하고 진실하여 마음 씀씀이가 전일한 사람은 '窶'라 이른다."라고 하였으니, 이는 세상 사람이 모두 거짓을 중시하기 때문에 온후하고 성실하고 순수하고 진실하여 마음 씀씀이가 전일한 사람을 보면 그를 '窶小'라 이른다는 말이다. ≪釋名≫에 "窶數는 '局縮'과 같으니, 이는 모두 작다는 뜻이다."라 하고, 蔡邕 〈短人賦〉의 "劣厥僂窶(졸렬한 그 곱사등이)"의 〈'僂窶'도〉 또한 짧고 작다는 뜻이다. ≪詩經≫ 〈毛傳〉에 窶를 예의가 없다는 뜻이라고 한 것은 가난한 사람은 예의를 갖추지 못하는 것을 이른 것이지, 예의가 없어 사람들을 교만하게 대하는 것을 이르는 것은 아니다.

32-18 君子力如牛라도 不與牛爭力하고 走如馬라도 不與馬爭走하고 知如士[118]라도 不與士爭知라

君子는 힘이 소처럼 세더라도 소와 그 힘을 겨루지 않고, 달리기가 말처럼 빠르더라도 말과 그 달리기를 겨루지 않고, 지혜가 어진 선비처럼 총명하더라도 어진 선비와 그 지혜를 겨루지 않는다.

士는 謂臣下掌事者라 不爭은 言委任이라

楊倞注 : 士는 신하로서 정사를 관장하는 사람을 이른다. 不爭은 〈정사를〉 책임 지

118) 知如士 : 知는 '智'와 통한다. 士는 李中生이 "士는 賢士를 가리킨다."라고 하였다. 賢士는 어진 선비로, 의지와 품행이 고결하고 재능이 출중한 사람을 말한다. 이에 따라 번역하였다.

워 맡긴다는 말이다.

32-19 彼爭者는 均者之氣也어늘 女[119]又美之로다

저 겨룬다는 것은 지위가 대등한 자끼리의 기력 〈다툼인데,〉 그대는 또 그것을 찬미하는구나.

好自用하면 則必不委任而與之爭事하리니 爭事乃均敵者尙氣之事요 非大君之量也라

楊倞注 : 스스로 자기 〈지혜를〉 쓰길 좋아하면 반드시 〈정사를〉 책임 지워 맡기지 않고 그와 더불어 정사를 겨룰 것이니, 정사를 서로 겨루는 것은 곧 지위가 대등한 자끼리 기력을 중시하는 일이고 위대한 군주의 도량이 아니다.

32-20 彼其愼也는 是其所以淺也라

그가 신중히 한다는 것은 바로 그의 〈지식이〉 낮아지게 만드는 원인이다.

彼伯禽之愼密하여 不廣接士는 適所以自使知識淺近也라

楊倞注 : 저 伯禽이 신중하고 치밀하여 정사를 관장하는 신하를 널리 접촉하지 않는 것은 곧 스스로 자기의 지식수준이 낮아지게 만드는 원인이라는 것이다.

32-21 聞之曰 無〔不〕越踰(不)見士[120]라하니라

나는 듣건대, '〈등급과 지위를〉 뛰어넘어 어진 선비를 만나보지 않은 적이 없었다.'고 하였다.

周公聞之古也라 越踰는 謂過一日也[121]라 ○ 盧文弨曰 曰은 宋本作日이라 注過

119) 女 : '汝(너)'와 같다.

120) 無〔不〕越踰(不)見士 : 저본에는 '無越踰不見士'로 되어 있으나, 久愛保의 설에 의거하여 '無不越踰見士'로 바로잡았다.

121) 越踰 謂過一日也 : 劉師培는 '一日'은 잘못 덧붙여진 것이라고 하였다. 이럴 경우 이것은 '越踰 謂過也(越踰은 넘어가는 것을 이른다.)'가 된다. 이 설이 兪樾의 주장에 비해 일리가 있는 것으로 보인다.

一日은 語疑有誤라 觀下所云하면 則士皆有等하니 勿因下士與己踰等而不見也라 周公於下士厚爲之貌라 故人人皆以爲越踰하니 則越踰者는 過士所應得之分云耳라 俞樾曰 楊注周公聞之古也라 越踰은 謂過一日也라 然則荀子原文은 當作聞之컨대 無越日不見士요 楊注原文은 當作越日은 謂過一日也라 今衍踰字者는 涉下文楊注有越踰字而誤衍也라 旣衍踰字하여 則越踰日之文이 甚爲不辭할새 乃以日字爲曰字之誤하여 而移置聞之二字之下하여 遂成今本之誤라 盧校云 宋本曰作日하니 此則其舊迹之猶未盡泯者也라

楊倞注：周公이 옛날에 이와 같은 말을 들었다는 것이다. 越踰는 하루를 넘기는 것을 이른다.

○ 盧文弨：'曰'은 宋本에는 '日'로 되어 있다. 〈楊氏〉 주의 '過一日'은 말이 아마도 오류가 있는 것 같다. 아래에서 말한 것으로 살펴보면, 〈이 문구의 뜻은〉 '어진 선비는 모두 〈지위 높은 사람과〉 차등이 있는데, 지위 낮은 선비가 자기와의 관계에서 등급을 뛰어넘는다는 것으로 인해 그를 보지 않으면 안 된다.'는 것이다. 주공은 지위 낮은 선비에 대해 관대하게 예의를 차렸기 때문에 사람들마다 모두 뛰어넘었다고 하였으니, 뛰어넘었다는 것은 선비가 마땅히 얻어야 할 분수를 초과하였다는 말이다.

俞樾：楊氏의 주에 "周公聞之古也 越踰 謂過一日也(주공이 옛날에 이와 같은 말을 들었다는 것이다. 越踰는 하루를 넘기는 것을 이른다.)"라 하였다. 그렇다면 ≪荀子≫ 원문은 마땅히 '聞之 無越日不見士(들어보건대 날짜를 건너뛰어 어진 선비를 보지 않은 때가 없다)'로 되어야 하고, 楊氏 주의 원문은 마땅히 '越日 謂過一日也(越日은 하루를 넘기는 것을 이른다.)'로 되어야 할 것이다. 지금 '踰'자가 잘못 덧붙여진 이유는 아랫글 楊氏의 주에 '越踰'란 문구가 있음으로 인해 잘못 덧붙여진 것이다. 이미 '踰'자가 잘못 덧붙여져 '越踰日'이란 글이 매우 말이 되지 않았으므로 마침내 '日'자가 '曰'자의 잘못일 것으로 여겨 이것을 '聞之' 두 자의 밑에 옮겨둠으로써 결국 지금 판본과 같은 오류가 만들어진 것이다. 盧校本에 "宋本에는 曰이 '日'로 되어 있다."고 하였으니, 이는 옛 흔적이 아직 완전히 없어지지 않은 것이다.

32-22 見士問曰 無乃不察乎아니라

어진 선비를 보면 묻기를 '〈내가〉 잘 살펴보지 못한 일은 없는가?'라고 해야 할 것이다.

懼其壅蔽라 故問無乃有不察之事乎아하니라

楊倞注 : 〈나의 견해가〉 막혔을까 두렵기 때문에 '〈나에게〉 잘 살펴보지 못한 일은 없느냐'고 물어본다는 것이다.

32-23 不聞하면 卽物少至[122)]하고 少至則淺이라

묻지 않는다면 사물에 대해 아는 일이 적고, 아는 일이 적다면 〈지식이〉 얕을 것이다.

物은 事也라 不見士則無所聞하고 無所聞則所知之事亦少하고 少則意自淺矣라 聞은 或爲問也라 ○ 王念孫曰 聞은 卽問字也①라 言不問則所知之事少也라 問字는 正承上文見士問曰而言이라

① 說見經義述聞旅象傳及王風[123)]이라

이에 관한 설명은 ≪經義述聞≫ '旅象傳' 및 '王風'에 보인다.

楊倞注 : 物은 일이란 뜻이다. 정사를 관장하는 신하를 보지 않는다면 얻어듣는 것이 없고, 얻어듣는 것이 없다면 아는 일 또한 적고, 〈아는 일이〉 적다면 생각의 깊이가 저절로 얕을 것이다. '聞'은 간혹 '問'으로 되어 있기도 하다.

○ 王念孫 : '聞'은 곧 '問'자이다. 묻지 않는다면 아는 일이 적다는 말이다. '問'자는 정확히 윗글 '見士問曰'을 이어받아 말한 것이다.

32-24 彼淺者는 賤人之道也어늘 女又美之로다

저 〈지식의 깊이가〉 얕은 것은 미천한 사람의 도인데, 그대는 또 그것을 찬미하는구나."

---

122) 至 : '志'와 통한다. ≪論語≫ 〈泰伯〉에 "三年學 不至於穀 不易得也(삼 년을 배우고도 봉록에 뜻을 두지 아니하는 자는 쉽게 얻을 수 없다.)"라고 하였다. 여기서는 楊倞의 주에 따라 '알다'로 풀이하였다.

123) 說見經義述聞旅象傳及王風 : 이 설명은 ≪經義述聞≫ 〈周易〉의 '終莫之聞也' 조항에 보이며, '終莫之聞也'는 ≪周易≫ 旅卦의 〈象傳〉에 보인다. 또한 ≪經義述聞≫ 〈毛詩〉의 '亦莫我聞' 조항에도 보이는데, '亦莫我聞'은 ≪毛詩≫ 〈王風 葛藟〉의 한 구절이다.

32-25 吾語女[124)]하리라 我는 文王之(爲)[125)]子요

〈周公이 伯禽에게 말하였다.〉
"내가 너에게 말해주겠다. 나는 文王의 아들이고

爲文王之子也라

楊倞注 :〈周公 자기는〉 文王의 아들이라는 것이다.

32-26 武王之(爲)弟요 成王[126)]之(爲)叔父니

武王의 아우이고 成王의 숙부이니,

周公先成王薨하니 未宜知成王之謚라 此云成王은 乃後人所加耳[127)]라

楊倞注 : 周公은 成王보다 먼저 죽었으니, 분명히 성왕의 謚號를 알지 못했을 것이다. 이곳에 성왕을 말한 것은 곧 후세 사람이 추가한 것이다.

32-27 吾於天下不賤矣[128)]라 然而吾所執贄而見者十人이요

---

124) 吾語女 : 여기서부터는 周公이 그의 아들 伯禽에게 당부하는 말이다. 王天海는 이 문구 위에 마땅히 '謂伯禽曰' 네 자가 있어야 한다고 하였다.

125) (爲) : 저본에는 '爲'가 있으나, ≪史記≫ 〈魯周公世家〉와 ≪韓詩外傳≫ 권3에 의거하여 잘못 덧붙여진 것으로 처리하였다. 아래 두 군데의 '爲'도 마찬가지이다.

126) 成王 : ≪說苑≫ 〈敬愼〉에는 '今王'으로 되어 있다. 周公 당시의 今王은 成王이다.

127) 周公先成王薨……乃後人所加耳 : 楊倞의 이 주는 周나라 왕들의 謚號가 만들어진 시기를 모르고 하는 말이다. 王國維(1877~1927)의 ≪觀堂集林≫ 권18 〈遹敦跋〉에 "周나라 초기 여러 왕에게 붙는 文·武·成·康·昭·穆은 모두 살았을 때의 호이고 시호가 아니다."라고 하면서 시호법이 생긴 것은 周나라 恭王·懿王 이후였을 것이라고 하였다.

128) 不賤矣 : ≪韓詩外傳≫ 권3과 ≪說苑≫ 〈敬愼〉에는 '不輕矣'로 되어 있다. 그리고 이 밑에 ≪한시외전≫에는 "然一沐三握髮 一飯三吐哺 猶恐失天下之士(그러나 〈사람들을 접견하느라〉 한 번 머리를 감을 때 세 번 〈물에 젖은〉 머리털을 움켜쥐었고, 한 번 밥을 먹을 때 세 번 〈입안에 넣은〉 밥을 뱉어내면서도 오히려 천하의 인재를 잃을까 염려하였다.)"가 들어 있고, ≪설원≫에도 이 내용이 있으며, ≪藝文類聚≫ 권23에 ≪孫卿子≫를 인용하여 "常握髮吐餐 以接天下之士矣(항상 감던 머리털을 움켜쥐었고 먹던 밥을 뱉어내면서 천하의 인재들을 접견하였다.)"로 되어 있다.

나는 천하에 있어 〈위상이〉 천하지 않다. 그런데도 내가 예물을 가지고 가서 만나본 이가 열 사람이고

周公自執贄而見者十人이라 禮에 見其所尊敬者는 雖君亦執贄라 故哀公執贄請見周豐[129]이라 鄭注尙書大傳云 十人은 公卿之中也요 三十人은 羣大夫之中也요 百人은 羣士之中也라하니라 ○ 盧文弨曰 羣大夫羣士는 舊本互易하니 誤라 今大傳本亦訛라

楊倞注 : 周公이 스스로 예물을 가지고 가서 만나본 이가 열 사람이라는 것이다. 예법에, 자기가 존경하는 이를 만나보는 자는 자기가 비록 군주라도 예물을 가지고 가게 되어 있다. 이 때문에 魯 哀公이 예물을 가지고 가서 周豐을 뵙겠다고 청하였다. 鄭玄의 ≪尙書大傳≫ 주에 "十人 公卿之中也 三十人 羣大夫之中也 百人 羣士之中也(열 사람은 公卿 속에서 〈고른〉 것이고, 서른 사람은 뭇 大夫 속에서 〈고른〉 것이고, 백 사람은 뭇 士 속에서 〈고른〉 것이다.)"라고 하였다.

○ 盧文弨 : 〈楊氏 주의〉 '羣大夫'와 '羣士'는 옛 판본에는 위치가 서로 바뀌어 있으니, 잘못된 것이다. 지금의 ≪상서대전≫ 판본도 잘못되었다.

32-28 還贄而相見者三十人이요

예물을 되돌려주고 서로 만나본 이가 서른 사람이고

禮에 臣見君則不還贄하고 敵者不敢當則還之하니 禮尙往來也라 士相見禮曰 主人復(부)見之하되 以其贄曰 嚮者吾子辱使某見이라 請還贄於將命者라하고 鄭康成云 贄者는 所執以至也라 君子見於所尊敬엔 必執贄以將其厚意也라하니라

楊倞注 : 예법에, 신하가 군주를 뵐 때는 예물을 되돌려주지 않고, 지위가 서로 대등한 자가 감히 대적할 수 없으면 되돌려주는 것이니, 예의는 가고 오는 것을 중시하기 때문이다. ≪儀禮≫ 〈士相見禮〉에 "주인이 또 〈손님의 집으로 가서〉 만나보되 〈앞서 손님이 보내온〉 예물을 〈되돌려주면서〉 말하기를 '얼마 전에 당신이 저의 집에 왕림하여 저로 하여금 당신을 뵐 수 있게 해주셨습니다. 명을 전달하는 사람에게 폐백을 되돌려드리고자 합니다.'라 한다."라고 하고, 鄭康成(鄭玄)이 말하기를 "贄란 가지고 가는 예물이다. 君子가 존경하는 사람을 찾아뵐 때는 반드시 예물을 가지고 가서

129) 哀公執贄請見周豐 : 이 내용은 ≪禮記≫ 〈檀弓〉에 보인다. 周豐은 魯나라의 賢人이다.

그의 후의를 표하는 것이다."라고 하였다.

32-29 貌執之士(者)[130]百有餘人이요

예를 갖추어 접대했던 이가 백여 사람이고

執은 猶待也라 以禮貌接待之士百餘人也라 ○ 先謙案 文義不當有者字니 此緣上下文者字而誤衍이라

楊倞注 : 執은 '待'와 같다. 예의로 접대한 이가 백여 사람이라는 것이다.

○ 先謙案 : 글 뜻으로 볼 때 마땅히 '者'자가 있어서는 안 되니, 이것은 위아래 글의 '者'자로 인해 잘못 덧붙여진 것이다.

32-30 欲言[131]而請畢(事)〔辭〕[132]者千有餘人이니

완곡하게 말하면서 하고픈 말을 다해보라고 청한 이가 천여 사람이었으니,

謂卑賤之士 恐其言之不盡하여 周公先請其畢辭也라 說苑曰 周公踐[133]天子之位七年에 布衣之士 所執贄而師見者(十人所見者)[134]二十人이요 窮巷白屋 所先見者四十九人이요 時進善者百人이요 教士千人이요 朝者萬人也라하니라 ○ 盧文弨曰 注衍十人所見者五字라 說苑(敬愼)〔尊賢〕[135]篇無라

楊倞注 : 미천한 선비가 그가 하고 싶은 말을 다하지 못할까 염려되어 周公이 먼저

---

130) (者) : 저본에는 '者'가 있으나, 王先謙의 주에 의거하여 잘못 덧붙여진 것으로 처리하였다.

131) 欲言 : 王天海는 '婉言'과 같다고 하면서, ≪禮記≫ 〈祭義〉에 "其薦之也敬以欲(제물을 올릴 때는 공경스럽고 온순하게 한다.)"이라 한 곳의 鄭玄 주에 "欲 婉順貌(欲은 완곡하고 온순한 모양이다.)"와, ≪管子≫ 〈地圓〉에 "欲有與名(완곡하게 더불어 좋은 이름이 있다.)"이라 말한 것을 그 근거로 삼았다. 이 설에 따라 번역하였다.

132) (事)〔辭〕 : 저본에는 '事'로 되어 있으나, 楊倞의 주에 의거하여 '辭'로 바로잡았다.

133) 踐 : ≪說苑≫에는 '攝'으로 되어 있다.

134) (十人所見者) : 저본에는 '十人所見者'가 있으나, 盧文弨의 주에 의거하여 잘못 덧붙여진 것으로 처리하였다.

135) (敬愼)〔尊賢〕 : 저본에는 '敬愼'으로 되어 있으나, ≪說苑≫에 의거하여 '尊賢'으로 바로잡았다.

하고 싶은 말을 다하라고 청했다는 것이다. ≪說苑≫ 〈尊賢〉에 "주공이 천자의 직무를 섭정한 7년 동안에 평민의 선비가 예물을 가지고 찾아와 〈주공을〉 스승으로 만나본 이가 스무 사람이고, 궁벽한 시골 초가집에 살면서 〈주공을〉 먼저 만나본 이가 마흔아홉 사람이고, 수시로 좋은 의견을 올리는 사람이 백 사람이고, 인재를 가르치는 이가 천 사람이고, 조정에 벼슬하는 이가 만 사람이었다."라고 하였다.

○ 盧文弨 : 〈楊氏의〉 주는 '十人所見者' 다섯 자가 잘못 덧붙여진 것이다. ≪說苑≫ 〈尊賢篇〉에는 이것이 없다.

32-31 於是吾僅得三士焉하여 以正吾身하고 以定天下라

이 사람들 속에서 내가 겨우 세 어진 사람을 얻어 내 몸을 수양하고 천하를 안정시켰던 것이다.

於是千百人之中에 僅乃得三士하여 正身治國이라

楊倞注 : 이들 천 사람과 백 사람 속에서 겨우 〈정사를 관장하는 신하〉 세 사람을 얻어 자기 몸을 수양하고 국가를 다스렸다는 것이다.

32-32 吾所以得三士者는 亡(무)於十人與三十人中하고 乃在百人與千人之中이라

내가 이 세 어진 사람을 얻을 수 있었던 것은 저 열 사람과 서른 사람 속에는 없고 바로 백 사람과 천 사람들 속에 있었다.

十人與三十人은 雖尊敬이나 猶未得賢하고 至百人千人이라야 然後乃得三人이라 以明接士不廣이면 無由得賢也라

楊倞注 : 열 사람과 서른 사람은 〈내가〉 비록 존경은 하지만 오히려 어진 사람을 얻지 못하고, 백 사람과 천 사람까지 범위를 넓힌 뒤에야 마침내 세 사람을 얻었다는 것이다. 이 말로써 사람을 접견하는 범위가 넓지 않으면 어진 선비를 얻을 길이 없다는 것을 밝힌 것이다.

32-33 故上士吾薄爲之貌나 下士吾厚爲之貌라

그러므로 상급 선비에게는 내가 박하게 예우하지만 하급 선비에게는 내가 후하

게 예우한다.

上士는 中誠重之라 故可薄爲之貌나 下士旣無執贄之禮하여 懼失賢士之心이라 故厚爲之貌하여 尤加謹敬也라

楊倞注 : 상급 선비는 마음속으로 정말 존중하기 때문에 박하게 예우해도 괜찮지만, 하급 선비는 이미 폐백을 가지고 접견한 예가 없으므로 어진 선비의 마음을 잃을까 두렵기 때문에 후하게 예우하여 더욱더 삼가고 공경하였다는 것이다.

32-34 人人皆以我爲越踰好士하니 然故士至라

사람들마다 모두 내가 〈등급과 지위를〉 뛰어넘어 어진 선비를 좋아한다고 여겼으니, 이 때문에 어진 선비가 모여들었다.

人不知則以爲越踰라 然士亦以禮貌之故而至也라 ○ 兪樾曰 踰字亦衍文也라 人人皆以我爲越好士者의 越之言은 過也니 人人皆以我爲過於好士也라 然故士至者의 然故는 卽是故也라 說見王氏經傳釋詞라 大略篇曰 然故民不困財도 亦以然故連文하니 是其證也라 楊不達然故之義라 故爲抑揚其辭라 至越踰連文하여는 則以踰字釋越字하니 注家往往有此例요 非以正文有踰字也라 而正文踰字之衍은 卽因此矣라

楊倞注 : 사람들이 〈나의 본심을〉 모르면 〈등급과 지위를〉 뛰어넘은 것이라 생각할 수 있다. 그러나 선비들은 또 예의로 대해준다는 이유로 모여들었다는 것이다.

○ 兪樾 : 踰자는 또한 잘못 덧붙여진 것이다. '人人皆以我爲越好士'라는 것의 越이란 말은 '過'의 뜻이니, 사람들마다 모두 내가 어진 선비를 좋아하는 데에 지나치다고 생각한다는 뜻이다. '然故士至'라는 것의 '然故'는 곧 '是故'이다. 이에 관한 설명은 王氏(王引之)의 ≪經傳釋詞≫에 보인다. 〈大略篇〉(27-134)에 '然故民不困財(이 때문에 백성들이 재물에 곤궁하지 않다.)'도 '然故'로 글이 연이어져 있으니, 이것이 그 증거이다. 楊氏는 '然故'의 뜻을 몰랐기 때문에 그 말이 순탄하지 않은 것이다. '越踰'로 글이 연이어져 있는 문제에 이르러서는, 곧 '踰'자로 '越'자를 풀이한 것으로서 주를 쓰는 사람들에게 이따금 이와 같은 사례가 있어 그런 것이지, 본문에 '踰'자가 있었던 것은 아니다. 본문에 '踰'자가 덧붙여져 있는 것은 곧 이 때문이다.

32-35 士至而後見物하고

어진 선비가 모여든 다음에 사물을 잘 볼 수 있었고

物은 事也라

楊倞注 : 物은 사물이란 뜻이다.

32-36 見物然後知其是非之所在라 戒之哉어다 女以魯國驕人이면 幾矣리라

사물을 잘 볼 수 있게 된 다음에 무엇이 옳고 그른가를 알 수 있었다. 부디 경계하기 바란다. 네가 만약 魯나라를 가지고서 사람들을 교만하게 대한다면 위험해질 것이다.

幾는 危也라 周公言我以天下之貴로도 猶不敢驕士어늘 汝今以魯國之小而遂驕人하면 危矣라하니라

楊倞注 : 幾는 위험하다는 뜻이다. 周公이 "나는 천하의 존귀한 신분으로도 오히려 감히 선비들을 교만하게 대하지 못했는데, 너는 지금 저 작은 魯나라를 가지고서 마침내 사람들을 교만하게 대한다면 위험해질 것이다."라고 말한 것이다.

32-37 夫仰祿之士猶可驕也나

저 俸祿에 의지하는 선비에 대해서는 오히려 교만하게 대할 수 있으나

仰은 魚亮反[136]이라

楊倞注 : 仰은 〈음이〉 魚와 亮의 반절이다.

32-38 正身之士不可驕也라 彼正身之士는 舍貴而爲賤하고 舍富而爲貧하고 舍佚而爲勞하여 顏色黎黑而不失其所[137]라

자기 몸을 수양하는 선비는 거만하게 대할 수 없다. 저 자기 몸을 수양하는 선

136) 仰 魚亮反 : 仰은 음이 魚와 亮의 반절일 경우에는 '의지하다'의 뜻이다.
137) 所 : 여기서는 '도리'의 뜻이다.

비는 귀한 것을 버리고 천한 것에 만족하고, 부유한 것을 버리고 가난한 것에 만족하고, 편안한 것을 버리고 수고로운 것에 만족하여 얼굴빛이 여위어 까맣더라도 자기의 도리를 잃지 않는다.

黎는 讀爲梨라 謂面如凍梨之色也라

楊倞注 : 黎는 '梨'로 간주해 읽어야 한다. 얼굴빛이 추위에 언 배의 색깔과 같은 것을 이른다.

32-39 是以天下之紀不息하고 文章[138]不廢也라하니라

이로 인해 천하의 〈국가를 다스리는〉 紀綱이 이어져 멈추지 않고 고대의 禮樂과 법령 제도가 오랫동안 폐기되지 않은 것이다."

賴守道之士不苟徇人이라 故得綱紀文章常存也라 ○ 盧文弨曰 尙書大傳엔 作是以文不滅而章不敗也라

楊倞注 : 바른 도리를 지키는 선비가 구차하게 일반인의 행위를 따르지 않음으로 인해 이 때문에 국가를 다스리는 기강과 禮樂과 법령 제도가 항상 보존되어 있다는 것이다.

○ 盧文弨 : ≪尙書大傳≫에는 '是以文不滅而章不敗也(이로 인해 禮樂이 소멸되지 않고 법령 제도가 무너지지 않는 것이다.)'로 되어 있다.

32-40 語曰 繒丘之封人[139]이

전해오는 말에 이런 말이 있다.

---

138) 文章 : 여기서는 禮樂과 제도 법령을 말한다.

139) 繒丘之封人 : 劉師培는 "이 繒丘는 곧 寢丘이다. 옛날에는 烝部의 글자가 대부분 侵部로 옮겨 들어갔다. 寢丘는 孫叔敖의 고향이자 그의 封邑이다. ≪呂氏春秋≫ 〈異寶篇〉에 '楚나라와 越나라 사이에 寢丘가 있다.'라고 하였다. 寢丘가 곧 繒丘이므로 繒丘의 封人이 손숙오을 만나 바른말로 충고한 것이니, 손숙오가 그곳의 토착민이었기 때문이다. 楊倞과 郝懿行의 설대로라면 繒國은 그 당시에 楚나라와 거리가 매우 멀었으니, 그 읍의 封人이 결코 국경을 넘어와 楚나라 재상을 만나볼 일은 없을 것이다."라고 하여 양경과 학의행의 설을 인정하지 않았다. 王天海도 유사배의 설이 타당하다고 하였다.

“繒丘의 封人이

繒은 與鄫同이라 鄫丘는 故國이라 封人은 掌疆界者라 漢書地理志에 繒縣屬東海也라 ○ 郝懿行曰 繒은 卽鄫國이니 姒姓이며 在東海라 漢志에 繒縣屬東海郡하니 是也라 繒丘封人은 列子說符篇에 作狐丘丈人하고 韓詩外傳七及淮南道應訓에도 竝與說符同이라 孫叔敖曰 吾爵益高어늘 吾志益下하고 吾官益大어늘 吾心益小하고 吾祿益厚어늘 吾施益博이라 以是免於三怨하니 可乎아하여 與此大意雖同而文字異라 此當別有依據①라

① 發首係語曰하니 知必述成文이라
글 첫머리에 ‘語曰’이라 말했으니, 분명히 기존의 글을 서술한 것임을 알 수 있다.

楊倞注 : 繒은 ‘鄫’과 같다. 鄫丘는 옛 국가이다. 封人은 국경을 관장하는 사람이다. ≪漢書≫ 〈地理志〉에 의하면 繒縣은 東海에 속한다.

○ 郝懿行 : 繒은 곧 鄫國이니, 姓은 姒이며 東海에 있다. ≪한서≫ 〈지리지〉에 繒縣은 東海郡에 속하는 것으로 되어 있으니, 이것이다. ‘繒丘封人’은 ≪列子≫ 〈說符篇〉에 ‘狐丘丈人’으로 되어 있고, ≪韓詩外傳≫ 권7과 ≪淮南子≫ 〈道應訓〉에도 모두 ≪열자≫ 〈설부편〉과 같다. 거기에는 孫叔敖가 “吾爵益高 吾志益下 吾官益大 吾心益小 吾祿益厚 吾施益博 以是免於三怨 可乎(내 작위가 높아갈수록 내 태도는 더 낮아지고, 내 관직이 커갈수록 내 마음은 더 작아지고, 내 녹봉이 많아질수록 내가 베푸는 은혜는 더 넓다. 이 방법으로 세 가지 원한을 면하고 있으니, 〈이 방법도〉 괜찮겠는가?)”라고 말한 것으로 되어 있어, 이곳과 큰 뜻은 비록 같으나 문자는 다르다. 여기 글은 분명히 근거로 삼은 데가 따로 있을 것이다.

32-41 見楚相孫叔敖[140)]曰 吾聞之也하니 處官久者士妒之하고 祿厚者民怨之하고 位尊者君恨之라 今相國有此三者而不得罪於楚之士民은 何也오하니 孫叔敖曰 吾三相楚而心瘉卑하고 每益祿而施瘉博하고 位滋尊而禮瘉恭이라

楚나라 재상 孫叔敖를 보고 말하기를 ‘나는 들으니, 관직에 오래 앉아 있는 자는 선비들이 질투하고, 녹봉이 후한 자는 백성들이 원망하고, 지위가 높은 자는

140) 孫叔敖 : 春秋 때 楚 莊王의 재상을 지낸 蔿敖를 가리킨다. 孫叔은 자이고, 敖는 이름이다. 장왕이 五霸의 한 사람이 되는 데에 크게 기여하였다.

군주가 싫어한다 합니다. 지금 相國께서는 이 세 가지 조건을 갖췄는데도 楚나라의 선비와 백성에게 죄를 얻지 않은 것은 무엇 때문입니까.'라고 하니, 손숙오가 '나는 楚나라 재상을 세 번 맡으면서도 마음은 더욱 낮추었고, 녹봉이 늘어날 때마다 베푸는 범위를 더욱 넓혔고, 지위가 높아질수록 예를 더욱 공손하게 하였다.

○ 盧文弨曰 瘉는 與愈同이라 元刻엔 卽作愈라

○ 盧文弨 : 瘉는 '愈'와 같다. 元刻本에는 곧 '愈'로 되어 있다.

32-42 是以不得罪於楚之士民也라하니라

이 때문에 楚나라의 선비와 백성들에게 죄를 얻지 않을 수 있었다.'라 했다."

32-43 子貢問於孔子曰 賜爲人下而未知也라하니

子貢이 孔子에게 물었다.
"저는 남에게 겸손한 사람이 되고 싶지만 〈어떻게 해야 할지〉 모르겠습니다."

下는 謙下也라 子貢問欲爲人下나 未知其益也라

楊倞注 : 下는 겸손하다는 뜻이다. 子貢이 남에게 겸손한 사람이 되고 싶지만 그 유익한 방법을 모르겠다고 물은 것이다.

32-44 孔子曰 爲人下者는 乎[141]其猶土也라 深抇(골)之而得甘泉焉하고

孔子가 말하였다.
"남에게 겸손한 사람은 저 흙과 같아야 한다. 그것을 깊이 파면 물맛이 좋은 샘을 얻을 수 있고

---

141) 乎 : 王天海는 ≪說苑≫과 ≪孔子家語≫에 '者' 밑에 모두 '乎'자가 없고 ≪韓詩外傳≫에 '爲人下其猶土乎'로 되어 있는 것을 근거로 들어 "乎는 夫와 같다. '夫其猶土也'는 저 그것은 흙과 같아야 한다는 것을 이른다. 乎는 마땅히 아랫구로 붙여야 한다."라고 하면서 이것을 위로 붙여 읽어 '爲人下者乎'로 된 것은 모두 틀린 것이라고 하였다. 일리가 있으므로 이에 따랐다.

扣은 掘也니 故沒反이라

楊倞注 : 扣은 파낸다는 뜻이니, 〈음이〉 故와 沒의 반절이다.

32-45 **樹之而五穀蕃焉**하며 **草木殖焉**하고 **禽獸育焉**하며 **生則立焉**하고 **死則入焉**이라 **多其功而不(息)〔悳〕**[142]이라

그 위에 작물을 심으면 五穀이 무성하며, 초목이 그 속에서 생장하고 온갖 짐승이 그 속에서 생육하며, 살아서는 그 위에 서 있고 죽어서는 그 속에 들어간다. 〈흙은〉 이처럼 그 공이 많은데도 스스로 공덕이 있다고 여기지 않는다.

○ 劉台拱曰 不息은 韓詩外傳春秋繁露山川頌說苑臣術篇엔 竝作不言이라 王引之曰[143] 言與息은 形聲皆不相近하니 若本是言字면 無緣誤爲息이라 息은 當爲(悳)〔悳〕[144]이라 (悳)〔悳〕은 古德字라 繫辭傳曰 有功而不德이 是也라 韓詩外傳春秋繁露說苑엔 作不言이나 意與不德同이라 俗書(悳)〔悳〕字作悳하니 形與息相似而誤라 大戴禮公冠篇靡不蒙(悳)〔悳〕이 今本誤作靡不息하니 是其證也라 家語困誓篇에 作多其功而不意어늘 王肅曰 功雖多而無所意也라하니 兩意字도 亦(悳)〔悳〕字之誤라 家語本於荀子하니 則荀子之本作(悳)〔悳〕明矣라 太平御覽地部二엔 正引作多其功而不德이라

○ 劉台拱 : 不息은 ≪韓詩外傳≫·≪春秋繁露≫〈山川頌〉·≪說苑≫〈臣術篇〉에는 모두 '不言'으로 되어 있다.

王引之 : 言과 息은 모양과 소리가 모두 서로 비슷하지 않으니, 만약 본디 '言'자였다면 '息'으로 잘못될 리는 없다. '息'은 마땅히 '悳'이 되어야 한다. '悳'은 옛 '德'자이다. ≪周易≫〈繫辭傳〉에 "有功而不德(공이 있더라도 은덕으로 여기지 않는다.)"이라 한 것이 이것이다. ≪韓詩外傳≫·≪春秋繁露≫·≪說苑≫에는 '不言'으로 되어 있으나,

142) (息)〔悳〕: 저본에는 '息'으로 되어 있으나, 王引之의 주에 의거하여 '悳'으로 바로잡았다.

143) 王引之曰 : 이 아래의 내용은 王念孫의 ≪讀書雜志≫〈荀子 8〉에 실려 있는 王引之의 말이다.

144) (悳)〔悳〕: 저본에는 '悳'으로 되어 있으나, ≪讀書雜志≫에 의거하여 '悳'으로 바로잡았다. '悳'과 '悳'은 같은 글자이지만 내용상 구분이 필요하므로, 아래에도 '俗書悳字作悳'에서 뒤의 '悳'자를 제외하고는 모두 '悳'으로 바로잡았다.

뜻은 '不德'과 같다. 통속적인 서체는 '悳'자가 '悳'으로 되어 있으니, 모양이 '息'과 서로 비슷하여 잘못된 것이다. ≪大戴禮記≫ 〈公冠篇〉의 '靡不蒙悳'이 지금 판본에는 '靡不息'으로 잘못되어 있으니, 이것이 그 증거이다. ≪孔子家語≫ 〈困誓篇〉에 '多其功而不意'로 되어 있는데, 王肅이 말하기를 "功雖多而無所意也(공이 비록 많더라도 은덕으로 여기는 일이 없다.)"라 하였으니, 이 두 '意'자도 '悳'자의 잘못이다. ≪공자가어≫는 ≪荀子≫에 뿌리를 두었으니, ≪순자≫가 본디 '悳'으로 되어 있었을 것이 분명하다. ≪太平御覽≫ 〈地部2≫에는 ≪순자≫를 바르게 인용하여 '多其功而不德'으로 되어 있다.

32-46 爲人下者는 其猶土也라하니라

남에게 겸손한 사람은 흙과 같아야 한다."

32-47 昔虞不用宮之奇而晉幷之하고 萊不用子馬而齊幷之하며

옛날에 虞나라는 宮之奇를 임용하지 않아 晉나라가 幷呑하고, 萊나라는 子馬를 임용하지 않아 齊나라가 병탄하였으며,

宮之奇는 虞賢臣이라 諫不從하여 以其族行이라 子馬는 未詳其姓名이라 左氏傳曰 襄二年에 齊侯伐萊하니 萊人使正輿子賂夙沙衛하되 以索馬牛皆百匹이라하고 又六年에 齊侯伐萊하니 萊人使王湫帥(솔)師及正輿子軍齊師어늘 齊師大敗之하고 遂滅萊라하니라 或曰 正輿子字子馬라 其不用未聞이라하니라 說苑에 諸御己諫楚莊王曰 曹不用僖負羈而宋幷之하고 萊不用子猛而齊幷之라하니라 據年代하면 齊滅萊在楚莊王後하니 未詳諸御己之諫也라 ○ 盧文弨曰 諸御己는 舊本譌作諸卿己라 今據說苑正諫篇改正이라 郝懿行曰 說苑正諫篇子馬作子猛이라 猛馬雙聲[145]이니 疑卽一人이나 而據說苑하면 此人年代在前하니 楊注云云이 是也라 或說以左傳閔子馬라 據世族譜[146]하면 閔子馬卽閔馬父요 係魯雜人[147]하니 豈萊不用

145) 猛馬雙聲 : 雙聲은 음운학 용어로서 두 글자 이상으로 된 단어에서 각 글자의 최초 子音이 같은 것을 말한다. 猛의 자음은 'm'인데 馬의 자음도 그와 같기 때문에 하는 말이다.

146) 世族譜 : 淸나라 陳厚耀(1648~1722)가 편찬한 ≪春秋世族譜≫를 말한다.

147) 係魯雜人 : 閔子馬의 이름이 ≪春秋世族譜≫ 〈魯雜姓氏名號〉에 들어 있으므로 하는 말

而去之魯邪(야)아 **然此子馬見昭十八年傳**하니 **上距襄六年齊人滅萊之歲四十餘年矣**라 **世代在後差遠**하고 **又非萊人**이니 **無庸牽合**이라

楊倞注 : 宮之奇는 虞나라의 어진 신하이다. 간해도 〈군주가〉 따르지 않아 그의 가족을 데리고 떠나버렸다. 子馬는 그의 성명을 알 수 없다. ≪春秋左氏傳≫에 "襄公 2년에 齊侯가 萊나라를 정벌하자 萊나라 사람이 正輿子로 하여금 〈齊나라 太監〉 夙沙衛에게 精選한 말과 소 각 백 마리를 뇌물로 주게 하였다."라 하고, 또 襄公 6년에 "齊侯가 萊나라를 정벌하자 萊나라 사람이 王湫로 하여금 군대를 거느리고 正輿子와 함께 齊나라 군대를 공격하게 하였는데, 齊나라 군대가 그들과 〈교전하여〉 크게 패배시키고 마침내 萊나라를 멸망시켰다."라고 하였다. 혹자는 "正輿子의 자는 子馬이다. 그가 임용되지 못했다는 말은 들어보지 못했다."라고 하였다. ≪說苑≫ 〈正諫篇〉에 의하면 諸御己가 楚 莊王에게 간하기를 "曹나라는 僖負羈를 임용하지 않아 宋나라가 幷呑하고, 萊나라는 子猛을 임용하지 않아 齊나라가 병탄하였습니다."라고 하였다. 연대를 근거로 살펴보면 齊나라가 萊나라를 멸망시킨 일이 楚 莊王 이후에 있었으니, 諸御己가 간한 말이 사실인지 알 수 없다.

○ 盧文弨 : '諸御己'는 옛 판본에 '諸卿己'로 잘못되어 있다. 여기서는 ≪설원≫ 〈정간편〉에 의거하여 고쳐 바로잡았다.

郝懿行 : ≪설원≫ 〈정간편〉에는 '子馬'가 '子猛'으로 되어 있다. 猛과 馬는 雙聲이니 한 사람일 것으로 의심되나 ≪설원≫의 내용을 근거로 볼 때 이 사람은 〈萊나라가 멸망한 시기보다〉 연대가 앞에 있으니, 楊氏 주에서 말한 것이 옳다. 〈앞서 언급한〉 혹자의 설은 ≪춘추좌씨전≫ 襄公 23년의 閔子馬를 말한 것이다. ≪春秋世族譜≫에 의하면 閔子馬는 곧 閔馬父이고 魯나라의 잡다한 사람들 속에 들어 있으니, 혹시 萊나라가 자기를 임용하지 않으므로 떠나 魯나라로 가지 않았는가 싶다. 그러나 이 '子馬'는 ≪춘추좌씨전≫ 昭公 18년(B.C. 524)에 보이니, 위로 齊나라가 萊나라를 멸망시킨 襄公 6년(B.C. 567)까지는 그 햇수의 차이가 40여 년이다. 그 세대가 뒤로 약간 멀리 있고 또 萊나라 사람이 아니니, 억지로 끌어다가 맞출 것은 없다.

32-48 **紂刳王子比干**[148]**而武王得之**라 **不親賢用知**라 **故身死國亡也**라

이다.

148) 紂刳王子比干 : 比干은 紂王의 친족으로, 숙부라는 설과 이복형이라는 설이 있다. 그가 바른말로 주왕에게 충고하자 주왕이 노하여 "내가 듣기로는 聖人의 심장에는 구멍 일곱

紂王은 왕자 比干의 〈심장을〉 도려내어 〈그로 인해〉 武王이 천하를 얻을 수 있게 하였다. 〈군주가〉 현능한 사람을 가까이하고 지혜로운 사람을 임용하지 않았기 때문에 그 자신이 살해되고 나라가 멸망하였던 것이다.

32-49 爲說者曰[149] 孫卿不及孔子라하나 **是不然**이라 **孫卿迫於亂世**하고 **鰌於嚴刑**하니 **上無賢主**하고 **下遇暴秦**하여 **禮義不行**하고 **敎化不成**이라 **仁者絀約**하여 **天下冥冥**하고 **行全刺之**하여 **諸侯大傾**이라 **當是時也**하여 **知者不得慮**하고 **能者不得治**하고 **賢者不得使**라 **故君上蔽而無覩**하여 **賢人距而不受**라 **然則孫卿懷將聖[150]之心**이나

어떤 논조를 펴는 사람은 "孫卿(荀子)은 孔子에 미치지 못한다."라고 말하지만 이는 그렇지 않다. 손경은 혼란한 세상에 내몰리고 혹독한 형벌에 차였으니, 위로 현명한 군주가 없고 아래로 포악한 秦나라를 만나 禮義가 행해질 수 없고 교화가 이루어질 수 없었다. 어진 사람은 쫓겨나 궁하게 살아 천하가 온통 암흑으로 변하고, 덕행이 완전한 사람은 비난을 받아 제후들이 서로 크게 배척하였다. 이때를 당하여 지혜 있는 사람도 생각을 펴지 못하고, 능력 있는 사람도 정사를 다스리지

개가 있다고 하였다. 과연 정말로 있는지 봐야겠다."라 하고, 그를 죽여 배를 갈라 심장을 도려냈다고 한다.

149) 爲說者曰 : 이 아래의 문장은 贊의 형식을 취한 것으로, 韻部를 바꿔가며 押韻하였다. 운자는 刑·秦·成·冥·傾·治·使·受·愚·白·博·儀·化·過·何·治·時·之·疑·明·行·綱·王·良·匡·狂·强·殃·名·生·成·賢 등 모두 32자이다. 이 글에 관해 物雙松은 "이 글은 비록 荀子 제자의 문장이긴 하지만 先秦의 古文이다."라 하고, 冢田虎는 "이 序는 누구의 문장인지 알 수 없다. 순자의 제자가 쓴 것이라 하더라도 그를 聖人에 견주었으니, 어쩌면 그렇게도 평가가 지나치단 말인가. 제자로서 자기 스승을 높이는 것은 사실 예의상 그럴 수는 있다. 그러나 평가가 너무 지나치면 도리어 세상의 조롱을 초래하여 분명히 스승의 덕을 손상시킬 것이니, 이 또한 예의가 아니지 않은가."라 하고, 楊柳橋는 "이 글은 후배 문인이 〈正論篇〉을 모방하여 순자를 논한 것이다."라 하고, 王天海는 "이 글은 아마도 ≪순자≫의 後序일 것이니, 사리로 볼 때 마땅히 따로 배치해야 한다. 그러나 누가 지었고 또 언제 이 편에 편입되었는지 알 수 없다."라고 하였다.

150) 將聖 : '大聖'과 같은 것으로, 위대한 聖人이란 뜻이다. ≪論語≫ 〈子罕〉의 "天縱之將聖"의 '將'에 대한 邢昺의 疏에 "將은 '大'의 뜻이다"라고 하였다.

못하고, 賢能한 사람도 임용되지 못했다. 그러므로 군주는 耳目이 가려져서 보지 못하고, 현능한 사람은 거절당해 받아들여지지 않았다. 이렇기 때문에 손경이 위대한 聖人의 마음을 품고 있었으나

○ 盧文弨曰 懷將聖은 宋本엔 作將懷聖하니 誤라 今訂正이라

○ 盧文弨 : '懷將聖'은 宋本에는 '將懷聖'으로 되어 있으니, 잘못되었다. 여기서는 校訂하여 바로잡았다.

32-50 蒙佯狂之色하여 視天下以愚라 詩曰 旣明且哲하여 以保其身이라하니 此之謂也라 是其所以名聲不白하여 徒與不衆하고 光輝不博也라 今之學者 得孫卿之遺言餘教면 足以爲天下法式表儀하여 所存者神하고 所過者化리라

미친 기색으로 가장하여 천하 사람들에게 어리석은 사람으로 보이게 하였던 것이다. ≪詩經≫ 〈大雅 烝民〉에 "〈이치에〉 이미 밝고 〈사정을〉 살펴 그의 몸 고스란히 보전하였네."라 하였으니, 이런 사람을 두고 하는 말이다. 이것이 곧 그가 명성이 드러나지 않아 門徒들이 많지 않고 비치는 광채가 넓지 않았던 까닭이다. 오늘날의 학자가 孫卿이 남긴 말씀과 가르침을 얻을 수 있다면 충분히 천하의 준칙과 모범이 되어, 그가 머물러 있는 곳은 사람들이 신명처럼 〈두려워하고〉 그가 지나가는 곳은 사람들이 동화될 것이다.

○ 盧文弨曰 所過는 宋本엔 作所遇하니 誤라 古音存神一韻이요 過化一韻이니 此句中之韻也라

○ 盧文弨 : '所過'는 宋本에는 '所遇'로 되어 있으니, 잘못되었다. 옛 음은 '存'과 '神'이 같은 韻이고, '過'와 '化'가 같은 韻이니, 이것은 句 속에 있는 韻이다.

32-51 觀其善行하면 孔子弗過어늘 世不詳(상)察하고 云非聖人은 奈何오 天下不治는 孫卿不遇時也라 德若堯禹나 世少知之하고 方術不用하고 爲人所疑라 其知至明하고 循道正行은 足以爲紀綱이라

그의 좋은 덕행을 살펴보면 孔子라도 그를 뛰어넘을 수 없는데도 세상 사람들

이 자세히 살피지 않고 聖人이 아니라고 말하는 것은 어째서인가. 천하가 다스려지지 못한 것은 孫卿이 때를 만나지 못해 〈쓰이지 않았기 때문이다.〉 그의 덕행은 堯·禹와 같은데도 세상에는 그를 아는 이가 적고 〈그의 국가를 다스리는〉 방법은 쓰이지 않고 도리어 사람들의 의심을 받았다. 그의 지혜는 지극히 총명하였고 그가 正道를 따르고 행동을 바르게 취한 것은 충분히 사람들의 모범이 될 만하였다.

○ 盧文弨曰 紀綱은 舊本誤倒하여 與上下韻不協이라

○ 盧文弨 : '紀綱'은 옛 판본에는 〈'綱紀'로〉 잘못 순서가 바뀌어 위아래 운자와 맞지 않았다.

32-52 嗚呼賢哉라 宜爲帝王이라 天地不知하여 善桀紂하고 殺賢良이라 比干剖心하고 孔子拘匡[151)]하고 接輿避世[152)]하고 箕子佯狂[153)]하며 田常爲亂[154)]하고 闔閭擅强[155)]이라 爲惡得福하고 善者有殃이라 今爲說者又不察其實하여 乃信其名[156)]이라 時世不同하니 譽何由生이며 不得爲政하니 功安能成이리오 志修[157)]德厚어늘 孰謂不賢乎아

---

151) 孔子拘匡 : 匡은 春秋 때 宋나라 고을인 匡城鄕이다. 孔子가 56세 때인 B.C. 496년에 衛나라에서 陳나라로 가기 위해 匡城縣을 지나갈 때 그 지역 사람들이 공자를 보고 지난날 자기들을 침해한 적이 있는 陽虎로 오해하여 길을 막고 포위한 일을 말한다.

152) 接輿避世 : 接輿는 春秋 때 楚나라 隱士로, 미친 것으로 가장하여 세상을 피했다. 일설에 그의 성명은 陸通이고 接輿는 자라고 하였다.

153) 箕子佯狂 : 箕子는 紂王의 친족이다. 比干이 살해된 뒤에 머리를 풀어헤치고 거짓으로 미쳐 노예가 되었다가 주왕에 의해 감옥에 구금되었다.

154) 田常爲亂 : 田常는 春秋 때 齊나라 대신 田成子이다. 田恒·陳恒·陳成子라 하기도 한다. B.C. 481년에 齊 簡公을 죽이고 齊 平公을 옹립한 뒤에 재상이 되었다. 이때부터 姜氏 성의 齊나라 정권이 완전히 田氏의 통제를 받았다.

155) 闔閭擅强 : 闔閭는 春秋 때 吳나라 군주로 이름은 光이다. 吳王 諸樊의 아들이다. 吳王 僚가 그의 아버지 餘昧의 뒤를 이어 즉위하자, 光이 불만을 품고 專諸를 시켜 오왕 요를 찔러 죽인 뒤에 즉위하였다. 그 뒤에 楚나라에서 도망해온 伍員을 行人으로 임용하고 전략가 孫武를 장군으로 삼아 국력이 부강해지므로 楚나라를 공격하여 약화시켰다.

156) 名 : 전해들은 말이라는 뜻이다.

157) 修 : 아름답다는 뜻이다.

아, 賢能하도다. 그는 마땅히 제왕이 되었어야 했다. 하늘과 땅이 〈善과 惡을〉 분별하지 못해 夏桀·商紂를 찬미하고 덕과 재능이 있는 사람을 살해하였다. 比干은 심장이 도려내지고 孔子는 匡城에서 포위당했고 接輿는 세상을 피해 숨었고 箕子는 미친 것으로 가장하였으며, 田常은 반란을 일으켜 〈재상이 되고〉 闔閭는 권력을 독단하여 위세를 부렸다. 이렇듯 악한 짓을 한 자는 복을 얻고 선을 행하는 자는 화를 입었다.

지금 저 그 논조를 펴는 사람은 또 그 실제 정황을 살펴보지는 않고 마침내 그 전해들은 것만 믿은 것이다. 시대가 〈상고 때와〉 같지 않았으니 명예가 어디서 생기겠으며, 국가의 정사를 관장하지 않았으니 공적이 어찌 이뤄질 수 있겠는가. 의지가 아름답고 덕이 두터웠는데, 누가 그를 현능하지 않다고 말할 수 있겠는가.

自爲說者[158]已下는 荀卿弟子之辭라

楊倞注 : '爲說者'부터 이하는 荀卿 제자의 말이다.

158) 爲說者 : 앞(32-49)의 '爲說者'를 가리킨다.

〔附錄 1〕

≪史記≫〈荀卿列傳〉[1]

荀卿은 趙人이라 年五十始來游學於齊라 騶衍[2]之術은 迂大而閎[3]辯하고 奭[4]也文具難施하고 淳于髡[5]久與處면 時有得善言이라 故齊人頌曰 談天衍이요 雕龍奭이요 炙轂過[6]髡이라하니라 田駢[7]之屬皆已死하여 齊襄王時엔 而荀卿最爲老師라 齊尙脩列大夫[8]之缺하여 而荀卿三爲祭(좨)酒[9]焉이라 齊人或讒荀卿하여 荀卿乃適楚하니 而春申君以爲蘭陵令[10]이라 春申君死而荀卿廢하고 因家蘭

---

1) ≪史記≫〈荀卿列傳〉: 저본은 四庫全書本으로 하였으며, ≪史記≫ 권74〈列傳〉14에 실려 있다.

2) 騶衍 : 약 B.C. 305~B.C. 240. 鄒衍으로 표기하기도 한다. 齊나라 사람으로, 稷下에 거주하였다. 일찍이 魏·燕·趙 등 각국 제후의 존경을 받았는데, 燕 昭王은 碣石宮을 지어 제공하고 직접 찾아가 스승으로 받들었다. 다섯 가지 德이 번갈아 회전한다는 五德轉移說을 제기하여 각 왕조마다 土·木·金·火·水 五行 가운데 하나의 지배를 받는데 五行相克의 순서에 따라 순환하고 국가의 興亡도 반드시 미리 조짐이 있다고 하였다.

3) 閎 : '雄'과 통한다.

4) 奭 : 鄒奭을 말한다. 齊나라 사람이다. 鄒衍의 학설을 채택하였는데 그 문장이 아름답게 수식하는 것을 지향하여 마치 용무늬를 조각하는 것과 같았다고 한다. 淳于髡 등과 함께 齊나라 왕에게 총애를 받았다.

5) 淳于髡 : 齊나라 사람으로 처가에 붙어살던 천민이었는데, 학문이 깊고 말재주가 좋아 齊 威王이 稷下에서 학자를 초빙할 때 大夫로 등용되었다.

6) 過 : '鍋'와 통한다.

7) 田駢 : 陳駢으로 표기하기도 한다. 齊나라 사람이다. 淸靜無爲로 세상을 다스린다는 道家의 학술을 익혀 齊 宣王 때 稷下에서 학문을 강론하였다.

8) 列大夫 : 작위의 명칭으로, 中大夫의 다른 이름이다.

9) 祭(좨)酒 : 齊나라 稷下 學官의 尊長으로 列大夫의 首長이다. 옛 예법에 제사나 연회 때 나이가 가장 많은 사람이 술잔을 들어 땅 신에게 제사를 지냈기 때문에 나이 많은 사람에 대한 존칭으로 사용되다가 漢나라 때 한 부처의 首長인 관직명이 되었다.

陵이라

荀卿은 趙나라 사람이다. 그의 나이 50세 때 비로소 齊나라로 와서 游學하였다. 騶衍(鄒衍)의 학설은 오활하고 과장되어 장광설을 늘어놓았고, 鄒奭의 문장은 완전하지만 현실에 적용되기 어려웠고, 淳于髡은 그와 오랫동안 함께 지내다 보면 가끔 좋은 말을 들을 수 있었다. 이 때문에 齊나라 사람이 칭송하기를 "심오한 하늘의 이치를 말하는 騶衍이요, 용무늬를 아로새긴 듯 〈문장이 아름다운〉 鄒奭이요, 수레바퀴에 〈칠할 기름을 담은〉 통에 열을 가할 때 〈흐르는 기름처럼 지혜가 끊임없이 나오는〉 淳于髡이다."라고 하였다.

田駢의 무리는 모두 이미 죽어 齊 襄王 때에는 荀卿이 가장 나이가 많은 스승이었다. 齊나라에서는 그때까지도 列大夫의 결원을 보충하였으므로 荀卿이 세 번이나 祭酒가 되었다. 齊나라의 어떤 사람이 荀卿을 모함하여 荀卿이 마침내 楚나라로 가니 楚나라 재상 春申君이 蘭陵令으로 삼았다. 春申君이 죽은 뒤에 荀卿은 폐출되었고 그대로 蘭陵에 정착하였다.

李斯[11)]**嘗爲弟子**라가 **已而相秦**이라 **荀卿嫉濁世之政**으로 **亡國亂君相屬**하여 **不遂**[12)]**大道而營**[13)]**於巫祝**[14)]하여 **信禨祥**하며 **鄙儒小拘**하고 **如莊周**[15)]**等又猾稽**

---

10) 春申君以爲蘭陵令 : 春申君은 楚나라 大臣 黃歇(?~B.C. 238)의 封號이다. 楚 考烈王 때 令尹이 되고 春申君에 봉해졌다. 齊나라 孟嘗君, 趙나라 平原君, 魏나라 信陵君과 함께 당대의 명사로, 그의 집에 출입하는 門客이 3천 명이나 되었다고 한다. 蘭陵은 楚나라 邑으로, 지금의 山東 嶧縣 동쪽 지역이다. 荀子가 楚 考烈王 8년(B.C. 255)에 蘭陵令이 되었다.

11) 李斯 : B.C. 284~B.C. 208. 楚나라 上蔡 사람으로, 자는 通古이다. 秦始皇을 도와 천하를 통일하고 郡縣制를 실시하여 중앙 집권을 확립하였다. 아울러 焚書坑儒를 행하여 사상 통일을 꾀하고 문자를 통일하여 小篆을 제정하였다.

12) 遂 : 여기서는 '순종하다'의 뜻이다.

13) 營 : '熒'과 통한다. 현혹된다는 뜻이다.

14) 巫祝 : 巫는 귀신을 섬기는 사람이고 祝은 제사 때 신을 찬양하는 말을 주관하는 사람인데, 여기서는 귀신과 접촉하여 길흉을 점치는 일종의 무당을 가리킨다.

15) 莊周 : 약 B.C. 369~약 B.C. 286. 전국시대 宋나라 蒙(지금의 河南省 商丘縣 동남 지방) 사람으로, 宋 戴公의 후손이다. 老子 이후 道家學派를 계승한 대표적인 인물이다. 莊子로

亂俗이라 **於是推儒墨道德**[16]**之行事興壞**하여 **序列著數萬言而卒**하여 **因葬蘭陵**이라

李斯는 일찍이 그의 제자가 되었다가 나중에 秦나라 재상이 되었다. 荀卿은 혼탁한 세상의 정사로 인해 멸망하는 국가와 난폭한 군주가 계속해서 나타나 正大한 도리를 따르지 않고 무당의 말에 현혹되어 吉凶의 징조를 믿는가 하면, 고루한 儒生들은 사소한 일에 구애를 받고 莊周 같은 자들이 또 터무니없는 익살로 풍속을 어지럽히는 행위를 증오하였다. 그리하여 儒家・墨家・道家가 행한 일의 성과와 실패를 규명하고 이것을 정리하여 수만 자를 저술한 뒤에 세상을 떠나 蘭陵에 장사 지냈다.

불린다.

16) 道德 : 老子의 저술이라는 ≪道德經≫의 약칭이나, 여기서는 道家를 뜻한다.

≪四庫全書總目提要≫ 〈荀子〉

荀子二十卷은 周荀況撰이라 況은 趙人이라 嘗仕楚爲蘭陵令이라 亦曰荀卿하고 漢人或稱曰孫卿하니 則以宣帝諱詢이라 避嫌名[17]也라 漢志儒家엔 載荀卿三十三篇[18]이어늘 王應麟考證[19]에 謂當作三十二篇이라 劉向校書序錄에 稱孫卿書凡三百二十三篇이니 以相校하여 除重複二百九十篇하고 定著三十(三)〔二〕[20]篇하여 爲十二卷하고 題曰新書라하니라 唐楊倞分易舊第하여 編爲二十卷하고 復(부)爲之注하여 更名荀子하니 卽今本也라 考劉向序錄하면 卿以齊宣王時來游稷下하고 後仕楚라가 春申君死而卿廢라 然史記六國年表에 載春申君之死[21]하니 上距宣王之末 凡八十七年[22]이라 史記稱卿年五十始游齊하니 則春申君死之年에 卿年當一百三十七矣라 於理不近이라 晁公武讀書志[23]에 謂

---

17) 嫌名 : '嫌'은 가깝다는 뜻으로, 다른 사람의 성명에 사용하는 글자와 음이 서로 가까운 글자를 말한다.

18) 荀卿三十三篇 : '荀卿'이 지금의 ≪漢書≫ 〈藝文志〉에는 '孫卿子'로 되어 있다.

19) 王應麟考證 : 王應麟(1223~1296)은 宋나라 慶元府 鄞縣 사람이다. 자는 伯厚, 호는 深寧居士인데 또 다른 호는 厚齋이다. 宋 理宗 淳祐 원년(1241)에 進士에 급제하고, 寶祐 4년(1256)에 博學宏詞科에 급제하여 禮部尙書 兼給事中을 역임하였다. 考證은 그의 저술인 ≪漢書藝文志考證≫을 말한다. 기타 저술로 ≪玉海≫・≪困學紀聞≫・≪玉堂類稿≫・≪掖垣類稿≫・≪通鑑地理考≫・≪深寧集≫ 등이 있다.

20) (三)〔二〕 : 저본에는 '三'으로 되어 있으나, 본서의 〈劉向孫卿書錄〉에 의거하여 '二'로 바로잡았다.

21) 史記六國年表 載春申君之死 : ≪史記≫ 권15 〈六國年表〉에 의하면 楚 考烈王 25년(B.C. 238)에 "李園이 春申君을 죽였다.〔李園殺春申君〕"라 하였는데, 이것을 말한다.

22) 上距宣王之末 凡八十七年 : 宣王은 齊 宣王을 말한다. 春申君은 B.C. 238년에 죽고 齊 宣王의 마지막 년도는 B.C. 301년이므로 그 기간은 63년에 지나지 않는다. 87년을 올라가면 그때는 齊 威王 30년인 B.C. 327년이다. 이 문구는 오류가 있는 것으로 보인다.

史記所云年五十爲年十五之譌라하니 **意其或然**이라 **宋濂荀子書後**엔 **又以爲襄王時游稷下**[24]하니 **亦未詳所本**이라 **總之**에 **戰國時人爾**이요 **其生卒年月**은 **已不可確考矣**라

≪荀子≫ 20권은 周代 荀況의 저술이다. 荀況은 趙나라 사람이다. 일찍이 楚나라에 벼슬하여 蘭陵令이 되었다. 또 荀卿이라 하기도 하고, 漢나라 때 사람은 간혹 '孫卿'이라 부르기도 하니, 그 이유는 漢 宣帝의 諱가 詢이므로 嫌名을 피하기 위해서였다.

≪漢書≫〈藝文志 儒家〉에는 '荀卿三十三篇'으로 실려 있는데, 王應麟의 ≪漢書藝文志考證≫에 "마땅히 '三十二篇'으로 되어야 한다."라고 하였다. 劉向이 荀卿의 글을 교감하고 쓴 〈序錄〉에 "孫卿의 글은 모두 323편인데 이것을 서로 대조하여 내용이 겹친 290편을 제외하고 32편으로 확정하여 12권으로 만들고 제목을 ≪孫卿新書≫라 했다."라고 하였다. 唐나라 楊倞이 이전의 목차를 바꿔 20권으로 편집하고 또 거기에 注를 붙여 이름을 ≪荀子≫로 고쳤으니, 이것이 곧 지금의 통행본이다.

劉向의 〈序錄〉을 살펴보면 荀卿은 齊 宣王 때 稷下로 와서 游學하였고 뒤에 楚나라에 벼슬살이를 하다가 春申君이 죽은 뒤에 荀卿은 폐출되었다. 그러나 ≪史記≫〈六國年表〉에 春申君이 죽은 내용이 실려 있는데, 〈그 햇수를 따져보면〉 위로 齊 宣王 마지막 연도까지 모두 87년이다. 그런데 ≪史記≫에는 荀卿이 50세 때 비로소 齊나라에 游學하였다고 하였으니, 그렇다면 春申君이 죽은 해에 荀卿의 나이는 분명히 137세가 되었을 것이므로 사리에 맞지 않다. 晁公武의 ≪郡齋讀書志≫에 "≪史記≫에서 말한 '年五十'은 '年十五'의 잘못이다."라고 하였으니,

---

23) 晁公武讀書志 : 晁公武는 宋나라 濟州 巨野 사람이다. 자는 子止, 호는 昭德先生이다. 孝宗 때 吏部侍郎을 역임하였다. ≪讀書志≫는 그의 저술인 ≪郡齋讀書志≫를 말한다.

24) 宋濂荀子書後 又以爲襄王時游稷下 : 宋濂(1310~1381)은 元末明初의 浙江 浦江 사람이다. 자는 景濂, 호는 潛溪이다. 그의 문집인 ≪文憲集≫ 권27 〈雜著 諸子辯〉의 "荀子十卷 趙人荀卿撰(≪荀子≫는 10권이다. 趙나라 사람인 荀卿의 저술이다.)"으로 시작되는 글 속에 "卿以齊襄王時游稷下(荀卿은 齊 襄王 때 稷下에 游學하였다.)"라는 내용이 있다. 齊 襄王의 이름은 法章으로, 湣王의 아들이다. B.C. 283년부터 B.C. 265년까지 19년 동안 재위하였다.

아마도 그것이 맞을 것 같다.

宋濂이 ≪荀子≫ 뒤쪽에 쓴 글에는 또 齊 襄王 때 稷下에 游學하였다고 했는데, 이 또한 어디에 근거한 말인지 알 수 없다. 〈여러 설을〉 종합해볼 때 戰國 때 사람이라는 것만 확실할 뿐, 그의 생몰연월에 관해서는 이미 확실하게 살펴볼 수가 없다.

況之著書는 **主於明周孔之敎**하여 **崇禮而勸學**이라 **其中最爲口實者**는 **莫過於非十二子及性惡兩篇**이라 **王應麟困學紀聞**엔 **據韓詩外傳所引**에 **卿但非十子**하고 **而無子思孟子**하여 **以今本爲其徒李斯等所增**[25)]이라 **不知子思孟子後來論定爲聖賢耳**라 **其在當時固亦卿之曹偶**니 **是猶朱陸之相非**[26)]하여 **不足訝也**라 **至其以性爲惡**하고 **以善爲僞**는 **誠未免於理未融**이라 **然卿恐人恃性善之說**하여 **任自然而廢學**하여 **因言性不可恃**니 **當勉力於先王之敎**라 **故其言曰 凡性者**는 **天之所就也**라 **不可學**하고 **不可事**하며 **禮義者**는 **聖人之所生也**라 **人之所學而能**하고 **所事而成者也**라 **不可學**하고 **不可事(而)〔之〕在(人)〔天〕**[27)]**者**를 **謂之性**이요 **可學而能**하고 **可事而成之在人者**를 **謂之僞**라 **是性僞之分也**라하니 **其辨白僞字甚明**이라 **楊倞註亦曰 僞**는 **爲也**라 **凡非天性而人作爲之者**는 **皆謂之僞**라 **故僞字人旁加爲**니 **亦會意**[28)]**字也**라하여 **其說亦合卿本意**라 **後人昧於訓**詁하여 **誤以爲眞僞之僞**하고 **遂譁然**掊**擊**하여 **謂卿蔑視禮義 如老莊之所言**이라 **是非惟**

---

25) 王應麟困學紀聞……以今本爲其徒李斯等所增 : 王應麟의 ≪困學紀聞≫ 권10 〈諸子〉에 "荀卿의 〈非十二子〉가 ≪韓詩外傳≫에 인용되어 있는데, 거기에는 열 사람만 거론하고 子思와 孟子는 없다. 내 생각에 荀卿이 子思와 孟子를 비평한 것은 아마도 그의 문인인 韓非와 李斯 무리가 그 스승의 설을 가탁하여 聖賢을 헐뜯은 것일 것이다. 마땅히 ≪韓詩外傳≫을 정당한 것으로 보아야 할 것이다."라고 하였다.

26) 朱陸之相非 : 朱陸은 宋나라 때의 朱熹(1130~1200)와 陸九淵(1139~1193)을 가리킨다. 朱熹는 理學을 집대성한 사람이고 陸九淵은 心學의 창시자이다. 철학체계가 서로 달라 회합과 서신을 통해 논쟁을 벌였다.

27) (而)〔之〕在(人)〔天〕: ≪四庫全書總目提要≫에는 '而在人'으로 되어 있으나, ≪荀子≫ 〈性惡篇〉(23-18) 顧千里의 주에 의거하여 '之在天'으로 바로잡았다.

28) 會意 : 六書의 하나로, 두 개 이상의 글자가 한데 모여 하나의 뜻을 표시하는 造字法이다.

未睹其全書라 **卽性惡一篇**도 **自篇首二句以外**엔 **亦未竟讀矣**리라

荀況이 쓴 글은 周公과 孔子의 가르침을 위주로 하여 禮義를 존중하고 학문을 권장하였다. 그중에서 가장 사람들의 비난거리가 된 부분은 〈非十二子〉와 〈性惡〉 두 편이 가장 심하다.

王應麟의 ≪困學紀聞≫에는 ≪韓詩外傳≫에 인용된 글에 荀卿이 열 사람만 비평하고 子思와 孟子가 없다는 것에 의거하여 지금 판본의 내용은 그의 문인인 李斯 등이 추가했을 것이라고 하였다. 〈또 한편 생각하면 荀卿이〉 子思와 孟子가 나중에 聖賢으로 論定될 것을 몰랐을 것이다. 이들이 그 당시에는 사실 또한 荀卿의 동류였으니, 이는 朱熹와 陸九淵이 서로 비평했던 경우와 같아 그다지 이상할 것도 없다.

본성을 악하다 하고 善을 僞(人爲)이다 한 것은 사실 이치에 대해 분명히 알지 못했다는 비난을 면할 수 없다. 그러나 荀卿은 사람들이 본성은 善하다는 설을 믿고서 자연에 내맡기고 배우는 일을 그만두지나 않을까 염려되어, 본성이란 믿을 수 없으니 마땅히 고대 聖王의 가르침에 대해 힘써 배울 것을 말하였다.

그러므로 그의 말에 "대체로 본성은 천연으로 이루어진 것이어서 배워서 그렇게 될 수 없고 노력으로 그렇게 될 수 없으며, 禮義는 聖人이 만들어낸 것이어서 사람들이 배움을 통해 해낼 수 있고 노력을 통해 이룰 수 있는 것이다. 배워서 그렇게 될 수 없고 노력으로 만들어낼 수 없는 것으로 하늘에 달려 있는 것을 본성이라 이르고, 배움을 통해 해낼 수 있고 노력을 통해 이룰 수 있는 것으로 사람에게 달려 있는 것을 人爲라 이른다. 이것이 본성과 人爲의 구분이다."라고 하였으니, 그가 '僞'자의 뜻을 밝혀놓은 것이 매우 분명하다.

楊倞의 주에도 "僞는 행한다는 뜻이다. 일반적으로 天性으로 된 것이 아니고 사람이 作爲한 것은 모두 '僞'라 이르기 때문에 '僞'자가 사람인변(亻)에 爲를 보탠 것이니, 이 또한 會意 글자이다."라고 하여 그 설 또한 荀卿의 본의와 부합된다.

그런데 후세 사람들이 訓詁에 어두워 '眞僞'의 '僞'로 잘못 이해하고 마침내 떠들썩하게 배격하여 荀卿이 禮義를 멸시하는 것이 마치 老子와 莊子가 말한 것과 같다고 여겼다. 이것은 그의 글 전체를 보지 못했을 뿐만 아니라 〈性惡〉 한 편도 그

편의 첫머리 두 구를 제외하고는 끝까지 읽어보지 못해서일 것이다.

平心而論하면 **卿之學源出孔門**하여 **在諸子之中最爲近正**하니 **是其所長**이요 **主持太甚**하여 **詞義或至於過當**하니 **是其所短**이라 **韓愈大醇小疵[29]之說**이 **要爲定論**이요 **餘皆好惡**(오)**之詞也**라

냉정하게 논하면 荀卿의 학문은 근원이 孔子의 門下에서 나와 諸子 중에서는 가장 표준에 가까우니 이것은 그의 장점이고, 주장이 너무 강해 말의 의미가 간혹 적당한 선을 넘어가기까지 하니 이것은 그의 단점이다. 韓愈의 "약간의 결점은 있어도 대체로 괜찮다.〔大醇小疵〕"라는 설이 요컨대 定論이고, 나머지 〈다른 사람들이 하는 말은〉 모두 〈무턱대고〉 좋아하거나 싫어하는 내용이다.

楊倞所註亦頗詳洽이라 **唐書藝文志**에 **以倞爲楊汝士子**나 **而宰相世系表**엔 **則載楊汝士三子**하니 **一名知溫**이요 **一名知遠**이요 **一名知至**며 **無名倞者**라 **表志同出歐陽脩[30]手**하니 **不知何以互異**라 **意者倞或改名**으로 **如溫庭筠[31]之一名岐歟**아

楊倞의 註解 또한 매우 상세하고 해박하다. ≪新唐書≫ 〈藝文志〉에 楊倞을 楊汝士의 아들이라 하였으나 ≪新唐書≫ 〈宰相世系表〉에는 楊汝士의 세 아들이 실려 있는데 그 이름이 하나는 知溫, 하나는 知遠, 하나는 知至이며, 이름이 倞이라는 사람은 없다. 表와 志는 모두 歐陽脩의 손에서 나왔는데 무엇 때문에 서로 다른지 알 수 없다. 어쩌면 倞자가 혹시 고친 이름으로 溫庭筠의 다른 이름이 岐라는 것과 같은 경우가 아닌지 모르겠다.

---

29) 大醇小疵 : 약간의 결점은 있어도 대체로 괜찮다는 뜻이다. 韓愈의 ≪昌黎集≫ 권11 〈雜著 讀荀〉에 보인다.

30) 歐陽脩 : 1007~1072. 宋나라 吉州 廬陵 사람이다. 자는 永叔, 호는 醉翁이고 별호는 六一居士이다. 唐宋八大家의 한 사람이다. 宋祁 등과 ≪新唐書≫를 편수하였다.

31) 溫庭筠 : 약 812~약 866. 唐나라 幷州 祁縣 사람이다. 본명은 岐이고, 자는 飛卿이다. 詩와 詞를 잘 지어 李商隱과 명망이 대등하였다.

劉向孫卿書錄[32] 劉向의 ≪孫卿新書≫에 관한 書錄

荀卿新書〔十二卷〕[33]三十二篇 ≪荀卿新書≫ 12권 32편

○ 盧文弨曰 案宋本新書下有十二卷三字하고 或疑是二十卷이나 皆非也라 但作三十二篇爲是라 今本漢書藝文志에 作三十三篇하니 誤也[34]라

○ 盧文弨 : 살펴보건대, 宋本에는 '新書' 밑에 '十二卷' 세 자가 있고 혹자는 이것은 '二十卷'일 것이라고 의심하지만 모두 틀렸다. '三十二篇'으로만 되어 있는 것이 옳다. 지금 판본인 ≪漢書≫ 〈藝文志〉에는 '三十三篇'으로 되어 있으니, 이는 잘못된 것이다.

勸學篇第一

脩身篇第二

---

32) 劉向孫卿書錄 : 저본에는 '劉向孫卿書錄'이 없으나, 嚴可均(762~1843)의 ≪全上古三代秦漢三國六朝文≫ 권37에 의거하여 보충하였다. ≪漢書≫ 〈謝該傳〉 주에는 '劉向孫卿子後序'로 되어 있고, ≪漢書藝文志攷證≫에는 '劉向校讎書錄序'로 되어 있다.

劉向(B.C. 약77~B.C. 6)은 西漢 沛縣(지금의 江蘇省 일대이다.) 사람이다. 劉歆의 아들로, 본명은 更生이고, 자는 子政이다. 漢 元帝 때 散騎宗正給事中으로 있으면서 弘恭과 石顯 등 환관을 반대하다가 모함을 받아 하옥되었다. 成帝가 즉위한 뒤에 등용되어 이름을 向으로 바꾸었고 護左都水使 光祿大夫가 되었다. 이때 성제의 명에 따라 궁중 서고에 소장된 經傳·諸子·詩賦 등 각종 서적을 교열하면서 한 서책의 교열이 끝나면 그때마다 그 要旨를 정리하여 황제에게 올렸는데, 이것을 第錄, 敍錄, 別錄이라 하였다. 이 글은 ≪荀子≫를 교정한 뒤에 쓴 第錄이다. 본문 첫머리의 '臣向言'과 말미의 '臣向昧死上言'으로 보아 황제에게 보고하는 형식이지만 번역의 편의상 敬語를 쓰지 않았다.

33) 〔十二卷〕: 저본에는 '十二卷'이 없으나, 王天海의 설에 의거하여 보충하였다.

34) 今本漢書藝文志……誤也 : ≪荀子≫의 편수는 32편이 맞지만 ≪漢書≫ 〈藝文志〉에 33편이라 한 것은 목차 1권을 포함한 것이므로 잘못되었다고 볼 수 없다. 그런데 盧文弨는 이것을 간과하고 그만 잘못된 것이라고 한 것이다.

不苟篇第三

榮辱篇第四

非相篇第五

非十二子篇第六

仲尼篇第七

成相篇第八

儒效篇第九

王制篇第十

富國篇第十一

王霸篇第十二

君道篇第十三

臣道篇第十四

致仕篇第十五

議兵篇第十六

强國篇第十七

天論篇第十八

正論篇第十九

樂論篇第二十

解蔽篇第二十一

正名篇第二十二

禮論篇第二十三

宥坐篇第二十四

子道篇第二十五

性惡篇第二十六

法行篇第二十七

哀公篇第二十八

大略篇第二十九

堯問篇第三十

君子篇第三十一

賦篇第三十二

護左都水使(시)者 光祿大夫 臣向言[35)]이라 **所校讎中孫卿書**는 **凡三百二十二篇**이니 **以相校**하여 **除復重二百九十篇**하고 **定著三十二篇**하여 **皆以定**[36)]하고 **殺**(쇄) **靑簡書**하니 **可繕寫**라

護左都水使者 光祿大夫 臣 劉向은 말씀을 〈올린다.〉 교감한 궁중 서고의 ≪孫卿書≫는 모두 322편인데 이것을 서로 대조하여 내용이 겹친 290편을 제외하고 32편으로 확정하여 이것을 모두 탈고하고 殺靑한 竹簡에 썼으니, 이제 淨書할 수 있게 되었다.

孫卿은 **趙人**이니 **名況**이라 **方齊(宣王威王)〔威宣王〕**[37)]**之時**에

35) 護左都水使(시)者……臣向言 : 護左都水使者는 하천과 저수지를 관리하는 일을 맡은 三輔都水官을 총괄하는 관직이다. 西漢 때 太常·少府·大司農과 三輔 등 지역에 모두 都水官이 있었는데, 武帝 때 都水官의 숫자가 많아 이를 통제하기 위해 左·右都水使者를 두었다. 光祿大夫는 일정한 직무가 없이 궁중의 자문에 응하는 관직으로, 大夫 가운데 지위가 가장 높다.

36) 定 : 定稿의 略語로, 탈고와 같은 뜻으로 보인다.

37) (宣王威王)〔威宣王〕 : 저본에는 '宣王威王'으로 되어 있으나, 盧文弨의 주에 의거하여 '威宣王'으로 바로잡았다. 齊 威王은 齊 桓公의 아들로 이름은 因齊이며 B.C. 356년에 즉위하여 B.C. 320년에 죽었고, 齊 宣王은 威王의 아들로 이름은 辟疆이며 B.C. 319년에 즉

孫卿은 趙나라 사람이니, 이름은 況이다. 저 齊나라 威王・宣王 때에

○ **盧文弨曰 案史記**에 **威王在宣王之前**하고 **風俗通窮通篇**에 **作齊威宣王之時**하니 **是也**라

○ 盧文弨 : 살펴보건대, ≪史記≫에 威王은 宣王의 앞에 있고, ≪風俗通義≫ 〈窮通篇〉에 '齊威宣王之時'로 되어 있으니, 이것이 옳다.

聚天下賢士於稷下[38)]하여 **尊寵之**라 **若鄒衍田駢淳于髡之屬甚衆**하여 **號曰列大夫**하니 **皆世所稱**이요 **咸作書刺世**라 **是時**에 **孫卿有秀才**어늘 **年(五十)〔十五〕**[39)]에 **始來游學**하고

천하의 훌륭한 선비를 稷下로 불러 모아 그들을 존중하고 총애하였다. 이 당시 鄒衍・田駢・淳于髡과 같은 무리가 매우 많아 이들을 列大夫라 불렀으니, 모두 세상 사람의 입에 오르내리는 인물이며 이들은 모두 글을 저술하여 시대적 병폐를 지적하였다. 이 당시 孫卿이 뛰어난 재능을 지녔는데 그의 나이 15세 때 비로소 〈齊나라로〉 와서 游學하였고

○ **盧文弨曰 案史記**에 **亦作年五十**하니 **誤**라 **當從風俗通作年十五**라 **鼂公武讀書志**[40)]**所引亦同**이라

위하여 B.C. 301년에 죽었다.

38) 稷下 : 戰國 때 齊나라 도성 臨淄의 西門인 稷門의 부근을 가리킨다. 齊나라 威王・宣王 때 이곳에 學宮을 세우고 문학가와 유세하는 선비를 널리 불러 모아 학문을 연구하고 토론하게 하였다.

39) (五十)〔十五〕: 저본에는 '五十'으로 되어 있으나, 盧文弨의 주에 의거하여 '十五'로 바로잡았다. 錢穆(1895~1990)이 편찬한 ≪先秦諸子繫年考辨≫에도 '年十五'라는 설이 옳다고 하였다.

40) 鼂公武讀書志 : 鼂公武(1105~1180)는 南宋 때 澶州 淸豐(지금의 河南省) 사람으로, 자는 子止이며 호는 昭德先生이다. 孝宗 때 여러 지방관을 역임한 뒤에 敷文閣直學士로 臨安府少尹을 거쳐 吏部侍郎까지 지냈다. ≪讀書志≫는 그가 편찬한 ≪郡齋讀書志≫를 말한다. ≪郡齋讀書志≫는 南陽 지방의 유명한 장서가인 井度로부터 기증받은 서적과 자기가 소장한 서적을 포함하여 약 2만5천 권을 대상으로 잘못된 부분을 교감한 뒤에 그 요지를 간추려 논한 것이다. 모두 20권이다.

○ 盧文弨 : 살펴보건대, ≪史記≫에도 '年五十'으로 되어 있으니, 잘못된 것이다. 마땅히 ≪風俗通義≫에 따라 '年十五'로 되어야 한다. 鼂公武의 ≪郡齋讀書志≫에 인용한 것도 같다.

諸子之事는 皆以爲非先王之法也라 孫卿善爲詩禮易春秋라 至齊襄王時[41]하여는 孫卿最爲老師러니 齊尙修列大夫之缺하여 而孫卿三爲祭(쵀)酒焉이라

諸子가 표방하는 일은 모두 고대 聖王의 법이 아니라고 생각하였다. 孫卿은 ≪詩經≫・≪禮經≫・≪周易≫・≪春秋≫에 정통하였다. 齊 襄王 때에 이르러서는 孫卿이 가장 나이가 많은 스승이었다. 齊나라에서는 그때까지도 列大夫의 결원을 보충하였으므로 孫卿이 세 번이나 祭酒가 되었다.

齊人或讒孫卿하여 孫卿이

齊나라의 어떤 사람이 孫卿을 모함하여 孫卿이

○ 盧文弨曰 宋本不重이라 今據史記補라

○ 盧文弨 : 宋本에는 〈孫卿이〉 겹치지 않았다. 여기서는 ≪史記≫에 의거하여 보충하였다.

乃適楚하니 楚相春申君以爲蘭陵令이라 人或謂春申君曰 湯以七十里하고 文王以百里라 孫卿은 賢者也어늘 今與之百里地하니 楚其危乎인저하여 春申君謝之하니 孫卿去之趙라 後客或謂春申君曰 伊尹去夏入殷할새 殷王而夏亡하며 管仲去魯入齊할새 魯弱而齊强이라 故賢者所在엔 君尊國安이라 今孫卿은 天下賢人이니 所去之國은 其不安乎인저하여 春申君使人聘孫卿하니

마침내 楚나라로 가니 楚나라 재상 春申君이 蘭陵令으로 삼았다. 어떤 사람이 春申君에게 이르기를 "湯은 칠십 리로 〈일어나고〉 文王은 백 리로 〈일어났습니

41) 至齊襄王時 : 여기서부터 아래 '楚有尸子長盧子芋子皆著書'까지는 중간 중간에 ≪史記≫ 〈荀卿列傳〉의 내용을 인용하였다.

다.〉 孫卿은 현능한 사람인데 지금 그에게 백 리의 땅을 맡겨줬으니, 楚나라가 아마도 위험해질 것입니다."라고 하여 春申君이 사절하자, 孫卿이 楚나라를 떠나 趙나라로 갔다.

그 뒤에 어떤 門客이 春申君에게 이르기를 "伊尹이 夏나라를 떠나 殷나라로 들어가자 殷나라는 王者가 되고 夏나라는 멸망하였으며, 管仲이 魯나라를 떠나 齊나라로 들어가자 魯나라가 쇠약해지고 齊나라가 강대해졌습니다. 그러므로 賢人이 있는 곳에는 군주가 존귀해지고 국가가 안정되는 법입니다. 지금 孫卿은 천하의 현능한 사람이니 그를 떠나보낸 국가는 아마도 안정되지 않을 것입니다."라고 하여 春申君이 사람을 보내 다시 孫卿을 초빙하게 하니,

○ 盧文弨曰 案楚策四韓詩外傳四엔 聘俱作請이라

○ 盧文弨 : 살펴보건대, ≪戰國策≫ 〈楚策4〉와 ≪韓詩外傳≫ 권4에는 '聘'이 모두 '請'으로 되어 있다.

孫卿遺春申君書하여 **刺楚國**하고 **因爲歌賦**하여 **以遺春申君**이라 **春申君恨**하여 **復**(부)**固謝**[42]**孫卿**하니 **孫卿乃行**하여 **復爲蘭陵令**이라 **春申君死而孫卿廢**하고 **因家蘭陵**이라

孫卿이 春申君에게 편지를 보내 楚나라를 비판하고 아울러 歌賦를 지어 春申君에게 보냈다. 春申君이 〈자기 잘못을〉 후회하여 다시 孫卿을 굳이 초청하니, 孫卿이 마침내 〈楚나라로〉 가 다시 蘭陵令이 되었다. 春申君이 죽은 뒤에 孫卿은 폐출되었고 그대로 蘭陵에 정착하였다.

李斯嘗爲弟子라가 **已而相秦**하고

李斯는 일찍이 그의 제자가 되었다가 나중에 秦나라 재상이 되었고

○ 盧文弨曰 宋本脫已字라 今據史記補라

○ 盧文弨 : 宋本에는 '已'자가 빠져 있다. 여기서는 ≪史記≫에 의거하여 보충하였다.

---

42) 謝 : 여기서는 위의 '謝'와 달리 초청한다는 뜻이다.

及韓非[43]**號韓子**와 **又浮丘伯**[44]은 **皆受業**하여 **爲名儒**라

韓子라 불리는 韓非와 또 浮丘伯은 모두 그에게 가르침을 받아 名儒가 되었다.

孫卿之應聘於諸侯하여 **見秦昭王**[45]하여는 **昭王方喜戰伐**하여 **而孫卿以三王**[46]**之法說**(세)**之**어늘 **及秦相應侯**[47]하여 **皆不能用也**라 **至趙**하여는 **與孫**臏**議兵趙孝成王前**[48]이라 **孫**臏**爲變詐之兵**하여 **孫卿以王兵難之**하니 **不能對也**나 **卒不能用**이라

孫卿이 제후들의 초빙에 응하여 秦 昭王을 만났을 때는 昭王이 그 당시 전쟁을 좋아하므로 孫卿이 三王이 〈천하를 다스렸던〉 법으로 설득하였는데, 秦나라가 應

---

43) 韓非 : B.C. 280~B.C. 233. 戰國 말기 韓나라 公子 가운데 한 사람이다. 李斯와 함께 荀子에게 수학하였다. 도덕을 닦는 것보다 법제를 지키는 데에 힘써야 하며, 악행을 처벌하되 大臣을 용서하지 말고 선행을 포상하되 匹夫도 빠뜨리지 말 것을 주장하였다. 商鞅・申不害・愼到의 학설을 아울러 채택하여 先秦의 法家 사상을 집대성하였다.

44) 浮丘伯 : 齊나라 사람이다. 荀子에게 ≪詩經≫을 배워 秦나라 때 楚元王 劉交와 申培公・白生・穆生 등에게 전수하였다.

45) 秦昭王 : B.C. 325~B.C. 251. 秦 昭襄王을 말한다. 성은 嬴이고, 이름은 稷, 또는 則이라 한다. 秦 惠文王의 아들이자 秦 悼武王의 아우이다. B.C. 306년에 즉위하여 B.C. 251년까지 56년 동안 집권하였다. 魏冉과 范雎를 재상으로 임용하고 司馬錯과 白起 등을 장수로 임용하여 韓・趙・魏・燕・齊・楚 등 6개국의 合縱 세력을 격파하고 周 赧王을 항복시켜 나중에 秦始皇이 천하를 통일할 기초를 만들었다.

46) 三王 : 仁義로 천하를 다스린 세 시대의 聖王인 夏나라 禹王, 商나라 湯王, 周나라 文王・武王을 말한다.

47) 應侯 : 范雎(?~B.C. 255)의 봉호이다. 范雎는 范睢, 또는 范且라고도 한다. 魏나라 사람으로, 자는 叔이다. 魏나라 재상 魏齊에게 笞刑을 당하여 간신히 목숨을 건진 뒤에 이름을 張祿으로 바꾸고 秦나라로 들어가 뛰어난 언변으로 秦 昭王의 재상이 되고 應侯에 봉해졌다. 그의 외교 정책으로 먼 나라와 친교를 맺고 가까운 나라를 공격해야 한다는 '遠交近攻策'이 유명하다.

48) 與孫臏議兵趙孝成王前 : 〈議兵篇〉(15-1)에는 '臨武君與孫卿子議兵於趙孝成王前(臨武君과 孫卿子가 趙 孝成王 앞에서 用兵術에 관해 토론하였다.)'으로 되어 있다. 孫臏은 齊나라의 병법가로, 孫武의 후손이다. 鬼谷子에게 병법을 배웠으며, ≪孫臏兵法≫을 저술하였다. 趙 孝成王은 趙나라 제8대 군주로, 이름은 丹이고, 趙 惠文王의 아들이다. B.C. 266년에 즉위하여 B.C. 245년까지 21년 동안 집권하였으며, 秦나라로부터 수많은 공격을 받았다.

侯를 재상으로 임용함에 이르러 〈그의 말을〉 모두 받아들이지 못하였다.

趙나라에 이르러서는 趙 孝成王 앞에서 孫臏과 用兵術에 관해 토론하였다. 孫臏이 임기응변과 속임수를 부리는 전술을 주장하자 孫卿이 〈고대〉 聖王의 用兵術로 따져 물으니, 〈孫臏이〉 대답을 하지 못했으나 〈趙 孝成王은〉 끝내 그의 말을 받아들이지 못하였다.

孫卿道守禮義하고 **行應繩墨**하여 **安貧賤**이라 **孟子者**도 **亦大儒**로 **以人之性善**이어늘 **孫卿後孟子百餘年**이라 **孫卿以爲人性惡**이라 **故作性惡一篇**하여 **以非孟子**라 **蘇秦張儀**[49]**以邪道說**(세)**諸侯**하여 **以大貴顯**하니 **孫卿退而笑之曰 夫不以其道進者**는 **必不以其道亡**이라하니라 **(至漢興江都相董仲舒亦大儒作書美孫卿)**[50]

孫卿은 〈그가 추구하는〉 道는 禮義를 지키고 행동은 규범에 들어맞아 가난하고 미천한 자기 분수에 마음이 편안하였다. 孟子라는 인물 또한 大儒로 사람의 본성은 선하다고 하였는데, 孫卿은 그 시대가 孟子보다 백여 년이 늦다. 孫卿은 사람의 본성은 악하다고 생각했기 때문에 〈性惡〉 한 편을 지어 孟子를 비판하였다.

蘇秦과 張儀가 바르지 않은 길로 제후를 설득하여 크게 존귀해지고 세상에 이름을 날리자, 孫卿은 뒤로 물러나 그들을 조소하기를 "대체로 정당한 도리로 진출하지 않은 사람은 반드시 정당한 도리로 망하지 않는다."라고 하였다.

○ **盧文弨曰 至漢興以下十七字**는 **似不當在此**하니 **應在下文蓋以法孫卿也句下**라

○ 盧文弨 : '至漢興' 이하 17자는 여기에 있는 것이 타당하지 않은 듯하니, 마땅히

---

49) 蘇秦張儀 : 蘇秦(?~B.C. 284)은 東周 洛陽 사람으로, 자는 季子이다. 鬼谷子의 제자이다. 燕 文侯에게 6국 合縱의 이익을 설득하여 채용되었고 趙·韓·魏·燕·齊·楚를 설득하여 合縱시켰다.

張儀(B.C. 373~B.C. 310)는 魏나라 安邑 사람이다. 蘇秦과 함께 鬼谷子에게 縱橫術을 배웠다. 秦 惠文王 9년에 秦나라로 들어가 재상이 되었다. 連橫策으로 齊·楚·魏와 연합하여 기타 제후국의 合縱을 와해시킴으로 인해 秦나라를 부강하게 만들었고 그 공으로 武信君에 봉해졌다.

50) (至漢興江都相董仲舒亦大儒作書美孫卿) : 저본에는 '至漢興江都相董仲舒亦大儒作書美孫卿'이 있으나, 盧文弨의 주에 의거하여 아래 '蓋以法孫卿也' 밑으로 옮겼다.

아랫글 '蓋以法孫卿也' 구 밑에 있어야 한다.

孫卿卒不用於世하고 老於蘭陵이라 疾濁世之政으로 亡國亂君相屬하여 不遂大道而營乎巫祝하여 信禨祥하며 鄙儒小拘하고 如莊周等又滑稽亂俗이라

孫卿은 끝내 세상에 임용되지 못하고 蘭陵에서 늙어갔다. 〈荀卿은〉 혼탁한 세상의 정사로 인해 멸망하는 국가와 난폭한 군주가 계속해서 나타나 正大한 도리를 따르지 않고 무당의 말에 현혹되어 길흉의 징조를 믿는가 하면, 고루한 儒生들은 사소한 일에 구애를 받고 莊周 같은 자들이 또 터무니없는 익살로 풍속을 어지럽히는 행위를 증오하였다.

○ 盧文弨曰 宋本無亂俗二字라 從史記增이라

○ 盧文弨 : 宋本에는 '亂俗' 두 자가 없다. ≪史記≫에 따라 추가하였다.

於是推儒墨道德之行事興壞하여 序列著數萬言而卒하여 葬蘭陵이라 而趙亦有公孫龍爲堅白同異[51]之辨과 處子之言하며

그리하여 儒家·墨家·道家가 행한 일의 성과와 실패를 규명하고 이것을 정리하여 수만 자를 저술한 뒤에 세상을 떠나 蘭陵에 장사 지냈다. 그리고 趙나라에도 '堅白'·'同異'에 관한 논변을 전개한 公孫龍과 處子의 설이 있었으며,

○ 盧文弨曰 案史記에 作劇子之言하고 徐廣曰 應劭氏姓注에 直云處子[52]라하니라

○ 盧文弨 : 살펴보건대, ≪史記≫에 '劇子之言'으로 되어 있고 〈≪史記集解≫에〉 徐

51) 堅白同異 : '離堅白'과 '合同異'를 말한다. '離堅白'은 公孫龍의 논리로, 단단하고 흰 돌은 눈으로 보아 희다는 것을 알 수 있으나 단단한지는 모르며 손으로 만져보았을 때는 그 단단한 것만 알 뿐 빛깔이 흰지는 모르므로, 단단한 돌과 흰 돌은 동일물이 아니라는 설이다. '合同異'는 惠施 학파의 기본관점으로, 일체 사물의 차별과 대립이 상대적임을 인정하면서 그 차이 속에 또 동일한 점이 있다는 것을 강조하였다.

52) 應劭氏姓注 直云處子 : 〈氏姓〉은 應劭가 편찬한 ≪風俗通義≫의 편명이다. 〈氏姓篇〉 '處氏'의 주에 "≪史記≫에 趙나라에 辨士 處子가 있다고 했으니, 이 때문에 處氏 성이 있다는 〈것을 알 수 있다.〉 漢나라 때는 北海相 處興이 있고 또 陳留相 處就가 있다."라고 하였다.

廣이 "應劭의 〈氏姓篇〉 주에 다만 處子라고만 말했다."라고 하였다.

魏有李悝[53]**盡地力之敎**하고 **楚有尸子長盧子芋子**[54]하니 **皆著書**라

魏나라에는 토지의 생산능력을 최대한 이용해야 한다는 李悝의 가르침이 있었고, 楚나라에는 尸子・長盧子・芋子가 있었는데, 이들이 모두 글을 저술하였다.

○ **盧文弨曰 案宋本盧作廬**하니 **古可通用**이라 **今從史記**하니 **取易曉耳**라 **史記芋子作**吁子하고 **索隱曰** 吁는 **音芋**라 **別錄作芋子**[55]라 **今吁亦如字也**라하니라 **又案漢書藝文志有芋子十八篇**하니 **云 名**嬰이니 **齊人**이라하고 **師古云 芋音**弭라하여 **與此又不同**이라

○ 盧文弨 : 살펴보건대, 宋本에는 '盧'가 '廬'로 되어 있으니, 옛날에는 통용하였다. 여기서는 ≪史記≫를 따랐으니, 알기 쉬운 것을 취한 것일 뿐이다. ≪史記≫에는 '芋子'가 '吁子'로 되어 있고, ≪史記索隱≫에 "吁는 음이 芋이다. ≪別錄≫에는 '芋子'로 되어 있다. 지금은 吁 또한 본음대로 읽는다."라고 하였다. 또 살펴보건대, ≪漢書≫ 〈藝文志〉에 ≪芋子≫ 18편이 있는데, 〈그 주에〉 "이름은 嬰이니 齊나라 사람이다."라 하고, 顔師古가 "芋는 음이 '弭'이다."라고 하여 이곳과 또 같지 않다.

然非先王之法也요 **皆不循孔氏之術**이나 **惟孟軻孫卿**이 **爲能尊仲尼**라

그러나 고대 聖王의 법이 아니었고 모두 孔氏(孔子)의 학술을 따르지 않았으나,

---

53) 李悝 : B.C. 455~B.C. 395. 전국시대 초기 사람으로, 魏 文侯의 재상이 되었다. 백성들에게 토지의 생산능력을 최대한 이용하여 생산량을 늘림으로써 재난에 대비할 것을 가르쳤다. 그리고 平糴法을 만들어 곡물가격을 일원화하고 농작물의 풍작과 흉작을 살펴보아 조세의 부담을 조정함으로써 백성과 농부들이 피해를 입지 않도록 하였다.

54) 尸子長盧子芋子 : 尸子(약 B.C. 390~약 B.C. 330)는 이름이 佼이며 전국시대 晉나라 사람이다. 일설에는 魯나라 사람이라고도 한다. 秦나라로 들어가 商鞅의 門客이 되어 국법을 바꾸는 계획에 참여하였다. 長盧子는 長廬子로 표기하기도 하며 楚나라 사람이다. 글 아홉 편을 저술하였는데, 道家의 한 학파에 속한다. 芋子는 芈子와 같다. 이름은 嬰이며 전국시대 齊나라 사람이다. ≪芈子≫ 18편이 있다.

55) 音芋 別錄作芋子 : 이곳의 두 '芋'자에 대해 저본의 원주에 "≪史記≫ 〈孟子荀卿列傳〉과 ≪史記索隱≫에는 모두 '芈'로 되어 있다.〔史記孟子荀卿列傳索隱並作芈〕"라고 하였다.

오직 孟軻와 孫卿이 능히 仲尼(孔子의 자)를 존중하였다.

蘭陵多善爲學은 **蓋以孫卿也**라 **長老至今稱之曰 蘭陵人喜字爲卿**하니 **蓋以法孫卿也**라하니라 〔**至漢興**하여는 **江都相董仲舒**[56]**亦大儒**로 **作書美孫卿**이라〕[57]

蘭陵 지방에 학문을 잘하는 사람이 많은 것은 대체로 孫卿의 영향 때문이다. 長老들이 지금까지도 칭송하기를 "蘭陵 사람들이 자기의 자를 卿으로 쓰기를 좋아하니 이는 孫卿을 모범으로 삼고 있기 때문이다."라고 하였다. 漢나라가 일어난 때에 이르러서는 江都相 董仲舒 또한 大儒로, 글을 지어 孫卿을 찬미하였다.

孟子孫卿董先生은 **皆小五伯**(패)하여 **以爲仲尼之門**에 **五尺童子**도 **皆羞稱五伯**[58]라 **如人君能用孫卿**인댄 **庶幾於王**하리라 **然世終莫能用**하여 **而六國**[59]**之君殘滅**하고 **秦國大亂**이라가 **卒以亡**이라

孟子・孫卿・董先生(董仲舒)은 모두 五伯를 하찮게 보아 仲尼의 문하에서는 五尺童子도 모두 五伯를 거론하는 것을 부끄럽게 여겼다고 하였다. 만약 어떤 군주가 능히 孫卿을 등용하였더라면 거의 천하에 王者로 불릴 수 있었을 것이다. 그러나 세상이 끝내 그를 등용하지 못해 6개국의 군주는 괴멸되고 秦나라는 크게 혼란을 겪다가 마침내 멸망하였다.

觀孫卿之書면 **其陳王道**[60]**甚易**(이)**行**하고 **疾世莫能用**이라 **其言悽愴**하여 **甚可**

---

56) 董仲舒：B.C. 179~B.C. 104. 西漢 信都 廣川 사람이다. 漢 武帝 때 賢良對策을 통해 百家를 배격하고 오직 儒學만 중시할 것을 주장하였는데, 武帝가 이것을 받아들이고 그를 江都相으로 임용하였다. 江都相은 武帝의 형인 江都易王의 재상이란 뜻이다. ≪春秋繁露≫ 17권을 저술하였다.

57) 〔至漢興 江都相董仲舒亦大儒 作書美孫卿〕：저본에는 이 글이 없으나, 앞의 盧文弨의 주에 의거하여 앞 '必不以其道亡' 뒤에 있는 것을 옮겨와 보충하였다.

58) 仲尼之門……皆羞稱五伯：董仲舒의 ≪春秋繁露≫에 나오는 말이다.

59) 六國：전국시대에 秦나라와 적대관계였던 函谷關 동쪽의 齊・楚・燕・韓・趙・魏 등을 말한다.

60) 王道：仁義로 천하를 다스리는 도리로, 무력이나 권세로 다스리는 霸道와 대비된다.

痛也라 **嗚呼**라 **使斯人卒終於閭巷**하여 **而功業不得見於世**하니 **哀哉**라 **可爲霣涕**라 **其書比於記傳**에 **可以爲法**이라 **謹第錄**[61)]이라 **臣向昧死上言**이라

孫卿의 글을 살펴보면 그가 王道는 시행하기가 매우 쉽다는 견해를 개진하고 세상이 자기를 써주지 못하는 것을 고통스러워하였다. 그 말이 애절하여 매우 가슴이 아프다. 아, 〈하늘이〉 이와 같은 사람을 끝내 민간에서 여생을 마쳐 功業이 세상에 드러나지 못하게 하였으니, 슬프다. 눈물을 흘릴 만하다. 그의 글은 여타의 문헌에 견주어볼 때 충분히 법으로 삼을 만하다. 삼가 第錄하였다. 臣 劉向은 황공한 마음으로 말씀을 올린다.

護左都水使者 光祿大夫 臣向言이라 **所校讎中孫卿書錄**이라

護左都水使者 光祿大夫 臣 劉向이 올리는 말씀이다. 교감한 궁중 서고의 ≪孫卿書≫에 관한 書錄이다.

將仕郞 守祕書省著作佐郎 充御史臺主簿 臣王子韶[62)]**同校**라

將仕郞 守祕書省著作佐郎 充御史臺主簿 臣 王子韶가 함께 교정하였다.

朝奉郞 尙書兵部員外郞 知制誥 上騎都尉 賜紫金魚袋 臣呂夏卿重校라

朝奉郞 尙書兵部員外郞 知制誥 上騎都尉 賜紫金魚袋 臣 呂夏卿[63)]이 재차 교정하였다.

---

61) 第錄 : 敍錄과 같은 것으로 현대의 解題와 같다.

62) 王子韶 : 宋나라 太原 사람으로, 자는 聖美이다. 宋 神宗 때 監察御史裏行을 지낸 뒤에 集賢校理가 되어 ≪說文解字≫를 수정하는 작업에 참여하였고 哲宗 때는 秘書少監을 지냈다.

63) 呂夏卿 : 宋나라 泉州 晉江 사람으로, 자는 縉叔이다. 仁宗 때 進士에 급제하여 江寧尉를 지낸 뒤에 ≪新唐書≫ 編修官이 되었다. 史學에 조예가 깊고 譜學에도 뛰어났다.

汪中荀卿子通論[1] 汪中의 〈荀卿子通論〉

荀卿之學은 出於孔氏하고 而尤有功於諸經이라 經典[2]敍錄毛詩에 徐整[3]云 子夏授高行子하고 高行子授薛倉子하고 薛倉子授帛妙子하고 帛妙子授河間人大毛公[4]하여늘 毛公爲詩故訓傳于家하여 以授趙人小毛公이라하고 一云 子夏傳曾申[5]하고 申傳魏人李克하고 克傳魯人孟仲子하고 孟仲子傳根牟子하고 根牟子傳趙人孫卿子하고 孫卿子傳魯人大毛公이라하니라 由是言之컨대 毛詩는 荀

---

1) 汪中荀卿子通論 : 이 편을 비롯하여 이하의 내용은 ≪荀子集解≫ 〈攷證 下〉에서 발췌하여 번역한 것이다.

汪中(1744~1794)은 淸 江蘇 江都 사람으로, 자는 容甫이다. 어릴 적에 가난하여 책가게를 돌아다니면서 經史 百家의 서적을 빌려보았는데, 한번 보면 곧바로 암기하였다고 한다. 經學에 치중하여 대가가 되었으며 같은 고장의 王念孫·劉台拱과 교제하였다. 저술로는 ≪廣陵通典≫·≪春秋後傳≫·≪容甫先生遺詩≫·≪述學≫ 등을 남겼는데, 〈荀卿子通論〉은 ≪述學≫ 〈補遺〉에 들어 있다.

2) 經典 : 唐나라 陸元朗(약550~630)이 저술한 ≪經典釋文≫을 가리킨다. 陸元朗은 蘇州 사람으로 자는 德明인데, 세상에서는 자로 알려져 있다. 經學에 능통하여 秦王府 文學館 學士를 거쳐 國子博士를 지냈다.

3) 徐整 : 자는 文操이고, 豫章 사람이다. 三國時代 吳나라 太常卿을 지냈다. ≪毛詩譜≫·≪孝經默注≫·≪三五曆記≫를 편찬하였다.

4) 大毛公 : 毛亨을 가리킨다. 戰國時代 말기 魯나라 사람인데, 秦 始皇 때 河間으로 피난하였다가 결국 그 지방 사람이 되었다. ≪詩故訓傳≫을 저술하여 그의 조카 毛萇에게 전수하였다. 후대에 ≪詩故訓傳≫을 ≪毛詩故訓傳≫으로 부르고 ≪毛傳≫으로 약칭하였으며, 毛亨은 大毛公, 毛萇은 小毛公으로 불러 구분하였다.

5) 子夏傳曾申 : 子夏는 孔子 제자 卜商의 자이다. 孔子가 죽은 뒤에 西河에서 학문을 강의하여 李克·吳起·田子方·段干木 등이 모두 그에게 배웠다. 曾申은 魯나라 사람으로, 자는 子西이다. 孔子의 제자 曾參의 아들이다. 子夏에게 ≪詩≫를 배워 黃河와 濟水 사이에 살면서 儒家의 후대 학자가 되었다.

卿子之傳也라 **漢書楚元王交傳**에 **少時嘗與魯穆生白生申公同受詩於浮丘伯**[6)]이라 **伯者**는 **孫卿門人也**라하고 **鹽鐵論**[7)]**云 包丘子與李斯俱事荀卿**①이라하고 **劉向敍云 浮丘伯受業爲名儒**라하고 **漢書儒林傳**에 **申公**은 **魯人也**라 **少與楚元王交俱事齊人浮丘伯**하여 **受詩**라하고 **又云 申公卒以詩春秋授**어늘 **而瑕丘江公盡能傳之**[8)]라하니라 **由是言之**컨대 **魯詩**는 **荀卿子之傳也**라 **韓詩之存者**는 **外傳而已**나 **其引荀卿子以說詩者四十有四**라 **由是言之**컨대 **韓詩**는 **荀卿子之別子也**라

① 包丘子는 卽浮丘伯이라
包丘子는 곧 浮丘伯이다.

荀卿의 학문은 孔氏(孔子)로부터 나왔고 무엇보다 여러 經이 〈후세에 전해지는 데에〉 공이 있다.

≪經典釋文≫ 〈敍錄 毛詩〉에 "徐整이 말하기를 '子夏는 高行子에게 전수하고 高行子는 薛倉子에게 전수하고 薛倉子는 帛妙子에게 전수하고 帛妙子는 河間 사람 大毛公에게 전수했는데, 毛公이 ≪詩故訓≫을 지어 자기 가정에 전수하여 그것을 趙나라 사람 小毛公에게 전수하였다.'라 하고, 일설에는 '子夏는 曾申에게 전수하고 曾申은 魏나라 사람 李克에게 전수하고 李克은 魯나라 사람 孟仲子에게 전수

6) 漢書楚元王交傳 少時嘗與魯穆生白生申公同受詩於浮丘伯 : 劉交는 西漢 沛邑 사람으로, 漢 高祖 劉邦의 이복동생이다. 穆生·白生·申公은 모두 魯나라 사람으로 浮丘伯의 문인이고, 浮丘伯은 齊나라 사람으로 荀卿의 문인이다. 劉交가 漢 高祖에 의해 楚元王에 봉해지자, 이들 세 사람을 예우하여 中大夫로 삼고 그의 손자 劉戊를 가르치게 하였다. 申公은 申培公이라 하기도 한다. 그가 전수한 ≪詩≫를 ≪魯詩≫라 하여 齊나라 轅固가 전수한 ≪齊詩≫, 燕나라 韓嬰이 전수한 ≪韓詩≫와 함께 三家詩로 불린다. 이들이 西漢 때 모두 學官을 세웠는데 魯學이 가장 성황을 이루었다. 그 뒤에 ≪齊詩≫는 三國 魏나라 때 없어지고, ≪魯詩≫는 西晉 때 없어졌다. ≪韓詩≫는 南宋 이후에 없어지고 ≪外傳≫만 남아 있다.

7) 鹽鐵論 : 西漢 桓寬이 편찬한 책으로 모두 12권이다. 昭帝 때 丞相·御史와 賢良·文學 등이 소금과 철을 제조하는 일을 관청에서 경영하는 문제에 관해 논의한 것을 수집, 정리하여 만든 것이다.

8) 瑕丘江公盡能傳之 : 瑕丘는 지금의 河南 濮陽縣 동남쪽에 있던 縣 이름이다. 그 지방의 江公이 魯나라 申公에게 ≪春秋穀梁傳≫과 ≪詩≫를 배워 그 학문을 모두 전수하였다.

하고 孟仲子는 根牟子에게 전수하고 根牟子는 趙나라 사람 孫卿子에게 전수하고 孫卿子는 魯나라 사람 大毛公에게 전수하였다.'라고 하였다." 하였다. 이로 인해 말하면 ≪毛詩≫는 荀卿子가 전수한 것이다.

≪漢書≫ 〈楚元王交傳〉에 "젊었을 때 일찍이 魯나라 穆生·白生·申公과 함께 浮丘伯에게 ≪詩≫를 배웠다. 浮丘伯은 孫卿의 문인이다."라 하고, ≪鹽鐵論≫에 "包丘子와 李斯가 함께 荀卿을 스승으로 섬겼다."라 하고, 劉向의 〈敍錄〉에 "浮丘伯이 그에게 가르침을 받아 名儒가 되었다."라 하고, ≪漢書≫ 〈儒林傳〉에 "申公은 魯나라 사람이다. 젊었을 때 楚元王 劉交와 함께 齊나라 사람 浮丘伯을 사사하여 ≪詩≫를 배웠다."라 하고, ≪漢書≫ 〈儒林傳〉에 또 "申公이 마침내 ≪詩≫와 ≪春秋≫를 후배에게 전수했는데, 瑕丘 江公이 그것을 능히 전부 전수하였다."라고 하였다. 이로 인해 말하면 ≪魯詩≫는 荀卿子가 전수한 것이다.

≪韓詩≫가 남아 있는 것은 ≪外傳≫뿐이나 그곳에 荀卿子의 말을 인용하여 ≪詩≫를 설명한 곳이 마흔네 군데나 된다. 이로 인해 말하면 ≪韓詩≫는 荀卿子의 서자인 셈이다.

經典敍錄云 左丘明[9]作傳[10]以授曾申하고 **申傳衛人吳起**하고 **起傳其子期**하고 **期傳楚人鐸椒[11]**하고 **椒傳趙人虞卿[12]**하고 **卿傳同郡荀卿**이라 **名況**이니 **況傳(武威)〔陽武〕①[13]張蒼[14]**하고 **蒼傳洛陽賈誼[15]**라 **由是言之**컨대 **左氏春秋**는 **荀**

9) 左丘明 : 春秋時代 魯나라 사람으로, 左는 씨이고 丘明은 이름이다. 일설에는 左丘가 씨고 이름이 明이라고 한다. 魯나라 史官을 지냈으며, ≪春秋≫의 紀年에 의거하여 각국 史料를 모아 ≪春秋左氏傳≫을 편찬했다고 한다.

10) 傳 : ≪春秋左氏傳≫을 말한다.

11) 鐸椒 : 楚나라 사람으로, 太傅를 지냈다. ≪春秋≫에 정통하였다 한다.

12) 虞卿 : 虞慶, 혹은 吳慶으로 표기하기도 한다. 虞는 성이고 이름은 알 수 없다. 趙 孝成王에 의해 趙나라 上卿이 되었으므로 虞卿이라 부른다. ≪虞氏春秋≫를 저술하였으나, 지금은 없어졌다.

13) (武威)〔陽武〕 : 저본에는 '武威'로 되어 있으나, 저본의 주에 의거하여 '陽武'로 바로잡았다. 陽武는 지금의 河南 原陽縣 東南쪽에 위치했던 縣의 이름이다.

14) 張蒼 : 河南 陽武 사람이다. 秦나라 때 御史를 지냈다. 劉邦과 함께 군사를 일으켜 漢 高祖 때 北平侯에 봉해지고 文帝 때 승상이 되었다.

卿子之傳也라 **儒林傳云 瑕丘江公受穀梁春秋及詩于魯申公傳子**한대 **至孫爲博士**라하니라 **由是言之**컨대 **穀梁春秋**도 **荀卿子之傳也**라 **荀卿所學**은 **本長于禮**라 **儒林傳云 東海蘭陵孟卿善爲禮春秋**하여 **授后蒼疏廣**이라하고 **劉向敍云 蘭陵多善爲學**은 **蓋以荀卿也**라 **長老至今稱之曰 蘭陵人喜字爲卿**하니 **蓋以法荀卿**이라하고 **又二戴禮**[16]**並傳自孟卿**하니 **大戴禮曾子立事篇**엔 **載修身大略二篇文**하고 **小戴樂記三年問鄕飮酒義篇**엔 **載禮論樂論篇文**이라 **由是言之**컨대 **曲臺**[17]**之禮**는 **荀卿之支與餘裔也**라 **蓋自七十子**[18]**之徒旣歿**로 **漢諸儒未興**하고 **中更戰國暴秦之亂**하되 **六藝**[19]**之傳**이 **賴以不絶者**는 **荀卿也**라

① 武威는 據史記張丞相傳當作陽武라
'武威'는 ≪史記≫ 〈張丞相傳〉에 의거하여 마땅히 '陽武'로 되어야 한다.

≪經典釋文≫ 〈敍錄〉에 "左丘明은 ≪春秋左氏傳≫을 지어 曾申에게 전수하고 曾申은 衛나라 사람 吳起에게 전수하고 吳起는 그의 아들 吳期에게 전수하고 吳期는 楚나라 사람 鐸椒에게 전수하고 鐸椒는 趙나라 사람 虞卿에게 전수하고 虞卿은 그와 같은 고을의 荀卿에게 전수하였다. 〈荀卿의〉 이름은 況이니, 荀況은 陽武의 張蒼에게 전수하고 張蒼은 洛陽의 賈誼에게 전수했다."라고 하였다. 이로 인해 말하면 ≪春秋左氏傳≫은 荀卿子가 전수한 것이다.

---

15) 賈誼 : 西漢 河南 洛陽 사람이다. 文才가 뛰어나 20여 세 때 文帝가 불러 博士로 삼았다가 太中大夫로 임명하였다. 그를 질투하던 周勃과 灌嬰 등의 모함으로 長沙王太傅로 좌천되었다가 다시 梁懷王太傅로 자리를 옮겼다. 재주를 지녔으나 때를 만나지 못해 우울해하다가 32세로 죽었다.

16) 二戴禮 : ≪大戴禮記≫와 ≪小戴禮記≫를 말한다. ≪大戴禮記≫는 西漢 梁나라 사람 戴德이 禮儀에 관계된 고대의 논술을 모아 엮은 것이고, ≪小戴禮記≫는 그의 조카 戴聖이 엮은 것으로 오늘날의 ≪禮記≫가 이것이다.

17) 曲臺 : 漢나라 때 글을 짓고 책을 교정하던 장소로 쓰인 궁전의 이름이나, 여기서는 后倉을 가리킨다. 后倉이 그곳에서 ≪禮≫를 설명하는 글을 지었는데, 그 이름이 ≪后氏曲臺記≫이다.

18) 七十子 : 孔子 문하에서 재능과 도덕이 뛰어난 72명의 제자를 가리킨다. '七十'은 우수리가 없는 정수를 들어 말한 것이다.

19) 六藝 : 六經과 같은 것으로, ≪禮≫ · ≪樂≫ · ≪書≫ · ≪詩≫ · ≪易≫ · ≪春秋≫를 말한다.

≪漢書≫ 〈儒林傳〉에 "瑕丘 江公은 魯나라 申公에게 ≪春秋穀梁傳≫과 ≪詩≫를 배워 그의 아들에게 전수하였는데 손자에 이르러 博士가 되었다."라고 하였다. 이로 인해 말하면 ≪春秋穀梁傳≫도 荀卿子가 전수한 것이다.

荀卿이 배운 학문은 본디 ≪禮≫에 뛰어났다. ≪漢書≫ 〈儒林傳〉에 "東海 蘭陵의 孟卿이 ≪禮≫와 ≪春秋≫에 정통하여 后蒼과 疏廣에게 그것을 전수하였다."라 하고, 劉向의 〈敍錄〉에 "蘭陵 지방에 학문을 잘하는 사람이 많은 것은 대개 荀卿의 영향 때문이다. 나이 많은 사람들이 지금까지도 칭송하기를 '蘭陵 사람이 자기의 자에 卿자를 쓰길 좋아하니 이는 荀卿을 모범으로 삼기 때문이다.'라 했다."라 하고, 또 두 戴氏의 ≪禮≫는 모두 孟卿으로부터 전수되었으니, ≪大戴禮≫의 〈曾子立事篇〉에는 ≪荀子≫의 〈修身〉과 〈大略〉 두 편의 글이 실려 있고 ≪小戴禮≫의 〈樂記篇〉·〈三年問篇〉·〈鄕飮酒義篇〉에는 ≪荀子≫의 〈禮論篇〉과 〈樂論篇〉의 글이 실려 있다. 이로 인해 말하면 曲臺의 ≪禮≫는 荀卿의 支孫이며 후예이다.

대개 70명의 孔子 제자들이 이미 죽은 뒤로 漢나라 儒者들이 아직 일어나지 않았고 중간에 戰國時代와 폭정을 자행한 秦나라의 혼란한 시기를 번갈아 겪으면서도 전수되어오던 六藝가 유지되어 끊어지지 않은 것은 荀卿에 의해서였다.

周公作之하고 **孔子述之**하고 **荀卿子傳之**하니 **其揆一也**라 **故其說霜降逆女**는 **與毛同義**[20]하고 **禮論大略二篇**엔 **穀梁義具在**라 **又解蔽篇說卷耳**[21]하고 **儒效篇說風雅頌**[22]하고 **大略篇說魚麗國風好色**[23]하니 **並先師之逸典**이라 **又大略篇**

20) 其說霜降逆女 與毛同義 : 霜降逆女는 서리가 내리는 9월에 아내를 맞이한다는 뜻으로, ≪荀子≫ 〈大略〉에 보이는데, ≪詩經≫ 〈召南 摽有梅〉의 毛氏 序에 "〈摽有梅〉는 남녀가 제때에 〈혼인하는 것을 말한〉 시이다.〔摽有梅 男女及時也〕"라고 하여 荀子와 그의 제자인 毛亨이 ≪詩≫의 의미를 풀이한 것이 같다는 말이다.

21) 解蔽篇說卷耳 : 〈解蔽篇〉에 ≪詩經≫ 〈周南 卷耳〉의 "도꼬마리 나물을 캐고 캐건만 기울어진 광주리 채우지 못해. 아, 나는 사랑하는 어진 내 님을 周나라 관원으로 앉히고 싶네.〔采采卷耳 不盈頃筐 嗟我懷人 寘彼周行〕"를 인용하고, 이어서 그 뜻을 풀이하기를 "기울어진 광주리는 채우기 쉬운 그릇이고 도꼬마리는 얻기 쉬운 나물이다. 그러나 〈현자를〉 周나라 관원으로 〈들여앉히고픈 생각에〉 마음이 둘로 갈리면 〈그 그릇을 채울〉 수가 없다."라고 하였는데, 이것을 가리킨다.

22) 儒效篇說風雅頌 : 〈儒效篇〉에서 聖人은 천하의 道의 근본이라 하고 ≪詩經≫의 風·

春秋賢穆公善胥命은 **則爲公羊春秋之學**[24)]이라 **楚元王交本學於浮丘伯**이라 **故劉向傳魯詩穀梁春秋**하고 **劉歆治毛詩左氏春秋**라 **董仲舒治公羊春秋**라 **故作書美荀卿**하니 **其學皆有所本**이라 **劉向又稱荀卿善爲易**하니 **其義亦見非相大略二篇**이라 **蓋荀卿於諸經無不通**이나 **而古籍闕亡**하여 **其授受不可盡知矣**라

周公은 창작하고 孔子는 그것을 서술하고 荀卿子는 그것을 전수하였으니, 헤아려보면 그 도가 동일하다. 그러므로 荀卿이 '霜降逆女(서리가 내리면 아내를 맞이한

雅·頌의 뜻을 다음과 같이 설명하였다. "〈國風〉 작품이 방탕으로 흐르지 않은 까닭은 그의 도를 취해 절제하였기 때문이며, 〈小雅〉 작품이 〈小雅〉가 된 까닭은 그의 도를 취해 윤색하였기 때문이며, 〈大雅〉 작품이 〈大雅〉가 된 까닭은 그의 도를 취해 확대 발전하였기 때문이며, 〈頌〉 작품이 최고가 된 까닭은 그의 도를 취해 神明과 통했기 때문이다."라고 하였다.

23) 大略篇說魚麗國風好色 : 〈大略篇〉에서 ≪詩經≫ 〈小雅 魚麗〉의 "예물음식 그 맛이 좋기도 하니 여러 가지 골고루 구비되었네.〔物其指矣 唯其偕矣〕"를 인용하고, 그 뜻을 설명하기를 "〈예물을 보내는 것이〉 그 당시의 사정에 맞지 않으며 공경하지 않고 예절을 강구하지 않으며 상대방을 기쁘고 즐겁게 하지 않는다면 비록 예물이 아름답더라도 예법이 아니다."라고 하였다. 또 "〈國風〉이 여색을 좋아하는 것에 대해 그것을 설명한 옛글에 '그 욕정이 가득 찼으면서도 그 행동거지가 잘못이 없다. 그 진실한 마음은 무쇠나 바윗돌에 견줄 만하고 그 음악은 종묘에 들여 넣을 말하다.'라 했다."라고 하였다.

24) 大略篇春秋賢穆公善胥命 則爲公羊春秋之學 : 秦 穆公은 충신 蹇叔과 百里奚의 충고를 무시하고 전쟁을 벌였다가 패배한 뒤에 국정을 원로대신과 상의하여 처리한 인물이다. ≪春秋≫ 文公 12년의 經文에 "秦伯使遂來聘(秦伯이 遂를 파견하여 魯나라를 방문하였다.)"이라 하여 정상적인 군주에게 사용하는 '來聘'이란 용어를 사용하였다. 이에 대해 ≪春秋公羊傳≫에 "遂는 누구인가? 秦나라 大夫이다. 秦나라에는 大夫가 없는데 여기에 무엇 때문에 〈大夫로〉 기록했는가? 秦 穆公을 현명한 군주로 여겼기 때문이다. 무엇 때문에 秦 穆公을 현명한 군주로 여겼는가? 능히 변화했다고 여겼기 때문이다."라고 하였다. 그런데 〈大略篇〉에 "≪春秋≫에서 秦 穆公을 현명한 군주로 여긴 것은 그가 능히 변화했다고 여겼기 때문이다."라 하여 ≪春秋公羊傳≫의 논조와 같다.

'胥命'은 상호간에 구두로 약정한다는 뜻이다. ≪春秋≫의 魯 桓公 3년의 經文에 "齊侯衛侯胥命于蒲(齊侯와 衛侯가 蒲 지방에서 胥命하였다.)"라 하였는데, ≪春秋公羊傳≫에 "〈胥命은〉 서로 명하는 것이다. 무슨 이유로 서로 명한다고 말하는가? 正道에 가깝기 때문이다. 고대에는 맹세를 하지 않고 말로만 약속하고 물러갔다."라고 하였다. 그런데 〈大略篇〉에 "≪春秋≫에서는 상호간에 구두로 약정하는 것을 좋게 여겼고 ≪詩經≫에서는 자주 맹약하는 것을 비난하였으니, 그 마음은 동일하다."라 하여 이 또한 ≪春秋公羊傳≫과 같다.

다.)'라고 말한 것은 毛氏가 말한 것과 그 뜻이 같고, 〈禮論〉과 〈大略〉 두 편에는 ≪春秋穀梁傳≫의 뜻이 모두 다 있다.

또 〈解蔽篇〉에서는 ≪詩經≫ 〈卷耳〉의 뜻을 설명하고, 〈儒效篇〉에서는 〈風〉·〈雅〉·〈頌〉의 뜻을 설명하고, 〈大略篇〉에서는 ≪詩經≫ 〈魚麗〉의 뜻과 ≪詩經≫ 〈國風〉이 여색을 좋아하는 뜻을 설명하였으니, 이는 모두 前代의 스승이 빠뜨린 전적이다.

또 〈大略篇〉의 "春秋賢穆公(≪春秋≫에서 秦 穆公을 현명한 군주로 여겼다.)"과 "善胥命(상호간에 구두로 약정하는 것을 좋게 여겼다.)"은 ≪春秋公羊傳≫의 학문이다. 楚元王 劉交는 본디 浮丘伯에게 배웠으므로 劉向이 ≪魯詩≫와 ≪春秋穀梁傳≫을 전수하고 劉歆이 ≪毛詩≫와 ≪春秋左氏傳≫을 연구하였다. 董仲舒는 ≪春秋公羊傳≫을 연구하였다. 그러므로 글을 지어 荀卿을 찬양하였으니, 그 학문이 모두 근원이 있다.

劉向은 또 荀卿이 ≪易≫에 정통하다고 칭송하였으니, 그 증거가 또 〈非相〉과 〈大略〉 두 편에 보인다. 대개 荀卿은 여러 經에 대해 정통하지 않은 부분이 없었을 것이나 옛 전적이 유실되어 그 주고받은 과정을 모두 알 수는 없다.

史記載孟子受業於子思之門人이나 **於荀卿則未詳焉**이라 **今考其書**[25)]하면 **始於勸學**하고 **終於堯問**①하여 **篇次實仿論語**라 **六藝論**[26)]**云 論語**는 **子夏仲弓合撰**이라하고 **風俗通**[27)]**云 穀梁爲子夏門人**이라하여늘 **而非相非十二子儒效三篇**에 **每以仲尼子弓幷稱**이라 **子弓之爲仲弓**은 **猶子路之爲季路**니 **知荀卿之學**은 **實出於子夏仲弓也**라 **宥坐子道法行哀公堯問五篇**은 **雜記孔子及諸弟子言行**하니 **蓋據其平日之聞於師友者**요 **亦由淵源所漸**과 **傳習有素而然也**라 **故曰 荀卿**

---

25) 其書 : ≪荀子≫를 말한다.

26) 六藝論 : 漢나라 鄭玄이 ≪易≫·≪書≫·≪詩≫·≪禮≫·≪春秋≫·≪孝經≫ 등 經學에 관해 편찬한 것으로, 1권이다. 원본은 이미 유실되었고 지금 淸나라 孔廣林·陳鱣·黃奭·馬國翰·袁鈞 등이 수집한 판본이 있는데 그 내용과 분량이 각기 다르다.

27) 風俗通 : ≪風俗通義≫를 말한다. 東漢의 應劭가 典禮를 고찰하고 잘못된 풍속을 바로잡은 것으로, 모두 10권이다.

之學은 出於孔氏하고 而尤有功於諸經이라하니라

① 劉向所編은 堯問第三十이요 其下仍有君子賦二篇이라 然堯問末附荀卿弟子之詞하니 則爲末篇無疑라 當以楊倞改訂爲是[28)]라
劉向이 편집한 것은 〈堯問〉이 제30이고 그 밑에 이어서 〈君子〉와 〈賦〉 두 편이 있다. 그러나 〈堯問〉 끝부분에 荀卿의 제자 말을 첨부하였으니, 그것이 마지막 편이라는 것은 의심의 여지가 없다. 마땅히 楊倞이 수정한 것을 옳은 것으로 보아야 한다.

≪史記≫에 孟子는 子思의 문인에게 가르침을 받았다는 내용이 실려 있으나 荀卿에 대해서는 자세히 말하지 않았다.

지금 그 글을 살펴보면 〈勸學〉에서 시작되고 〈堯問〉에서 끝나 편의 순서가 사실 ≪論語≫를 모방하였다. ≪六藝論≫에 "≪論語≫는 子夏와 仲弓이 함께 편찬하였다."라 하고, ≪風俗通義≫에 "穀梁은 子夏의 문인이다."라고 하였는데, 〈非相〉·〈非十二子〉·〈儒效〉 세 편에 매번 仲尼와 子弓을 함께 일컬었다. 子弓이 곧 仲弓이라는 것은 子路가 季路인 경우와 같으니, 荀卿의 학문은 사실 子夏와 仲弓에게서 나왔다는 것을 알 수 있다.

〈宥坐〉·〈子道〉·〈法行〉·〈哀公〉·〈堯問〉 다섯 편에서는 孔子 및 여러 제자의 言行을 이것저것 기록하였으니, 이것은 그가 평소에 스승과 벗으로부터 들은 것에 근거한 것이고, 또 淵源의 영향과 평소에 전수받아 익힌 일이 본디 있었기 때문에 그랬을 것이다. 그러므로 "荀卿의 학문은 孔氏(孔子)로부터 나왔고 무엇보다 여러 經이 〈후세에 전해지는 데에〉 공이 있다."라고 말한 것이다.

韓詩外傳에 客有說(세)春申君者하여 曰 湯以七十里하고 文王以百里로되 皆兼天下라 今孫子는 天下之賢人也어늘 君藉之百里之勢하시니 臣竊以爲不便于君이라 若何잇고하여늘 春申君曰 善하다하니라 于是使人謝孫子어늘 孫子去而之趙하니 趙以爲上卿이라 客又說(세)春申君曰 昔伊尹去夏之殷하니 殷王而夏亡하며 管仲去魯入齊하니 齊强而魯弱이라 由是觀之하면 賢者之所在엔 其君未嘗不善하고

28) 當以楊倞改訂爲是 : 楊倞이 편집한 ≪荀子≫ 32편의 차례가 劉向이 편집한 것과는 달리 〈堯問〉이 맨 뒤에 있는데, 이것을 옳은 것으로 보아야 한다는 뜻이다.

其國未嘗不安也라 今孫子는 天下之賢人이어늘 何爲辭而去잇고하니 春申君又云 善하다하니라 于是使請孫子하니라 孫子(僞喜)〔爲書〕①[29]謝之曰 鄙語曰 厲憐王이라하니 此不恭之語也라 雖然이나 不可不審也니 此爲劫殺死亡之主言也라 夫人主年少而放하고 無術法以知姦이면 卽大臣以專斷圖私하여 以禁誅於己也라 故舍賢長而立幼弱하며 廢正適而立不善[30]이라 故春秋之志曰 楚王之子圍聘於鄭이라가 未出竟에 聞王疾하여 反問疾하고 遂以冠纓絞王而殺之하여 因自立[31]이라하고 齊崔杼之妻美어늘 莊公通之하니 崔杼率其羣黨而攻莊公이라 莊公請與分國이나 崔杼不許하고 欲自刃於廟나 崔杼又不許라 莊公(出走)〔走出〕[32]하여 踰于外牆에 射(석)中其股하여 遂殺而立其弟景公[33]이라하니라 近代所見은 李兌用趙에 餓主父于沙丘하여 百日而殺之[34]하고 淖齒用齊에 擢湣王之筋하여 而懸之於廟梁하여 宿昔而殺之[35]라 夫厲雖癰腫痂疕나 上比遠世에 未

---

29) (僞喜)〔爲書〕: 저본과 ≪韓詩外傳≫에는 '僞喜'로 되어 있으나, ≪戰國策≫에 의거하여 '爲書'로 바로잡았다.

30) 夫人主年少而放……廢正適而立不善 : ≪韓非子≫ 권4 〈姦劫弑臣〉에는 이 문구가 "人無法術以御其臣 雖長年而美材 大臣猶將得勢擅事主斷 而各爲其私急 而恐父兄豪傑之士 借人主之力 以禁誅於己也 故弑賢長而立幼弱 廢正嫡而立不義(군주가 그의 신하를 제어할 방법과 수단이 없다면, 비록 나이가 많고 재능이 뛰어나더라도 大臣들이 오히려 장차 세력을 얻어 국사를 제멋대로 처리하려고 저마다 사적인 이익을 도모하기에 급급해하면서 혹시 부형과 호걸들이 군주의 힘을 빌려 자기에게 재앙이 될 대상을 제거하지나 않을까 두렵기 때문에, 어질고 나이 많은 군주를 시해하고 어리고 허약한 군주를 세우며 嫡子를 폐하고 의롭지 못한 군주를 세웁니다.)"로 되어 있다. '廢正適'이 ≪韓詩外傳≫에는 '廢正直'으로 되어 있다.

31) 楚王之子圍聘於鄭……因自立 : ≪春秋左氏傳≫ 昭公 1년에 보인다.

32) (出走)〔走出〕: 저본에는 '出走'로 되어 있으나, ≪韓詩外傳≫에 의거하여 '走出'로 바로잡았다.

33) 齊崔杼之妻美……遂殺而立其弟景公 : ≪春秋左氏傳≫ 襄公 25년에 보인다.

34) 李兌用趙……百日而殺之 : 李兌는 趙 惠文王 때 재상이다. 趙 武靈王이 그의 아들 惠文王에게 왕위를 물려주고 자기를 '主父'라고 칭하였다. B.C. 295년에 武靈王의 맏아들 安陽君 趙章이 田不禮와 반란을 일으켰다가 李兌와 公子 成의 공격으로 패배하여 主父宮으로 도망가니, 主父가 받아들였다. 그러자 李兌가 主父宮을 포위하여 主父가 굶은 지 백일 만에 죽었다.(≪史記≫ 권43 〈趙世家〉)

35) 淖齒用齊……宿昔而殺之 : 淖齒는 본디 楚나라 장수로, 卓齒・踔齒로 표기하기도 한다.

至絞頸射(석)**股也**요 **下比近世**에 **未至擢筋餓死也**라 **由是觀之**하면 **厲雖憐王可也**라하니라 **因爲賦曰 璇玉瑤珠**를 **不知佩**하며 **雜布與錦**이어늘 **不知異**하고 **閭娵子都**는 **莫之媒**하고 **嫫母力父**(보)는 **是之喜**로다 **以盲爲明**하고 **以聾爲聰**하며 **以是爲非**하고 **以吉爲凶**이로다 **嗚呼上天**이여 **曷維其同**하리오 **詩曰 上帝甚慆**하시니 **無自瘵焉**[36]하라하니라

① **戰國策作爲書**라

≪戰國策≫에는 〈僞喜가〉 '爲書'로 되어 있다.

≪韓詩外傳≫에 〈다음과 같은 내용이 있다.〉

"문객이 春申君을 회유하기를 '湯王은 칠십 리로 〈일어나고〉 文王은 백 리로 〈일어났으나〉 모두 천하를 통일하였습니다. 지금 孫子(荀子)는 천하의 賢人인데 지금 당신이 땅 백 리 정도의 세력을 그에게 주려고 생각하시니, 저는 당신에게 매우 이롭지 못하다고 봅니다. 어떻게 생각하십니까?'라고 하니, 春申君이 '그 말이 맞다.' 하였다. 그리하여 사람을 보내 孫子를 사절하였다. 孫子가 〈楚나라를〉 떠나 趙나라로 가니, 趙나라가 그를 上卿으로 삼았다.

다른 문객이 또 春申君을 회유하기를 '옛날에 伊尹이 夏나라를 떠나 殷나라로 들어가니 殷나라는 王者가 되고 夏나라는 멸망하였으며, 管仲이 魯나라를 떠나 齊나라로 들어가니 齊나라는 강성하고 魯나라는 쇠약해졌습니다. 이로 인해 본다면 賢人이 있는 곳에는 그 군왕이 善해지지 않은 적이 없고 국가가 안정되지 않은

B.C. 284년에 燕나라의 上將軍 樂毅가 燕·秦·趙·魏·韓 등 5개국의 연합군을 거느리고 齊나라를 공격하여 齊나라 70여 개의 성을 함락시켜 齊 湣王이 莒邑(거읍)으로 도망가 고립되었다. 이때 齊나라를 구원하러 들어온 淖齒를 湣王이 재상으로 임명하였으나, 淖齒가 湣王을 죽이고 燕나라와 함께 齊나라의 함락된 땅을 나눠가졌다. 淖齒가 湣王의 힘줄을 뽑고 사당의 들보에 매달아 하룻밤 사이에 죽게 했다는 말은 ≪史記≫ 권79 〈范雎蔡澤列傳〉에 보인다.

36) 詩曰……無自瘵焉 : 이 詩는 周나라의 폭군 幽王을 풍자한 ≪詩經≫ 〈小雅 菀柳〉를 인용한 것이다. 上帝는 왕을 가리킨다. '慆'는 ≪詩經≫에 '蹈'로 되어 있다. 朱熹의 주에 "'蹈'는 마땅히 '神'으로 되어야 한다."라 하였다. 幽王이 매우 신령하고 위력이 있어 그를 가까이했다가는 피해를 당할 것이므로 멀리해야 한다고 스스로 경계하는 뜻이다. 荀子가 春申君을 幽王에게 견주어 그의 곁에 가고 싶지 않다는 뜻으로 이 시를 인용한 것이다.

적이 없습니다. 지금 孫子는 천하의 賢人인데 당신은 어찌하여 그를 사절하여 떠나게 했습니까?'라고 하니, 春申君이 또 '그 말이 맞다.' 하였다. 그리하여 사람을 보내 孫子를 초청하였다. 이때 孫子가 글을 써 사절하였다.

'속담에 나병환자가 국왕을 불쌍하게 여긴다는 말이 있는데, 이것은 공손하지 못한 말이긴 합니다. 그렇지만 그 말을 깊이 살펴보지 않을 수 없으니, 이것은 신하에게 협박당하고 살해당한 군주에 대해 하는 말입니다.

대개 군주가 나이가 어려 제멋대로 행동하고 간사한 사람을 식별하는 방법이 없다면, 大臣이 정사를 독단하고 사적인 이익을 도모하여 자기에게 재앙이 될 대상을 제거할 것입니다. 그러므로 그들은 재능 있고 나이 많은 군주를 살해하고 어리고 허약한 군주를 세우며 嫡子를 폐하고 선하지 못한 군주를 세우는 것입니다.

이 때문에 ≪春秋左氏傳≫에 기록하기를 「楚나라의 공자 圍(훗날의 靈王)가 鄭나라를 방문하기 위해 떠났다가 국경을 벗어나기 전에 父王이 병이 났다는 소식을 듣고서 돌아와 병세를 묻고 마침내 갓끈으로 왕의 목을 졸라 죽이고 스스로 왕이 되었다.」라 하고, 「齊나라 崔杼의 아내가 아름다웠는데 齊 莊公이 그와 정을 통하자, 崔杼가 그의 무리를 거느리고 莊公을 공격하였다. 莊公이 그와 齊나라를 함께 나누어 갖자고 청했으나 崔杼는 들어주지 않았고 〈莊公이 또〉 조상의 사당에 가서 자살하겠다고 하였으나 崔杼는 그것도 들어주지 않았다. 莊公에게 도망갈 것을 〈요구하여〉 그가 바깥담을 넘어갈 때 활로 그의 넓적다리를 쏘아 맞혀 마침내 그를 죽이고 莊公의 아우 景公을 세워 왕으로 삼았다.」라고 하였습니다.

근대에 본 것으로는 李兌가 趙나라에서 권력을 장악했을 때 沙丘에서 主父(趙 武靈王)를 굶겨 백 일 만에 그를 죽였고, 淖齒가 齊나라에서 권력을 장악했을 때 齊 湣王의 힘줄을 뽑아버리고 사당의 들보에 매달아 하룻밤을 넘긴 뒤에 죽였습니다.

대개 나병은 비록 타고난 악질 종기이기는 해도 위로 고대의 제왕과 견줘볼 때 갓끈으로 목이 졸려 죽거나 넓적다리에 화살이 꽂혀 죽는 일을 당하는 정도까지는 아니고, 아래로 근대의 제왕과 견줘볼 때 힘줄이 뽑혀 죽거나 굶어죽는 정도까지는 아닙니다. 이로 인해 본다면 나병환자가 비록 국왕을 불쌍하게 여긴다고 말하더라도 무방할 것입니다.'

이어 賦를 지었다.
아름다운 옥들과 귀한 진주를
〈자기 몸에〉 찰 줄을 알지 못하며
무명베와 비단이 섞여 있는데
구분하여 다름을 알지 못하고
〈미녀이며 미남인〉 閭娵 子奢는
애써 중매 서주는 사람이 없고
〈추녀이며 추남인〉 嫫母 力父는
〈너나없이〉 그들을 좋게 여기네
앞 못 보는 장님을 눈 밝다 하고
귀가 먼 귀머거리 귀 밝다 하며
위태로운 상황을 안전타 하고
길한 일을 가지고 흉하다 하네
아, 하늘이여
이 몸 어찌 그들과 함께하리오
그리고는 ≪詩經≫을 인용하였다.
'上帝께서 너무도 신령하시니 스스로 병들게는 말아야 하네.'"

按春申君請孫子어늘 **孫子答書**에 **或去或就**는 **曾不一言**하고 **而泛引前世劫殺死亡之事**하니 **未知其意何屬**이라 **且靈王雖無道**나 **固楚之先君也**[37]니 **豈宜向其臣子**하여 **斥言其罪**리오 **不知何人鑿空爲此**리오 **韓嬰誤以說詩**어늘 **劉向不察**하여 **采入國策**하고 **其敍荀子新書**에 **又載之**하니 **斯失之矣**라 **此書自厲憐王以下**는 **乃韓非子姦劫弑臣篇文**으로 **其言刻覈舞知**[38]**以禦人**하니 **固非之本志**라 **其賦詞**는 **乃荀子佹詩之小歌**니 **見於賦篇**이라 **由二書雜采成篇**[39]이라 **故文義前後**

---

37) 且靈王雖無道 固楚之先君也 : 荀子가 春申君에게 보낸 편지에 보이는 楚나라 공자 圍(靈王)의 일을 가리킨다.

38) 知 : '智'와 같다.

不屬이라 **幸本書具在**하여 **其妄不難破爾**라 **孫卿自爲蘭陵令**으로 **逮春申之死**히 **凡十八年**이로되 **其間實未嘗適趙**하니 **亦無以荀卿爲上卿之事**라 **本傳**[40]**稱齊人或讒荀卿**이어늘 **荀卿乃適楚**라하여늘 **詩外傳國策所載**의 **或說**(세)**春申君之詞**는 **卽因此以爲緣飾**이라 **周秦間記載**는 **若是者多矣**라 **至引事說詩**는 **韓嬰書之成例**어늘 **國策載其文**하되 **而不去其詩**하니 **此故奏之葛龔也**[41]라

살펴보건대, 春申君이 孫子를 초청하였는데, 孫子가 답한 글에서 떠나갈 것인지 나아갈 것인지에 대해서는 한마디도 하지 않고 앞 시대의 〈군주가 신하에게〉 협박당하고 살해당한 일을 개괄적으로 인용하였으니, 그 뜻이 어디에 해당되는지 모르겠다.

게다가 靈王이 비록 무도하기는 하나 사실 楚나라의 선대 군주이니 어찌 그 신하(春申君)에게 그 〈선대 군주의〉 죄를 대놓고 질책할 수 있겠는가. 과연 어떤 사람이 이처럼 이치에 맞지 않는 말을 억지로 끌어 붙이겠는가. 韓嬰이 오류를 범해 ≪詩經≫의 〈글을〉 설명하였는데, 劉向이 이런 사정을 살펴보지 못해 ≪戰國策≫에 채택하여 넣었고 ≪荀子新書≫의 〈敍錄〉에 또 이것을 실었으니, 이것은 잘못한 것이다.

이 글이 '厲憐王(나병환자가 군왕을 불쌍히 여긴다)' 이하부터는 곧 ≪韓非子≫ 〈姦劫弑臣篇〉의 글로서 그 말이 가혹하고 잔꾀를 부려 다른 사람을 제어하는 것이니,

---

39) 由二書雜采成篇 : 二書는 ≪韓非子≫ 〈姦劫弑臣篇〉과 ≪荀子≫ 〈佹詩〉의 〈小歌〉의 글을 말한다. 荀子가 春申君의 초청을 거절하는 글이라 하여 ≪韓詩外傳≫에 실려 있는 내용이 이 두 가지를 뒤섞어 채집하여 만들어졌다는 뜻이다.

40) 本傳 : ≪史記≫ 〈荀卿列傳〉을 말한다.

41) 此故奏之葛龔也 : 葛龔은 漢나라 寧陵 사람으로, 자는 元甫이다. 和帝 때 관청에서 사용하는 공문서의 문장을 잘 짓는 것으로 유명하였다. 奏는 奏文, 또는 奏記의 약어로, 공문서를 말한다. 어떤 사람이 자기를 초빙해주려는 사람에게 보낼 문장을 葛龔에게 대신 지어달라고 부탁하여 받은 다음, 거기에 자기 이름을 적는다는 것을 깜박 잊고 葛龔의 이름을 써서 올렸다. 당시에 이것을 풍자하여 "문장을 잘 짓더라도 이름자는 마땅히 葛龔으로 적어야 한다.〔作奏雖工 宜書葛龔〕"는 말이 유행하였다고 한다. 여기서는 ≪韓詩外傳≫에 있는 荀子가 春申君에게 보냈다는 글을 劉向이 ≪戰國策≫에 인용하면서 당연히 삭제해야 할 ≪詩經≫ 〈小雅 菀柳〉의 내용까지 포함했다는 뜻이다. 편의상 "이것이 옛 글에 흔히 보이는 쓸데없는 글이다."로 풀이하였다.

이는 사실 韓非의 본심이다. 그리고 그 賦의 문구는 곧 ≪荀子≫〈佹詩〉 속에 있는 〈小歌〉이니, 이는 〈賦篇〉에 보인다. 이 두 글을 채집하여 글이 만들어졌기 때문에 글뜻이 앞뒤가 연결되지 않는다. 그런데 다행히 본래의 글이 모두 있어 그 거짓을 타파하기가 어렵지 않다.

孫卿이 蘭陵令이 된 때로부터 春申君이 죽은 때까지 모두 18년인데, 그 기간에는 사실 趙나라에 간 적이 없으니, 荀卿을 上卿으로 삼은 일도 있을 수 없다. 本傳에 "齊나라의 어떤 사람이 孫卿을 모함하여 孫卿이 마침내 楚나라로 갔다."라 하였는데, ≪韓詩外傳≫과 ≪戰國策≫에 실려 있는바 문객이 春申君을 회유한 말은 곧 이 〈本傳에 있는 내용으로〉 인해 꾸며 만든 것이다. 周나라와 秦나라 사이의 기록물은 이와 같은 경우가 많다. 어떤 일을 끌어다가 ≪詩經≫의 뜻을 설명하는 일은 韓嬰이 쓴 글에서 틀에 박힌 형식인데 ≪戰國策≫에 그 글을 싣되 그 詩는 삭제하지 않았으니, 이것이 옛 글에 〈흔히 보이는〉 쓸데없는 글이다.

今本荀子二十卷이라 **元時槧本**에 **題云 唐大理評事楊倞注**하고 **一本題云 唐登仕郎守大理評事楊倞**이나 **事實無可考**라 **新唐書藝文志**엔 **以倞爲楊汝士子**하고 **而宰相世系表**엔 **則載汝士三子**하되 **一名知溫**이요 **一名知遠**이요 **一名知至**로 **無名倞者**라 **表志同出一手**어늘 **何以互異若此**오 **古刻叢鈔**[42]에 **載唐故銀青光祿大夫使持節蔚州諸軍事行蔚州刺史兼御史中丞馬公墓志銘**하고 **其文則楊倞所作**이라 **題云 朝請大夫使持節汾州諸軍事守汾州刺史楊倞撰**하여 **結銜校荀子加詳**이라 **其書馬公卒葬年月云 以會昌四年三月十日卒**하고 **以其年七月十日葬**이라 **據此**하면 **則楊倞爲唐武宗時人**[43]이라

오늘날 통행본인 ≪荀子≫는 20권이다. 元나라 때 판각본에 '唐大理評事 楊倞

---

42) 古刻叢鈔 : 明나라 陶宗儀가 漢나라 때부터 南宋 때까지의 碑刻 71종을 베껴 기록한 것으로 1책인데, 唐나라 때의 것이 49종으로, 가장 많다. 陶宗儀의 자는 九成, 호는 南村이며 黃巖 사람이다.

43) 新唐書藝文志……則楊倞爲唐武宗時人 : ≪舊唐書≫(권180)에 의하면 楊汝士는 元和 4년(809)에 進士가 되고 開成 원년(836)에 吏部侍郎이 되었다고 하였으니, 시기적으로는 楊倞이 그의 아들일 가능성이 있다.

注'로 쓰여 있고, 어떤 판본에는 '唐登仕郎 守大理評事 楊倞'으로 쓰여 있으나, 이 사람에 관한 사실은 알 길이 없다.

≪新唐書≫ 〈藝文志〉에는 楊倞을 楊汝士의 아들이라 하고, 〈宰相世系表〉에는 楊汝士의 세 아들이 실려 있는데, 하나는 이름이 知溫이고 하나는 이름이 知遠이고 하나는 이름이 知至로서 이름이 倞인 사람은 없다. 〈宰相世系表〉와 〈藝文志〉는 모두 한 사람(歐陽脩)의 손에서 나왔는데 어찌하여 이처럼 서로 다르단 말인가?

≪古刻叢鈔≫에 '唐故銀靑光祿大夫 使持節蔚州諸軍事 行蔚州刺史 兼御史中丞 馬公墓志銘'이 실려 있고 그 글은 楊倞이 지은 것이다. 거기에 '朝請大夫 使持節汾州諸軍事 守汾州刺史 楊倞 撰'으로 쓰여 있어 그 관직명이 ≪荀子≫에 비해 더 자세하다. 거기에 馬公이 죽고 장사 지낸 年月이 '會昌 4년(844) 3월 10일에 죽고 그해 7월 10일에 장사 지냈다.'고 쓰여 있다. 이것을 근거로 보면 楊倞은 唐 武宗 때 사람이다.

荀子年表[44)]

나이	楚·齊·秦·楚의 주요 사항		≪荀子≫ 및 ≪史記≫〈荀卿列傳〉
15세 (前298)	趙	惠文王 원년(公子 勝을 재상으로 삼고 平原君에 봉하였다.)	
	齊	湣王 26년	
	秦	昭王 9년	
	楚	頃襄王 원년	
16세 (前297)	趙	惠文王 2년	
	齊	湣王 27년	
	秦	昭王 10년	
	楚	頃襄王 2년	
17세 (前296)	趙	惠文王 3년	
	齊	湣王 28년	
	秦	昭王 11년	
	楚	頃襄王 3년(懷王이 秦나라에서 죽어 秦나라가 그의 시신을 돌려보냈다.)	

44) 荀子年表 : 저본에는 '荀卿子年表'로 되어 있다. 그리고 저본에는 없으나, '나이'와 '서기' 항목을 추가하여 연표의 기능을 보완하였다.

18세 (前295)	趙	惠文王 4년	
	齊	湣王 29년	
	秦	昭王 12년	
	楚	頃襄王 4년	
19세 (前294)	趙	惠文王 5년	
	齊	湣王 30년	
	秦	昭王 13년	
	楚	頃襄王 5년	
20세 (前293)	趙	惠文王 6년	
	齊	湣王 31년	
	秦	昭王 14년	
	楚	頃襄王 6년	
21세 (前292)	趙	惠文王 7년	
	齊	湣王 32년	
	秦	昭王 15년	
	楚	頃襄王 7년(부인을 秦나라에서 맞아들였다. 秦나라와 楚나라가 다시 화친을 맺었다.)	
22세 (前291)	趙	惠文王 8년	
	齊	湣王 33년	
	秦	昭王 16년	
	楚	頃襄王 8년	
23세 (前290)	趙	惠文王 9년	
	齊	湣王 34년	
	秦	昭王 17년	
	楚	頃襄王 9년	
24세 (前289)	趙	惠文王 10년	
	齊	湣王 35년	
	秦	昭王 18년	
	楚	頃襄王 10년	
25세 (前288)	趙	惠文王 11년	
	齊	湣王 36년	
	秦	昭王 19년	
	楚	頃襄王 11년	

26세 (前287)	趙	惠文王 12년	
	齊	湣王 37년	
	秦	昭王 20년	
	楚	頃襄王 12년	
27세 (前286)	趙	惠文王 13년	〈王霸篇〉에 "齊 湣王이 강대한 齊나라를 다스려 중앙으로는 충분히 宋나라를 정복할 수 있었다."라고 하였다.
	齊	湣王 38년(宋나라를 멸망시켰다.)	
	秦	昭王 21년	
	楚	頃襄王 13년	
28세 (前285)	趙	惠文王 14년	
	齊	湣王 39년	
	秦	昭王 22년	
	楚	頃襄王 14년(秦 昭王과 宛에서 회합하여 화친을 맺었다.)	
29세 (前284)	趙	惠文王 15년	〈仲尼篇〉에 "齊 湣王이 다섯 나라에 의해 무너졌다."라고 하였다. 〈王霸篇〉에 "燕나라와 趙나라가 들고 일어나 공격하자 마치 마른 나뭇잎이 흔들려 떨어지듯이 그들 자신이 죽고 나라도 멸망하여 천하의 큰 치욕이 되었다."라고 하였다.
	齊	湣王 40년(燕·秦·趙·魏·韓의 군대가 齊나라 군대를 濟水가에서 격파하여 湣王이 莒邑으로 도주하였다.)	
	秦	昭王 23년	
	楚	頃襄王 15년	
30세 (前283)	趙	惠文王 16년	≪史記≫ 〈荀卿列傳〉에 "齊 襄王 때에 孫卿이 가장 나이가 많은 스승이었다. 齊나라에서는 그때까지도 列大夫의 결원을 보충하였으므로 孫卿이 세 번이나 祭酒가 되었다."라고 하였다.
	齊	襄王 원년	
	秦	昭王 24년	
	楚	頃襄王 16년(秦 昭王과 鄢에서 회합하였다. 가을에 다시 穰에서 모였다.)	
31세 (前282)	趙	惠文王 17년	
	齊	襄王 2년	
	秦	昭王 25년	
	楚	頃襄王 17년	
32세 (前281)	趙	惠文王 18년	
	齊	襄王 3년	
	秦	昭王 26년	
	楚	頃襄王 18년	
33세 (前280)	趙	惠文王 19년	
	齊	襄王 4년	

	秦	昭王 27년	
	楚	頃襄王 19년(秦나라가 楚나라를 공격하였다. 上庸의 漢水 이북 땅을 떼어 秦나라에 주었다.)	
34세 (前279)	趙	惠文王 20년	〈議兵篇〉에 "齊나라의 田單은 세속의 이른바 용병을 잘했던 자이다."라 하고, "燕나라는 능히 齊나라를 겸병하였으나 단결시키지 못했기 때문에 田單이 그것을 다시 빼앗았다."라고 하였다.
	齊	襄王 5년(田單이 燕나라 騎劫을 죽였다.)	
	秦	昭王 28년	
	楚	頃襄王 20년	
35세 (前278)	趙	惠文王 21년	〈議兵篇〉에 "秦나라 군대가 쳐들어와 鄢과 郢을 함락하는 것이 마치 마른 나뭇잎을 잡아 꺾듯이 하였다."라고 하였다.
	齊	襄王 6년	
	秦	昭王 29년	
	楚	頃襄王 21년(秦나라가 楚나라 郢을 함락시키고 夷陵을 불태웠으므로 頃襄王이 동쪽에서 陳城을 지켰다.)	
36세 (前277)	趙	惠文王 22년	
	齊	襄王 7년	
	秦	昭王 30년	
	楚	頃襄王 22년	
37세 (前276)	趙	惠文王 23년	
	齊	襄王 8년	
	秦	昭王 31년	
	楚	頃襄王 23년	
38세 (前275)	趙	惠文王 24년	
	齊	襄王 9년	
	秦	昭王 32년	
	楚	頃襄王 24년	
39세 (前274)	趙	惠文王 25년	
	齊	襄王 10년	
	秦	昭王 33년	
	楚	頃襄王 25년	
40세 (前273)	趙	惠文王 26년	
	齊	襄王 11년	

	秦	昭王 34년	
	楚	頃襄王 26년	
41세 (前272)	趙	惠文王 27년	〈彊國篇〉에 "지금 楚나라 〈頃襄王의〉 아버지가 죽었다."부터 "이는 곧 〈秦나라가 자기에게〉 복수하려는 적을 부리는 것이다."라고 한 부분까지. 〈仲尼篇〉에 "楚나라는 6천 리나 되는 국토를 지녔지만 원수에게 부림을 당하였다."라고 하였다.
	齊	襄王 12년	
	秦	昭王 35년	
	楚	頃襄王 27년(다시 秦나라와 강화하고 태자를 秦나라에 볼모로 들여보냈다.)	
42세 (前271)	趙	惠文王 28년	
	齊	襄王 13년	
	秦	昭王 36년	
	楚	頃襄王 28년	
43세 (前270)	趙	惠文王 29년	
	齊	襄王 14년	
	秦	昭王 37년	
	楚	頃襄王 29년	
44세 (前269)	趙	惠文王 30년	
	齊	襄王 15년	
	秦	昭王 38년	
	楚	頃襄王 30년	
45세 (前268)	趙	惠文王 31년	
	齊	襄王 16년	
	秦	昭王 39년	
	楚	頃襄王 31년	
46세 (前267)	趙	惠文王 32년	
	齊	襄王 17년	
	秦	昭王 40년	
	楚	頃襄王 32년	
47세 (前266)	趙	惠文王 33년	〈儒效篇〉에 秦 昭王과 荀卿이 문답하는 말이 실려 있다. 〈强國篇〉에 應侯와 荀卿이 문답하는 말이 실려 있다.
	齊	襄王 18년	
	秦	昭王 41년(范雎를 재상으로 삼아 應國에 봉하고 應侯로 불렀다.)	
	楚	頃襄王 33년	

48세 (前265)	趙	孝成王 원년(秦나라가 趙나라 세 개의 성을 빼앗았다. 平原君이 재상이 되었다.)	〈議兵篇〉에 "臨武君과 孫卿子가 趙 孝成王 앞에서 用兵術에 관해 토론하였다."라고 하였다. 또 "秦나라는 4대에 걸쳐 전쟁에서 승리하였다."라 하고, 또 "李斯가 孫卿子에게 '秦나라는 4대에 걸쳐 전쟁에서 승리하여……'라고 물었다."라고 하였는데, 이는 모두 孝公부터 昭王까지를 이른다.
	齊	襄王 19년	
	秦	昭王 42년	
	楚	頃襄王 34년	
49세 (前264)	趙	孝成王 2년	
	齊	王建 원년	
	秦	昭王 43년	
	楚	頃襄王 35년	
50세 (前263)	趙	孝成王 3년	
	齊	王建 2년	
	秦	昭王 44년	
	楚	頃襄王 36년	
51세 (前262)	趙	孝成王 4년	
	齊	王建 3년	
	秦	昭王 45년	
	楚	考烈王 원년(春申君이 재상이 되었다.)	
52세 (前261)	趙	孝成王 5년	
	齊	王建 4년	
	秦	昭王 46년	
	楚	考烈王 2년	
53세 (前260)	趙	孝成王 6년	
	齊	王建 5년	
	秦	昭王 47년	
	楚	考烈王 3년	
54세 (前259)	趙	孝成王 7년	
	齊	王建 6년	
	秦	昭王 48년	
	楚	考烈王 4년	
55세 (前258)	趙	孝成王 8년	
	齊	王建 7년	
	秦	昭王 49년	
	楚	考烈王 5년	

<table>
<tr><td rowspan="4">56세
(前257)</td><td>趙</td><td>孝成王 9년(秦나라가 邯鄲을 포위하고 魏나라 信陵君이 晉鄙의 군대를 빼앗았다. 平原君이 楚나라에 구원해줄 것을 요구하니 楚나라가 春申君으로 하여금 魏나라와 함께 趙나라를 구원해주게 하여 秦나라를 물리치고 邯鄲을 보존하였다.)</td><td rowspan="4">〈議兵篇〉에 "韓나라의 上地는 사방 수백 리가 〈城邑이〉 튼튼하고 〈창고가〉 넉넉하였는데 〈郡守가 그것을 가지고〉 趙나라로 귀순하였으나 趙나라가 단결시키지는 못했기 때문에 秦나라가 그것을 빼앗아갔다."라고 하였다.
〈臣道篇〉에 "平原君은 趙나라에 대해 보좌한 신하라 이를 수 있고 信陵君은 魏나라에 대해 보필한 신하라 이를 수 있다."라 하고, 또 "〈군주에게〉 간쟁한 뒤에야 〈군주의 언행이〉 善해지고 〈군주의〉 뜻을 거스른 뒤에야 〈군주를 도와〉 공을 세우며, 죽는 한이 있더라도 사심이 없어 충성을 다하고 공정함을 다한 경우가 있다. 이것을 '충성하는 길을 터서 순조롭게 하는 것'이라 이르니, 魏나라 信陵君이 그와 비슷한 사람이다."라고 하였다.</td></tr>
<tr><td>齊</td><td>王建 8년</td></tr>
<tr><td>秦</td><td>昭王 50년</td></tr>
<tr><td>楚</td><td>考烈王 6년(≪史記≫ 〈楚世家〉에 "6년에 秦나라 군대가 邯鄲을 포위하자 趙나라가 楚나라에 위급함을 알려 〈구조해줄 것을 청하니,〉 楚나라가 장군 景陽을 파견하여 趙나라를 구원하였다. 7년에 新中에 도달하니 秦나라 군대가 물러갔다."라고 하였다.
≪史記≫ 〈春申君列傳〉에 "〈春申君이 楚나라 재상이 된 지〉 4년째에 秦나라가 長平에 주둔하고 있는 趙나라 군대 40여만 명을 격파하였다. 5년째에 또 邯鄲을 포위하였다. 邯鄲이 楚나라에 위급함을 고하고 〈구원해줄 것을 청하니,〉 楚나라 왕이 春申君에게 군대를 거느리고 가서 구원해주게 하자, 秦나라 군대가 또 물러갔다."라고 하였다. 살펴보건대, 6년째에 邯鄲을 포위하였는데 〈列傳〉에는 '五年'으로 되어 있으니, 잘못되었다.)</td></tr>
<tr><td rowspan="4">57세
(前256)</td><td>趙</td><td>孝成王 10년(秦나라 군대가 물러갔다.)</td><td rowspan="4"></td></tr>
<tr><td>齊</td><td>王建 9년</td></tr>
<tr><td>秦</td><td>昭王 51년</td></tr>
<tr><td>楚</td><td>考烈王 7년</td></tr>
<tr><td rowspan="4">58세
(前255)</td><td>趙</td><td>孝成王 11년</td><td rowspan="4">≪史記≫ 〈荀卿列傳〉에 "齊나라의 어떤 사람이 孫卿을 모함하여 孫卿이 마침내 楚나라로 갔는데, 〈楚나라 재상〉 春申君이 蘭陵令으로 삼았다."라고 하였다.</td></tr>
<tr><td>齊</td><td>王建 10년</td></tr>
<tr><td>秦</td><td>昭王 52년</td></tr>
<tr><td>楚</td><td>考烈王 8년(荀卿을 蘭陵令으로 삼았다.)</td></tr>
</table>

59세 (前254)	趙	孝成王 12년	
	齊	王建 11년	
	秦	昭王 53년	
	楚	考烈王 9년(도성을 鉅陽으로 옮겼다.)	
60세 (前253)	趙	孝成王 13년	
	齊	王建 12년	
	秦	昭王 54년	
	楚	考烈王 10년	
61세 (前252)	趙	孝成王 14년	
	齊	王建 13년	
	秦	昭王 55년	
	楚	考烈王 11년	
62세 (前251)	趙	孝成王 15년(平原君이 죽었다.)	
	齊	王建 14년	
	秦	昭王 56년·孝文王 원년·莊襄王 원년(≪史記≫ 〈秦本紀〉에 "昭王 56년 가을에 昭襄王이 죽자 아들 孝文王이 즉위하였다. 10월 己亥日에 즉위하였는데 3일째인 辛丑日에 죽어 그의 아들 莊襄王이 즉위하였다."라고 하였다.)	
	楚	考烈王 12년	
63세 (前250)	趙	孝成王 16년	
	齊	王建 15년	
	秦	莊襄王 2년	
	楚	考烈王 13년	
64세 (前249)	趙	孝成王 17년	
	齊	王建 16년	
	秦	莊襄王 3년	
	楚	考烈王 14년	
65세 (前248)	趙	孝成王 18년	
	齊	王建 17년	
	秦	始皇 원년	

	楚	考烈王 15년(春申君이 거주지를 옮겨가 吳에 봉해졌다.)	
66세 (前247)	趙	孝成王 19년	≪史記≫〈李斯列傳〉에 "李斯가 荀卿을 하직하고 서쪽 秦나라로 들어가니, 때마침 莊襄王이 죽었다. 그는 곧 자청하여 秦나라 재상 呂不韋의 家臣이 되었다."라고 하였다.
	齊	王建 18년	
	秦	始皇 2년	
	楚	考烈王 16년	
67세 (前246)	趙	孝成王 20년	
	齊	王建 19년	
	秦	始皇 3년	
	楚	考烈王 17년	
68세 (前245)	趙	孝成王 21년	
	齊	王建 20년	
	秦	始皇 4년	
	楚	考烈王 18년	
69세 (前244)	趙	悼襄王 원년	
	齊	王建 21년	
	秦	始皇 5년	
	楚	考烈王 19년	
70세 (前243)	趙	悼襄王 2년	
	齊	王建 22년	
	秦	始皇 6년	
	楚	考烈王 20년	
71세 (前242)	趙	悼襄王 3년	
	齊	王建 23년	
	秦	始皇 7년	
	楚	考烈王 21년	
72세 (前241)	趙	悼襄王 4년	
	齊	王建 24년	
	秦	始皇 8년	
	楚	考烈王 22년(왕이 동쪽 壽春으로 옮겨갔다.)	
73세 (前240)	趙	悼襄王 5년	
	齊	王建 25년	
	秦	始皇 9년	
	楚	考烈王 23년	

<table>
<tr><td rowspan="4">74세
(前239)</td><td>趙</td><td>悼襄王 6년</td><td rowspan="4"></td></tr>
<tr><td>齊</td><td>王建 26년</td></tr>
<tr><td>秦</td><td>始皇 10년</td></tr>
<tr><td>楚</td><td>考烈王 24년</td></tr>
<tr><td rowspan="4">75세
(前238)</td><td>趙</td><td>悼襄王 7년</td><td rowspan="4">≪史記≫ 〈荀卿列傳〉에 “春申君이 죽은 뒤에 孫卿은 폐출되었고 그대로 蘭陵 지방에 정착하였다.”라 하고, 또 “〈儒家·墨家·道家가 행한 일의 성과와 실패를 규명하고〉 이것을 정리하여 수만 자를 저술하였다. 세상을 떠난 뒤에 蘭陵에 장사 지냈다.”라고 하였다.</td></tr>
<tr><td>齊</td><td>王建 27년</td></tr>
<tr><td>秦</td><td>始皇 11년</td></tr>
<tr><td>楚</td><td>考烈王 25년(李園이 春申君을 죽였다.)</td></tr>
</table>

謹據本書及史記劉向叙攷定**이라 其文曰 荀子는 趙人이니 名況이라 年五十始游學來齊하니 則當**湣**王之季라 故傳云 田駢之屬皆已死也라하고 又云 及襄王時하여는 而荀卿最爲老師라하니 蓋復國之後에 康莊舊人은 惟卿在也라 襄王之十八年은 當秦昭王四十一年하니 秦封范雎爲應侯라 儒效彊國篇에 有昭王應侯答問하니 則自齊襄王十八年以後엔 荀卿去齊游秦也라 其明年은 趙孝成王元年이어늘 本書荀卿與臨武君議兵趙孝成王前하니 則荀子入秦不遇하여 復歸趙也라 後十一年은 當齊王建[45]十年하니 爲楚考烈王八年이어늘 楚相黃歇以荀卿爲蘭陵令이라 本(書)〔傳〕[46]云 齊人或讒荀卿하여 荀卿乃適楚하니 而春申君以爲蘭陵令이라하니 則當王建初年하여 荀卿復自趙來齊라 故曰 三爲祭**(제)**酒라하니라 是時春申君封于淮北이어늘 蘭陵乃其屬邑이라 故以卿爲令이라 後八年에 春申君徙于吳나 而荀卿爲令如故라 又十二年에 考烈王卒하니 李園殺春申君[47]하고 盡滅其族이라 本傳云 春申君死而荀卿廢하고 因家蘭陵이라하고 列**

45) 齊王建 : 성은 田이고, 전국시대 齊나라의 마지막 군주이다.

46) (書)〔傳〕: 저본에는 ‘書’로 되어 있으나, 인용된 것은 ≪史記≫ 〈荀卿列傳〉의 내용이므로 ‘傳’으로 바로잡았다.

47) 李園殺春申君 : 李園은 본디 趙나라 사람인데 楚나라 權臣이 되었다. 楚 考烈王이 아들이 없었는데, 春申君에게 줬던 그의 누이가 임신한 것을 알고 누이와 모의하여 春申君에게 그를 楚나라 왕을 섬기게 하자고 회유하니, 春申君이 그 말을 따랐다. 그 결과 그의 누이가 왕의 총애를 받아 왕후가 되고 그가 낳은 아들이 太子가 되었다. B.C. 238년에 考烈王이 죽자, 李園이 春申君의 입을 막기 위해 암살하고 누이의 아들을 왕으로 세웠는데,

著數萬言而卒하여 **因葬蘭陵**이라하니라

〈위의 연표는〉 삼가 본서(≪荀子≫) 및 ≪史記≫와 劉向의 〈叙錄〉에 의거하여 고증하고 결정하였다. 그 글은 이렇다.

荀子는 趙나라 사람이니, 이름은 況이다. 나이 50세 때 비로소 齊나라로 와서 游學하였으니, 齊 湣王의 말년에 해당된다. 그러므로 ≪史記≫ 〈荀卿列傳〉에 "田駢의 무리는 모두 이미 죽었다."라 하고, 또 "齊 襄王 때에 이르러서는 荀卿이 가장 나이가 많은 스승이 되었다."라고 하였으니, 대개 齊나라로 돌아온 뒤에 〈稷下의〉 큰 거리에 거주하던 예전 사람은 오직 荀卿만 남았던 것이다.

齊 襄王 18년은 秦 昭王 41년에 해당되니, 이때 秦나라가 范雎를 應侯로 봉하였다. 〈儒效篇〉과 〈彊國篇〉에 昭王 및 應侯와의 문답이 있으니, 齊 襄王 18년부터 그 뒤에는 荀卿이 齊나라를 떠나 秦나라로 갔던 것이다.

그 이듬해는 趙 孝成王 1년인데 본서에 荀卿이 臨武君과 함께 趙 孝成王 앞에서 用兵術에 관해 토론하였으니, 荀子가 秦나라로 들어갔으나 알아주는 사람이 없어 다시 趙나라로 돌아온 것이다.

그 뒤 11년은 齊王 田建 10년에 해당되니, 그해는 楚 考烈王 8년인데 楚나라 재상 黃歇(春申君)이 荀卿을 蘭陵令으로 삼았다. ≪史記≫ 〈荀卿列傳〉에 "齊나라의 어떤 사람이 荀卿을 모함하여 荀卿이 마침내 楚나라로 가니 春申君이 그를 蘭陵令으로 삼았다."라고 하였으니, 이때는 齊王 田建 첫해에 해당되는 것으로 荀卿이 다시 趙나라로부터 齊나라로 돌아왔다. 그러므로 "세 번 祭酒가 되었다."라고 한 것이다. 이때 春申君이 淮北에 봉해졌는데 蘭陵은 곧 그 屬邑이었기 때문에 荀卿을 令으로 삼은 것이다.

그 뒤 8년에 거주지를 吳로 옮겼으나 荀卿은 이전처럼 令을 유지하였다.

또 12년 뒤에 考烈王이 죽으니, 李園이 春申君을 죽이고 그의 일족을 몰살하였다. ≪史記≫ 〈荀卿列傳〉에 "春申君이 죽은 뒤에 荀卿이 폐출되었고 그대로 蘭陵 지방에 정착하였다."라 하고, "글 수만 자를 저술한 뒤에 죽어 蘭陵에 장사 지냈다."라고 하였다.

그가 幽王이다.(≪史記≫ 권78 〈春申君列傳〉)

荀卿之卒은 **不知何年**이라 **堯問篇云 孫卿迫于亂世**하고 **鰌于嚴刑**하니 **上無賢主**하고 **下遇暴秦**이라하고 **鹽鐵論毁學篇**에 **方李斯之相秦也**엔 **始皇任之**하여 **人臣無二**라 **然而荀卿爲之不食**하니 **覩其罹不測之禍也**라하니라 **據李斯傳**하면 **斯之相**은 **在秦幷天下之後**하여 **距春申君之死十八年**이요 **距齊湣王之死六十四年**이라 **是時荀卿蓋百餘歲矣**라 **荀卿生于趙**하여 **游于齊**하며 **嘗一入秦而仕于楚**하며 **卒葬于楚**라 **故以四國爲經**이라 **託始于趙惠文王楚頃襄王之元**하여 **終于春申君之死**하니 **凡六十年**이라 **庶論世之君子得其梗槪云爾**라

荀卿이 죽은 것에 대해서는 그 연도를 알 수 없다. 〈堯問篇〉에 "孫卿은 혼란한 세상에 내몰리고 혹독한 형벌에 차였으니, 위로 현명한 군주가 없고 아래로 포악한 秦나라를 만났다."라 하고, ≪鹽鐵論≫ 〈毁學篇〉에 "李斯가 秦나라 재상이 되었을 때는 秦 始皇이 그를 重用하여 大臣 중에 어느 누구도 그와 견줄 사람이 없었다. 그런데 荀卿은 이로 인해 밥을 먹지 않았으니, 그가 장차 측량할 수 없는 화를 당할 것을 예견했기 때문이다."라고 하였다.

≪史記≫ 〈李斯列傳〉에 의하면 李斯가 재상이 된 것은 秦나라가 천하를 통일한 뒤에 있던 일로서 春申君이 죽은 지 18년, 齊 湣王이 죽은 지 64년이 지난 뒤이다. 이때 荀卿의 나이는 아마도 백여 세가 되었을 것이다.

荀卿은 趙나라에서 태어나 齊나라에 游學하였으며 일찍이 한 번 秦나라로 들어갔고 楚나라에서 벼슬하였으며 죽어 楚나라에 묻혔으므로 네 국가를 경유한 것이다. 〈세상에서 활동한 것은〉 趙 惠文王과 楚 頃襄王의 원년에 시작하여 春申君이 죽은 뒤에 마쳤으니, 그 기간은 모두 60년이다. 〈이를 통해〉 어쩌면 세상사를 논하는 君子가 그 대략적인 내용을 알 수 있을 것이다.

劉向敍錄에 **卿以齊宣王時來游稷下**하고 **後仕楚**라가 **春申君死而卿廢**라하고 **史記六國年表**에 **載春申君死**하니 **上距宣王之末凡八十七年**이라 **史記**에 **稱卿年五十**에 **始游齊**라하니 **則春申君死之年**에 **卿年當一百三十七矣**라 **晁公武郡齋讀書志**에 **謂史記所云年五十**은 **爲年十五之譌**라 **然顏之推家訓勉學篇**에 **荀**

卿五十에 **始來游學**이라하니 **之推所見史記古本已如此**라 **未可遽以爲譌字也**라 **且漢之張蒼**과 **唐之曹憲**은 **皆百有餘歲**니 **何獨於卿而疑之**리오

劉向의 〈叙錄〉에 "荀卿은 齊 宣王 때 稷下로 와서 游學하였고 뒤에 楚나라에서 벼슬살이를 하다가 春申君이 죽은 뒤에 荀卿은 폐출되었다."라 하고, ≪史記≫ 〈六國年表〉에 春申君이 죽었다(B.C. 238)는 내용이 실려 있는데, 위로 齊 宣王의 마지막 연도(B.C. 324)까지 그 기간이 모두 87년이다.

≪史記≫에서 荀卿이 50세 때 비로소 齊나라에 游學하였다고 하였으니, 그렇다면 春申君이 죽은 해에 荀卿의 나이는 137세에 해당될 것이다. 晁公武의 ≪郡齋讀書志≫에 ≪史記≫에서 말한 '年五十'은 '年十五'의 잘못이라고 하였다.

그러나 顔之推의 ≪顔氏家訓≫ 〈勉學篇〉에 "荀卿은 50세 때 비로소 〈齊나라로〉 와서 游學하였다."라고 하였으니, 顔之推가 보았던 ≪史記≫의 옛 판본에도 이미 이와 같이 되어 있었을 것이다. 그러니 섣불리 그것이 잘못된 글자라고 단정할 수는 없다. 그리고 漢나라 張蒼과 唐나라 曹憲은 그 나이가 모두 백여 세였으니, 어찌 荀卿에 대해서만 장수한 것을 의심할 수 있겠는가.

荀子歸趙는 **疑當孝成王九年十年時**라 **故臣道篇**亟**稱平原信陵之功**하니 **是時信陵故在趙也**라 **以信陵君之好士**로 **得之於毛公薛公**[48]하고 **而失之于荀卿**하니 **惜夫**인저

荀子가 趙나라로 돌아온 것은 아마도 孝成王 9년이나 10년에 해당될 것이다.

---

48) 以信陵君之好士 得之於毛公薛公 : 信陵君은 전국시대 魏나라의 公子로서 이름은 無忌이다. 信陵에 봉해졌기 때문에 信陵君으로 불린다. 戰國四公子의 한 사람으로, 그의 문하에 食客 3천 명이 있었다. 魏 安釐王 20년(B.C. 257)에 秦나라 군대가 趙나라 도성 邯鄲을 포위하여 趙나라가 魏나라에 구원을 요청했으나 安釐王이 秦나라가 두려워 망설였다. 그러자 信陵君이 虎符를 훔쳐 魏나라 장수 晉鄙를 죽이고 兵權을 빼앗아 군대를 출동하여 趙나라를 구제하였다. 그 뒤에 귀국하지 못하고 趙나라에 10년 동안 머물러 있었다.

毛公과 薛公은 모두 趙나라의 處士로서 현능한 사람이다. 毛公은 도박꾼 속에 자취를 숨기고 薛公은 찻물과 술 등 음료를 파는 장사꾼 집에 자취를 숨기고 있었는데, 信陵君이 이들을 인정하여 함께 어울렸고 魏나라가 秦나라의 공격으로 위급해졌을 때 이들의 권유로 귀국하여 국난을 해결하였다.(≪史記≫ 권77 〈魏公子列傳〉)

그러므로 〈臣道篇〉에서 平原君과 信陵君의 공을 여러 번 거론하였으니, 이때 信陵君이 아직 趙나라에 있었던 것이다. 현능한 사람을 좋아하는 信陵君 같은 인물로서 毛公과 薛公은 얻고 荀卿은 잃었으니, 애석하다 하겠다.

韓非子難(四)〔三〕[49]**篇**에 **燕王**噲**賢子之**하고 **而非荀卿**이라 **故身死爲**僇이라하니라 **荀子游燕**은 **在游齊之前**하니 **事僅見此**라

《韓非子》〈難三篇〉에 "燕王 噲가 子之를 유능하다 여기고 荀卿을 인정하지 않았기 때문에 자기가 살해를 당해 치욕이 되었다."라고 하였다. 荀子가 燕나라에 간 것은 齊나라에 가기 이전이니, 이에 관한 일은 겨우 이곳에만 보인다.

本書彊國篇에 **荀子說**(세)**齊相國曰 今巨楚縣吾前**하고 **大燕**鰌**吾後**하며 **勁魏鉤吾右**하여 **西壤之不絶若繩**하고 **楚人則**(乃)〔又〕[50]**有襄賁**(비)**開陽**[51]**以臨吾左**라 **是一國作謀**하면 **三國必起而乘我**리라 **如是**면 **則齊必斷而爲四三**하여 **國若假城耳**라하니 **其言正當**湣**王之世**라 湣**王再攻破燕魏**나 **留楚太子横**하여 **以割下東國**[52]이라 **故荀卿爲是言**이라 **其後五國伐齊**하여 **燕入臨**菑하고 **楚魏共取淮北**[53]하여 **卒如荀卿言**이라 **荀子之爲齊**는 **與樂毅之爲燕謀伐齊**와 **所見正同**하니

49) (四)〔三〕: 저본에는 '四'로 되어 있으나, 《韓非子》 권16에 의거하여 '三'으로 바로잡았다.

50) (乃)〔又〕: 저본에는 '乃'로 되어 있으나, 본서 〈彊國篇〉(16-50)의 교감에 의거하여 '又'로 바로잡았다.

51) 襄賁(비)開陽 : 楚나라의 두 읍 이름이다. 齊나라 동쪽에 위치해 있다.

52) 留楚太子横 以割下東國 : 太子 横은 楚 懷王의 아들로, 나중에 頃襄王이 되었다. 下東國은 楚나라 땅으로, 지금의 淮河 이북의 安徽 동부와 江蘇 서부 지구이다. 그 지대가 낮기 때문에 '下東國'이라 말한다. 楚나라가 秦나라의 잦은 침공으로 인해 齊나라의 도움을 받고자 太子 横을 齊나라에 볼모로 내보내 자기 나라가 배신하지 않을 것이라는 결의를 보였다. 나중에 懷王이 속임수에 걸려 秦나라로 들어가 돌아오지 못하므로 楚나라 대신들이 齊나라에 사람을 보내 懷王이 죽었다고 속이고 太子 横을 돌려달라고 요구하였다. 그러자 齊 湣王이 재상 孟嘗君(田文)과 그 대책을 논의하는 과정에 太子 横을 잡아두고 있으면서 下東國을 떼어달라고 요구하는 것이 좋겠다고 말했는데, 이 문구는 곧 이 말이다. 결국 孟嘗君의 의견에 따라 太子 横을 조건 없이 돌려보냈다.(《史記》 권40 〈楚世家〉·《戰國策》 권17 〈楚策〉)

53) 其後五國伐齊……楚魏共取淮北 : 五國은 여기서는 趙·秦·韓·魏·燕을 가리킨다. 燕

豈可謂儒者無益於人國乎아 **此齊相爲薛公田文**[54)]이라 **故曰 相國上則得專主**하고 **下則得專國**이라하니라 **王伯**(패)**篇云 權謀日行**하여 **而國不免危削**하고 **綦之而亡**이라하니 **齊湣薛公是也**라 **荀卿之爲是言者**는 **疾田文之不能用士也**라

본서 〈彊國篇〉에 荀子가 齊나라 재상에게 회유하였다.

"지금 거대한 楚나라는 우리 전면에서 견제하고 강대한 燕나라는 우리 후면에서 압박하며, 강한 魏나라는 우리 오른쪽에서 우리를 낚아채려 노리고 있어 서쪽의 영토가 간신히 끊어지지 않은 끈처럼 위태롭고 楚나라 사람은 또 襄賁와 開陽을 두어 우리 왼쪽을 감시하고 있습니다. 이와 같은 정세 아래 만약 한 국가가 공격하려고 획책하면 三國이 반드시 함께 일어나 우리의 허점을 침범할 것입니다. 이렇게 되면 齊나라는 반드시 끊어져 서너 조각이 됨으로써 국토가 마치 그들의 성을 빌린 것처럼 〈우리에게 소속되지 않을 것입니다.〉"

그 말은 정확히 齊 湣王의 세상에 해당된다. 湣王이 燕나라와 魏나라를 두 번 공격하여 이겼으나 太子 橫을 잡아두고 있으면서 下東國을 떼어달라고 〈요구하는 것이 좋겠다고 말했기〉 때문에 荀卿이 이 말을 했던 것이다.

그 뒤에 5개국이 齊나라를 정벌하여 燕나라 군대는 臨菑로 들어가고 楚나라와 魏나라는 함께 淮北을 취하여 마침내 荀卿이 말한 것처럼 되었다. 荀子가 齊나라를 위했던 것은 樂毅가 燕나라를 위해 상의하여 齊나라를 정벌한 것과 그 의견이 정확이 같으니, 어찌 儒者가 국가에 무익하다고 말할 수 있겠는가. 이 당시 齊나라 재상은 薛公 田文이었다. 그러므로 "相國께서 위로는 군주의 신임을 독차지하고 아래로는 국가의 권세를 거머쥐었습니다."라고 하였다.

〈王伯(霸)篇〉에 "권모술수가 날로 행해져 국가가 위태롭고 약화되는 것을 면할 수 없고 그 정도가 심하면 망하게 된다."라고 하였으니, 齊 湣王과 薛公의 경우가 그렇다. 荀卿이 이 말을 한 것은 田文이 현능한 사람을 임용하지 못하는 것이 미웠기 때문이다.

昭王 28년(B.C. 284)에 이 5개국의 연합군이 燕나라 上將軍 樂毅의 지휘 아래 齊나라를 공격하여 齊나라에 막대한 타격을 입힌 일을 말한다.

54) 薛公田文 : 薛公은 본디 田文의 아버지 田嬰의 封爵인데, 田嬰이 죽은 뒤에 田文이 그대로 이어받아 薛公이라 불렀다. 田文은 곧 戰國四公子의 한 사람인 孟嘗君의 이름이다.

胡元儀郇卿別傳[1)] 胡元儀의 〈郇卿別傳〉

郇卿名況으로 趙人也니 蓋周郇伯之遺苗라 郇伯은 公孫之後라 或以孫爲氏라 故又稱孫卿焉이라 昔孟子爲卿于齊하고 郇卿亦爲卿于齊하며 虞卿爲趙上卿하여 時人尊之하여 號曰虞卿이라하고 郇卿亦爲趙上卿이라 故人亦卿之而不名也라 卿年十五에 有秀才하고 當齊湣王之末年하여 游學于齊라 初齊威王之世에 淳于髡[2)]鄒衍[3)]之屬이 相次至齊하고 威王卒에 宣王立하여 喜文學游說(세)[4)]之士하니 來者益衆하고 居稷下라 宣王十八年에 尊寵之하여 如孟子鄒衍鄒奭[5)]淳于髡田駢接子愼到環淵[6)]之徒七十六人을 皆命曰列大夫라하니 言爵比大夫也라

---

1) 胡元儀郇卿別傳 : 胡元儀(1848~1908)는 淸나라 말기 湖南 湘潭 사람으로, 자는 子威이고 호는 蘭莛이다. 王闓運(1833~1916)의 제자이며, 同治 13년(1873)에 貢生으로 선발되었다. 郇은 荀子의 선조가 출신한 나라 이름이고, 郇과 荀은 同音의 글자이다. 別傳은 正史의 列傳 이외에 쓰인 개인의 傳記를 말한다.

2) 淳于髡 : 본디 미천하여 齊나라 사람의 데릴사위로 들어갔으나, 학문이 깊고 말재주가 좋았다. 齊 威王이 稷下로 학자를 불러 모을 때 참여하여 列大夫에 임명되었다. 이때 威王이 酒色에 빠져 公卿 大夫에게 정사를 맡기고 돌보지 않자, 威王과 재상 鄒忌를 隱語로 여러 번 간하여 잘못된 정사를 개혁하였고, 楚나라의 공격으로 齊나라가 위험에 처했을 때 趙나라를 설득하여 구원병을 얻어오기도 하였다.

3) 鄒衍 : 齊나라 臨淄 사람으로, 담론과 웅변에 뛰어나 명성을 떨쳤다. 일찍이 魏·燕·趙 등 각국을 돌아다니며 제후들의 존경을 받았다. 燕 昭王은 碣石宮을 지어 그에게 거처하게 하고 직접 찾아가 스승으로 모시기도 하였다.

4) 游說(세) : 說客이라 불리는 政客이 각국을 돌아다니면서 담론과 웅변으로 군주에게 자기의 정치주장을 채납할 것을 권유하는 것을 말한다.

5) 鄒奭 : 齊나라 사람으로, 鄒忌·鄒衍와 함께 齊나라의 세 鄒子로 불린다. 鄒衍의 학술을 배웠고 齊나라 왕의 존경과 총애를 받아 列大夫에 임명되었다.

6) 田駢接子愼到環淵 : 田駢은 陳駢으로 불리기도 한다. 齊나라 사람으로, 黃老의 학술을 익혔다. 齊 宣王 때 稷下에 이르러 학문을 강론하였으며 愼到와 똑같이 유명하였다. 接子는

開第康莊之衢하여 高門大屋에 不治政事而議論焉하니 稷下之盛이 聞于諸侯라 十九年에 宣王卒하고 湣王立하니 學士更盛하여 且數萬人이라 湣王奮二世之餘烈하여 南擧楚淮하고 北幷巨宋하여 苞十二國[7)]하며 西摧三晉[8)]하고 卻彊秦하여 五國賓從하고 鄒魯之君과 泗上諸侯 皆入臣이라 晩年에 矜功不休하여 百姓不堪이라 諸儒皆諫이나 湣王不聽하니 各分散이라 愼到接子亡去하고 田駢如薛이라

郇卿은 이름이 況으로 趙나라 사람이니, 대개 周나라 郇伯의 후예이다. 郇伯은 公孫(諸侯의 후손)의 뒷자손이다. 어떤 사람은 孫을 氏로 삼기 때문에 또 〈郇卿을〉 孫卿으로 부르기도 한다. 옛날에 孟子는 齊나라에서 卿이 되었고 郇卿 또한 齊나라에서 卿이 되었으며, 虞卿은 趙나라의 上卿이 되어 당시 사람들이 그를 높여 虞卿이라 불렀고 郇卿 또한 趙나라의 上卿이 되었기 때문에 사람들이 또 그를 卿이라 하고 이름을 부르지 않았다.

郇卿은 15세에 이미 뛰어난 재주를 지녔고 齊 湣王의 말년에 이르러 齊나라에 游學하였다. 당초 齊 威王 때 淳于髡과 鄒衍 등이 서로 이어 齊나라에 이르렀고 威王이 죽은 뒤에 宣王이 즉위하여 文學를 다루고 游說하는 선비를 좋아하니, 찾아오는 사람이 더 많아졌고 이들이 稷下에 거주하였다.

宣王 18년에 〈宣王이〉 이들을 높이고 총애하여 이를테면 孟子・鄒衍・鄒奭・淳于髡・田駢・接子・愼到・環淵 등 76명을 모두 列大夫로 삼았으니, 〈列大夫는〉 관작이 大夫와 대등하다는 것을 말한다. 〈稷下의〉 큰길가에 저택을 마련하여 높은 문과 큰 집에서 정사를 다스리지 않고 담론만 일삼게 하였으니, 稷下의 흥성한 상황이 諸侯들 사이에 소문이 났다.

捷子로 불리기도 한다. 齊나라 사람으로, 田駢처럼 黃老의 학술을 익혔다. 愼到는 趙나라 사람으로, 黃老의 학술을 배웠으나 법치를 주장하였다. 齊나라 稷下의 學宮에서 講學하였다. 環淵은 楚나라 사람이다. 黃老의 학술을 익혀 ≪道德經≫의 뜻을 밝히고 그에 관한 문장을 짓기도 하였다.

7) 苞十二國 : 苞는 '包'와 같으니, 정복한다는 뜻이다. 十二國은 魯・衛・齊・楚・宋・鄭・魏・燕・趙・中山・秦・韓이다.

8) 三晉 : 春秋 때 晉나라의 趙・魏・韓 세 가문의 卿大夫가 기타 卿大夫를 차례로 섬멸하고 晉나라를 분할하여 각자 국가를 세웠는데, 이것을 말한다. 그 지역은 지금의 山西와 河南 및 河北의 서남부 일대이다.

19년에 宣王이 죽고 湣王이 즉위하니 學士들이 다시 많아져 거의 수만 명이나 되었다. 湣王은 이전 두 군왕이 남긴 업적을 기반으로 일어나 남쪽으로는 楚나라의 淮河 북부를 점령하고 북쪽으로는 거대한 宋나라를 집어삼켜 12개국을 정복하였으며, 서쪽으로는 三晉의 위세를 꺾고 막강한 秦나라를 격퇴함으로써 기타 5개국이 齊나라에 귀순하고 鄒·魯의 군주와 泗水 일대의 제후가 모두 신하가 되어 복종하게 하였다. 만년에 공적을 과시하는 일을 그만두지 않아 백성이 감당해내지 못했다. 儒者들이 모두 간했으나 湣王이 받아들이지 않으니, 각자 흩어졌다. 愼到와 接子는 도망가고 田駢은 薛나라로 갔다.

郇卿亦說(세)齊相曰[9] 處勝人之埶하여 行勝人之道하되 天下莫忿하니 湯武是也라 處勝人之埶하여 不以勝人之道하고 厚于有天下之埶나 索爲匹夫라도 不可得也하니 桀紂是也라 然則得勝人之埶者는 其不如勝人之道遠矣라 夫主相者는 勝人(以)〔之〕[10]埶也라 是爲是하고 非爲非하며 能爲能하고 不能爲不能하며 併己之私欲하고 必以道夫公道通義之可相兼容者 是勝人之道也라 今相國이 上則得專主하고 下則得專國하니 相國之于勝人之埶에 亶有之矣라 然則胡不敺此勝人之埶하여 赴勝人之道하여 求仁厚明通之君子而託王焉하고 與之參國政하여 正是非아 如是면 則國孰敢不爲義矣리오 君臣上下와 貴賤長少로 至於庶人히 莫不爲義면 則天下孰不欲合義矣리오 賢士願相國之朝하고 能士願相國之官하며 好(利)〔義〕[11]①之民이 莫不願以齊爲歸면 是一天下也라 相國舍是而不爲하고 案直爲世俗之所爲면 則女主亂之宮하고 詐臣亂之朝하며 貪吏亂之官하고 衆庶百姓은 皆以貪利爭奪爲俗하리니 曷若是而可以持國乎아

① 利當作義라

9) 郇卿亦說(세)齊相曰 : 여기서부터 아래 '詩曰 价人維藩 大師維垣 此之謂也'까지는 〈彊國篇〉에 보인다. 齊相은 薛公 田文으로, 孟嘗君을 가리킨다.

10) (以)〔之〕: 저본에는 '以'로 되어 있으나, 본서 〈彊國篇〉(16-40)의 교감에 의거하여 '之'로 바로잡았다.

11) (利)〔義〕: 저본에는 '利'로 되어 있으나, 胡元儀의 주에 의거하여 '義'로 바로잡았다.

'利'는 마땅히 '義'로 되어야 한다.

郇卿은 또 齊나라 재상에게 다음과 같이 회유하였다.

"상대방을 이기는 권세 있는 지위에 처하여 상대방을 이기는 방법을 행하는데도 천하에 원망하는 사람이 없는 경우가 있었으니, 이는 湯王과 武王이 그렇습니다. 상대방을 이기는 권세 있는 지위에 처하여 상대방을 이기는 방법을 사용하지 않았고, 천하를 통치할 권세를 충분히 지녔으나 〈나라가 멸망하여〉 일개 평범한 백성이 되고 싶어도 그럴 수 없는 경우가 있었으니, 이는 桀王과 紂王이 그렇습니다. 이렇게 보면 상대방을 이기는 권세를 얻는 것은 상대방을 이기는 방법을 행하는 것보다 훨씬 못합니다.

저 군주와 재상은 상대방을 이기는 권세를 지닌 사람입니다. 옳은 것은 옳다 하고 그른 것은 그르다 하며, 재능이 있는 경우엔 재능이 있다 하고 재능이 없는 경우엔 재능이 없다 하며, 자기의 私慾을 버리고 반드시 서로 부딪치지 않고 공존할 수 있는 공정한 원칙과 통용되는 도리를 따라 행하는 것이 곧 상대방을 이기는 방법입니다.

지금 相國께서 위로는 군주의 신임을 독차지하고 아래로는 국가의 권세를 거머쥐었으니, 相國께서는 상대방을 이기는 권세에 대해 실로 그것을 지니셨습니다. 그렇다면 무엇 때문에 이 상대방을 이기는 권세를 몰아 상대방을 이기는 방법을 행하여 인자하고 후덕하며 도리에 밝고 사리에 통달한 君子를 구해 군왕께 추천하고 그들과 함께 국정에 참여하여 옳고 그른 것을 바로잡지 않는 것입니까.

이와 같이 한다면 국내에서 누가 감히 道義를 준수하지 않겠습니까. 군주와 신하, 윗사람과 아랫사람, 존귀한 자와 미천한 자, 나이 많은 자와 나이 적은 자에서부터 일반 백성에 이르기까지 도의를 준수하지 않는 이가 없게 된다면 천하에서 누가 도의를 준수하는 우리에게 모여들려고 하지 않겠습니까. 어진 인물이 相國이 계신 조정에 참여하기를 원하고 재능 있는 인물이 相國께서 관리하는 관직에 임용되기를 원하며 의리를 좋아하는 백성들이 모두 齊나라를 자기가 귀의할 곳으로 삼기를 원한다면 이것이 곧 천하를 통일하는 것입니다.

相國께서 만약 이런 방법을 버려 행하지 않고 그저 저 세속 사람들이 채용하는 방법을 사용한다면 군왕의 후비들은 궁 안에서 소란을 피우고 간사한 신하들은 조정에서 소란을 피우며, 탐관오리들은 관청에서 소란을 피우고 여러 일반 백성들은 모두가 사적인 이익을 탐내고 남의 것을 다투어 뺏는 일이 습속이 될 것이니, 어찌 이러고서도 국가를 유지할 수가 있겠습니까.

今巨楚縣吾前하고 **大燕䲡吾後**하고 **勁魏鉤吾右**하여 **西壤之不絶若繩**하고 **楚人則**(乃)〔又〕[12]**有襄賁**(비)**開陽以臨吾左**라 **是一國作謀**하면 **則三國必起而乘我**리라 **如是**면 **則齊必斷而爲四三**하여 **國若假城然耳**하여 **必爲天下大笑**리라 (**曷若**)[13] **兩者孰足爲也**리오 **夫桀紂**는 **聖王之後子孫也**요 **有天下者之世也**며 **埶籍**(조)**之所存**이요 **天下之宗室也**라 **土地之大**는 **封內千里**요 **人之衆**은 **數以億萬**이나 **俄而天下倜然擧去桀紂而犇湯武**하니 **反**(번)**然擧惡**(오)**桀紂而貴湯武**라 **是何也**오 **夫桀紂何失而湯武何得也**오 **曰 是無他故焉**이라 **桀紂者善爲人之所惡**하고 **而湯武者善爲人之所好也**라 **人之所惡何也**오 **曰 汙漫爭奪貪利是也**라 **人之所好何也**오 **曰 禮義辭讓忠信是也**라 **今君人者 辟**(비)**稱比方**엔 **則欲自竝乎湯武**나 **若其所以統之**는 **則無以異桀紂**하니 **而求有湯武之功名**이면 **可乎**아

지금 거대한 楚나라는 우리 전면에서 견제하고 강대한 燕나라는 우리 후면에서 압박하며, 강한 魏나라는 우리 오른쪽에서 우리를 낚아채려 노리고 있어 서쪽의 영토가 간신히 끊어지지 않은 끈처럼 〈위태롭고〉 楚나라 사람은 또 襄賁와 開陽을 두어 우리 왼쪽을 감시하고 있습니다.

이와 같은 정세 아래 만약 어떤 한 국가가 공격하려고 획책하면 三國이 반드시 함께 일어나 우리의 허점을 틈타 침범할 것입니다. 그렇게 되면 齊나라는 반드시 끊어져 서너 조각이 됨으로써 국토가 마치 그들의 성을 빌린 것처럼 〈우리에게 소속되지 않아〉 반드시 천하의 큰 웃음거리가 될 것입니다. 위에서 말한 두 가지 중에 어느 쪽이 행할 만한 가치가 있겠습니까.

---

12) (乃)〔又〕: 저본에는 '乃'로 되어 있으나, 본서 〈彊國篇〉(16-50)의 교감에 의거하여 '又'로 바로잡았다.

13) (曷若) : 저본에는 '曷若'이 있으나, 본서 〈彊國篇〉(16-54)의 교감에 의거하여 잘못 덧붙여진 것으로 처리하였다.

저 桀王·紂王은 聖王의 후예 자손이고 천하를 다스리던 이들의 후계자이며, 권세와 지위가 그들에게 있었고 천하 사람이 존경하는 제왕의 가문이었습니다. 영토의 크기는 경내가 사방 천 리나 되었고 인구가 많기는 그 숫자가 억만이나 되었으나 얼마 뒤에 천하 사람들이 실망하여 모두 桀王·紂王을 떠나 湯王과 武王에게로 달려갔으니, 순간에 마음이 바뀌어 모두 桀王·紂王을 미워하고 湯王과 武王을 존귀하게 여기게 되었습니다.

이는 무엇 때문이겠습니까? 桀王과 紂王은 어찌하여 천하를 잃었고, 湯王과 武王은 어찌하여 천하를 얻었겠습니까? 그것은 다름 아니라 桀王과 紂王은 사람들이 싫어하는 일을 잘하였고, 湯王과 武王은 사람들이 좋아하는 일을 잘하였기 때문입니다. 사람들이 싫어하는 일이란 무엇이겠습니까? 그것은 지저분하고 기만하고 남의 것을 쟁탈하고 사적인 이익을 탐내는 것입니다. 사람들이 좋아하는 일이란 무엇이겠습니까? 그것은 禮義와 謙讓과 충성스럽고 성실함입니다.

오늘날 백성을 다스리는 군주가 자기와 비교되는 상대를 비유하여 말할 때는 스스로 湯王·武王과 어깨를 나란히 하기를 바라지만 그들이 나라를 통치하는 방법은 桀王·紂王과 다를 바가 없으니, 그러면서도 湯王·武王과 같은 공적과 명성이 있기를 구한다면 되겠습니까.

故凡得勝者는 **必與人也**며 **凡得人者**는 **必與道也**라 **道者何也**오 **曰 禮讓忠信是也**라 **故自四五萬而往者彊勝**은 **非衆之力也**라 **隆在信矣**요 **自數百里而往者安固**는 **非(人)〔大〕**[14]**之力也**라 **隆在脩政矣**라 **今已有數萬之衆者也 陶誕比周以爭與**하고 **已有數百里之國者也 汙漫突盜以爭地**라 **然則是棄己之所安彊**하고 **而爭己之所危弱也**며 **損己之所不足**하고 **以重己之所有餘**라 **若是其悖繆也**로되 **而求有湯武之功名**이면 **可乎**아 **辟**(비)**之**면 **猶伏而咶**[15]**天**하고 **救經而引其足也**라 **說必不行矣**며 **愈務而愈遠**이라 **爲人臣者 不恤己行之不行**하고

14) (人)〔大〕: 저본에는 '人'으로 되어 있으나, 본서 〈彊國篇〉(16-54)에 의거하여 '大'로 바로잡았다.

15) 咶 : '舐(핥다)'와 같다.

苟得利而已矣면 **是渠衝入穴而求利也**니 **是仁人之所羞而不爲也**라 **故人莫貴乎生**하고 **莫樂乎安**하며 **所以養生(安樂)〔樂安〕**[16)] **者**는 **莫大乎禮義**라 **人知貴生樂安而棄禮義**라 辟(비)**之**면 **是猶欲壽而**歾**頸也**니 **愚莫大焉**이라 **故君人者**는 **愛民而安**하고 **好士而榮**하며 **兩者無一焉而亡**이라 **詩曰 价人維藩**이요 **大師維垣**이라하니 **此之謂也**라

그러므로 일반적으로 승리를 얻어내는 사람은 반드시 民心을 따랐기 때문이며, 백성의 협조를 얻어내는 사람은 반드시 올바른 방법을 따랐기 때문입니다. 올바른 방법이란 무엇이겠습니까? 이는 곧 禮義와 謙讓과 충성스럽고 성실함입니다. 그러므로 4, 5만 이상의 민중을 보유한 자가 강대하여 승리를 얻을 수 있는 것은 민중의 힘에 의해서가 아니라 중요한 것은 성실한 도리를 〈존중하는 데에〉 있고, 사방 수백 리 이상의 영토를 보유한 국가가 안정되고 견고할 수 있는 것은 큰 국토의 힘에 의해서가 아니라 중요한 것은 〈禮義와 謙讓, 충성스럽고 성실한 도리를〉 닦고 바르게 하는 데에 있습니다.

지금의 수만 명의 민중을 이미 보유한 국가가 비방하고 허풍을 떨며 불순하게 패거리를 이루는 방법으로 동맹국을 쟁취하고, 사방 수백 리의 영토를 이미 보유한 국가가 더럽고 야비하며 속이고 탈취하는 방법으로 토지를 쟁탈하고 있습니다. 그렇다면 이것은 자기를 안정되고 강성하게 만들 방법을 버리고 자기를 위험하고 약하게 만드는 방법을 다투어 추구하는 것이며, 자기에게 부족한 〈성실함과 올바름을〉 줄이고 자기에게 충분한 〈민중과 영토를〉 늘리는 일입니다.

그들이 이처럼 도리에 어긋나는 잘못을 저지르면서도 湯王・武王과 같은 공적과 명성이 있기를 구한다면 되겠습니까. 비유하자면 이는 마치 땅에 엎드려 하늘을 핥고 목맨 사람을 구제하면서 그 발을 잡아당기는 것과 같습니다. 그와 같은 주장은 반드시 통하지 않을 것이며 힘써 하면 할수록 목표와의 거리는 더욱 멀어질 것입니다.

신하 된 자가 자기의 행동이 행동답지 못한 것은 돌아보지 않고 그저 이익을 얻

16) (安樂)〔樂安〕: 저본에는 '安樂'으로 되어 있으나, 본서 〈彊國篇〉(16-74)의 교감에 의거하여 '樂安'으로 바로잡았다.

으려고만 한다면 이는 성을 공격하는 큰 전차가 구덩이에 빠져 들어갔으면서도 승리를 원하는 경우와 같으니, 이는 어진 사람이라면 부끄러워 행하지 않을 일입니다.

대개 사람에게는 생명보다 더 귀중한 것은 없고 안정보다 더 즐거운 것은 없으며, 생명을 보살피고 안정을 즐기는 길은 禮義를 따르는 것보다 더 큰 것이 없습니다. 사람들은 생명을 귀중하게 여기고 안정을 즐거워할 줄 알면서도 禮義를 버립니다. 비유하자면 이는 마치 오래 살고 싶으면서 자기 목을 자르는 것과 같으니, 어리석기가 이보다 더 클 수가 없습니다.

그러므로 군주는 백성들을 사랑하면 안정되고 어진 인물을 좋아하면 번영하며, 이 두 가지 중에 하나도 없다면 멸망하는 것입니다. ≪詩經≫ 〈大雅 板〉에 '큰 덕 지닌 인물은 울타리 되고, 수많은 백성들은 담이 된다네.'라고 하였으니, 이를 두고 하는 말입니다."

齊相不能用其言하여 **郇卿乃適楚**라 **于是諸侯合謀**하여 **五國伐齊**어늘 **湣王奔莒**(거)하니 **楚使淖齒救齊**[17]하여 **因爲齊相**이라 **淖齒欲與燕分齊地**하여 **乃執湣王**하여 **殺之于鼓里**라 **田單起卽墨**하여 **卒復齊所失七十餘城**하고 **迎湣王子法章于莒而立之**하니 **是爲襄王**이라 **襄王復國**하여 **尙修列大夫之缺**하니 **諸儒反稷下**라 **其時田駢之屬已死**하고 **惟郇卿最爲老師**라 **于是郇卿三爲祭**(좨)**酒焉**이라 **後齊人或讒郇卿**하여 **卿乃適楚**하니 **楚相春申君相楚之八年**에 **以卿爲蘭陵令**이라

齊나라 재상이 그의 말을 받아들이지 못하여 郇卿이 마침내 楚나라로 갔다. 이

---

17) 楚使淖齒救齊 : 淖齒는 楚나라 장수이다. 楚 頃襄王 15년(B.C. 284)에 燕나라 上將軍 樂毅가 趙·秦·韓·魏·燕 등 5개국의 군대를 거느리고 齊나라를 정벌하여 지금의 山東省 濟南市 서북지역인 濟西에서 齊나라 군대를 크게 격파한 뒤에 승승장구하여 齊나라 도성 臨淄를 격파하자, 齊 湣王이 지금의 山東省 日照市 莒縣인 莒邑으로 도망갔다. 이때 楚 頃襄王이 淖齒에게 齊나라를 구제하게 하였는데, 齊 湣王이 그를 재상으로 임명하였다. 그러나 淖齒는 齊 湣王을 죽이고 침략해 점거한 齊나라의 토지와 보물을 燕나라와 함께 나눠가졌고, 그 이듬해에 齊나라 王孫賈가 거느리는 莒邑의 군사와 백성들에 의해 살해되었다.

로 인해 제후가 공모하여 5개국이 齊나라를 정벌하였는데, 湣王이 莒邑으로 도망가니 楚나라가 淖齒로 하여금 齊나라를 구원해주게 하여 이 때문에 그를 齊나라 재상으로 삼았다. 그러나 淖齒는 燕나라와 齊나라 토지를 나눠 갖고 싶어 마침내 湣王을 잡아 그를 鼓里에서 죽였다.

田單이 卽墨에서 일어나 마침내 齊나라가 잃은 70여 개 성을 수복하고 湣王의 아들 法章을 莒邑에서 맞아들여 왕으로 세웠으니, 이 사람이 襄王이다. 襄王이 국가를 수복하여 여전히 列大夫의 결원을 보충하니 儒者들이 稷下로 돌아왔다.

그때 田駢의 무리는 이미 죽고 오직 郇卿이 가장 나이가 많은 스승이 되었다. 이로 인해 郇卿은 세 번 祭酒가 되었다. 그 뒤에 齊나라의 어떤 사람이 郇卿을 모함하여 郇卿이 마침내 楚나라로 가니 楚나라 재상 春申君이 楚나라 재상이 된 지 8년째에 郇卿을 蘭陵令으로 삼았다.

客說(세)**春申君曰 湯以**亳하고 **武王以**鄗하니 **皆不過百里**로되 **以有天下**라 **今**郇**子**는 **天下賢人也**어늘 **君藉以百里之埶**하니 **臣竊以爲不便於君**이라 **何如**오하여늘 **春申君曰 善**하다하니라 **于是使人謝**郇**卿**하여 **卿去之趙**하니 **趙以爲上卿**이라 **與臨武君孫**臏**議兵於趙孝成王之前**할새 **臨武君爲變詐之兵**이어늘 郇**卿以王兵難之**하니 **不能對也**라 **語詳**郇**卿子議兵篇**이라 **卒不用於趙**하여 **遂應聘于秦**이라

문객이 春申君에게 회유하기를 "湯王은 亳京을 〈근거지로 삼아 일어나고〉 武王은 鄗京을 〈근거지로 삼아 일어났으니, 이 두 지방은 크기가〉 모두 백 리를 넘지 않았는데도 천하를 점유하였습니다. 지금 郇子는 천하의 賢人인데 지금 당신이 땅 백 리 정도의 세력을 그에게 주었으니, 저의 생각에는 당신에게 매우 이롭지 못합니다. 어떻게 생각하십니까?"라고 하니, 春申君이 "그 말이 맞다." 하였다.

그리하여 사람을 보내 郇卿을 사절하므로 郇卿이 〈楚나라를〉 떠나 趙나라로 가니, 趙나라가 그를 上卿으로 삼았다. 臨武君 孫臏과 함께 趙 孝成王 앞에서 용병술에 관해 토론할 적에 臨武君이 임기응변과 속임수를 중시하는 용병술을 주장하자 郇卿이 王者가 운용하는 용병술로 반박하니, 그가 대답을 하지 못했다. 이에 관한 내용은 ≪郇卿子(荀子)≫ 〈議兵篇〉에 자세히 나와 있다. 결국 趙나라에 등용

되지 못해 마침내 秦나라의 초빙에 응하였다.

初見應侯范雎에 應侯問以入秦何見고하니 郇卿曰 其固塞(새)險하고 形埶便하고 山林川谷美하여 天材之利多하니 是形勝也라 入境하여 觀其風俗하니 其百姓樸하고 其聲樂不流汙하며 其服不挑하고 甚畏有司而順하니 古之民也라 及都邑官府하니 其百吏肅然莫不恭儉敦敬하며 忠信而不楛하니 古之吏也라 入其國하여 觀其士大夫하니 出于其門하면 入于公門하고 出于公門하면 入于其家하여 無有私事也라 不比周하고 不朋黨하여 倜然莫不明通而公也하니 古之士大夫也라 觀其朝廷하니 其閒聽決하여 百事不留하여 恬然如無治者하니 古之朝也라 故四世有勝하니 非幸也요 數也라 是所見也라 故曰 佚而治하고 約而詳하고 不煩而功은 治之至也라하니 秦類之矣라 雖然이나 則有其偲[18]矣니 兼是數具者而盡有之나 然而縣之以王者之功名이면 則倜倜然其不及遠矣라 是何也오 則其殆無儒邪(야)아 故曰 粹而王하고 駁而霸하며 無一焉而亡이라하니 此秦之所短也라

처음 應侯 范雎를 만났을 때 應侯가 秦나라에 들어와 무엇을 보았느냐고 물으니, 郇卿이 다음과 같이 말하였다.

“그 견고한 요새는 험난하고 지형은 유리하고 산림과 하천은 아름다워 천연자원의 이점이 많았으니, 이것은 지형상의 장점입니다.

국경 안으로 들어와 그곳의 風俗을 살펴보니, 그 백성들은 순박하였고 그 음악은 음탕하거나 잡스럽지 않았으며, 그 복장은 경박하지 않고 관리들을 매우 두려워하면서 순종하였으니, 고대 聖君 치하의 백성이었습니다.

都邑의 행정 관서에 가보았더니 그곳 각급 관리들의 엄숙한 모습이, 모두 공손하고 검소하고 후덕하고 신중하며, 충성스럽고 성실하여 사납지 않았으니, 고대 聖君 치하의 관리였습니다.

그 도성에 들어가 그곳 士大夫들을 살펴보니, 자기 집 문을 나오면 곧장 관청

18) 偲 : 〈彊國篇〉(16-113)에 ‘諰’로 되어 있고, 楊倞의 그 주에 “諰는 두렵다는 뜻이다.”라고 하였다.

문으로 들어가고 관청 문을 나오면 곧장 자기 집으로 들어가 사적인 일을 하는 것이 없었습니다. 자기와 뜻 맞는 사람만 가까이하지 않고 자기들끼리 朋黨을 맺지 않으면서 초연하게 모두 사려가 밝고 환히 트여 공무를 수행하지 않는 사람이 없었으니, 옛날 聖君 치하의 士大夫였습니다.

그 조정을 살펴보니, 그곳에서는 일을 처리하고 결단하는 데에 익숙하여 각종 정사가 정체되는 일이 없어 느긋한 모습이 전혀 처리할 부분이 없는 것 같았으니, 옛날 聖君이 다스리는 조정이었습니다.

이 때문에 〈秦나라가〉 4대 동안 전쟁에서 승리를 거두었으니, 이는 요행이 아니라 당연한 일이었습니다. 이것이 내가 본 대로입니다.

그러므로 '편안히 놀더라도 잘 다스려지고 〈정치법령은〉 간단하더라도 치밀하고 〈정사는〉 복잡하지 않더라도 공을 거두는 것은 정치의 최고 경지이다.'라고 말하는 것이니, 秦나라는 이와 비슷합니다.

비록 그렇기는 하나 두려운 점이 있으니, 이상 몇 가지 조건들을 아울러 모두 갖추고 있지만 천하의 王者로 불릴 만한 공적과 명성에 맞춰 저울질해보면 그 차이가 너무도 큽니다. 그것은 무슨 까닭이겠습니까? 곧 秦나라는 대개 儒者의 도가 없기 때문이 아니겠습니까. 그러므로 '순수하게 〈禮義를 앞세우고 賢人을 임용하면〉 王者가 되고 잡되게 〈財利와 禮義를 다 고려하면서 賢人을 임용하면〉 霸者가 되며, 이런 것이 하나도 없으면 멸망한다.'라고 말하는 것입니다. 이것은 또한 秦나라의 단점입니다."

秦昭王聞其重儒也하고 **因問曰 儒無益於人國**가하니 **郇卿曰 儒者**는 **法先王**하고 **隆禮義**하며 **謹乎臣子而致貴乎上者也**라 **人主用之**하면 **則埶在本朝而宜**하고 **不用**하면 **則退編百姓而愨**하여 **必爲順下矣**라 **雖窮困凍餧**라도 **必不以邪道爲貪**하고 **無置錐之地**라도 **而明于持社稷之大義**하며 **嗚呼而莫之能應**이나 **然而通乎財萬物養百姓之經紀**라 **埶在人上則王公之材也**요 **在人下則社稷之臣國君之寶也**라 **雖隱于窮閻漏屋**이라도 **人莫不貴之**니 **道誠存也**라 **仲尼將爲司寇**에 **沈猶氏不敢朝飮其羊**하고 **公愼氏出其妻**하며 **愼潰氏踰境而徙**하고 **魯之粥**(육)

牛馬者不豫賈하니 **必蚤正以待之也**라 **居于闕里**[19)]엔 **闕里之子弟罔不**[20)]**分**에 **有親者取多**하니 **孝弟以化之也**라 **儒者在本朝則美政**하고 **在下位則美俗**하니 **儒之爲人下如是矣**라

秦 昭王이 〈郇卿에게 그가〉 儒者를 중시한다는 말을 듣고 묻기를 "儒者는 사람들의 국가에 대해 무익한 존재가 아닌가?"라고 하니, 郇卿이 대답하였다.

"儒者는 고대 聖王을 법으로 삼고 禮義를 존중하며, 신하들에게 그 직분을 신중히 지켜 그들의 군주를 극진히 존귀하게 여기도록 하는 자입니다. 군주가 그들을 임용하면 관리로 조정에 있으면서 정사를 합리적으로 처리하고, 임용하지 않으면 물러나 백성들 사이에 끼어 본분을 성실하게 지키면서 반드시 순종하는 양민이 되는 것입니다.

그들은 비록 곤궁하여 추위에 떨고 굶주리더라도 반드시 그릇된 수단으로 먹을 것을 구하지 않고 송곳을 꽂을 만한 땅이 없더라도 社稷을 유지할 大義를 밝히며, 〈곤궁하여〉 큰소리로 불러도 거기에 응해주는 사람이 없지만 그렇더라도 만물을 이뤄주고 백성을 생육하는 요령을 잘 압니다.

그 지위가 남의 위에 있다면 천자나 제후가 될 재목이고, 남의 아래에 있다면 社稷의 중신이며 군주의 보배가 될 것입니다. 비록 궁벽한 마을, 협소한 집에 은거하더라도 사람들이 존귀하게 여기지 않는 일이 없을 것이니, 〈이는 존귀한〉 도가 확실히 그들에게 있기 때문입니다.

仲尼가 장차 司寇가 되려고 할 적에 沈猶氏는 감히 아침에 그의 양에게 물을 먹이지 못하고 公愼氏는 그의 아내를 내쫓았으며, 愼潰氏는 국경을 넘어 이사를 가고 魯나라의 소나 말을 파는 자들은 값을 속이지 않았으니, 이는 正道로써 사람들을 대했기 때문입니다. 闕里에 머무를 당시에는 闕里의 자제들이 잡은 물고기와 짐승을 나눌 적에 부모가 있는 자제가 더 많이 가져갔는데, 이는 그가 부모에게 효도하고 어른에게 공손해하는 도리로 그들을 감화시켰기 때문입니다.

---

19) 闕里 : 孔子의 고향마을로, 지금의 山東 曲阜 闕里街에 있다. 〈儒效篇〉(8-28)에는 '闕黨'으로 되어 있는데, 이는 闕里와 같다.

20) 罔不 : '網罘'와 같다. 網은 물고기를 잡는 그물이고, 罘는 짐승을 잡는 그물이다.

儒者가 벼슬하여 조정에 있으면 정치를 아름답게 만들고, 낮은 신분으로 있으면 풍속을 아름답게 합니다. 儒者가 남의 아랫사람이 되었을 때 〈국가에 도움을 주는 것이〉 이런 것입니다."

王曰 然則其爲人上何如오하니 **郇卿曰 其爲人上也廣大矣**라 **志意定乎內**하여 **禮節修乎朝**하고 **法則度量出**[21]**乎官**하며 **忠信愛利形乎下**라 **行一不義**하고 **殺一無罪而得天下**는 **不爲也**리니 **此君義信乎人矣**며 **通於四海**면 **則天下應之如讙**이라 **是何也**오 **則貴名白而天下治也**라 **故近者歌謳而樂之**하고 **遠者竭蹶而趨之**하며 **四海之內若一家**하여 **通達之屬莫不服**하니 **夫是之謂人師**라 **詩曰 自西自東**하며 **自南自北**하여 **〔無思不服〕**[22]이라하니 **此之謂也**라 **夫其爲人下也如彼**하고 **其爲人上也如此**하니 **何謂其無益於人之國也**리오하니라 **昭王曰 善**이라하니라 **然終不能用郇卿也**라

昭王이 또 묻기를 "그렇다면 그가 남의 윗사람이 되었을 때는 어떻게 되는가?" 라고 하니, 郇卿이 대답하였다.

"그가 남의 윗사람이 된다면 그 영향이 넓고 클 것입니다. 그의 의지가 마음속에 확고하여 예법절차가 조정에서 만들어지고 法則과 度量衡이 관아에서 나오며 충성과 성실, 애정과 배려 등의 미덕이 민간에서 나타날 것입니다. 한 가지라도 의롭지 않은 일을 행하고 한 사람이라도 죄 없는 자를 죽여서 천하를 얻는 일은 하지 않을 것이니, 이와 같은 도리가 사람들에게 믿음을 주고 온 천하에 두루 알려지면 천하 사람이 떠들썩하게 호응할 것입니다.

이는 무슨 이유이겠습니까? 그것은 그 존귀한 명성이 크게 드러나 천하 사람이 그를 흠모하기 때문입니다. 그러므로 가까이 있는 사람들은 그를 노래하며 즐거워하고 멀리 있는 사람들은 황급히 달려오며 온 천하가 마치 한 가정이나 다름없어 도로가 통하는 지역이라면 복종하지 않는 자가 없으니, 이를 가리켜 백성의 君長이라 말하는 것입니다.

---

21) 出 : 〈儒效篇〉(8-28)에는 '正'으로 되어 있다.
22) 〔無思不服〕 : 저본에는 '無思不服'이 없으나, 〈儒效篇〉(8-37)에 의거하여 보충하였다.

≪詩經≫〈大雅 文王有聲〉에 '서쪽에서 동쪽에서 남쪽에서 북쪽에서 心服하지 않는 이 없네.'라고 하였으니, 이를 두고 하는 말입니다. 儒者는 남의 아랫사람이 되었을 때는 저와 같고 그가 남의 윗사람이 되었을 때는 이와 같으니, 어찌 남의 국가에 대해 무익한 존재라고 말하겠습니까."

그러자 昭王이 말하기를 "좋은 말씀이오."라고 하였다. 그러나 끝내 郇卿을 등용하지 않았다.

郇卿在秦에 知不見用하고 無何에 由秦反趙라 後春申君之客이 又說(세)春申君曰[23] 昔伊尹去夏入殷하니 殷王而夏亡하며 管仲去魯入齊하니 魯弱而齊彊이라 夫賢者所在엔 君未嘗不尊하고 國未嘗不榮也라 今郇卿은 天下賢人也어늘 君何辭之오하니 春申君又曰 善하다하니라 干是使人請郇卿于趙하니 郇卿遺書謝之曰 諺云癘人憐王이라하니 此不恭之語也라 雖然이나 不可不審察也니 此爲劫弑死亡之主言也라 夫人主年少而矜材하고 無法術以知奸이면 則大臣主斷圖私[24]하여 以禁誅于己也라 故弑賢長而立幼弱하며 廢正謫而立不義라 春秋記之曰 楚王子圍聘于鄭이라가 未出境에 聞王病하여 反問疾하고 遂以冠纓絞王殺之하여 因自立也라하고 齊崔杼之妻美어늘 莊公通之하니 崔杼帥(솔)其君黨而攻莊公이라 莊公請與分國이나 崔杼不許하고 欲自刃于廟나 崔杼不許라 莊公走出하여 踰于外牆에 射(석)中股하여 遂殺之하고 而立其弟景公이라하니라 近代所見은 李兌用趙에 餓主父于沙丘하여 百日而殺之하고 淖齒用齊에 擢湣王之筋하여 縣于廟梁하여 宿昔而死라 夫癘雖癰腫疕疵라도 上比前世에 未至絞纓射股하고 下比近代에 未至擢筋而餓死也라 夫劫弑死亡之主也는 心之憂勞와 形之困苦 必甚于癘矣라 由此觀之하면 癘雖憐王可也라하니라 蓋李園之包藏禍心하고 李園女弟之陰謀를 郇卿早知其必發이라 故以書刺之也라

---

23) 又說(세)春申君曰 : 이 부분부터 아래 '癘雖憐王可也'까지는 대부분 앞의 〈汪中荀卿子通論〉에 보인다. 그곳과 중복된 역주는 여기서 생략하였다.

24) 大臣主斷圖私 : 저본의 原注에 "'圖'는 原本에 '國'으로 되어 있으나, ≪韓詩外傳≫ 권4에 의거하여 고쳤다.〔圖 原本作國 據韓詩外傳四改〕"라고 하였다.

郇卿이 秦나라에 있을 때 자기가 등용되지 않을 것을 알았고 얼마 안 되어 秦나라에서 趙나라로 돌아왔다. 나중에 春申君의 문객이 또 春申君에게 회유하기를 "옛날에 伊尹이 夏나라를 떠나 殷나라로 들어가니 殷나라는 王者가 되고 夏나라는 멸망하였으며, 管仲이 魯나라를 떠나 齊나라로 들어가니 魯나라는 쇠약해지고 齊나라는 강성해졌습니다. 대개 賢人이 있는 곳에는 그 군왕이 존귀해지지 않은 적이 없고 국가가 번영하지 않은 적이 없습니다. 지금 郇卿은 천하의 賢人인데 당신은 어찌하여 그를 사절했습니까?"라고 하니, 春申君이 또 "그 말이 맞다."라고 하였다. 그리하여 趙나라로 사람을 보내 郇卿을 초청하니, 郇卿이 편지를 보내 사절하였다.

"속담에 나병환자가 국왕을 불쌍하게 여긴다는 말이 있는데, 이것은 공손하지 못한 말입니다. 비록 그렇지만 그 말을 깊이 살펴보지 않을 수 없으니, 이것은 신하에게 협박당하고 살해당한 군주에 대해 하는 말입니다.

대개 군주가 나이가 어리면서 자기의 재능을 과시하고 간사한 사람을 식별하는 방법이 없다면, 大臣이 정사를 독단하고 사적인 이익을 도모하여 자기에게 재앙이 될 만한 대상을 제거할 것입니다. 그러므로 그들은 재능 있고 나이 많은 군주를 살해하고 나이 어리고 허약한 군주를 옹립하며 嫡子를 폐하고 의롭지 못한 사람을 발탁하는 것입니다.

≪春秋左氏傳≫에 기록하기를 '楚나라의 공자 圍가 鄭나라를 방문하기 위해 떠났다가 국경을 벗어나기 전에 父王이 병이 났다는 소식을 듣고서 돌아와 병세를 묻고 마침내 갓끈으로 왕의 목을 졸라 죽이고 스스로 왕이 되었다.'라 하고, '齊나라 崔杼의 아내가 아름다웠는데 齊 莊公이 그와 정을 통하자, 崔杼가 그의 무리를 거느리고 莊公을 공격하였다. 莊公이 그와 齊나라를 함께 나누어 갖자고 청했으나 崔杼는 들어주지 않았고, 莊公이 조상의 사당에 가서 자살하겠다고 하였으나 崔杼는 그것도 들어주지 않았다. 莊公에게 도망할 것을 〈요구하여〉 그가 바깥 담을 넘어갈 때 활로 그의 넓적다리를 쏘아 맞혀 마침내 그를 죽이고 莊公의 아우 景公을 왕으로 세웠다.'라고 하였습니다.

근대에 본 것으로는 李兌가 趙나라에서 권력을 장악했을 때 沙丘에서 主父(趙武靈王)를 굶겨 백 일 만에 그를 죽였고, 淖齒가 齊나라에서 권력을 장악했을 때

齊 湣王의 힘줄을 뽑아버리고 사당의 들보에 매달아 하룻밤을 넘긴 뒤에 죽였습니다.

대개 나병은 비록 악질 종기이기는 해도 위로 고대의 제왕과 견줘볼 때 갓끈으로 목이 졸려 죽거나 넓적다리에 화살이 꽂혀 죽는 일을 당하는 정도까지는 아니고, 아래로 근대의 제왕과 견줘볼 때 힘줄이 뽑혀 죽거나 굶어죽는 정도까지는 아닙니다. 대개 신하에게 협박당하고 살해당하는 군주는 심적인 근심걱정과 신체의 고통이 분명히 나병에 걸린 사람보다 심할 것입니다. 이로 본다면 나병환자가 비록 국왕을 불쌍하게 여긴다고 말하더라도 무방할 것입니다."

대개 李園이 나쁜 마음을 품고 있고 李園의 누이가 음모를 꾸미는 일이 반드시 현실로 드러날 것을 郇卿은 일찌감치 알았으므로 편지로 그를 경계시켰던 것이다.

又爲歌賦以遺春申君曰 天下不治하여 **請陳佹詩**하리라 **天地易位**하고 **四時易鄕**하며 **列星殞墜**하여 **旦暮晦盲**이로다 **幽晦登昭**하고 **日月下藏**하여 **公正無私**어늘 **(反)見〔謂〕**[25] **從橫**하고 **志愛公利**어늘 **重樓疏堂**하고 **無私罪人**이어늘 **憼革(貳)〔戒〕**[26] **兵**하고 **道德純備**어늘 **讒口將將**하니 **仁人絀約**하고 **敖暴擅彊**하여 **天下幽險**하여 **恐失世英**이로다 **螭龍爲蝘蜓**하고 **鴟梟爲鳳凰**하여 **比干見刳**하고 **孔子拘匡**이로다 **昭昭乎其知之明也**하고 **(郁郁)〔拂〕**[27] **乎其遇時之不祥也**로다 **(拂)〔郁郁〕**[28] **乎其欲禮義之大行也**어늘 **闇乎天下之晦盲也**로다 **皓天不復**하여 **憂無疆也**나 **千歲必反**은 **古之常也**로다 **弟子勉學**하라 **天不忘也**하며 **聖人共手 時幾將矣**아 **與愚以疑**하니 **願聞反辭**라

---

25) (反)見〔謂〕: 저본에는 '反見'으로 되어 있으나, 본서 〈賦篇〉의 교감에 의거하여 '見謂'로 바로잡았다.

26) (貳)〔戒〕: 저본에는 '貳'로 되어 있으나, 본서 〈賦篇〉의 교감에 의거하여 '戒'로 바로잡았다.

27) (郁郁)〔拂〕: 저본에는 '郁郁'으로 되어 있으나, 본서 〈賦篇〉의 교감에 의거하여 '拂'로 바로잡았다.

28) (拂)〔郁郁〕: 저본에는 '拂'로 되어 있으나, 본서 〈賦篇〉의 교감에 의거하여 '郁郁'으로 바로잡았다.

또 다음과 같이 노래와 賦를 지어 春申君에게 보냈다.

천하가 다스려지지 아니하므로
경계하는 시 한 편 서술하려네
하늘과 땅 위치가 서로 바뀌고
사계절도 방향이 바뀌었으며
허공에 깔린 恒星 모두 떨어져
밤낮으로 어두워 밝지 않다네
어두운 사람 높은 자리 오르고
日月처럼 밝은 자 밀려나 묻혀
공정해 사심 없는 사람이건만
수완을 부린다는 〈비난을〉 받고
마음으로 공익을 아끼는데도
높고 큰 집 〈영화를 바란다 하고〉
사심 없이 죄인을 다스리건만
〈복수할까〉 무기로 대비를 하고
도덕이 순결하고 완전하건만
참소하는 입들이 떠들어대니
어진 사람 쫓겨나 궁하게 살고
거만한 폭도들은 위세를 부려
천하가 암울하고 험난하기에
세상 영웅 잃을까 두려울 따름
이무기며 용을 도마뱀으로 여기고
솔개며 올빼미를 봉황새로 여기어
〈충신〉 比干 〈심장이〉 도려내지고
〈성인〉 孔子 匡에서 구금되었네
빛났다네 그 지혜 밝기도 하고
어긋났네 만난 때 좋지 않았네
성대하다 禮義를 크게 행하려 했건만

어두워라 천하에 아는 사람 없었다네
밝은 하늘 〈다시는〉 아니 돌아와
〈사람들의〉 걱정이 끝이 없지만
천년이면 반드시 바뀌는 것은
〈이 또한〉 예로부터 당연한 도리
제자들아 학문에 부디 힘쓰라
하늘이 〈너희들을〉 잊지 않으며
聖人이 근엄하게 천하 다스릴
그 시기 〈머지않아〉 돌아올 건가
저는 둔해 의혹이 아니 풀리니
그 요지 들어보길 원하옵니다

其小歌曰 念彼遠方[29]하면 **何其(塞)〔蹇〕**[30]**矣**오 **仁人絀約**하되 **暴人衍矣**요 **忠臣危殆**하되 **讒人(服)〔般〕**[31]**矣**로다 **琁玉瑤珠**를 **不知佩也**하며 **襍布與錦**이어늘 **不知異也**하고 **閭娵子奢**[32]는 **莫之媒也**하고 **嫫母力父(보)**[33]는 **是之嘉也**로다 **以盲爲明**하고 **以聾爲聰**하며 **以危爲安**하고 **以吉爲凶**이로다 **嗚呼上天**이여 **曷維其同**하리오

그 〈賦에 첨부한〉 짧은 노래는 다음과 같다.
저기 저 먼 지방을 생각해보면
어이하여 그처럼 절룩거리나
어진 사람 쫓겨나 궁하게 사나

29) 遠方 : 여기서는 楚나라를 가리킨다.

30) (塞)〔蹇〕 : 저본에는 '塞'으로 되어 있으나, 본서 〈賦篇〉의 교감에 의거하여 '蹇'으로 바로잡았다.

31) (服)〔般〕 : 저본에는 '服'으로 되어 있으나, 본서 〈賦篇〉의 교감에 의거하여 '般'으로 바로잡았다.

32) 閭娵子奢 : 閭娵는 고대의 미녀로, 閭姝・閭須로 표기하기도 한다. 子奢는 곧 子都로, 고대 鄭나라의 미남자이다.

33) 嫫母力父(보) : 嫫母는 전설 속에 나오는 黃帝의 후비로, 외모가 매우 못생겼다고 한다. 力父는 黃帝의 大臣으로, 역시 외모가 못생겼다 하여 추남의 대명사로 쓰인다.

포악한 자 방자해 거리낌 없고
충성하는 신하는 위태로운데
참소하는 사람은 즐기며 사네
아름다운 옥들과 귀한 진주를
〈자기 몸에〉 찰 줄을 알지 못하며
무명베와 비단이 섞여 있는데
구분하여 다름을 알지 못하고
〈미녀이며 미남인〉 閭娵 子奢는
애써 중매 서주는 사람이 없고
〈추녀이며 추남인〉 嫫母 力父는
〈너나없이〉 그들을 좋게 여기네
앞 못 보는 장님을 눈 밝다 하고
귀가 먼 귀머거리 귀 밝다 하며
위태로운 상황을 안전타 하고
길한 일을 가지고 흉하다 하네
아, 하늘이여
이 몸 어찌 그들과 함께하리오

春申君得書與歌賦하고 **恨之**하여 **復**(부)**固**(謝)〔**請**〕[34]郇**卿**하니 **卿不得已**하여 **乃行至楚**하여 **復爲蘭陵令**이라 **春申相楚之二十五年**에 **楚考烈王卒**하니 **春申君果被李園所殺**하고 **而**郇**卿遂廢蘭陵令**하며 **因家蘭陵二十餘年**이라 **秦始皇三十四年**에 **李斯爲秦相**하니 **卿聞之**하고 **爲之不食**하니 **知其必敗也**라 **後卒**하니 **年蓋八十餘矣**며 **因葬于蘭陵**이라

春申君이 그 편지 및 노래와 賦를 받고 〈그를 멀리한 것을〉 한스럽게 여겨 다시 郇卿을 초청하니, 郇卿이 마지못해 길을 떠나 楚나라에 이르러 다시 蘭陵令이 되었다. 春申君이 楚나라 재상으로 재직한 지 25년 만에 楚 考烈王이 죽으니, 春申

34) (謝)〔請〕: 저본에는 '謝'로 되어 있으나, 문맥으로 볼 때 '請'의 잘못이므로 바로잡았다.

君은 결국 李園에게 살해되고 郇卿도 마침내 蘭陵令에서 쫓겨났으며 그대로 蘭陵에 머물러 20여 년을 보냈다.

秦 始皇 34년에 李斯가 秦나라 재상이 되자 郇卿은 그 소식을 듣고 이로 인해 밥을 먹지 않았으니, 그가 반드시 무너질 것을 알았기 때문이다. 그 뒤에 죽었으니, 그때 나이가 아마도 80이 넘었을 것이며 蘭陵에 그대로 장사 지냈다.

方郇卿至稷下也에 **諸子咸作書刺世**하니 **諸子之事**는 **皆以爲非先王之法也**라 **蘇秦張儀以邪道說(세)諸侯**하여 **以大貴顯**이라 **郇卿退而笑曰 夫不以其道進者**는 **必不以其道亡**이라하니라 **孟子言人之性善**이어늘 **郇卿後孟子百餘年**에 **以爲人之性惡**이라하여 **作性惡一篇**이라 **疾濁世之政**으로 **亡國亂君相屬**하여 **不遂大道而營乎巫祝**하여 **信禨祥**하고 **鄙儒小拘莊周等又滑稽亂俗**이라 **于是推本儒術**하고 **闡道德**하며 **崇禮勸學**하여 **著數萬言**하니 **凡三十二篇**이라 **又作春秋公子血脈譜**라

처음 郇卿이 稷下에 이르렀을 때 諸子가 다 글을 지어 세상을 풍자하였으니, 諸子가 주장하는 일은 모두 先王의 법을 비난하는 것이었다. 蘇秦과 張儀는 바르지 못한 길로 제후를 회유하여 그로 인해 크게 지위가 높아졌다. 郇卿은 뒤에 물러나 웃으며 말하기를 "그 정상적인 방법으로 진출하지 않은 사람은 반드시 정상적인 방법으로 죽지 않을 것이다."라고 하였다.

孟子가 사람의 본성은 선하다고 말했는데 郇卿은 孟子보다 백여 년 뒤에 태어나 사람의 본성은 악하다고 생각하여 〈性惡〉 한 편을 지었다.

그리고 혼탁한 세상의 정사로 인해 멸망하는 국가와 난폭한 군주가 계속해서 나타나 正大한 도리를 따르지 않고 무당의 말에 현혹되어 길흉의 징조를 믿는가 하면, 고루한 儒生들은 사소한 일에 구애를 받고 莊周 같은 자들이 또 터무니없는 익살로 풍속을 어지럽히는 행위를 증오하였다. 그리하여 儒家 학술의 근원을 따지고 道德을 천명하며 禮義를 존중하고 학문을 권장하는 내용으로 글 수만 자를 저술하였으니, 모두 32편이다. 또 ≪春秋公子血脈譜≫도 지었다.

郇卿善爲詩禮易春秋라 **從根牟子**[35]**受詩**하여 **以傳毛亨**하니 **號毛詩**요 **又傳浮**

丘伯하여 **伯傳申公**하니 **號魯詩**라 **從馯臂子弓**[36]**受易**하여 **並傳其學**하고 **稱子弓比于孔子**라 **從虞卿受左氏春秋**하여 **以傳張蒼**하고 **蒼傳賈誼**라 **穀梁俶**[37]**亦爲經作傳**하여 **傳郇卿**이어늘 **卿傳浮丘伯**하고 **伯傳申公**하고 **申公傳瑕丘江公**하여 **世爲博士**라 **郇卿尤精于禮**나 **書闕有間**하여 **受授莫詳**이라 **由是漢之治易詩春秋者**는 **皆源出于郇卿**이라 **郇卿弟子今知名者**는 **韓非李斯陳囂毛亨浮丘伯張蒼而已**나 **當時甚盛也**라 **至漢時**하여 **蘭陵人多善爲學**하니 **皆卿之門人也**라 **漢人稱之曰 蘭陵人喜字爲卿**은 **法郇卿也**라하니 **敎澤所及**이 **蓋亦遠矣**라 **後十一世孫遂**니 **遂生淑**하고 **淑生子八人**하여 **時號八龍**이라 **卿之後甚著于東漢**하고 **迄魏晉六朝**히 **知名之士不絶云**이라

郇卿은 ≪詩≫·≪禮≫·≪易≫·≪春秋≫에 정통하였다. 그가 根牟子에게 ≪詩≫를 배워 毛亨에게 전수하였으니 이것을 ≪毛詩≫라 부르고, 또 浮丘伯에게 전하여 浮丘伯이 申公에게 전수하였으니 이것을 ≪魯詩≫라 부른다. 馯臂 子弓에게 ≪易≫을 배워 그 학문을 모조리 후대에 전수하고 子弓을 찬양하여 孔子에 견주었다. 虞卿에게 ≪春秋左氏傳≫을 배워 張蒼에게 전수하고 張蒼은 賈誼에게 전수하였다. 穀梁俶이 또 經의 이해를 돕기 위해 傳을 지어 郇卿에게 전수하였는데, 郇卿은 浮丘伯에게 전수하고 浮丘伯은 申公에게 전수하고 申公은 瑕丘 江公에게 전수하여 대대로 博士가 되었다. 郇卿은 무엇보다 ≪禮≫에 정통하였으나 그에 관한 자료가 불완전한 상태로 세월이 오래 지나 그것을 전수한 과정을 알 수 없다. 이로써 보면 漢나라 때 ≪易≫·≪詩≫·≪春秋≫를 연구한 것은 그 근원이 모두 郇卿으로부터 나왔다는 것을 〈알 수 있다.〉

郇卿의 제자로서 오늘날 이름이 알려진 사람은 韓非·李斯·陳囂·毛亨·浮丘

35) 根牟子 : 戰國 때 사람으로, 글을 잘 지었고 孟仲子에게 ≪詩≫를 배웠다고 한다. 根牟은 성이고 이름은 알 수 없다.

36) 馯臂子弓 : 楚나라 江東 사람으로, 子弓은 그의 자이다. 子夏의 문인이다. 孔子가 ≪易≫을 子木에게 전수하고 子木은 子庸에게 전수하고 子庸은 子弓에게 전수하였다고 한다.

37) 穀梁俶 : 戰國 때 魯나라 사람이다. 穀梁은 성이고 俶은 이름이며 자는 子始이다. 子夏의 제자로 ≪春秋≫를 풀이하는 傳을 지었는데, 이것이 ≪春秋穀梁傳≫으로 불린다. 그의 이름이 赤·喜·寘로 표기되기도 한다.

伯·張蒼뿐이지만 그 당시에는 매우 많았다. 漢나라 때에 이르러 蘭陵 사람으로서 학문에 정통한 자들이 많았는데, 그들은 모두 郇卿의 문인이었다. 漢나라 사람이 그들을 칭송하기를 "蘭陵 사람이 자기의 자에 卿자를 사용하길 좋아하는 것은 荀卿을 모범으로 삼기 때문이다."라 하였으니, 교육의 은택이 파급되어 내려온 지가 또한 오래되었다.

그의 11대손은 遂인데 遂가 淑을 낳고 淑은 아들 여덟을 낳아 당시에 이들을 八龍이라 불렀다. 郇卿의 후손이 東漢 때에 매우 유명하였고 魏·晉·六朝 때까지도 세상에 이름이 알려진 선비가 끊어지지 않았다.

論曰 劉向言 漢興하여는 **董仲舒亦大儒**로 **作書美郇卿**이라 **孟子董先生**은 **皆小五伯**(패)하여 **以爲仲尼之門**에 **五尺童子**도 **皆羞稱五伯**라 **如人君能用郇卿**인댄 **庶幾于王**이라 **然世莫能用**하여 **而六國之君殘滅**하고 **秦國大亂**이라가 **卒以亡**이라 **觀郇卿之書**면 **其陳王道甚易**(이)**行**하고 **疾世莫能用**이라 **其言悽愴**하여 **甚可痛也**라 **嗚呼**라 **使斯人卒終于閭巷**하여 **而功業不得見於世**하니 **哀哉**라 **可爲霣涕**라 **其書可比于傳記**에 **可以爲法**이라하니 **諒哉斯言**이여 **向**은 **故元王交之孫**이요 **交**는 **郇卿再傳弟子也**라 **其知之深矣**니 **其哀痛有由矣**리라 **然而汙不至阿其所好也**라 **向校讎中秘書**하여 **定著郇卿子三十二篇**하여 **傳之至今**하니 **向亦卿之功臣哉**로다 **唐儒楊倞復爲之注**하니 **表彰之功**은 **亦向之亞矣**라

다음과 같이 논한다.

劉向이 말하기를 "漢나라가 일어난 때에 이르러서는 董仲舒 또한 大儒로, 글을 지어 郇卿을 찬미하였다. 孟子와 董先生은 모두 五伯(五霸)를 하찮게 보아 仲尼의 문하에서는 五尺童子도 모두 五伯를 거론하는 것을 부끄럽게 여겼다고 하였다. 만약 어떤 군주가 郇卿을 등용하였더라면 거의 천하에 王者로 불릴 수 있었을 것이다. 그러나 세상이 끝내 그를 등용하지 못해 6개국의 군주는 괴멸되고 秦나라는 크게 혼란을 겪다가 마침내 멸망하였다. ≪郇卿書(荀子)≫를 살펴보면 그가 王道는 시행하기가 매우 쉽다는 견해를 개진하고 세상이 자기를 써주지 못하는 것을 미워하였다. 그 말이 애절하여 매우 가슴이 아프다. 아, 〈하늘이〉 이와 같은

사람을 끝내 민간에서 여생을 마쳐 功業이 세상에 드러나지 못하게 하였으니, 슬프다. 눈물을 흘릴 만하다. 그의 글은 여타의 문헌에 견주어볼 때 충분히 법으로 삼을 만하다."라고 하였으니, 이 말이 사실이라 하겠다.

劉向은 옛 楚元王 劉交의 손자이고, 劉交는 郇卿의 再傳 제자이다. 그가 〈郇卿에 대해〉 아는 정도가 깊을 것이니, 그처럼 애통해하는 데에는 그만한 까닭이 있을 것이다. 그래서 혹시 과장하는 점이 있더라도 그가 좋아하는 사람을 편드는 정도에 이르지는 않았다. 劉向이 궁중에 秘藏된 도서를 교정하면서 ≪郇卿子≫ 32편을 확정하여 그것이 오늘날까지 전해오니, 劉向 또한 郇卿의 공신이라 하겠다.

唐나라 儒者 楊倞이 다시 거기에 注를 붙였으니, 〈郇卿을〉 세상에 드러낸 공은 또 劉向의 다음이라 할 수 있을 것이다.

又郇卿別傳攷異二十二事[1] 胡元儀의 〈郇卿別傳〉에 대한 攷異 22건

1. 林寶元和姓纂[2]에 郇은 周文王十七子郇侯之後니 以國爲氏①라 後去邑爲荀이라 晉有荀林父(보)하니 生庚이라 裔孫況이라 況十一代孫遂라 遂生淑하고 生儉緄靖燾汪爽肅專[3]하여 時人謂之八龍이라하니라 案水經注하면 涑水逕猗氏故城北하고 又西逕郇城이라 郇은 伯國也라 其地卽今山西蒲州府猗氏縣之境이라 郇國은 晉武公所滅하니 見竹書紀年이라

① 詩郇伯勞之의 毛傳云 郇伯은 郇侯也라하니라 郇本侯爵이로되 郇侯曾爲二伯[4]이라 詩擧重者言이라 故毛傳云然이라

≪詩經≫ 〈曹風 下泉〉의 "郇伯勞之(郇伯께서 그들을 위로했었네.)"라 한 곳의 〈毛傳〉에 "郇伯은 郇侯이다."라고 하였다. 郇國은 본디 侯爵인데 郇侯가 일찍이 二伯이 된 적이 있었다. ≪詩經≫은 비중이 높은 것을 들어 말했기 때문에 〈毛傳〉에서 그렇게 말한 것이다.

林寶의 ≪元和姓纂≫에 "郇氏는 周 文王의 열일곱째 아들 郇侯의 후손이니 국가의 명칭을 성씨로 삼았다. 뒤에 邑旁(阝)을 떼어내고 〈艹를 보태어〉 荀이 되었

1) 又郇卿別傳攷異二十二事 : 攷異는 판본이 다른 서적의 문자, 혹은 기재된 사실이 서로 다른 것을 조사하여 바로잡는다는 뜻이다. 胡元儀가 〈郇卿別傳〉에 언급한 荀子의 계보, 행적, 師承 관계, 유학경전의 전승과정 및 ≪荀子≫의 구성 등 제반 문제에 관해 관련 자료를 인용하여 서로 다른 부분을 적시하고 오류를 바로잡고 정리하였다.

2) 林寶元和姓纂 : 林寶는 唐나라 濟南 鄒縣 사람으로, 憲宗 때 太常博士를 지냈다. ≪元和姓纂≫은 모두 10권으로 된 그의 저술로, 성씨의 근원과 계보를 밝혀놓았다.

3) 專 : 저본의 原注에 "'專'은 原本에 없으나, ≪後漢書≫ 〈荀韓鍾陳列傳〉에 의거하여 보충하였다. 李賢 주에 '專은 본디 혹시 敷로 되어 있을 수도 있다.'라 하였다.〔專 原本無 據後漢書荀韓鍾陳列傳補 李賢注 專 本或作敷〕"라고 하였다.

4) 二伯 : '牧下二伯'의 준말이다. 牧 밑에서 그를 보좌하는 좌우 두 伯이란 뜻으로서 五爵이라 불리는 公·侯·伯·子·男의 伯과는 무관하다. 周나라 官制에 210개국을 한 단위로 묶어 州라 하고 州의 우두머리를 牧이라 하였다.

다. 晉나라 때 荀林父가 있었으니, 그가 荀庚을 낳았다. 그의 후손이 荀況이다. 荀況의 11대손은 荀遂이다. 荀遂가 荀淑을 낳았고, 그가 儉·緄·靖·燾·汪·爽·肅·專을 낳아 당시 사람들이 그들을 '八龍'이라 했다."라고 하였다.

≪水經注≫를 살펴보면, 涑水가 猗氏縣 옛 성의 북쪽을 경유하고, 또 서쪽으로 郇城을 경유한다고 하였다. 郇은 伯國이다. 그 땅은 곧 지금의 山西 蒲州府 猗氏縣 일대이다. 郇國은 晉 武公에 의해 멸망되었으니, 〈그 내용이〉 ≪竹書紀年≫에 보인다.

故郇伯之後仕于晉獻公之世는 **有荀息**이라 **魯僖二十七年**에 **荀林父御戎**하니 **林父于息屬之親疎未詳**이라 **林父子庚**이니 **成三年聘魯**라 **庚子偃**은 **成十六年佐上軍**이라 **偃子吳**는 **襄二十六年聘魯**라 **吳子寅**은 **昭二十九年與趙鞅城汝濱**하고 **定十三年入于朝歌叛魯**하며 **哀五年奔齊**라 **由寅至郇卿 幾二百年**①이니 **其閒幾世不可詳矣**라 **林寶所云**은 **皆據郇氏家傳**하여 **信而有徵者也**라 **但後漢書荀淑傳稱淑爲荀卿十一世孫**하니 **則遂當是十世孫**이라 **不知今本元和姓纂誤衍一字歟**아 **抑今本後漢書十一世乃十二世之誤歟**아 **無明據以證之也**라

① 由哀五年至周赧王十六年은 得一百九十四年也[5]라

魯 哀公 5년부터 周 赧王 16년까지는 그 기간이 194년이다.

옛 郇伯의 후손으로 晉 獻公 때 벼슬한 사람은 荀息이 있다. 魯 僖公 27년(B.C. 633)에 荀林父가 〈晉 文公의〉 전차를 몰았는데 荀林父와 荀息 상호간에 친족관계는 알 수 없다. 荀林父의 아들은 荀庚이니, 成公 3년(B.C. 588)에 魯나라를 聘問하였다. 荀庚의 아들 荀偃은 成公 16년(B.C. 575)에 上軍을 보좌하였다. 荀偃의 아들 荀吳는 襄公 26년(B.C. 547)에 魯나라를 聘問하였다. 荀吳의 아들 荀寅은 昭公 29년(B.C. 513)에 晉나라 趙鞅과 汝水 물가에 성을 쌓았고, 定公 13년(B.C. 497)에 朝歌로 들어가 魯나라를 배반했으며, 哀公 5년(B.C. 490)에 齊나라로 도망갔다. 荀寅부터 郇卿까지는 거의 2백 년이니, 그 사이에 몇 대가 있는지는 알

5) 由哀五年至周赧王十六年 得一百九十四年也 : 魯 哀公 5년은 B.C. 490년이고 周 赧王 16년은 B.C. 299년이므로 그 기간이 사실은 191년이다.

수 없다.

林寶가 말한 것은 모두 ≪郇氏家傳≫에 의거하여 믿을 만하고 근거가 있는 것이다. 다만 ≪後漢書≫ 〈荀淑傳〉에 荀淑은 荀卿의 11대손이라 하였으니, 그렇다면 荀遂는 마땅히 10대손이 되어야 한다. 혹시 지금 판본인 ≪元和姓纂≫에 '一'자를 잘못 덧붙였는지, 아니면 지금 판본인 ≪後漢書≫의 '十一世'는 '十二世'의 잘못인지에 대해 분명히 의거하여 증명할 길이 없다.

云後去邑爲荀은 **此乃想當然之辭**나 **殊非確論**이니 **何也**오 **荀姓乃黃帝之後**니 **國語**에 **司空季子**[6]**言黃帝之子二十五宗**이요 **得姓者十二**니 **姬酉祈己**滕葴**任荀僖**姞儇**依是也**라하니라 郇**國之**郇은 **詩**郇**伯勞之**와 **竹書紀年晉武公滅**郇①과 **國語**訾(祐)〔祏〕[7]**言范文子受以**郇櫟에 **字皆作**郇하고 **幷不作荀也**라 **而左傳諸荀之在晉者字皆作荀**하고 **不復**(부)**作**郇이라 **此蓋傳寫相承**하여 **久而不改**하니 **正如**(許)〔鄦〕**國**(許)〔鄦〕**姓之**(許)〔鄦〕**字作**(鄦)〔許〕[8]하여 **凡經典之中竟無鄦字**나 **人遂相沿不改**하니 **是其證也**라 **幷非有故去邑爲荀明矣**라 **今別傳中皆用**郇**字**는 **以著受姓之源**이라

① 此據漢書地理志臣瓚注所引紀年之文이라 今本紀年皆作荀하고 不作郇矣라
이것은 ≪漢書≫ 〈地理志〉 臣瓚의 주에 인용된 ≪竹書紀年≫의 문구이다. 지금 판본의 ≪竹書紀年≫에는 모두 荀으로 되어 있고 郇으로는 되어 있지 않다.

"뒤에 邑旁(阝)을 떼어내고 〈艹를 보태어〉 荀이 되었다."고 한 것은 당연한 말처

---

6) 司空季子 : 晉나라 대부 胥臣을 말한다. 자는 季子이고, 그의 采地가 臼邑이므로 臼季라 하기도 한다. 重耳가 晉나라를 되찾아 군주가 된 뒤에 司空에 임명되었으므로 그를 司空季子라 하였다.

7) 訾(祐)〔祏〕 : 저본에는 '訾祐'로 되어 있으나, ≪國語≫ 〈晉語 范宣子與和大夫爭田〉에 의거하여 '祏'으로 바로잡았다. 訾祏은 晉나라 사람으로, 范宣子의 家臣이다. 范宣子가 和邑의 대부와 농토의 경계를 두고 오랫동안 다투다가 무력으로 공격하려 하면서 그에게 가르침을 청하자, 상대방을 관대하게 포용하라고 일깨웠다.

8) (許)〔鄦〕國(許)〔鄦〕姓之(許)〔鄦〕字作(鄦)〔許〕 : 저본에는 '許國許姓之許字作鄦'로 되어 있으나, 문맥으로 볼 때 '鄦國鄦姓之鄦字作許'의 잘못으로 판단되어 바로잡았다.

럼 생각될 수 있으나 전혀 확실한 말이 아니니, 그 이유는 무엇인가?

荀氏는 곧 黃帝의 후손이니, ≪國語≫에 "司空 季子가 '黃帝의 아들은 嫡子와 庶子를 합쳐 모두 25파이고 그중에 성씨를 얻은 것은 12파이니, 姬·酉·祁·己·滕·蔵·任·荀·僖·姞·儇·依가 이것이다."라고 하였다. 郇國의 '郇'은 ≪詩經≫의 "郇伯勞之(郇伯께서 그들을 위로했었네.)"와 ≪竹書紀年≫의 "晉武公滅郇(晉武公이 郇國을 멸망시켰다.)"과 ≪國語≫에 "訾祏言范文子受以郇櫟(訾祏이 '范文子는 郇과 櫟 두 읍을 받았다.'라 했다.)"이라고 한 곳에 글자가 '郇'으로 되어 있고 모두 '荀'으로는 되어 있지 않다. 그리고 ≪春秋左氏傳≫에 晉나라에 있는 여러 荀氏를 표기하는 글자가 모두 '荀'으로 되어 있고 다시 '郇'으로는 되어 있지 않다.

〈荀을 郇으로 쓰는 것은〉 대개 잘못 옮겨 쓰는 일이 계속 이어져 세월이 오래되어도 고쳐지지 않아 그런 것이니, 이것은 곧 鄦國과 鄦姓의 '鄦'자가 '許'로 잘못되어 모든 經典 속에 아예 '鄦'자가 없는데도 사람들이 끝내 답습하여 고쳐지지 않는 경우와 같으니, 이것이 그 증거이다.

〈이로 볼 때 무슨〉 까닭이 있어 邑旁(阝)을 떼어내고 〈艹를 보태어〉 荀이 된 것은 아니라는 것이 분명하다. 지금 〈郇卿別傳〉 속에서 〈荀을〉 모두 '郇'자로 사용한 것은 〈그렇게 함으로써〉 성씨를 받은 근원을 드러내기 위해서였다.

2. 史記稱荀卿이나 **國策劉向漢書藝文志應劭風俗通皆稱孫卿**이라 **司馬貞顔師古[9]皆以爲避宣帝諱詢**이라 **故改稱孫**이라하여늘 **謝東墅[10]云 漢不避嫌名**하여 **時人荀淑荀爽俱用本字**하고 **左傳荀息至荀瑤**도 **亦不改字**하니 **何獨于荀卿反改**

9) 司馬貞顔師古 : 司馬貞(679~732)은 唐나라 河內 사람으로, 자는 子正이다. 玄宗 開元 때 朝散大夫와 弘文館學士를 역임하였다. ≪史記索隱≫ 30권을 편찬하였다. 顔師古(581~645)는 唐나라 京兆 萬年 사람으로, 이름은 籒이고 師古는 그의 자인데 일반적으로 자로 알려져 있다. 많은 서적을 섭렵하여 訓詁에 정밀하였고 글을 잘 지었다. 唐 高祖 때 中書舍人에 발탁되어 詔令을 짓는 일을 도맡았고 太宗 때는 왕명으로 秘書省에서 五經의 문자를 교정하였다. ≪漢書注≫와 ≪匡謬正俗≫을 편찬하였다.

10) 謝東墅 : 謝墉(1719~1795)을 말한다. 東墅는 그의 별호이다. 淸나라 浙江 嘉善 사람으로, 자는 昆城이고 호는 金圃이다. 淸 高宗 때 吏部左侍郎을 지냈다. ≪安雅堂詩文集≫이 있다. 여기에 인용된 것은 그가 쓴 〈荀子箋釋序〉의 내용이다.

之邪(야)아 **蓋荀孫二字同音**일새 **語遂移易**하니 **如荊軻謂之荊卿**하고 **又謂之慶卿**이라 **又如張良爲韓信都**[11)]하니 **信都**는 **司徒也**라 **俗音不正**하여 **曰信都**라하니라 **案謝東墅駮郇卿之稱孫卿**이 **不因避諱**는 **足破千古之惑**이나 **以爲俗音不正**이 **若司徒信都**는 **則仍非也**라

≪史記≫에는 荀卿이라 칭하였으나 ≪戰國策≫, 劉向의 〈書錄〉, ≪漢書≫〈藝文志〉, 應劭의 ≪風俗通義≫에는 모두 孫卿이라 칭하였다.

〈이에 대해〉 司馬貞과 顔師古는 모두 "漢 宣帝의 諱 '詢'을 피하였기 때문에 '孫'으로 바꿔 칭하였다."라고 하였는데, 謝東墅(謝墉)는 "漢나라 때는 嫌名을 피하지 않아 그 당시 사람인 荀淑과 荀爽에 대해 모두 본 글자를 썼고 ≪春秋左氏傳≫의 荀息과 荀瑤까지도 글자를 바꾸지 않았으니, 어찌 유독 荀卿에 대해서만 다르게 바꾸겠는가. 대개 荀과 孫 두 글자는 같은 음이어서 말이 마침내 바뀐 것이니, 이는 荊軻를 荊卿라 이르고 또 慶卿이라 이르는 것과 같다. 또 張良을 韓나라 信都로 삼았다는 것과도 같으니, 信都는 司徒이다. 세속에서 통용되는 讀音이 정확하지 않아 信都라고 말한 것이다."라고 하였다.

살펴보건대, 謝東墅가 郇卿을 孫卿이라 칭하는 이유가 〈漢 宣帝의〉 諱를 피한 것이 아니라고 논박한 것은 충분히 천년의 오랜 의혹을 깨뜨렸다고 할 수 있으나, 세속에서 통용되는 讀音이 정확하지 않아 〈다른 글자로 표기하는〉 것이 司徒와 信都의 사례와 같다고 한 것은 여전히 틀렸다.

郇卿之爲郇伯之後하여 **以國爲氏**는 **無可疑矣**라 **且郇卿趙人**이니 **古郇國在今山西猗氏縣境**하여 **其地于戰國正屬趙**라 **故爲趙人**이라 **又稱孫者**는 **蓋郇伯**이 **公孫之後**일새 **以孫爲氏也**라 **王符**[12)]**潛夫論志姓氏篇云 王孫氏公孫氏**는 **國**

---

11) 張良爲韓信都 : 信都는 司徒와 음이 비슷하여 쓴 것으로 司徒와 같다. 韓나라가 B.C. 230년에 秦나라에 의해 멸망하였는데, 項梁이 張良의 권유로 韓나라 公子 橫陽君 成을 찾아내 韓나라 왕으로 옹립하고 張良을 韓나라 司徒로 임용하였다는 데서 나온 말이다. (≪史記≫〈留侯世家〉)

12) 王符 : 약85~162. 後漢 때 安定 臨涇 사람으로, 자는 節信이다. 성품이 꼿꼿하여 세속과 어울리지 않았으며 죽을 때까지 벼슬하지 않고 저술에만 전념하였다. ≪潛夫論≫ 10권

自有之하고 **孫氏者**는 **或王孫之班**이어나 **或公孫之班也**라하니 **是各國公孫之後皆有孫氏矣**라 **自是言之**컨대 郇**也孫也**는 **皆氏也**라 **戰國之末**에 **宗法**[13]**廢絶**하여 **姓氏**[14]**混一**이라 **故人有兩姓幷稱者**나 **實皆古之氏也**라 **如陳完奔齊**를 **史記稱田完**하고 **陳恒見論語**어늘 **史記作田常**하고 **陳仲子見孟子**어늘 郇**卿書陳仲田仲互見**하고 **田騈見**郇**卿書**어늘 **呂覽作陳騈**하니 **陳田皆氏**라 **故兩稱之**라 **推之荊卿之稱慶卿**도 **亦是類耳**라 **若以俗語不正**이어나 **二字同音**하여 **遂致移易爲言**하면 **尙未達其所以然之故也**라

郇卿이 郇伯의 후손이므로 국명을 氏로 삼았다는 것은 의심의 여기가 없다. 그리고 郇卿은 趙나라 사람인데, 옛 郇國이 지금의 山西 猗氏縣 지역에 위치하여 그 땅이 戰國 때 정확히 趙나라에 속했기 때문에 그가 趙나라 사람이 된 것이다.

또 孫으로 칭한 까닭은 아마도 郇伯이 公孫(제후의 후손)의 후손이므로 孫을 氏로 삼았을 것이다. 王符의 ≪潛夫論〉〈志姓氏篇〉에 "王孫(王의 후손)과 公孫은 제후국에 본디 있는 것이고 孫氏의 경우는 혹은 王孫의 반열이거나 혹은 公孫의 반열인 것이다."라고 하였으니, 이것은 각국 公孫의 후손 속에는 모두 孫氏가 있다는 뜻이다. 이로써 말하면 郇과 孫은 모두 氏이다.

戰國 말기에 宗法이 폐지되고 끊어져 姓과 氏가 섞여 하나가 되었다. 그러므로 어떤 사람은 두 姓을 함께 칭하는 경우가 있으나 사실은 모두 옛날의 氏이다. 예를 들면 '陳完奔齊(陳完이 齊나라로 도망갔다.)'의 〈陳完을〉 ≪史記≫에는 '田完'이라 칭하였고, 陳恒이 ≪論語≫에 보이는데 ≪史記≫에는 '田常'으로 되어 있고, 陳仲子가 ≪孟子≫에 보이는데 ≪郇卿書(荀子)≫에 陳仲과 田仲이 함께 보이고, 田騈이 ≪郇卿書≫에 보이는데 ≪呂覽(≪呂氏春秋≫)≫에 陳騈으로 되어 있으니, 陳과

36편을 지어 당시 정사의 잘못을 비평하고 국가를 다스리고 백성을 부유하게 할 방안에 관해 논하였다.

13) 宗法 : 가족을 중심으로 하여 혈통과 嫡庶 관계를 따져 사회를 조직하고 통치하는 법칙이다.

14) 姓氏 : 姓은 여자 계통에서 생기고 氏는 남자 계통에서 생기는 것을 말한다. 周나라 太公望을 예로 들면 姓은 姜이고 氏는 呂인데, 姜은 母系이고 呂는 그의 선조가 봉해 받은 국명이다. 秦나라와 漢나라 이후에는 이것이 하나로 합쳐져 姓으로 통칭되었다.

田은 모두 氏이기 때문에 이 두 가지를 함께 칭한 것이다. 더 나아가 荊卿을 慶卿으로 칭한 것도 이와 같은 사례이다.

만약 세속에 통용되는 말이 정확하지 않다거나 두 글자가 같은 음이어서 마침내 바뀐 것이라고 말한다면 여전히 그렇게 된 까닭을 모르는 것이다.

今別傳不稱孫者는 **以別族**[15] **在當時宜稱孫**일새 **擧近者言也**라 **孫氏各國皆有**하여 **不明所出**하니 **後人宜稱**郇하여 **以著所出**이라 **故**[16] 郇**卿書稱孫子**는 **仍之不改**라 郇**卿**은 **自稱之辭也**라 **自史公稱荀卿**으로 **其後裔荀淑等皆曰荀**이나 **相沿至今**하여 **皆曰**郇**子**라 **故不復稱孫**이라

지금 〈郇卿別傳〉에서 〈郇卿의 郇을〉 孫으로 칭하지 않은 이유는 이렇다. 〈옛날에 郇卿과 같은〉 別族은 그 당시에 있어서는 마땅히 孫으로 칭해야 하기 때문에 淺近하여 〈알기 쉬운 孫을〉 들어 말하였다. 그러나 孫氏는 각 제후국에 모두 있어 어느 조상에서 나왔는지 분명치 않으므로 후세의 우리로서는 마땅히 郇으로 칭하여 〈郇卿이〉 나온 조상을 드러내야 했기 때문이다. 대개 ≪郇卿書≫에서 孫子로 칭한 것은 그대로 두고 고치지 않는 것이 〈옳을 것이다.〉

郇卿은 그가 자기를 칭하는 말이다. 太史公(司馬遷)이 荀卿이라 칭한 뒤로 그 후손인 荀淑 등도 모두 荀이라 하였으나 〈郇卿의 호칭에 대해서는〉 지금까지 그대로 답습하여 모두 郇子라 하기 때문에 더 이상 孫으로 칭하지 않는 것이다.

3. **齊宣王尊寵稷下諸子**하여 **號曰列大夫**라하니 **言爵比大夫也**라 **孟子**는 **宣王時在齊居列大夫之中**하여 **而孟子書言孟子爲卿于齊**하되 **孟子自言我無官守**하고 **我無言責**이라하니 **與史記田完世家云列大夫不治而議論者合**이라 **然不稱列大夫而曰爲卿**은 **蓋卿卽列大夫之長**이니 **所謂**郇**卿三爲祭**(좨)**酒是也**라 **然則**郇**卿亦爲卿于齊矣**라 **史記虞卿傳**에 **虞卿說**(세)**趙孝成王**이라 **再見**하여 **爲趙上卿**이라 **故**

15) 別族 : 원래의 씨족이나 가족 속에서 갈라져 나간 겨레붙이로, 支派라는 말과 같다.
16) 故 : 논리로 본 때 여기서는 '夫'로 간주하는 것이 옳을 듯하다.

號虞卿이라하여늘 **郇卿亦爲趙上卿**하고 **又從虞卿受左氏春秋**하니 **郇卿之稱卿**[17)]은 **蓋法虞卿矣**라 **劉向云 蘭陵人喜字爲卿**하니 **以法孫卿也**라하니 **然則在齊人趙人稱郇卿**은 **尊之之辭也**요 **蘭陵弟子稱郇卿**은 **美之之辭也**라

齊 宣王이 稷下의 諸子를 존경하고 총애하여 列大夫라고 불렀으니, 이는 관작이 大夫와 대등하다는 것을 말한다. 孟子는 宣王 때 齊나라에 있으면서 列大夫 속에 들어 있어 ≪孟子≫ 〈公孫丑 下〉에 "孟子가 齊나라에서 卿이 되었다."라 하고, 孟子가 스스로 "나는 관리의 직책이 없고 나는 進言하는 책임이 없다."라 하였으니, ≪史記≫ 〈田敬仲完世家〉에서 列大夫는 정사를 다스리지 않고 담론만 임삼게 하였다는 말과 부합된다.

그러나 列大夫라 칭하지 않고 卿이 되었다고 말한 이유는 대개 卿은 곧 列大夫의 우두머리이니, 이른바 郇卿이 세 번 祭酒가 되었다는 것은 이를 두고 하는 말이다. 그렇다면 郇卿 또한 齊나라에서 卿이 되었을 것이다.

≪史記≫ 〈虞卿傳〉에 "虞卿이 趙 孝成王을 회유하였다. 두 번째 만나고서 그를 趙나라 上卿으로 삼았다. 그러므로 虞卿이라 불렀다."라고 하였는데, 郇卿 또한 趙나라 上卿이 되었고 또 虞卿에게 ≪春秋左氏傳≫을 배웠으니, 郇卿을 卿으로 칭한 것은 아마도 虞卿을 본뜬 것일 것이다. 劉向이 "蘭陵 사람이 자기의 자에 卿 자를 쓰길 좋아하였으니 이는 荀卿을 모범으로 삼기 때문이다."라고 하였으니, 그렇다면 齊나라 사람과 趙나라 사람이 郇卿을 거론하는 것은 그를 존경하는 말이고, 蘭陵 제자가 郇卿을 거론하는 것은 찬미하는 말일 것이다.

4. 史記에 **荀卿年五十**에 **始來遊學于齊**라하고 **劉向云 孫卿有秀才**어늘 **年五十**에 **始來遊學**이라하고 **應劭風俗通窮通篇云 孫卿有秀才**어늘 **年十五**에 **始來遊學**이라하여늘 **作年十五者是也**라 **史記與劉向序**[18)]는 **皆傳寫誤倒耳**라

---

17) 郇卿之稱卿 : 이 문구는 '郇卿을 卿으로 칭한 것은'이라 하여 문법대로 번역하였으나, 구체적인 뜻은 '郇에 卿을 붙여 郇卿이라 칭한 것은'이다.

18) 序 : 〈孫卿子後序〉의 약칭으로, 劉向이 ≪荀卿新書≫를 교정하고 편집한 뒤에 쓴 것이다. 이것을 書錄·第錄·敍錄·別錄이라 하기도 한다.

≪史記≫에 "荀卿은 그의 나이 50세 때 비로소 齊나라로 와서 遊學하였다."라 하고, 劉向은 "孫卿은 뛰어난 재주를 지녔는데 그의 나이 50세 때 비로소 와서 遊學하였다."라 하고, 應劭의 ≪風俗通義≫ 〈窮通篇〉에는 "孫卿은 뛰어난 재주를 지녔는데 그의 나이 15세 때 비로소 와서 遊學하였다."라고 하였는데, '15세'로 되어 있는 것이 옳다. ≪史記≫와 劉向의 序는 모두 옮겨 쓰는 과정에 앞뒤 글자가 잘못 바뀐 것이다.

郇卿來齊在何時는 **史公劉向應劭皆未明言**이라 **桓寬鹽鐵論論儒篇云 湣王奮二世之餘烈**하여 **南擧楚淮**하고 **北幷巨宋**하여 **苞十二國**하며 **西摧三晉**하고 **卻強秦**하여 **五國賓從**하고 **鄒魯之君**과 **泗上諸侯 皆入臣**이라 **矜功不休**하여 **百姓不堪**하여 **諸儒諫不從**하니 **各分散**이라 **愼到接子亡去**하고 **田駢如薛**하며 **而孫卿適楚**라 **內無良臣**이라 **故諸侯伐之**라하니 **是郇卿湣王末年至齊矣**라 **今郇卿書彊國篇**에 **有說**(세)**齊相**[19]**一章**하니 **正諫湣王矜功**하고 **五國謀伐齊之事**라 **蓋說之不從**하여 **遂之楚**러니 **五國旋果伐齊**하여 **湣王奔莒**(거)**被殺**이라 **襄王復國**하니 **稷下諸子分散者復**(부)**反稷下**하고 **郇卿適楚不久卽反齊**라 **是以史記劉向應劭皆云 襄王時尙修列大夫之缺**이라하니 **言湣王末列大夫已散**이나 **襄王復聚之**하여 **尙能修列大夫之缺也**라

郇卿이 齊나라로 온 시기가 언제였는지는 太史公・劉向・應劭가 모두 분명히 말하지 못했다. 桓寬의 ≪鹽鐵論≫ 〈論儒篇〉에 "湣王은 이전 두 군왕이 남긴 업적을 기반으로 일어나 남쪽으로는 楚나라의 淮河 북부를 점령하고 북쪽으로는 거대한 宋나라를 집어삼켜 12개국을 정복하였으며, 서쪽으로는 三晉(趙・魏・韓)의 위세를 꺾고 막강한 秦나라를 격퇴함으로써 기타 5개국이 齊나라에 귀순하고 鄒・魯의 군주와 泗水 일대의 제후가 모두 신하가 되어 복종하게 하였다. 그러나 공적을 과시하는 일을 그만두지 않아 백성이 감당해내지 못하므로 儒者들이 간했으나 따르지 않으니, 각자 흩어졌다. 愼到와 接子는 도망가고 田駢은 薛나라로 갔으며

19) 齊相 : 孟嘗君 田文을 가리킨다.

孫卿은 楚나라로 갔다. 내부에 현량한 신하가 없었기 때문에 제후가 정벌하였다.” 라고 하였으니, 이로 볼 때 郇卿은 湣王 말년에 齊나라로 왔을 것이다.

지금 ≪郇卿書≫ 〈彊國篇〉에 齊나라 재상을 회유하는 글 1章이 있으니, 그것은 곧 湣王이 공적을 과시하는 것을 간하고 5개국이 齊나라를 정벌하려고 꾀하는 것에 관한 일이다. 대개 그를 회유했지만 따르지 않았으므로 마침내 楚나라로 갔는데, 5개국이 곧 과연 齊나라를 정벌하여 湣王이 莒邑으로 도망갔다가 살해되었다. 襄王이 국가를 수복하니, 흩어졌던 稷下의 諸子들이 다시 稷下로 돌아오고 郇卿도 楚나라로 간 지 오래지 않아 곧 齊나라로 돌아왔다.

이 때문에 ≪史記≫ 및 劉向과 應劭가 모두 襄王 때 여전히 列大夫의 결원을 보충하였다고 하였으니, 이는 湣王 말년에 列大夫가 이미 흩어졌으나, 襄王이 다시 그들을 불러 모아 여전히 능히 列大夫의 결원을 보충하였다는 말이다.

5. 劉向云 威王宣王之時에 **聚天下賢士於稷下**하여 **號曰列大夫**라 **是時**에 **孫卿有秀才**어늘 **年五十**에 **始來遊學**이라하니라 **應劭亦如此云**하되 **惟作齊威王時**요 **無宣王**하고 **年五十作十五**하니 **年十五是也**라 **無宣王**은 **蓋脫去耳**니 **應劭之文**은 **全本劉向故也**라 **說者遂疑郇卿齊威王時至齊**하니 **非也**라 **稷下之士**는 **實威王初年始聚之**라 **淳于髡傳**에 **齊威王八年**에 **楚伐齊**어늘 **髡使趙請兵**이라하니 **是其證也**라

劉向은 “威王宣王之時 聚天下賢士於稷下 號曰列大夫 是時 孫卿有秀才 年五十始來遊學(齊 威王과 宣王 때에 천하의 훌륭한 선비를 稷下로 불러 모아 그들을 列大夫라 불렀다. 이 당시 孫卿이 뛰어난 재능을 지녔는데 그의 나이 50세 때 비로소 와서 遊學하였다.)”이라고 하였다.

應劭도 이와 같이 말하되 다만 ‘齊威王時’로 되어 있을 뿐 ‘宣王’은 없고 ‘年五十’은 ‘十五’로 되어 있으니, ‘年十五’가 옳다. ‘宣王’이 없는 이유는 아마도 탈락되었을 것이니, 應劭의 글은 완전히 劉向의 글에 기초하였기 때문이다. 〈그리하여 郇卿의 행적에 관해〉 말하는 사람은 마침내 郇卿이 齊 威王 때 齊나라로 온 것으로 의심하니, 이는 틀린 것이다.

稷下의 선비는 사실 威王 초기에 불러 모았다. ≪史記≫ 〈淳于髡傳〉에 "齊 威王 8년에 楚나라가 齊나라를 정벌하자, 淳于髡이 趙나라에 使節로 나가 구원병을 요청하였다."라고 하였으니, 이것이 그 증거이다.

威王在位三十六年에 **宣王立**이라 **據田完世家**하면 **宣十八年**에 **乃尊崇稷下之七十六人**하여 **賜列第**하고 **爲上大夫**하여 **不治而議論**이라 **是以稷下之士復盛**하여 **且數萬人**이라하니라 **宣王在位十九年**이어늘 **十八年始尊崇稷下之士**하여 **號曰列大夫**라하니 **威王時**並**無列大夫之號也**라 **卽史記所云 是以稷下之士復盛**하여 **且數萬人**은 **皆終言其事**니 **非宣王之世**요 **在**湣**王之世也**라 **劉向應**劭**所云**은 **皆溯稷下聚士之由**라 **故統威王宣王言之**요 **云是時孫卿有秀才**는 **非謂威王宣王之時**라 **指稷下之盛時**니 **卽**湣**王之世也**라 **讀者不察**하여 **以辭害意**라 **故繆爲之說耳**라

威王이 재위한 지 36년 만에 宣王이 즉위하였다. ≪史記≫ 〈田敬仲完世家〉에 의거하면 "宣王 18년에 비로소 稷下의 76인을 떠받들어 〈각자에게 모두〉 저택을 내려주고 上大夫로 삼아 정사를 다스리지 않고 담론만 일삼게 하였다. 이로 인해 稷下의 선비들이 다시 많아져 거의 수만 명이 되었다."고 하였다.

宣王의 재위기간은 19년인데 〈한 해 전인〉 18년에 비로소 稷下의 선비들을 떠받들어 列大夫라 불렀으니, 威王 때에는 列大夫라는 호칭이 아예 없었다. 곧 ≪史記≫에서 말한 "이로 인해 稷下의 선비들이 다시 많아져 거의 수만 명이 되었다."는 것들은 모두 그 일을 결론적으로 언급한 것이니, 宣王 시대가 아니고 湣王 시대에 있었던 일이다.

그리고 劉向과 應劭가 말한 것은 모두 稷下에 선비를 불러 모은 유래를 더듬어 찾은 것이기 때문에 威王과 宣王을 합쳐 말한 것이고, "이때 孫卿이 뛰어난 재능을 지녔다."는 것은 威王과 宣王 때를 말하는 것이 아니라 稷下가 흥성하던 때를 가리킨 것이니, 곧 湣王 시대이다. 독자가 잘 살피지 못해 글 표면상의 뜻으로 작자의 본의를 오해할 수 있기 때문에 어쭙잖게 이와 같이 설명하였다.

6. 史記春申君傳에 **考烈王元年**에 **以黃歇爲相**하여 **封春申君**이라 **春申君相楚之八年**에 **以荀卿爲蘭陵令**이라하니 **然則郇卿被讒**하여 **去齊入楚**는 **在楚考烈王之八年**과 **齊王建之十年也**라 **客說**(세)**春申君以湯武百里有天下**라 **孫子賢人**이어늘 **藉以百里之勢**하니 **不便于君**이라하니 **審其詞意**하면 **必郇卿爲蘭陵令不久之事**라 **春申信客言**하여 **卽謝郇卿**이라 **卿乃去而之趙**하니 **當在考烈王八九年**과 **趙孝成王之十二三年**이라 **議兵于趙孝成之前**은 **卽此時矣**라

≪史記≫ 〈春申君傳〉에 "楚 考烈王 元年에 黃歇을 재상으로 삼아 春申君에 봉하였다. 春申君이 楚나라 재상이 된 지 8년에 荀卿을 蘭陵令으로 삼았다."라고 하였으니, 그렇다면 郇卿이 모함을 받고서 齊나라를 떠나 楚나라로 들어간 것은 楚 考烈王의 8년과 齊王 田建의 10년에 있었던 일이다.

문객이 春申君에게 "湯王과 武王은 땅 백 리로 천하를 소유하였습니다. 孫子는 賢人인데 땅 백 리 정도의 세력을 그에게 주었으니, 당신에게 이롭지 못합니다."라는 말로 회유하였으니, 그 말의 뜻을 살펴보면 틀림없이 郇卿이 蘭陵令이 된 지 오래되지 않았을 때의 일이다. 春申君이 문객의 말을 믿고서 즉시 郇卿을 사절하였다. 郇卿이 마침내 떠나 趙나라로 가니, 분명히 楚 考烈王 8, 9년과 趙 孝成王 12, 3년이다. 趙 孝成王 앞에서 용병술에 관해 토론한 것은 곧 이때였을 것이다.

7. 劉向云 孫卿應聘于諸侯하여 **見秦昭王及秦相應侯**라하여늘 **今郇卿書儒效篇**에 **有秦昭王問孫子儒無益于人國一章**하고 **彊國篇**에 **有應侯問孫子入秦何見一章**하니 **是其事也**라 **據范睢傳**하면 **睢爲相封侯在秦昭王四十一年**이라 **五十二年**에 **因王稽坐法誅**하여 **應侯懼**하니 **蔡澤說**(세)**之**하여 **遂罷相**[20]이라 **應侯罷**

---

20) 五十二年……遂罷相 : 魏나라 范睢가 지난날 도망자 신세였던 자기를 秦나라 재상이 될 수 있도록 도와준 謁者 王稽의 은혜를 갚기 위해 河東郡守로 천거해줬는데, 秦 昭王 52년(B.C. 255)에 王稽가 다른 제후와 내통한 죄로 처형되었다. 秦나라 법에 천거를 받은 사람이 죄를 져 처벌되면 그를 천거한 사람도 똑같이 처벌받게 되어 있으므로 范睢가 두려워하자, 蔡澤이 재상을 그만두고 물러나야 후환이 없을 것이라고 권유하였다. 范睢가 그 말을 받아들여 자기 후임으로 蔡澤을 추천하고 재상에서 물러나 그해에 죽었다.(≪史記≫ 권79 〈范睢蔡澤列傳〉)

相之年은 **卽楚考烈王八年**이라 **郇卿爲蘭陵令時**는 **應侯旣罷相矣**라 **劉向稱秦相應侯**라하여 **約言之**나 **郇卿書直稱應侯**하고 **不曰秦相**하니 **得其實矣**라 **秦昭王在位盡五十六年**이라 **郇卿入趙**는 **當昭王五十二三年**하고 **由趙入秦**은 **不出秦昭王五十四至五十六三年中也**라 **卽由秦反趙**도 **亦不出此三年中**이라

劉向이 "孫卿이 제후들의 초빙에 응하여 秦 昭王과 秦나라 재상 應侯를 만났다."라 하였는데, 지금 ≪郇卿書≫ 〈儒效篇〉에 '秦 昭王이 孫子에게 儒者는 사람들의 국가에 무익한 존재인지 물었다.'라는 1章이 있고, 〈彊國篇〉에 '應侯가 孫子에게 秦나라에 들어와서 무엇을 보았는지 물었다.'라는 1章이 있으니, 이것이 그 일이다.

≪史記≫ 〈范雎傳〉에 의거하면 范雎가 재상이 되어 應侯에 봉해진 해는 秦 昭王 41년이다. 秦 昭王 52년에 王稽가 국법에 걸려 처형되므로 應侯가 두려워하자, 蔡澤이 권유하여 마침내 재상을 그만두었다. 應侯가 재상을 그만둔 해는 곧 楚 考烈王 8년이다. 郇卿이 蘭陵令이 되었을 때는 應侯가 이미 재상을 그만두었다. 劉向은 '秦나라 재상 應侯'라고 칭하여 간략하게 말했으나, ≪郇卿書≫에서는 應侯라고만 칭하고 秦相이라 말하지 않았으니, 그 사실에 맞는 것이다.

秦 昭王의 재위기간은 모두 56년이었다. 郇卿이 趙나라로 들어간 것은 秦 昭王 52, 3년에 해당되고 趙나라에서 秦나라로 들어간 것은 秦 昭王 54년부터 56년까지 3년 안을 벗어나지 않는다. 곧 秦나라에서 趙나라로 돌아온 것 또한 이 3년 안을 벗어나지 않는다.

8. 客再說(세)**春申君**하여 **春申君請郇卿于趙**는 **國策不言在何時**라 **考春申君傳**컨대 **春申君相楚二十二年**에 **諸侯合從**[21]**西伐秦**할새 **楚爲從長**하여 **春申君用事**라 **至函谷關**하여 **諸侯兵皆敗走**어늘 **楚考烈王以咎春申君**하니 **春申君以此益疏客**이라하니 **言春申君以合從伐秦不利**로 **歸咎諸**(저)**客**하여 **疏而遠之**라 **前**

21) 合從 : 合縱과 같다. 蘇秦이 제창한 것으로, 韓·魏·趙·燕·齊·楚 6개국이 연합하여 서쪽의 秦나라에 맞서게 한 攻守同盟의 정책이다. 이와 상반된 것으로, 張儀가 제창한 連橫策이 있다.

讒郇**卿之客**은 **必在所疏之中**이라 **于是春申君所聽信者**는 **惟觀津人朱英**이니 **春申君徙楚都壽春**에 **一切所爲**는 **皆朱英之謀**라 **然則說春申君**하여 **反**郇**卿于趙之客**은 **蓋卽朱英歟**인저 **由是言之**컨대 郇**卿復**(부)**爲蘭陵令**은 **在楚考烈王二十二年之後矣**리라 **二十五年**에 **春申被李園所殺**하고 郇**卿廢蘭陵令**하니 **計前後**에 **兩爲蘭陵令**은 **不過三四年耳**라

문객이 재차 春申君을 회유하여 春申君이 郇卿을 趙나라에서 초청한 것은 ≪戰國策≫에 그 시기가 언제라는 것을 말하지 않았다.

≪史記≫ 〈春申君傳〉을 살펴보면 "春申君이 楚나라의 재상이 된 지 22년에 제후가 合從하여 서쪽으로 秦나라를 정벌할 적에 楚나라가 合從의 우두머리가 되어 春申君이 권력을 행사하였다. 函谷關에 이르러 제후의 병사들이 모두 패하여 도망하였는데 楚 考烈王이 春申君을 책망하니, 春申君이 이로 인해 한층 더 문객을 멀리하였다."라고 하였으니, 이는 春申君이 合從하여 秦나라를 정벌한 일이 불리한 것을 가지고 그 허물을 문객에게 돌려 그들을 멀리했다는 말이다. 앞서 郇卿을 모함했던 문객은 분명히 〈春申君이〉 멀리한 그들 속에 들어있었을 것이다.

그리하여 春申君이 말을 들어주고 믿은 사람은 觀津 사람인 朱英뿐이었으니, 春申君이 楚나라 도읍을 壽春으로 옮길 적에 일체의 작업은 모두 朱英의 계책에서 나왔다. 그렇다면 春申君을 회유하여 郇卿을 趙나라에서 돌아오게 한 문객은 아마도 다름 아닌 朱英일 것이다.

이로 인해 말하면 郇卿이 다시 蘭陵令이 된 것은 楚 考烈王 22년 이후일 것이다. 楚 考烈王 25년에 春申君이 李園에게 살해되고 郇卿이 蘭陵令에서 해임되었으니, 앞뒤 사정을 헤아려볼 적에 두 번 蘭陵令이 된 것은 3, 4년 사이에 지나지 않는다.

9. **桓寬鹽鐵論毁學篇云 李斯之相秦也**엔 **始皇任之**하여 **人臣無二**라 **然而**郇**卿爲之不食**하니 **覩其罹不測之禍也**라하니라 **李斯相秦**은 **據始皇本紀**하면 **在三十四年**이니 **是年**郇**卿尙存**하여 **猶及見之**하고 **其卒也**는 **必在是年之後矣**리라 郇**卿以**湣**王末年**에 **年十五來齊**라 **據田完世家**하면 湣**王三十八年**에 **伐宋滅之**어늘 **而**郇

卿說(세)**齊相之辭**는 **但曰 巨楚縣吾前**하고 **大燕鰌吾後**하고 **勁魏鉤吾右**라하여 **不及宋國**하니 **時宋已滅明矣**라 **說**(세)**齊相不從**하여 **郇卿乃適楚**는 **必湣王三十九年之事**라 **蓋郇卿之來齊**도 **亦卽在是年歟**아 **雖無明證**이나 **試以是年郇卿年十五推之**하면 **當生于周赧王十六年**하니 **計至始皇三十四年**이면 **得八十七年**이라 **故別傳云 卒年蓋八十餘矣**라하니라

桓寬의 ≪鹽鐵論≫ 〈毁學篇〉에 "李斯가 秦나라 재상이 되었을 때는 秦 始皇이 그를 重用하여 大臣 중에 어느 누구도 그와 견줄 사람이 없었다. 그러나 荀卿은 이로 인해 밥을 먹지 않았으니, 그가 장차 측량할 수 없는 화를 당할 것을 예견했기 때문이다."라고 하였다. 李斯가 秦나라 재상이 된 것은 ≪史記≫ 〈始皇本紀〉에 의거하면 秦 始皇 34년에 있었던 일이니, 이해에 郇卿은 아직 생존하여 오히려 그 일을 목격하였고, 그가 죽은 것은 분명히 이해 이후일 것이다.

郇卿은 齊 湣王 말년에 나이 15세로 齊나라로 왔다. ≪史記≫ 〈田敬仲完世家〉에 의거하면 齊 湣王 38년에 宋나라를 정벌하여 멸망시켰는데, 郇卿이 齊나라 재상을 회유하는 말은 다만 "거대한 楚나라는 우리 전면에서 견제하고, 강대한 燕나라는 우리 후면에서 압박하고, 강한 魏나라는 우리 오른쪽에서 우리를 낚아채려 노리고 있다."라고 하고 宋나라를 언급하지 않았으니, 이때 宋나라는 이미 멸망한 것이 분명하다.

齊나라 재상을 회유했으나 따르지 않아 郇卿이 마침내 楚나라로 간 것은 분명히 齊 湣王 39년의 일일 것이다. 아마도 郇卿이 齊나라로 온 것도 곧 이해에 있었던 일일 것이다. 비록 분명한 증거는 없으나 시험적으로 이해가 郇卿의 나이 15세였다는 것으로 소급해보면 분명히 周 赧王 16년에 태어났으니, 그해부터 秦 始皇 34년까지 헤아리면 87년이 된다. 그러므로 〈郇卿別傳〉에 "세상을 떠날 때의 나이가 아마도 80이 넘었을 것이다."라고 한 것이다.

10. **李斯傳**에 **斯長男由爲三川守**하여 **告歸咸陽**에 **斯置酒于家**어늘 **百官長皆前爲壽**라 **李斯喟然而歎曰 嗟乎**라 **吾聞之郇卿**하니 **曰 物禁大**[22]**盛**이라 **斯乃**

22) 大 : '太'와 통용한다.

上蔡布衣어늘 今人臣無居臣上者라 物極則衰하니 吾未知所稅(탈)駕[23)]也라하니라 所謂郇卿爲之不食은 必有戒斯之詞니 物禁太盛이 其戒斯之詞歟아 當由告歸하여 百官長上壽之時하여 追念師言하고 不覺而歎耳라 史公紀由告歸는 在始皇三十五年之後라 敘此事畢하고 接書三十七年事하니 則由告歸하고 李斯之歎은 在三十六年矣라 是年에 郇卿之存與卒은 不得而考라 然可爲郇卿爲之不食之明證也라

≪史記≫ 〈李斯列傳〉에 "李斯의 장남 李由가 三川郡守가 되어 말미를 청해 咸陽으로 돌아왔을 때 李斯가 그의 집에서 주연을 베풀었는데, 百官의 수장들이 모두 앞으로 나아가 長壽를 축원하였다. 李斯가 크게 탄식하며 말하기를 '아, 나는 郇卿에게 들으니, 사물은 지나치게 성대한 것을 금기한다고 하였다. 나는 上蔡의 평민인데 지금 신하로서 자리가 나의 위에 있는 사람은 없다. 사물이 극도에 이르면 쇠하는 법이니, 나는 내 처지가 결국에 어떻게 될지 모르겠다.'라 했다."라고 하였다.

이른바 '郇卿이 이로 인해 밥을 먹지 않았다.'고 했을 때는 반드시 李斯를 경계하는 말이 있었을 것이니, '사물은 지나치게 성대한 것을 금기한다는 말'이 곧 李斯를 경계한 말일 것이다. 李由가 말미를 청해 돌아와 百官의 수장들이 장수를 축원할 때를 당하여 스승의 말을 회상하고 자신도 모르게 탄식했던 것이다.

太史公이 李由가 말미를 청해 돌아온 일을 기록한 것은 秦 始皇 35년(B.C. 212) 이후에 있다. 이 일을 모두 서술하고 뒤이어 秦 始皇 37년의 일을 기록하였으니, 李由가 말미를 청해 돌아오고 李斯가 탄식한 것은 秦 始皇 36년에 있었던 일일 것이다. 이해에 郇卿이 생존했는지 그 여부는 고찰할 길이 없다. 그러나 郇卿이 〈李斯가 재상이 된〉 것으로 인해 밥을 먹지 않았다는 분명한 증거가 될 수 있을 것이다.

---

23) 稅(탈)駕 : '稅'은 '脫'과 통하므로, '解駕'와 같다. 司馬貞의 ≪史記索隱≫에 "稅駕는 解駕와 같으니, 쉬는 것을 말한다. 李斯가 자기의 부귀가 이미 극도에 이르렀으나 앞으로 吉과 凶 가운데 어느 곳에 봉착할지 모르겠다는 뜻으로 말한 것이다."라고 하였다.

11. 劉向讎校中孫卿書凡三百二十二篇이니 以相校하여 除復重二百九十篇하고 定著三十二篇[24)]이라 言中祕所藏孫卿之書는 共有三百二十二篇이나 實三十二篇이요 餘皆重複之篇也라 而漢書藝文志云 孫卿子三十三篇은 乃傳刊之誤라 當作三十二篇이니 王伯厚[25)]漢藝文志攷證已言之矣라 然漢志에 既列孫卿子三十二篇于諸子儒家하고 又列孫卿賦十篇于詩賦라 今郇卿書賦篇에 僅有賦六篇하여 讀者莫明其故하니 蓋卽郇卿書中之賦篇成相篇也라 漢志雜賦十二家에 有成相雜辭十一篇이라 藝文類聚八十九卷에 引成相篇曰 莊子貴支離하고 悲木槿이라하고 注云 成相出淮南子①라하니 然則成相雜辭十一篇者는 淮南王之所作也라 賦者는 古詩之流요 成相亦賦之流也라 今案賦篇禮知雲蠶箴之外에 有佹詩一篇하니 凡六篇이라 成相篇自請成相世之殃으로 至不由者亂何疑爲는 是第一篇이요 自凡成相辨法方으로 至宗其賢良辨孽殃은 是第二篇이요 自請成相道聖王으로 至道古聖賢基必張은 是第三篇이요 自願陳辭②로 至託于成相以喩意는 是第四篇이요 自請成相言治方으로 至後世法之成律貫은 是第五篇이라 合之賦六篇하면 實十有一篇이라 今漢志云孫卿賦十篇者는 亦脫一字니 當作十一篇也라

① 據此하면 則淮南子亦有成相之篇하니 今已久佚이라 漢志亦從本書別出이라
이에 의거하면 ≪淮南子≫에도 〈成相〉편이 있었으나 지금은 이미 오래 전에 없어졌다. ≪漢書≫ 〈藝文志〉에도 본래 책에서 따로 떼어내었다.

② 願陳辭上脫請成相三字라
'願陳辭' 위에 '請成相' 세 자가 탈락되었다.

劉向은 "교감한 궁중 서고의 ≪孫卿書≫는 모두 322편인데 이것을 서로 대조하

---

24) 讎校中孫卿書凡三百二十二篇……定著三十二篇 : 이 글은 劉向이 쓴 〈孫卿書錄〉의 내용이다.

25) 王伯厚 : 王應麟(1223~1296)을 말한다. 王應麟은 宋나라 慶元 鄞縣 사람이다. 伯厚는 자이고, 호는 深寧居士인데 별호는 厚齋이다. 博學宏詞科에 급제하여 浙西安撫司幹辦公事를 지낸 뒤에 禮部尙書 兼給事中까지 지냈다. 나중에 관직을 그만두고 고향에 돌아와 20년 동안 저술에만 전념하여 ≪玉海≫·≪困學紀聞≫·≪玉堂類稿≫·≪掖垣類稿≫·≪通鑑地理考≫·≪漢藝文志考證≫·≪深寧集≫ 등을 남겼다.

여 내용이 겹친 290편을 제외하고 32편으로 확정하였다."라고 하였다. 이는 궁중에 소장된 ≪孫卿書≫는 모두 322편이나 사실은 32편이고 나머지는 모두 중복된 편이었다는 말이다. 그리고 ≪漢書≫ 〈藝文志〉에 '孫卿子三十三篇'이라 한 것은 곧 서로 전해가며 판각하는 과정에 잘못된 것이다. 마땅히 '三十二篇'으로 되어야 하니, 王伯厚(王應麟)의 ≪漢藝文志攷證≫에 이미 이에 관해 말하였다.

그러나 ≪漢書≫ 〈藝文志〉에 이미 '孫卿子三十二篇'을 諸子 儒家 속에 나열하고, 또 '孫卿賦十篇'을 詩賦 속에 나열하였다. 지금 ≪郇卿書≫ 〈賦篇〉에는 겨우 賦 5편만 있으므로 독자가 그 까닭을 알 수 없는데, 〈賦 10편은〉 대개 ≪郇卿書≫ 속에 있는 〈賦篇〉과 〈成相篇〉을 〈합친 것일 것이다.〉

≪漢書≫ 〈藝文志〉 雜賦十二家 속에 '成相雜辭十一篇'이 있다. ≪藝文類聚≫ 89권에 〈成相篇〉을 인용하여 "莊子貴支離 悲木槿(莊子는 무질서를 귀히 여기고 화사한 무궁화를 슬퍼하였네.)"이라 하고, 그 주에 "〈成相〉은 ≪淮南子≫에 나온다."라고 하였으니, 그렇다면 '成相雜辭十一篇'은 淮南王(劉安)이 지은 것이다. 賦는 古詩의 종류이고 成相은 또 賦의 종류이다.

지금 살펴보건대, 〈賦篇〉의 〈禮〉·〈知〉·〈雲〉·〈蠶〉·〈箴〉 외에 〈佹詩〉 1편이 있으니, 모두 6편이다. 〈成相篇〉은 '請成相 世之殃(북치며 하는 노래 들어나 보소 인간세상 재앙을 살펴본다면)'부터 '不由者亂 何疑爲(따르지 않는 나라 혼란해지니 그 이치 의심할 게 뭐가 있으랴)'까지가 제1편이고, '凡成相 辨法方(대체로 북을 치며 노래하는 건 治國하는 방법을 밝히자는 것)'부터 '宗其賢良 辨孼殃(덕 재능 지닌 이를 높이 받들며 재앙 빚는 자들을 변별하리라)'까지가 제2편이고, '請成相 道聖王(북치며 하는 노래 들어나 보소 聖王에 관한 일을 말해보려네)'부터 '道古聖賢 基必張(먼 옛날 聖王들의 도를 행하면 국가 基業 반드시 확장되리라)'까지가 제3편이고, '願陳辭(하고픈 말 간곡히 말해보려네)'부터 '託于成相 以喩意(북을 치며 부르는 노래 의지해 내 지닌 속마음을 드러내노라)'까지가 제4편이고, '請成相 言治方(북치며 하는 노래 들어나 보소 治平 이룰 그 방법 말해보려네)'부터 '後世法之 成律貫(후대의 제왕들이 이를 본받아 법의 계통 대대로 이뤄지리라)'까지가 제5편이다. 이것을 賦 6편과 합치면 사실 11편이다. 지금 ≪漢書≫ 〈藝文志〉에 '孫卿賦十篇'이라 한 것은 이 또한 '一'자가 탈락된 것이니, 마땅히 '十一篇'으로 되어야 한다.

隋書經籍志에 有楚蘭陵令郇況集一卷하고 注云 殘闕이라 梁二卷이라 隋志는 本之梁阮孝緖七錄[26)]하니 蓋七錄題二卷者는 正謂賦一卷과 成相一卷也라 修隋志者不知成相亦賦也하고 徒見郇卿賦篇僅六賦하여 不可分爲二卷할새 疑有殘闕이라 故注其下曰殘闕이라 梁二卷이라하니 亦殊疏矣라 至舊唐書經籍志하여 有郇況集二卷하고 新唐書藝文志도 亦有郇況集二卷하니 皆據隋志梁二卷之文載之而已요 非別有全本也라

≪隋書≫ 〈經籍志〉에 '≪楚蘭陵令郇況集≫ 1권'이 있고 그 주에 "결여되어 완전하지 못하다. 梁나라 때에는 2권이었다."라고 하였다. ≪隋書≫ 〈經籍志〉는 梁나라 阮孝緖의 ≪七錄≫에 근간을 두었으니, 대개 ≪七錄≫에 2권으로 기록된 것은 바로 〈賦〉 1권과 〈成相〉 1권을 이른다. ≪隋書≫ 〈經籍志〉를 편수한 사람이 〈成相〉도 賦라는 것을 모른 상황에 郇卿의 〈賦篇〉이 겨우 여섯 수인 것만 보고 그것을 2권으로 나눌 수 없었기에 결여되어 완전하지 못한 것이라고 의심하였다. 그러므로 그 밑에 주를 붙이기를 '결여되어 완전하지 못하다. 梁나라 때에는 2권이었다.'라고 하였으니, 이 또한 매우 엉성하다 하겠다.

≪舊唐書≫ 〈經籍志〉에 이르러 ≪郇況集≫ 2권이 있고 ≪新唐書≫ 〈藝文志〉에도 ≪郇況集≫ 2권이 있으니, 이 모두 ≪隋書≫ 〈經籍志〉의 '梁나라 때에는 2권이었다.'란 문구에 의거하여 수록한 것일 뿐이고 따로 완전한 책이 있는 것은 아니다.

12. 王伯厚玉海에 引宋李淑書目[27)]云 春秋公子血脈譜傳本은 曰郇卿撰이라

26) 阮孝緖七錄 : 阮孝緖(476~536)는 南朝 梁나라 陳留 尉氏 사람으로, 자는 士宗이다. 양부모의 엄청난 재산을 돌아보지 않고 글 읽기를 좋아하여 13세 때 五經을 통달하고 25세 때 이미 풍부한 목록학 지식을 갖춰 각종 서적을 收藏하였다. ≪七錄≫은 그가 편찬한 책으로, 劉歆이 편찬한 ≪七略≫의 체제를 모방한 圖書提要이다. 기록된 圖書가 모두 6,288종 44,526권으로 12권인데, 지금은 이미 없어졌다.

27) 李淑書目 : 李淑(1002~1059)은 宋나라 江蘇 徐州 豐縣 사람으로, 자는 獻臣이다. 12세 때 亳邑 行宮에 있던 眞宗에게 문장을 지어 바친 것으로 인해 동자로서 과거시험 합격자의 신분을 인정받아 임시로 祕書省校書郎에 임명되었다. 그 뒤에 修撰·知制誥·翰林學士를 거쳐 吏部員外郎 등을 지냈다. ≪書目≫은 그가 편찬한 ≪邯鄲書目≫을 가리킨다. 이것은

秦譜는 下及項滅子嬰[28]之際하니 非邰卿作明矣라 然枝分派別을 如指諸(저)掌하니 非殫見洽聞不能爲나 其間不無訛繆라하니라 案邰卿從虞卿受左氏春秋라 故作春秋公子血脈譜하니 蓋據左氏傳文及左丘明世本之姓氏篇하여 以成書也①라 李淑疑非邰卿作은 不過因秦公子譜 下及秦亡而已니 不知邰卿卒于始皇三十四年之後하여 去秦亡項滅子嬰才數年耳라 下及子嬰之世를 又何疑邪(야)아 據云非殫見洽聞不能爲하면 其書之善可知라 又云其間不無訛繆는 其中必有與史記諸書不合者리라 如皇甫謐帝王世紀도 亦據左丘明世本하여 其中有足攷訂史記者니 卽其比也라 不得因其不合하여 遂指爲訛繆矣라 其書不見引于羣籍하여 七略七錄에 皆不著其目이라 宋時猶存이나 竟至亡佚하니 惜哉②라

① 世本은 左丘明作이니 見顔氏家訓이라 書證篇云 出皇甫謐帝王世紀[29]라하니라 世本有姓氏篇하니 見左傳正義引이라

≪世本≫은 左丘明이 지은 것이니, ≪顔氏家訓≫에 보인다. ≪顔氏家訓≫ 〈書證篇〉의 注에 "皇甫謐의 ≪帝王世紀≫에 나온다."라고 하였다. ≪世本≫에 〈姓氏篇〉이 있으니, ≪春秋左傳正義≫에 인용되었다.

② 虞荔鼎錄[30]云 荀況在嵩溪作一鼎하니 大如五石甕이라 表裏皆紀兵法하되 大篆[31]書하고 四

그가 소장한 서적 1,836部 23,186권을 10권으로 정리한 것인데, 공식 명칭은 ≪邯鄲圖書志≫이다.

28) 項滅子嬰 : 子嬰은 秦 始皇의 손자이자 扶蘇의 아들이다. 趙高에 의해 왕으로 옹립되어 46일 동안 재위하였다. B.C. 206년 10월 劉邦이 군대를 거느리고 霸上에 당도했을 때 劉邦에게 항복했다가 한 달 뒤에 項羽에게 피살되었다.

29) 書證篇云 出皇甫謐帝王世紀 : 이 내용은 ≪顔氏家訓≫ 〈書證篇〉의 顔之推 原註에 보인다. 皇甫謐은 西晉 安定 朝那 사람으로, 자는 士安이다. 어릴 때는 방탕하게 살다가 20세 이후에 학문에 매진하여 많은 서적을 섭렵하였으며, 나중에 중풍으로 손발이 마비되었지만 손에서 책을 놓지 않고 저술에 힘썼다. ≪帝王世紀≫·≪高士傳≫·≪列女傳≫·≪針灸甲乙經≫을 남겼다.

30) 虞荔鼎錄 : 虞荔(502~561)는 南北朝 때 陳나라 會稽 餘姚 사람으로, 자는 山披이다. 南朝 大臣인 虞世南의 아버지이다. 梁 武帝 때 司文郎·通直散騎侍郎·中書舍人을 지내고 陳나라로 들어와 太子中庶子를 지냈다. ≪鼎錄≫은 陳代 이전의 역대 제왕과 大臣들이 주조한 각종 솥에 관한 정보를 기록한 책이다. 제왕이 주조한 것은 黃帝부터 陳 宣帝까지 모두 49건이고, 신하가 주조한 것은 周나라 姜太公부터 東晉 王羲之까지 모두 29건이다.

足이라하니라

虞荔의 ≪鼎錄≫에 "荀況이 嵩溪에 있을 때 솥 하나를 만들었으니, 그 크기는 닷섬들이 항아리와 같았다. 안팎에 모두 兵法을 기록하였는데 大篆體로 쓰고 발은 네 개였다."라고 하였다.

王伯厚(王應麟)의 ≪玉海≫에 宋나라 李淑의 ≪邯鄲書目≫을 인용하여 "세상에 전해오는 ≪春秋公子血脈譜≫ 판본은 郇卿이 편찬했다고 한다. 〈秦譜〉는 아래로 項羽가 子嬰을 죽이는 시기까지 미쳤으니, 郇卿의 저술이 아니라는 것이 분명하다. 그러나 그 후손의 갈래를 마치 손바닥을 가리키듯 잘 알고 있으니, 보고 들은 지식이 충분치 않으면 그렇게 할 수 없다. 하지만 그 사이에 오류가 없지 않다."라고 하였다.

살펴보건대, 郇卿은 虞卿에게 ≪春秋左氏傳≫을 배웠기 때문에 ≪春秋公子血脈譜≫를 지었으니, 대개 ≪春秋左氏傳≫의 글과 左丘明 ≪世本≫의 〈姓氏篇〉에 의거하여 책을 만들었던 것이다. 李淑이 郇卿의 저술이 아닐 것으로 의심한 이유는 〈秦公子譜〉가 아래로 秦나라가 멸망하는 시기까지 미쳤다는 것 정도에 지나지 않으니, 郇卿이 秦 始皇 34년 이후에 죽어 秦나라가 멸망하고 項羽가 子嬰을 죽이는 그때까지 기간이 겨우 수 년뿐이었다는 것을 몰랐다. 아래로 子嬰 시대까지 미친 것을 또 무엇 때문에 의심하겠는가.

'보고 들은 지식이 충분치 않으면 그렇게 할 수 없다.'고 말한 것에 의거하면 그 책이 좋다는 것을 알 수 있다. 그리고 '그 사이에 오류가 없지 않다.'고 말한 것은 그 속에 분명히 ≪史記≫ 등 여러 글과 부합하지 않은 것이 있었을 것이다. 이는 皇甫謐의 ≪帝王世紀≫ 또한 左丘明의 ≪世本≫에 의거한 것으로서 그 속에 ≪史記≫를 고증하여 수정하기에 충분한 부분이 있는 경우와 같으니, 곧 그것과 대등하다. 다른 글들과 부합되지 않은 것으로 인해 그만 오류가 있다고 지적할 수 없다.

그 글이 많은 서적에 인용되지 않아 ≪七略≫과 ≪七錄≫에 모두 그 서목을 드러내지 않았다. 宋나라 때까지 여전히 남아 있었으나 끝내 유실되고 말았으니, 안

31) 大篆 : 획이 굵고 투박한 篆書體를 말한다. 秦나라 李斯가 이것을 다듬어 정형화한 것을 小篆이라 한다.

타까운 일이다.

13. **劉向云 孟子以爲人性善**이어늘 **孫卿後孟子百餘年**하고 **以爲人性惡**이라하니라 **向必言後孟子百餘年者**는 **以史記言孟子所如不合**하여 **退而與萬章之徒述仲尼之意**하여 **作孟子七篇**이라하고 **又言郇卿著數萬言而卒**이라 **是孟郇著書皆在晩年**이라 **故據孟郇之卒年相去百餘年爲言也**라 **向徧讀中秘書**하여 **博覽參稽**하니 **其言信而有徵者也**라 **故別傳從之**라 **郇卿卒于始皇三十四年之後**하니 **逆推孟子之卒**하면 **當在周赧王初年**하여 **方合百餘年之數**라 **今世所傳孟子譜禮樂錄闕里志等書**는 **皆出宋明人之手**하여 **記孟子生卒**하되 **言人人殊**라 **均無據之游辭**니 **不足信者也**로되 **而說經者好稱之**하니 **誠末學所不解矣**라

劉向은 "孟子는 사람의 본성은 선하다고 하였는데 孫卿은 그 나이가 孟子보다 백여 년이 늦고 사람의 본성은 악하다고 했다."라고 하였다. 劉向이 〈孫卿의 나이가〉 반드시 孟子보다 백여 년이 늦다고 말한 이유는 ≪史記≫에 "孟子는 그가 간 곳에서 자기 마음과 맞지 않았으므로 물러나 萬章의 무리와 仲尼의 뜻을 서술하여 ≪孟子≫ 7편을 지었다."라 하고, 또 "郇卿은 글 수만 자를 저술하고 죽었다."라고 말한 것 때문이다.

이는 孟子와 郇卿이 책을 지은 것이 모두 만년이었다는 말이기 때문에 孟子와 郇卿이 죽은 해의 차이가 백여 년이라고 말한 것이다. 劉向은 궁중의 서적을 고루고루 읽어 많이 보고 참고하였으니, 그 말이 믿을 만하고 증거도 있는 것이므로 〈郇卿別傳〉에 그대로 따랐다. 郇卿은 秦 始皇 34년 이후에 죽었으니, 孟子가 죽은 해를 거슬러 헤아려보면 周 赧王 初年에 해당되어 비로소 백여 년이란 햇수와 부합된다.

지금 세상에 전해오는 ≪孟子譜≫·≪禮樂錄≫·≪闕里志≫ 등 서적은 모두 宋나라와 明나라 사람의 손에서 나온 것으로서 孟子의 생졸년을 기록하되 그 말이 사람마다 다르다. 모두 다 근거 없는 낭설이니, 믿을 만한 것이 못 된다. 그런데도 經書를 설명하는 사람들이 그것을 거론하길 좋아하니, 참으로 후학인 내가 이해할 수 없는 일이다.

14. **陸德明經典釋文**敘錄에 **毛詩**는 **子夏授高行子**하고 **高行子授薛倉子**하고 **薛倉子授帛妙子**하고 **帛妙子授河間大毛公**하여늘 **毛公爲詩**詁**訓**하여 **傳于家**하여 **以授趙人小毛公**이라 **一云 子夏授曾申**하고 **申傳魏人李克**하고 **克傳魯人孟仲子**하고 **孟仲子授根牟子**하고 **根牟子授趙人孫卿子**하고 **孫卿子傳魯人大毛公**이라하니라 **陸璣毛詩草木蟲魚疏**[32]**云 孔子刪詩**하여 **授卜商**하니 **商爲之序**하여 **以授魯人曾申**하고 **申授魏人李克**하고 **克授魯人孟仲子**하고 **孟仲子授根牟子**하고 **根牟子授趙人孫卿**하고 **卿授魯國毛亨**하여늘 **亨作**詁**訓傳**하여 **以授趙國毛**萇이라 **時人謂亨爲大毛公**하고 萇**爲小毛公**이라하니라 **此毛詩得**郇**卿之傳也**라

陸德明의 ≪經典釋文≫ 〈敘錄〉에 "≪毛詩≫는 子夏(卜商)가 高行子에게 전수하고 高行子는 薛倉子에게 전수하고 薛倉子는 帛妙子에게 전수하고 帛妙子는 河間 大毛公에게 전수했는데, 大毛公이 ≪詩詁訓≫을 지어 자기 가정에 전수하여 趙나라 사람 小毛公에게 전수하였다. 일설에는 '子夏가 曾申에게 전수하고 曾申은 魏나라 사람 李克에게 전수하고 李克은 魯나라 사람 孟仲子에게 전수하고 孟仲子는 根牟子에게 전수하고 根牟子는 趙나라 사람 孫卿子에게 전수하고 孫卿子는 魯나라 사람 大毛公에게 전수하였다.'라 했다."라고 하였다.

陸璣의 ≪毛詩草木蟲魚疏≫에 "孔子가 ≪詩≫를 산삭하여 卜商에게 전수하니 卜商이 그 序를 지어 魯나라 사람 曾申에게 전수하고 曾申은 魏나라 사람 李克에게 전수하고 李克은 魯나라 사람 孟仲子에게 전수하고 孟仲子는 根牟子에게 전수하고 根牟子는 趙나라 사람 孫卿에게 전수하고 孫卿은 魯나라 毛亨에게 전수했는데, 毛亨이 ≪詁訓傳≫을 지어 趙나라 毛萇에게 전수하였다. 당시 사람들이 毛亨을 大毛公이라 하고, 毛萇을 小毛公이라 했다."라고 하였다. 이로 볼 때 ≪毛詩≫는 郇卿이 전수한 것을 얻은 것이다.

---

32) 陸璣毛詩草木蟲魚疏 : 陸璣(261~303)는 陸機로도 쓰며, 三國時代 吳나라 吳郡 사람으로, 자는 士衡이다. 아우 陸雲과 합쳐 '二陸'으로 불린다. 太子中庶子와 烏程令을 지냈다. ≪毛詩草木蟲魚疏≫는 그가 편찬한 것으로, 모두 2권이다. ≪詩經≫에 나오는 동물과 식물의 명칭을 풀이하고 그것들의 異名에 대해 자세히 고증하였으며, 끝부분에 ≪魯詩≫·≪齊詩≫·≪韓詩≫·≪毛詩≫ 등 四家詩의 기원과 흐름에 관해 논한 글을 첨부하였는데, 특히 ≪毛詩≫를 자세히 설명하였다.

15. 漢書楚元王傳에 楚元王交嘗與魯穆生白公[33)]申公으로 俱受詩于浮丘伯①하니 伯은 孫卿之門人也라 浮丘伯在長安에 元王遣子郢客與申公卒業이라 文帝時에 申公爲詩最精하여 以爲博士라 申公始爲詩하니 號魯詩라하니라 此魯詩得郇卿之傳也라

① 浮丘는 一作包丘하니 見鹽鐵論毁學篇이라 浮丘蓋齊地名이어늘 因以爲氏라 浮包同聲字라 如春秋浮來之地 左傳浮來하고 公穀皆作包來하니 是其例也라
'浮丘'는 어떤 곳에서는 '包丘'로 되어 있으니, 이는 ≪鹽鐵論≫ 〈毁學篇〉에 보인다. 浮丘는 대개 齊나라 지명인데 그것을 氏로 삼은 것일 것이다. '浮'와 '包'는 같은 소리의 글자이다. ≪春秋≫의 '浮來之地'의 〈'浮來'가〉 ≪左氏傳≫에는 똑같이 '浮來'로 되어 있고 ≪公羊傳≫과 ≪穀梁傳≫에는 모두 '包來'로 되어 있으니, 이것이 그 사례이다.

≪漢書≫ 〈楚元王傳〉에 "楚元王 劉交가 일찍이 魯나라 穆生·白公·申公과 함께 浮丘伯에게 ≪詩≫를 배웠으니, 浮丘伯은 孫卿의 문인이다. 浮丘伯이 長安에 있을 때 楚元王이 아들 劉郢客과 申公을 보내 학업을 마치게 하였다. 文帝 때 申公이 ≪詩≫를 가장 정밀하게 연구하여 博士로 삼았다. 申公이 비로소 ≪詩傳≫을 지었으니 그것을 ≪魯詩≫라 부른다."라고 하였다. 이로 볼 때 ≪魯詩≫는 郇卿이 전수한 것을 얻은 것이다.

16. 劉向別錄①에 左丘明授曾申하고 申授吳起하고 起授其子期하고 期授楚鐸椒하고 椒作鈔撮八卷하여 授虞卿하고 卿作鈔撮九卷하여 授孫卿하고 卿授張蒼이라하니라 經典釋文云 左丘明作傳하여 以授曾申하고 申傳衛人吳起하고 起傳其子期하고 期傳楚人鐸椒하고 椒傳趙人虞卿하고 虞卿傳同郡郇卿하니 名況이라 況傳武威②張蒼하고 蒼傳洛陽賈誼라하니라 此左氏春秋郇卿之傳也라

① 左傳正義引이라
〈劉向의 ≪別錄≫에 나오는 내용은〉 ≪春秋左傳正義≫ 〈春秋序〉의 疏에 인용되었다.

② 張蒼은 陽武人이어늘 此云武威라하니 傳寫之誤라
張蒼은 陽武 사람인데 여기에 '武威'라 하였으니, 옮겨 쓰는 과정에 잘못된 것이다.

---

33) 白公 : 저본의 원주에 "'白公'은 ≪漢書≫ 〈楚元王傳〉에 '白生'으로 되어 있다.〔白公 漢書楚元王傳作白生〕"라 하였다.

劉向의 ≪別錄≫에 "左丘明은 曾申에게 전수하고 曾申은 吳起에게 전수하고 吳起는 그의 아들 吳期에게 전수하고 吳期는 楚나라 鐸椒에게 전수하고 鐸椒는 ≪鈔撮≫ 8권을 지어 虞卿에게 전수하고 虞卿은 ≪鈔撮≫ 9권을 지어 孫卿에게 전수하고 孫卿은 張蒼에게 전수하였다."라 하였다.

≪經典釋文≫에 "左丘明은 傳을 지어 曾申에게 전수하고 曾申은 衛나라 사람 吳起에게 전수하고 吳起는 그의 아들 吳期에게 전수하고 吳期는 楚나라 사람 鐸椒에게 전수하고 鐸椒는 趙나라 사람 虞卿에게 전수하고 虞卿은 같은 군의 郇卿에게 전수하였으니, 그 이름은 況이다. 郇況은 武威의 張蒼에게 전수하고 張蒼은 洛陽의 賈誼에게 전수했다."라고 하였다. 이로 볼 때 ≪春秋左氏傳≫은 郇卿이 전수한 것이다.

17. 楊士勛穀梁疏[34)]에 穀梁子는 名俶이요 字元始며 一名赤이니 魯人이라 受經于子夏하고 爲經作傳하여 授孫卿이라 卿傳魯人申公하고 申公傳瑕丘江翁이라하니라 此疏有脫文하니 當云 卿傳浮丘伯하고 伯傳申公하고 申公傳瑕丘江翁이라 漢書儒林傳에 申公少與楚元王交로 俱事齊人浮丘伯하고 卒以詩春秋授어늘 而瑕丘江公盡能傳之라하니 是其證也라 顏師古亦云 穀梁受經于子夏하여 傳郇卿이라하니라 此穀梁春秋郇卿之傳也라

楊士勛의 ≪穀梁疏≫에 "穀梁子는 이름이 俶이고 자가 元始이며 또 다른 이름이 赤이니, 魯나라 사람이다. 子夏에게 經을 배웠고 經의 〈이해를 돕기〉 위해 傳을 지어 孫卿에게 전수하였다. 孫卿은 魯나라 사람 申公에 전수하고 申公은 瑕丘의 江翁에게 전수했다."라고 하였다.

이 疏는 빠진 글이 있으니, 마땅히 "孫卿은 浮丘伯에게 전수하고 浮丘伯은 申公에게 전수하고 申公은 瑕丘 江翁에게 전수했다."라고 해야 한다. ≪漢書≫ 〈儒林傳〉에 "申公이 젊었을 때 楚元王 劉交와 함께 齊나라 사람 浮丘伯을 師事했고 마

34) 楊士勛穀梁疏 : 楊士勛은 唐나라 초기 사람으로, 四門博士와 國子助教를 지냈다. ≪穀梁疏≫는 그가 편찬한 ≪春秋穀梁傳疏≫를 말한다. 東晉의 范寧이 편찬한 ≪春秋穀梁傳集解≫를 저본으로 삼아 자세한 해설을 가하였다.

침내 ≪詩≫와 ≪春秋≫를 후배에게 전수했는데, 瑕丘의 江公이 그것을 능히 전부 전수하였다."라고 하였으니, 이것이 그 증거이다. 顔師古도 "穀梁이 子夏에게 經을 배워 郇卿에게 전수했다."라고 하였다. 이로 볼 때 ≪春秋穀梁傳≫은 郇卿이 전수한 것이다.

18. 史記仲尼弟子列傳에 商瞿字子木이라 孔子傳易于瞿하니 瞿傳楚人馯臂子弓[35]①하고 子弓傳江東矯子庸庇[36]②라하니라 郇卿善爲易하니 得子弓之傳也라 郇卿傳易于何人은 不可考라

① 今本史記作子弘하니 張守節正義[37]已正其誤라 然韓昌黎云 太史公書弟子傳에 有姓名馯臂子弓[38]이라하니 則昌黎所見之史記未誤也라 張守節所據本誤하여 致令今本皆誤라

지금 판본의 ≪史記≫에는 〈子弓이〉 '子弘'으로 되어 있으니, 張守節의 ≪史記正義≫에 이미 그 틀린 것을 바로잡았다. 그러나 韓昌黎(韓愈)가 "太史公의 책 〈仲尼弟子列傳〉에 성명이 馯臂 子弓이란 사람이 있다."라고 하였으니, 韓昌黎가 본 ≪史記≫가 틀리지 않은 것이다. 張守節이 근거로 삼은 판본이 틀려 지금 판본들이 모두 틀리게 만든 것이다.

② 漢書儒林傳에 商瞿受易仲尼하여 傳魯矯(疪)〔庇〕[39]子庸하고 子庸傳江東馯臂子弓이라하니 亦誤라 當以史記爲正이라 今漢書子庸子弓二名互易하고 幸留江東二字在中閒하여 不誤라 然子弓을 史記云楚人하고 漢書云魯人하니 未詳孰是也라

≪漢書≫ 〈儒林傳〉에 "商瞿가 ≪易≫을 仲尼에게 배워 魯나라 矯庇 子庸에게 전수하고 子庸은 江東의 馯臂 子弓에게 전수하였다."라고 하였으니, 이 또한 틀렸다. 마땅히 ≪史記≫를 바른 것으로 보아야 한다. 지금의 ≪漢書≫에는 子庸과 子弓 두 이름을 서로 바꾸었고 다행히 '江東' 두 자를 중간에 남겨두어 틀리지 않았다. 그러나 子弓을 ≪史記≫에는 楚나라 사람이라 하고 ≪漢書≫에는 魯나라 사람이라 하였으니, 어느 것이 옳은지 알 수 없다.

---

35) 馯臂子弓 : 楚나라 사람으로, 子夏의 문인이다. 子弓은 자이다.

36) 矯子庸庇 : 魯나라 사람으로, 魯 莊公의 후예이다. 子庸은 자이고 庇는 이름이다.

37) 張守節正義 : 張守節은 唐나라 則天武后 때 살았던 사람으로, 諸王侍讀과 守右淸道率府長史를 지냈다. ≪史記≫를 수십 년 동안 연구하였다. ≪正義≫는 그가 편찬한 ≪史記正義≫를 말한다.

38) 太史公書弟子傳 有姓名馯臂子弓 : 韓愈의 〈送王秀才序〉에 보인다.

39) (疪)〔庇〕 : 저본에는 '疪'로 되어 있으나, ≪漢書≫ 〈儒林傳〉에 의거하여 '庇'로 바로잡았다.

≪史記≫ 〈仲尼弟子列傳〉에 "商瞿는 자가 子木이다. 孔子가 ≪易≫을 商瞿에게 전수하니, 商瞿는 楚나라 사람 馯臂 子弓에게 전수하고 子弓은 江東의 矯子庸 疵에게 전수했다."라고 하였다. 郇卿은 ≪易≫에 정통하였으니, 子弓이 전수한 것을 얻었다. 郇卿이 ≪易≫을 누구에게 전수했는지는 살펴볼 수 없다.

19. 郇卿尤善于禮나 今授受源流不可考라 然漢書儒林傳에 東海蘭陵孟卿事蕭奮하여 以禮授后蒼하여늘 蒼說禮數萬言하고 號曰曲臺記라하여 授戴德延君[40]戴聖次君[41]이라 德號大戴하고 聖號小戴라하고 據劉向云 蘭陵人善爲學은 蓋以孫卿也라 長老至今稱之하여 曰 蘭陵人喜字爲卿은 蓋以法孫卿也라하니라 孟卿은 蘭陵人으로 善爲禮하고 又字卿하니 必得郇卿之傳也나 惜今未能知其詳耳라 孟卿傳士禮十七篇于后蒼하고 蒼傳二戴어늘 今大小戴所傳儀禮는 篇次各殊①라 由是言之컨대 儀禮蓋亦郇卿之傳也라

① 見賈公彦儀禮疏라
賈公彦의 ≪儀禮疏≫에 보인다.

郇卿은 무엇보다 ≪禮≫에 정통하였으나 지금 그것을 주고받은 기원과 흐름에 관해서는 살펴볼 수 없다. 그러나 ≪漢書≫ 〈儒林傳〉에 "東海郡 蘭陵 사람 孟卿이 蕭奮을 섬겨 ≪禮≫를 后蒼에게 전수하였는데, 后蒼은 ≪禮≫를 해석한 것이 수만 자에 이르고 그 이름을 ≪后氏曲臺記≫라 하여 戴德 延君과 戴聖 次君에게 전수하였다. 戴德은 大戴라 부르고 戴聖은 小戴라 부른다."라 하였다.

劉向의 말에 의하면 "蘭陵 사람이 학문에 정통한 것은 대개 孫卿 때문이다. 나이 많은 사람들이 지금까지도 칭송하기를 '蘭陵 사람이 자기의 자에 卿자를 사용

40) 戴德延君 : 戴德은 西漢 때 魏郡 斥丘 사람으로, '小戴'라 불리는 戴聖의 숙부이다. 延君은 그의 자이다. 戴聖과 함께 后蒼에게 ≪禮≫를 배워 宣帝 때 博士를 거쳐 信都太傅가 되었다. 禮儀에 관한 고대의 논술을 모아 ≪大戴禮記≫ 85편을 편집하였는데, 지금은 제39편부터 제81편까지만 남아 있다. 세상에서 '大戴'라고 불러 戴聖과 구분하였다.

41) 戴聖次君 : 戴德의 조카로, 次君은 그의 자이다. 漢 宣帝 때 博士로서 石渠閣 논의에 참여하였고 九江太守를 지냈다. ≪小戴禮記≫를 편찬하였는데, 지금의 ≪禮記≫가 그것이다.

하길 좋아하는 것은 대개 孫卿을 모범으로 삼기 때문이다.'라 했다."라고 하였다.

孟卿은 蘭陵 사람으로 ≪禮≫에 정통하고 또 그의 자가 卿이니, 분명히 郇卿이 전수한 것을 얻었을 것이나 아쉽게도 지금 그에 관한 자세한 내용을 알 수 없다. 孟卿은 ≪士禮≫ 17편을 后蒼에게 전수하고 后蒼은 그것을 두 戴氏에게 전수했는데, 지금 大戴와 小戴가 전수한 ≪儀禮≫는 篇章의 순서가 각기 다르다. 이로 인해 말하면 ≪儀禮≫는 대개 郇卿이 전수한 것이다.

20. 郇卿之師子弓을 韓昌黎以爲馯臂子弓이로되 此說不起自昌黎라 張守節作史記正義에 所據本作子弘하여 辯之曰 荀子作子弓이라하니라 楊倞注非相篇云 馯臂子弓은 受易者也라 傳易之(別)外에 〔別〕[42]無聞하니 非馯臂也라하여 楊注力辯非馯臂子弓하니 則唐以前之說은 皆以郇子之子弓卽馯臂矣라 古說相傳은 信而有徵者也라 應劭云 子弓은 子夏之門人이라하니라 蓋子弓은 學無常師하고 學業必有異人者라 故郇卿比之孔子하니 不得以典籍無傳而疑之也라 楊倞以子弓爲仲弓하고 云子者는 著其爲師라하며 元人吳萊[43]는 以爲子弓之爲仲弓은 猶季路之爲子路라하되 考其時世하면 郇卿不得受業于仲弓이라 不過因孔子稱仲弓可使南面[44]하여 以爲必仲弓이라야 方可比孔子耳니 殊乖事之實也라 王弼注論語云① 朱張字子弓이니 郇卿以比孔子者라하니라 朱張字子弓은 或有所據나 以爲卽郇卿所稱子弓은 誣亦甚矣라 朱張在孔子之前하니 郇卿不能受業이요 卽以爲郇所受業이라도 亦孔子前之聖人이어늘 何以郇卿動曰孔子

42) (別)外〔別〕: 저본에는 '別外'로 되어 있으나, 〈非相篇〉(5-6) 楊倞의 주에 의거하여 '外別'로 바로잡았다.

43) 吳萊 : 1297~1340. 元나라 婺州 浦江 사람이다. 처음 이름은 來이고, 자는 立夫, 호는 深裊山道人이다. 深裊山에 은거하여 각종 서적을 깊이 연구한 뒤에 ≪尙書標說≫·≪春秋世變圖≫·≪春秋傳授譜≫·≪古職方錄≫·≪孟子弟子列傳≫·≪楚漢正聲≫·≪樂府類編≫ 등을 저술하였다.

44) 仲弓可使南面 : ≪論語≫ 〈雍也〉에 孔子가 "雍은 얼굴을 남쪽으로 향할 만하다.〔雍也可使南面〕"라고 하였다. 雍(冉雍)은 仲弓의 이름이고, 얼굴을 남쪽으로 향할 만하다는 것은 군주가 남쪽을 향해 앉아 정무를 처리하므로 국가를 다스리는 군주가 될 만하다는 뜻이다.

子弓이라하여 先孔子而後子弓邪(야)아

① 見經典釋文이라

≪經典釋文≫에 보인다.

郇卿의 스승 子弓을 韓昌黎(韓愈)는 馯臂 子弓이라 하였는데, 이 설이 韓昌黎에게서 처음 나온 것은 아니다. 張守節이 ≪史記正義≫를 지을 때 근거로 삼은 저본에 〈子弓이〉 '子弘'으로 되어 있으므로 논박하기를 "≪荀子≫에는 '子弓'으로 되어 있다."라고 하였다. 楊倞의 〈非相篇〉의 주에 "馯臂 子弓은 ≪易≫을 전수받은 자이다. 그에게 ≪易≫을 전수했다는 것 이외에 따로 들은 내용이 없으니, 馯臂가 아닐 것이다."라고 하여 楊倞 주에 애써 馯臂 子弓이 아니라고 논박하였으니, 〈이로 볼 때〉 唐나라 이전의 설은 모두 ≪郇子≫의 子弓을 곧 馯臂로 알았을 것이다.

전해오는 고대의 설은 믿을 만하고 증거도 있는 것이다. 應劭는 "子弓은 子夏의 문인이다."라고 하였다. 대개 子弓은 배울 적에 일정한 스승이 없고 닦은 학업이 분명히 일반인과 다른 점이 있었을 것이기 때문에 郇卿이 그를 孔子에 견주었으니, 典籍에 전해오는 말이 없다 하여 그를 의심할 수는 없다.

楊倞은 子弓을 仲弓으로 여겼고 '子'라고 말한 것은 그가 자기의 스승임을 나타내기 위한 것이라고 하였으며, 元나라 사람 吳萊는 子弓이 仲弓인 것은 季路가 子路인 경우와 같다고 하였으나, 그 시대를 살펴보면 郇卿은 仲弓에게 가르침을 받을 수 없다. 〈그들이 이처럼 생각한 이유는〉 孔子가 仲弓에 대해 얼굴을 남쪽으로 향할 만하다고 칭찬한 것으로 인해 반드시 仲弓이라야 비로소 孔子와 견줄 수 있다고 생각한 것에 지나지 않으니, 매우 사실과 어긋난다.

王弼의 ≪論語≫ 주에 "朱張의 자는 子弓이니, 郇卿이 孔子에 견주었던 사람이다."라고 하였다. 朱張의 자가 子弓이라는 것은 혹시 그만한 근거가 있어 그런 것이겠지만 그를 郇卿이 말한 子弓이라고 하는 것은 속이는 정도가 심하다. 朱張은 孔子 이전에 있었으니, 郇卿이 그에게 가르침을 받을 수 없고 그냥 郇卿이 가르침을 받았다고 생각하더라도 그는 孔子 이전의 聖人인데, 어떻게 郇卿이 걸핏하면 '孔子와 子弓'이라고 말하여 孔子를 앞에 두고 子弓을 뒤에 두겠는가.

21. **劉向云 董仲舒作書美郇卿**이라하니라 **案漢書藝文志**에 **董仲舒百二十〔三〕**[45] **篇**이나 **今惟存春秋繁露八十二篇**하고 **復**(부)**多殘闕**하여 **不見美郇卿之文**하니 **其逸久矣**라

劉向이 “董仲舒가 글을 지어 郇卿을 찬미하였다.”라 하였다. ≪漢書≫ 〈藝文志〉를 살펴볼 때 “≪董仲舒≫ 123편”이라 하였으나 지금은 ≪春秋繁露≫ 82편만 남아 있고 게다가 누락된 부분이 많아 郇卿을 찬미한 글이 보이지 않으니, 그 내용이 없어진 지 오래되었다.

22. **汪氏述學**[46]에 **極詆國策記郇卿之事**하니 **其言曰 孫子謝春申書**에 **去就曾不一言**하고 **泛引劫弑死亡之事**하니 **未知何屬**이라 **且靈王**은 **楚之先君**이니 **豈宜斥言其罪**리오 **韓嬰誤以說詩**어늘 **劉向不察**하여 **采入國策**하니 **失之矣**라 **自厲憐王以下**는 **乃韓非子姦劫弑臣篇文**으로 **其言刻覈舞知以禦人**이라 **其詞賦**는 **乃郇子佹詩之小歌**어늘 **由二書雜采爲篇**하여 **文義不屬**이라 **孫卿自爲蘭陵令**으로 **逮春申君死十八年**이라 **其間未嘗適趙**라 **本傳稱齊人或讒郇卿**하여 **卿乃適楚**라하여늘 **詩外傳國策所載**는 **卽因此緣飾**이라 **末所引詩**는 **乃詩外傳之文**이니 **國策亦並載之**라하니라

汪氏(汪中)의 ≪述學≫에서 ≪戰國策≫에 郇卿의 일을 기록한 내용을 극도로 비난하였으니, 그의 말은 이렇다.

“孫子가 春申君의 초청을 사절하는 글 속에 떠나갈 것인지 나아갈 것인지에 대해서는 한마디도 하지 않고 〈앞 시대의 군주가 신하에게〉 협박당하고 살해당한 일을 개괄적으로 인용하였으니, 그것이 어디에 해당되는지 모르겠다. 게다가 靈王은 楚나라의 선대 군주이니 어찌 그 죄를 질책할 수 있겠는가. 韓嬰이 오류를 범해 이것으로 ≪詩經≫의 글을 설명하였는데, 劉向이 이런 사정을 살펴보지 못

45) 〔三〕: 저본에는 ‘三’이 없으나, ≪漢書≫ 〈藝文志〉에 의거하여 보충하였다.

46) 汪氏述學 : 汪氏는 淸나라 汪中(1744~1794)을 말하고, ≪述學≫은 그의 저술로, 〈內篇〉 3권, 〈外篇〉 1권, 〈補遺〉 1권, 〈別錄〉 1권으로 구성되어 있다. 이곳에 인용된 것은 〈補遺〉의 내용을 일부 편집한 것으로, 앞서 〈汪中荀卿子通論〉에 이미 나와 있다.

해 ≪戰國策≫에 채택하여 넣었으니, 잘못한 것이다.

'厲憐王(나병환자가 군왕을 불쌍히 여긴다.)' 이하부터는 곧 ≪韓非子≫ 〈姦劫弑臣篇〉의 글로서 그 말이 가혹하고 잔꾀를 부려 다른 사람을 제어하는 것이다. 그 詞賦는 곧 ≪荀子≫ 〈賦篇〉의 〈佹詩〉 속에 있는 〈小歌〉인데, 이 두 글을 채집하여 글이 만들어졌기 때문에 글 뜻이 연결되지 않는다.

孫卿이 蘭陵令이 된 때로부터 春申君이 죽은 때까지 〈그 기간이 모두〉 18년이다. 그 기간에는 趙나라에 간 적이 없다. 本傳(≪史記≫ 〈荀卿列傳〉)에 '齊나라의 어떤 사람이 郇卿을 모함하여 郇卿이 마침내 楚나라로 갔다.'라 하였는데, ≪韓詩外傳≫과 ≪戰國策≫에 실려 있는 것은 곧 이 〈本傳에 있는 내용으로〉 인해 꾸며 만든 것이다. 끝에 인용된 ≪詩≫는 곧 ≪韓詩外傳≫의 글이니, ≪戰國策≫에도 모두 실려 있다."

案汪氏此說殊武斷이니 **因不達郇卿謝書之旨**하여 **遂妄言之耳**라 **書之旨**는 **言春申將有劫殺之禍**니 **指李園女弟之謀與親信李園也**라 **故其詞隱**하고 **其意微**하여 **言外有去而不就之心**이어늘 **何得以去就不言爲疑邪**(야)아 **其說靈王也**는 **直據春秋所記之事言**이요 **非斥其罪**라 **國策載之**하고 **韓詩外傳載之**라 **劉向校孫卿書**엔 **雖未載其謝書**나 **然云謝春申書**하여 **以刺楚國**이라하니 **事必不誣也**라 **韓非**는 **郇卿弟子**니 **其書援引師說**이 **又何足怪**리오 **因韓非引之**하여 **卽斥爲刻覈舞知禦人**이나 **今讀其書**에 **心情悱惻**하여 **諷刺深遠**하고 **並無舞知禦人之事**하니 **何其誣也**오 **且以爲郇卿此書**는 **乃劉向采自韓非以入國策**이라 **韓非之書**에 **雖全用其文**이나 **然未明言是郇卿謝春申書**어늘 **而向遂割取以妄爲之**라 **向之博學篤實**로 **乃至荒唐若此乎**아 **何其自信而輕蔑古人邪**아

살펴보건대, 汪氏의 이 설은 매우 주관적이니 郇卿의 사절하는 편지의 뜻을 이해하지 못함으로 인해 그만 망언을 한 것일 뿐이다. 편지의 뜻은 春申君이 장차 협박당하고 살해당하는 화를 당할 것이라고 말한 것이니, 이는 李園과 그 누이의 음모와 李園을 지극히 신임하는 것을 가리킨다. 그러므로 그 말이 애매하고 그 뜻이 희미하여 言外에 떠나고 나아가지 않는다는 마음이 들어 있는데, 어찌 떠나갈

것인지 나아갈 것인지 말하지 않았다는 것으로 의심할 수 있겠는가.

楚 靈王에 대해 말한 것은 다만 ≪春秋≫에 기록된 일에 의거하여 말했을 뿐, 그 죄를 책망한 것은 아니다. 〈그것이〉 ≪戰國策≫에 실리고 ≪韓詩外傳≫에도 실려 있다. 劉向이 교정한 ≪孫卿書≫에는 비록 그 사절한 편지가 실리지는 않았으나 "春申君에게 사절하는 편지를 보내 楚나라를 비판하였다."고 하였으니, 이 일이 〈사실임은〉 분명히 속일 수 없을 것이다.

韓非는 郇卿의 제자이니 그의 글에 스승의 설을 인용하는 것이 또 이상할 게 뭐가 있겠는가. 韓非가 그것을 인용했다는 것으로 인해 "그 말이 가혹하고 잔꾀를 부려 다른 사람을 제어하는 것이다."라고 배척하였으나, 지금 그 글을 읽어볼 적에 심정이 슬프고 괴로워 풍자하는 뜻이 한없이 깊을 뿐이고 잔꾀를 부려 다른 사람을 제어하는 일은 전혀 없으니, 어찌면 그렇게 무함한단 말인가.

그리고 郇卿의 이 글은 劉向이 ≪韓非子≫에서 채집하여 ≪戰國策≫에 넣은 것이라고 하였다. ≪韓非子≫의 글에 비록 그 문장을 전부 사용하기는 했으나 이것이 郇卿이 春申君에게 사절한 편지라고 분명히 말하지 않았는데, 劉向이 결국 한 부분만 취해 함부로 그렇게 만들었다. 학문이 넓고 견실한 劉向 같은 사람으로 이렇게까지 터무니없을 수 있단 말인가. 어떻게 그처럼 스스로 굳게 믿고서 옛사람을 경시한단 말인가.

郇卿遺春申書는 **與歌賦本屬二事**니 **何得云文義不屬邪**(야)아 **但國策所載歌賦不全**하고 **今賦篇末佹詩一篇皆是也**어늘 **乃云 詞賦乃郇子佹詩之小歌**라하니 **何其知二五而不知有十也**[47]오 **不信劉向**하고 **不信國策**하며 **徒拘守史記**하여 **漫不加考**하니 **窒莫甚焉**이라

郇卿이 春申君에게 보낸 편지는 歌賦와 본디 두 가지 다른 일이니, 어찌 글 뜻이 연결되지 않는다고 말할 수 있겠는가. 다만 ≪戰國策≫에 실린 歌賦는 완전하지 않고 지금 〈賦篇〉 끝에 있는 〈佹詩〉 한 편이 모두 그것인데, 그만 "詞賦는 곧

47) 何其知二五而不知有十也 : 식견이 좁아 한 부분만 알고 전체를 모르는 것을 질책하는 뜻이다. 二五는 두 개의 다섯이니 곧 '열'을 이른다.

≪郇子≫〈賦篇〉의〈佹詩〉속에 있는〈小歌〉이다."라 하였으니, 어찌면 그처럼 두 개의 다섯만 알고 열이 있다는 것을 모른단 말인가. 劉向을 믿지 않고 ≪戰國策≫도 믿지 않으며 그저 ≪史記≫에만 매달려 모호하게 살펴보지 않으니, 답답하기 짝이 없다.

妄云 孫卿自爲蘭陵令으로 **逮春申君死十八年**이로되 **未嘗適趙**라하니 **但據春申君傳相楚八年**에 **以郇卿爲蘭陵令之文**하여 **計至春申君死**하여 **郇卿廢**에 **其閒十八年**이라 **十八年不誤**나 **未嘗適趙**는 **則繆之繆者也**라 **此十八年中**에 **果在蘭陵**하고 **未之他國**이면 **而何時議兵于趙孝成王之前**이며 **何時入秦**하여 **與秦昭王應侯相問荅邪**(야)아 **凡此皆見于郇卿書者**어늘 **豈抑可誣爲劉向所爲乎**리오 **至以國策韓詩外傳**은 **皆因史記齊人或讒郇卿之文緣飾而成**하여는 **更屬駕誣之詞**니 **直以莫須有斷獄**[48]**矣**라 **惟國策篇末所引詩**는 **實韓詩外傳之文**이니 **所見良是**라 **然以爲劉向采自韓詩外傳**은 **則仍非**하니 **後人據韓詩外傳以竄入國策耳**라 **今世所行國策**은 **皆非劉向著定之舊**를 **夫豈不知邪**아 **汪氏以考據自命**하여 **雄視一時**어늘 **不料其亦留此武斷之說于世也**라

그리고 "孫卿이 蘭陵令이 된 때부터 春申君이 죽은 때까지 18년인데, 일찍이 趙나라에 간 적이 없다."라고 함부로 말했으니, 이는 다만 ≪史記≫〈春申君傳〉에 "楚나라 재상이 된 지 8년에 郇卿을 蘭陵令으로 삼았다."라는 글에 의거하여 春申君이 죽어 郇卿이 폐출되었다는 때까지 헤아려볼 때 그 사이가 18년이기 때문에 그런 것이다.

18년은 잘못되지 않았으나 趙나라에 간 적이 없다는 것은 잘못된 것 중에서도 크게 잘못된 것이다. 이 18년 사이에 과연 蘭陵에만 있고 다른 나라에 가지 않았

48) 莫須有斷獄 : 莫須有는 '혹 잊을지도 모른다'는 뜻이다. 宋 高宗 때 秦檜가 충신 岳飛(1103~1142)에 대해 잃었던 兵權을 회수하려 했다고 모함할 적에 岳飛를 지원하는 韓世忠이 분개하여 秦檜에게 무슨 근거가 있느냐고 따져 묻자, "岳飛의 아들 岳雲이 張憲에게 편지를 써 보낸 일이 분명하지는 않지만 혹 있을지도 모른다."라고 대답한 데서 나온 말이다. 岳飛는 결국 날조된 죄명으로 처형되었다.(≪宋史≫ 권365〈岳飛列傳〉)

다면 언제 趙 孝成王 앞에서 용병술을 논했으며 언제 秦나라에 들어가 秦 昭王·應侯와 서로 문답을 나누었겠는가. 대체로 이는 모두 ≪郇卿書≫에 보이는 것인데, 어찌 또 劉向의 소위라고 무함할 수 있겠는가.

"≪戰國策≫과 ≪韓詩外傳≫에 실린 것은 모두 ≪史記≫에 '齊나라의 어떤 사람이 郇卿을 모함하였다.'라 한 글로 인해 꾸며 만든 것이다."라고 한 것에 있어서는 또 일반적인 무함을 더 능가하는 말이니, 다만 근거 없는 말로 판단한 것일 뿐이다.

오직 ≪戰國策≫의 그 편 끝에 인용된 ≪詩≫는 사실 ≪韓詩外傳≫의 글이니, 그의 견해가 매우 옳다. 그러나 劉向이 ≪韓詩外傳≫에서 채집했다는 것은 여전히 틀렸으니, 이것은 후세 사람이 ≪韓詩外傳≫에 의거하여 ≪戰國策≫에 끼워 넣은 것일 뿐이다. 지금 세간에 통행하는 ≪戰國策≫은 모두 劉向이 편찬한 옛 원문이 아니라는 것을 어찌 모른단 말인가. 汪氏는 고증학자로 자처하여 당대를 내려다보았는데, 그가 또 이와 같은 주관적인 설을 세상에 남길 줄은 생각지 못했다.

索 引

索引凡例

1. 색인의 대상

본서의 색인은 ≪譯註 荀子集解≫(全7冊)의 원문을 대상으로 하였으며, ≪荀子≫ 本文과 함께 楊倞의 注와 王先謙의 集解도 대상에 포함하였다.

2. 색인의 종류

1) 색인의 종류는 〈綜合索引〉을 비롯하여, 〈人名索引〉, 〈書名索引〉, 〈國名・地名索引〉의 주제별 색인을 구분하여 작성하였다.

2) 〈綜合索引〉은 주제별 색인인 〈人名索引〉, 〈書名索引〉, 〈國名・地名索引〉의 표제어도 편입시켜 종합적으로 참조할 수 있게 하였다.

3) 〈人名索引〉은 ≪荀子集解≫에 나오는 人物을 표제어로 추출하고, 그 인물과 관련된 내용을 종속항목으로 추출하였다.

4) 〈書名索引〉은 ≪荀子集解≫에 나오는 書名을 표제어로 추출하고, 그 書名에 속한 篇名 및 관련 내용을 종속항목으로 추출하였다.

5) 〈國名・地名索引〉은 ≪荀子集解≫에 나오는 國名・地名을 표제어로 추출하고, 그 國名・地名과 관련된 내용을 종속항목으로 추출하였다.

3. 색인 작성 방법

1) 標題語는 人名, 書名, 篇名, 國名, 地名, 官名 등의 고유명사와 주요 用語 및 句節, 특수하게 사용된 語彙 등을 중심으로 추출하였다.

2) 從屬項目에는 대표 표제어가 포함되거나 대표 표제어와 내용상 연관이 있는 어휘, 구절, 문장 등을 추출하였다.

예) 共名 22-51(注)
　　共同其名 22-48(注)
　　──之理 22-51(注)

單與兼無所相避則共 22-48
大—— 22-51, 52(解)

3) 표제어의 변별력을 높이고 내용을 효과적으로 전달하기 위하여 부가정보를 ( ) 안에 표기하였다. 人名은 (人), 書名은 (書), 國名은 (國), 地名은 (地)로 표기하였다.

예) 經事釋詞(書), 堯(人), 舜(人), 桓公(人), 齊(國)

4) 〈人名索引〉, 〈書名索引〉, 〈國名・地名索引〉의 표제어는 일반적으로 통용되는 명칭을 표제어로 정하고, 異稱・略稱・別稱 등도 추출하여 상호참조할 수 있게 하였다.

예) 荀子(人)←荀, 荀氏, 荀卿, 荀卿子, 孫卿, 孫卿子

5) 人名・書名・地名・國名 등이 竝稱된 경우, 별도의 표제어로 잡고 각 人名・書名・地名・國名 등과 상호 참조할 수 있게 하였다.

예) 堯舜(人)→堯(人), 舜(人)

6) 集解에서 인용된 註釋家 및 校勘本과 관련된 색인은 그 수가 방대하여 색인의 효용성이 떨어지므로 제외하였다.

4. 항목 배열 및 표시

1) 표제어의 배열은 한글 가나다 순서를 따랐으며 두음법칙을 적용하였다.

2) 표제어의 위치는 본문에서 사용한 일련번호에 따라 표기하였다.

예) 孔子(人) 7-60, 8-119, 9-42, 11-221, 27-113(注)

3) ≪荀子≫ 本文과 구분하기 위하여 일련번호 뒤에 楊倞의 注는 (注), 王先謙 集解는 (解)로 표기하였다.

예) 孟子(人) 2-9(注), 2-78(注), 3-35(解), 4-74(注)

5. 색인에 사용한 부호

—— : 동일한 표제어 생략 표시
→ : 대표 표제어로 나간 표시
← : 대표 표제어로 모아주는 표시
( ) : 표제어에 대한 부가정보 표시
, : 단락 일련번호, 상호참조 표제어가 둘 이상일 때 구분하는 표시

綜合索引

【ㄴ】

【ㄷ】

【ㅁ】

【ㅂ】

【ㅅ】

【ㅇ】

【ㅈ】

【ㅊ】

【E】

【ㅍ】

【ㅎ】

人名索引

【ㄱ】

【ㅁ】

【ㅂ】

【ㅅ】

【ㅇ】

【ㅈ】

【ㅊ】

【ㅌ】

【ㅍ】

【ㅎ】

書名索引

【ㄱ】

【ㄴ】

【ㄷ】

【ㅁ】

【ㅂ】

【ㅅ】

【ㅇ】

【ㅈ】

【ㅊ】

【ㅌ】

【ㅍ】

【ㅎ】

國名 地名索引

【ㄱ】

【ㄴ】

【ㄷ】

【ㅁ】

【ㅂ】

【ㅅ】

【ㅇ】

【ㅊ】

【ㅌ】

【ㅍ】

【ㅎ】

〔附錄 3〕

1. 參考圖版 目錄 및 出處

2. ≪荀子集解≫ 總目次 및 각 篇의 要旨

QR코드를 스캔하면 ≪荀子集解≫ 總目次 및 각 篇의 要旨를 볼 수 있습니다.

總目次

譯註者 略歷

宋基采

1949년 전남 고흥 출생
향리 龍岡齋에서 梧泉 朴壽烈 선생에게 한문 수학
蓬山 安鍾宣·海蓑 朴奎鉉 선생 師事
1980년 民族文化推進會 부설 국역연수원 수료
1985년 民族文化推進會 상임연구부 졸업
1985년~2006년 民族文化推進會 전문위원, 국역실장, 편찬실장, 교무처장 역임
2004년~2014년 韓國古典飜譯院 교수
2008년~2013년 成均館大學校 번역대학원 겸임교수
2015년~현재 韓國古典飜譯院 명예교수
2015년 국민훈장석류장 수훈

譯著書

譯書 ≪唐宋八大家文抄 曾鞏≫ ≪唐宋八大家文抄 柳宗元 1, 2≫
≪寒岡集≫ ≪農山世獻≫ ≪荀子集解 1, 2, 3, 4, 5≫
共譯 ≪孝宗實錄≫ ≪中宗實錄≫ ≪正祖實錄≫ ≪仁祖實錄≫ ≪宣祖實錄≫
≪寒水齋集≫ ≪宋子大全≫ ≪惺所覆瓿藁≫ ≪象村集≫ ≪茶山詩文集≫
≪서울金石文大觀≫ ≪農巖集≫
編著 ≪古文選讀≫

업적

1994년 漢字 고속입력법 '宋碼法' 개발
1996년 동양고전검색시스템 개발 'CD-ROM 尙友千古' 제작
2007년~현재 11개 분야 동양고전자료 1,762종 6억 3천만 자 DB화
http://www.s-sangwoo.kr/로 웹서비스

東洋古典譯註叢書 92

譯註 荀子集解 7　　정가 42,000원

2019년 12월 30일 초판 발행
2024년 10월 31일 초판 3쇄

著者 荀況　集解 王先謙
譯　註 宋基采
索　引 孫正民
常任原文校閱 吳圭根
潤文校訂 南賢熙 朴勝珠 田炳秀
編　輯 東洋古典飜譯編輯委員會

發行人 金 炫
發行處 社團法人 傳統文化硏究會

등록 : 1989. 7. 3. 제1-936호
서울 종로구 삼봉로 81 두산위브파빌리온 1332호
전화 : (02)762-8401　전송 : (02)747-0083
전자우편 : juntong@juntong.or.kr
홈페이지 : juntong.or.kr
사이버書堂 : cyberseodang.or.kr
온라인서점 : book.cyberseodang.or.kr

인쇄처 : 한국법령정보주식회사(02-462-3860)
총　판 : 한국출판협동조합(070-7119-1750)

ISBN 979-11-5794-258-9 94150
978-89-85395-71-7(세트)

※ 이 책은 2019년도 교육부 고전문헌 국역지원사업 지원비에 의해 초판(비매품) 간행.